In the Collected Studies Series:

WALTER ULLMANN
The Church and the Law in the Earlier Middle Ages

WALTER ULLMANN
The Papacy and Political Ideas in the Middle Ages

WALTER ULLMANN
Scholarship and Politics in the Middle Ages

BRIAN TIERNEY
Church Law and Constitutional Thought in the Middle Ages

JEAN GAUDEMET
La formation du droit canonique médiéval

STEPHAN KUTTNER
The History of Ideas and Doctrines of Canon Law in the Middle Ages

RAYMONDE FOREVILLE
Gouvernement et vie de l'Eglise au Moyen-Age

GILES CONSTABLE
Religious Life and Thought (11th-12th Centuries)

GILES CONSTABLE
Cluniac Studies

PAUL MEYVAERT
Benedict, Gregory, Bede and Others

EDMOND-RENÉ LABANDE
Spiritualité et vie littéraire de l'Occident, Xe-XIVe s.

EDMOND-RENÉ LABANDE
Histoire de l'Europe occidentale, XIe-XIVe s.

BERNHARD BLUMENKRANZ
Juifs et Chrétiens — Patristique et Moyen-Age

A. H. ARMSTRONG
Plotinian and Christian Studies

MILTON V. ANASTOS
Studies in Byzantine Intellectual History

PAUL J. ALEXANDER
Religious and Political History and Thought in the Byzantine Empire

La société ecclésiastique
dans l'Occident médiéval

Professeur Jean Gaudemet

Jean Gaudemet

La société ecclésiastique
dans l'Occident médiéval

VARIORUM REPRINTS
London 1980

British Library CIP data Gaudemet, Jean
　　　　　　　　　　　　La société ecclésiastique dans l'Occident
　　　　　　　　　　　　médiéval. — (Collected studies series; CS116).
　　　　　　　　　　　　1. Church history — 6th century   2. Church
　　　　　　　　　　　　history — Middle Ages, 600-1500
　　　　　　　　　　　　I. Title   II. Series
　　　　　　　　　　　　270',08   BR227

　　　　　　　　　　　　ISBN 0-86078-061-9

Copyright © 1980 by   Variorum Reprints

Published in Great Britain by   Variorum Reprints
　　　　　　　　　　　　　　　　20 Pembridge Mews London W11 3EQ

Printed in Great Britain by   Galliard (Printers) Ltd
　　　　　　　　　　　　　　　Great Yarmouth Norfolk

　　　　　　　　　　　　　　　VARIORUM REPRINT CS116

TABLE DES MATIÈRES

Avant-Propos   i

TERRITOIRES ET COMMUNAUTÉS

I   L'Eglise d'Occident et la Rhénanie   5–22

Rome et le christianisme dans la région rhénane. Trav. du Centre d'Et. sup. spéc. d'hist. des religions de Strasbourg. Strasbourg, 1963

II   Unanimité et majorité (observations sur quelques études récentes)   149–162

Etudes historiques à la mémoire de Noël Didier, Fac. de droit de Grenoble. Paris, 1960

III   Saint-Augustin et le manquement au voeu de virginité   5–15

Annales de la Fac. de droit d'Aix-en-Provence, nouvelle série No.43. Aix-en-Provence, 1950

IV   Gratien et le célibat ecclésiastique   341–369

Collectanea Stephan Kuttner, III. Studia Gratiana XIII. Rome, 1967

LA HIÉRARCHIE: PAPAUTÉ

V   Aspects de la primauté romaine du Ve au XVe siècle   93–133

Ius Canonicum XI, n°. 22. Pamplone, 1971

VI   Collections canoniques et primauté pontificale   105–117

Revue de droit canonique XVI. Strasbourg, 1966

VII	Le rôle de la papauté dans le règlement des conflits entre états aux XIIIe et XIVe siècles	79–106

Recueils de la Société Jean Bodin XV, La Paix. Bruxelles, 1961

LA HIÉRARCHIE: ÉPISCOPAT

VIII	La participation de la communauté au choix de ses pasteurs dans l'Eglise latine. Esquisse historique	308–326

Ius Canonicum XIV, n°. 28. Pamplone, 1974

IX	Note sur la transmission des c. 12 et 13 du concile de Laodicée relatifs à la désignation des évêques	87–98

Liber Amicorum Monseigneur Onclin. Louvain, 1976

X	Note sur le symbolisme médiéval. Le mariage de l'évêque	71–80

L'année canonique XXII. Paris, 1978

XI	Patristique et Pastorale: la contribution de Grégoire le Grand au "Miroir de l'Evêque" dans le Décret de Gratien	129–139

Etudes d'histoire du droit canonique dédiées à Gabriel Le Bras. Paris, 1964

XII	Evêques et chapitres (Législation et doctrine à l'âge classique)	307–318

Mélanges Dauvillier. Toulouse, 1980

XIII	Les origines de la régale réciproque entre Lyon et Autun	21–48

Mémoires de la Société pour l'histoire du droit et des institutions des anciens pays bourguignons, comtois et romands, 5e fasc. Dijon, 1938

LES LIEUX DE CULTE

XIV   Histoire d'un texte, les chapitres 4 et 27
      de la décrétale du pape Gélase du
      11 mars 494   289–298
      Mélanges d'histoire des religions offerts à
      H.-Ch. Puech. Paris, 1974

LA VIE JUDICIAIRE

XV   Les ordalies au Moyen Age: doctrine,
      législation et pratique canoniques   99–135
      Recueil de la Société Jean Bodin XVII, La Preuve.
      Bruxelles, 1965

XVI   Les formes anciennes de l'excommunication   64–77
      Revue des sciences religieuses 83.
      Strasbourg, 1949

Index   1–3

Index des Textes   1–6

> Ce volume est composé de 338 pages

AVANT-PROPOS

Les quinze études ici réunies n'ont pas la prétention de couvrir tout le vaste domaine des institutions ecclésiastiques à l'époque de leur plus grande extension, le Moyen Age occidental. Elles ne concernent que quelques secteurs, et, pour chacun d'eux, ne retiennent que des points particuliers. Là encore, le regroupement d'études échelonnées sur quarante années, laisse apparaître les options de l'auteur, guidées parfois par des "contingences scientifiques".

Hiérarchie, juridiction, patrimoine, qui, pour le canoniste, sont au premier rang dans la vie de l'Eglise médiévale, constituent les trois thèmes qui, ici, retiennent principalement l'attention. A travers eux, et à plusieurs reprises, apparaissent les relations souvent délicates entre les instances ecclésiastiques et les pouvoirs séculiers.

Ces esquisses n'ont pas l'ambition de fournir aux questions qu'elles abordent une réponse définitive. Préparées le plus souvent dans des séminaires de recherche, où l'étudiant stimule par ses remarques celui qui l'initie à l'enquête historique, elles gardent la précarité de l'hypothèse. Puisse l'insatisfaction qu'elles susciteront parfois, inciter à pousser plus avant dans la voie incertaine de la compréhension du passé.

JEAN GAUDEMET

Paris, octobre 1979

TERRITOIRES ET COMMUNAUTÉS

I

L'ÉGLISE D'OCCIDENT ET LA RHÉNANIE

Traiter, au début de ce colloque, de l'Église d'Occident et de la Rhénanie soulève un problème délicat. La Rhénanie en effet, est dans cette Église d'Occident. Ce ne sont donc pas les rapports de deux mondes que nous avons à envisager ici, mais les relations de la partie au tout. Pour les déterminer avec précision, il serait nécessaire de disposer des données qu'apporteront les rapports présentés à cette session. Et cela nous contraint à envisager le problème dans ses données générales plutôt que dans le détail des faits ou des institutions.

Les relations de la Rhénanie et de l'Église d'Occident suggèrent deux thèmes principaux à notre réflexion. En quoi la Rhénanie se montre-t-elle solidaire de l'Église d'Occident, mais aussi quels sont ses traits propres ?

C'est autour de ces deux idées que nous ordonnerons notre propos.

I. — La solidarité

Cette solidarité s'exprime d'abord par des contacts humains, liturgiques, artistiques peut-être. Et il revient aux maîtres de ces disciplines d'établir ce que l'on peut savoir ou supposer en ces domaines.

Mais elle s'exprime aussi dans des cadres et des structures, qui s'affirment et s'affinent entre le IIIe et le VIe siècle. C'est ce tableau général des institutions qu'il appartient à l'historien du droit de dresser dans une sorte d'introduction à nos entretiens, en envisageant ce que fut, dans les derniers siècles de l'Empire romain, la situation de l'Église d'Occident au triple point de vue de ses frontières, de ses cadres, de ses forces.

I. *Les frontières.* — L'évangélisation au IVe siècle gagne tout l'Occident. C'est la question des frontières géographiques. Mais atteint-elle toutes les classes sociales et les touche-t-elle toujours avec la même efficacité. C'est le problème des frontières sociales. Enfin que sont ces convertis ? Frontières, pourrait-on dire, spirituelles.

1) Les frontières géographiques sont celles de l'Empire. Déjà au temps de Dioclétien, Arnobe pouvait écrire (*ad Nationes*, I, 16, 3 ; *P.L.* 5, 737) : *In Hispania, Gallia... cum innumerabiles viverent in his quoque provinciis Christiani...* Mais Arnobe est un rhéteur et saint Jérome lui-même considérait son œuvre souvent comme « inégale et excessive ».

On retiendra cependant de ce témoignage que la Gaule est atteinte. Mais quelle Gaule ? De la Narbonnaise aux Belgiques et aux deux Rhénanies ?

En Narbonnaise, Narbonne a probablement (1) une communauté chrétienne depuis le milieu du IIIe siècle. Pour Béziers on a pu formuler l'hypothèse d'une évangélisation contemporaine de celle de Narbonne. Mais toute donnée précise fait défaut. Si Toulouse se prévaut du martyr de saint Sernin vers 250 (?), l'église de Nîmes n'est pas attestée avant 396. A Vaison, les inscriptions sont en faveur de l'existence d'une communauté chrétienne à la fin du IIIe siècle.

Mais, même pour la Narbonnaise, on a pu conclure (2) aux difficultés de la pénétration chrétienne dans des cités profondément païennes. Grâce à la persévérance dans

---

(1) E. Griffe, *La Gaule chrétienne*, t. I (Paris, 1947), 60 ; Dupont, *Les cités de la Narbonnaise*, I, 102, contra, Lebreton et Zeiller, dans l'*Histoire de l'Église* de Fliche et Martin, II, 132.

(2) Cl. Dupont, *Les cités de la Narbonnaise*, I, 108.

l'effort d'évangélisation, l'œuvre d'ensemble amorcée au
iiie siècle, aboutit à des résultats efficaces vers la fin
du ve. Conclusion peu optimiste pour une région cependant
profondément romanisée, où les centres urbains sont nombreux et bien reliés entre eux, où la population est sans
doute dans son ensemble plus affinée que dans le Nord ou
l'Est, où l'Italie toute proche peut faire sentir son influence.

Si l'on remonte la vallée du Rhône et de la Saône
en pénétrant en Bourgogne, les incertitudes se font plus
grandes encore. Mgr Duchesne ne pensait pas qu'il y ait
eu, avant le milieu du iiie siècle, d'autre église épiscopale
que celle de Lyon, mais cette opinion avait été contestée
par l'historien bourguignon de l'Eglise ancienne que fut
le chanoine Bardy (1). Si le premier évêque d'Autun connu
est saint Rhétice (en 313), l'existence d'une communauté
chrétienne est défendue pour la fin du iie ou le début
du iiie siècle et peut-être eut-elle son évêque entre 200
et 250 (2).

Vers le Nord et l'Est, en Belgique, en Germanie, dans
l'actuelle Suisse, l'évangélisation ne paraît pas avoir été
beaucoup plus tardive que dans certaines régions méridio-
nales ou le long du couloir de la Saône et du Rhône.

Saint Irénée parlait déjà, dans un passage devenu
célèbre de l'*Adversus Haereses* (I, x, 2 ; *P.G.* VII, 552),
vers 185, des « églises fondées dans les Germanies », qui
avaient la même foi que celles de l'Espagne ou des Celtes.
Aussi Harnack avait-il conclu qu'il y avait des églises dès
la fin du iie siècle à Cologne, à Mayence, à Trèves ou à
Strasbourg. Mais aucune liste épiscopale avant le milieu
du iiie siècle (3). Dans sa « Kirchengeschichte Deutschlands »
Hauck aboutissait à des conclusions plus pessimistes. C'est

---

(1) *Ann. de Bourgogne*, II, 1930, 235-253.
(2) En ce sens, Griffe, *op. cit.*, I, 66 ; Bertholet, *Ann. de Bourgogne*,
1945, 38-44 ; Richard, *Ann. de Bourgogne*, 1948, 70-72.
(3) Cf. Schuler, Über die Anfänge des Christentums in Gallien und Trier,
Trier Zeitschrift, VI, 1941, 80-103.

aux fouilles archéologiques qu'il faut demander ici les données les plus précises (1). A Trèves, des édifices cultuels existent dès la fin du IIIe ou le début du IVe siècle. Des temples païens sont détruits au IVe siècle. Plus de 400 inscriptions chrétiennes du IVe siècle ont été retrouvées dans cette capitale temporaire de l'Empire. A Cologne, les tombes attestent un christianisme encore plus précoce et dès le IVe siècle, il faut agrandir une chapelle. A Bonn, des lieux de culte existent dès la seconde moitié du IIIe siècle. A Mayence, d'après Ammien Marcellin (XXVII, 10, 1) Valentinien Ier fut témoin d'une cérémonie chrétienne.

En Belgique, Tongres est un foyer de christianisme dès le IVe siècle. Et des communautés chrétiennes existaient également sans doute à Maestricht, Huy, Namur, Dinant, etc. (2). Il semble que le christianisme pénétra en Belgique d'abord dans la région mosane, tandis que l'Ouest ne sera atteint que plus tardivement (3).

On peut donc admettre que, dans l'ensemble, au IVe siècle le christianisme s'est avancé aussi loin que s'étend l'action des légions romaines. Mais, dans ce vaste territoire qui a-t-il touché ?

2) Il est bien connu qu'à Rome même et en Italie deux groupes sociaux, sans être totalement rebelles, ont opposé de sérieuses résistances au christianisme. Ce sont la noblesse sénatoriale, attachée aux traditions et par conséquent, à la religion ancestrale, et le monde rural, plein d'une fidélité superstitieuse pour les divinités qui protégeaient la terre.

Dans les provinces occidentales (les seules qui soient ici en question) le problème est plus complexe. Le christianisme y fut importé d'Italie ou peut-être même d'Orient (4). D'où l'importance des voies de communica-

---

(1) Nous renvoyons pour cela aux rapports que l'on trouvera plus loin.
(2) De MOREAU, *Hist. de l'Église en Belgique*, I, 28.
(3) *Ibid.*, 27-40.
(4) Carl SCHNEIDER, *Geistesgeschichte des Antiken Christentums* (1954), I, 644 et suiv.

tions et des axes commerciaux. Dans certaines villes de l'Est, il semble que le premier noyau chrétien fut constitué par des communautés de marchands orientaux. L'action des soldats ou des fonctionnaires dans la propagation de l'Évangile ne doit pas non plus être sous-estimée (1). Ainsi s'expliquent les progrès plus rapides de la religion nouvelle dans les milieux urbains plus largement ouverts aux influences extérieures. A la fin du IVe siècle un rhéteur pouvait déclarer que « le Christ est seul honoré dans les grandes villes » (2).

L'aristocratie provinciale fut peut-être aussi plus facile à conquérir que celle de Rome. Elle n'avait pas à défendre de glorieuses traditions. Si Rutilius Namatianus ne fut pas chrétien (3) et si Ausone se montre surtout adepte du culte des Muses, de grands noms de la noblesse gauloise figurent parmi les fidèles du christianisme : Paulin de Nole (353-431) ; Sidoine Apollinaire (431-487) ; Avitus de Vienne (mort en 518). Et les récits de Sulpice Sèvre montrent combien la religion nouvelle avait gagné les classes dirigeantes.

D'autres provinces de l'Occident permettraient des observations analogues. Dès le début du IVe siècle, le concile d'Elvire par certaines de ses dispositions atteste la diffusion du christianisme dans toutes les classes de la population (c. 2-5 ; 40 ; 41 ; 49 ; 55-57 ; 67). En Afrique, certaines réflexions de saint Augustin prouvent que les grands propriétaires étaient souvent évangélisés avant leurs tenanciers

Les campagnes en effet, et dans tout l'Occident, restent bien davantage à l'écart des courants commerciaux et des apports intellectuels. Elles n'avaient été qu'imparfaitement romanisées. Le Panthéon romain leur était resté dans l'ensemble étranger et le discrédit qui le frappa progres-

---

(1) De Moreau, *op. cit.*, 25.
(2) Cité par Griffe, *La Gaule chrétienne*, I, 273.
(3) P. de Labriolle, Rutilius Claudius Namatianus et les moines, *Rev. des Études latines*, VI, 1928.

sivement au cours de l'Empire fut donc sans influence sur la religion paysanne. Celle-ci est attachée à des pratiques très anciennes, que la conquête romaine avait peu modifiées et que l'évangélisation aura grand peine à faire disparaître. La religiosité des campagnes consistait surtout en pratiques ritualistes, d'où dépendaient la fertilité des champs, la santé du bétail et le bonheur des hommes.

L'évangélisation rurale illustrée en Gaule par les noms de Martin de Tours (316-397), qui parcourt les régions du Centre, le val de Loire, peut-être l'Auvergne, la Saintonge, le pays éduen, voire le Parisis, et Victrice de Rouen, qui, à la fin du IVe siècle, évangélise non seulement sa région, mais aussi les pays des Morins et des Nerviens. Tâche difficile, dont les résultats immédiats sont incertains. Ce n'est guère avant la seconde moitié du Ve siècle que l'on peut parler d'une évangélisation des campagnes et ses résultats seront peu sensibles avant le VIe siècle.

Si du qualitatif on passe au quantitatif, pour tenter de mesurer la croissance du christianisme en Gaule, il semble que l'on puisse s'en tenir aux conclusions suivantes (1) : Minoritaire jusqu'au milieu du IVe siècle, le christianisme bénéficie d'un travail d'évangélisation intense dans les trente dernières années du IVe siècle, de l'avènement de Valentinien Ier à la mort de Théodose Ier. Bien des éléments contribuent à son progrès : l'appui du pouvoir et la présence à Trèves d'une cour christianisée, l'action des apôtres gaulois, Martin et Victrice ; mais aussi cette contagion obscure et souvent inconsciente des conversions qui se multiplient.

Si les villes sont conquises, l'évangélisation rurale reste surtout celle des agglomérations, *vici* ou *castra* (peut-être Dijon, ou Carcassonne par exemple).

Mais derrière ce terme d'évangélisation quelle réalité

---

(1) Ce sont celles d'A. PIGANIOL, *L'Empire chrétien*, 2 et 381, et du chanoine GRIFFE, *La Gaule chrétienne*, I, 260 et suiv.

institutionnelle se cache ? S'agit-il d'un groupement de quelques fidèles, disposant d'un lieu de culte, sans peut-être bénéficier d'un clergé à demeure ; ou bien la communauté est-elle organisée, selon une forme qu'il serait anachronique, mais commode, de qualifier de paroissiale. Où trouve-t-on un évêque ; comment maintient-il les liens hiérarchiques et la fidélité dogmatique avec les communautés lointaines ? Sur ces points essentiels, on en est réduit, ou à peu près, à poser des questions. Sans doute existe-t-il de bonne heure des diacres dans les campagnes. Le concile d'Elvire (c. 77) citait un *diaconus regens plebem*, qui, sans succès décisif, a excité la sagacité des historiens. Et si le concile d'Arles (c. 18) qualifie des *diaconi* d'*urbici*, ont doit supposer que d'autres étaient *rustici* (1). Mais l'organisation qui derrière ces termes reste mystérieuse, ne se rencontrait sans doute pas partout.

3) Les incertitudes qui se présentent à chaque pas lorsqu'on tente de cerner les contours de l'organisation chrétienne, sont plus grandes encore lorsque l'on s'attache au problème fondamental, mais peut être insoluble, celui de la qualité de ces nouveaux chrétiens. Que valent ces conversions ? Quelle est la foi de ces baptisés ? L'historien ne saurait percer le mystère des consciences. Il ne peut retenir que des signes extérieurs, dont l'interprétation reste très hasardeuse et qui, au demeurant, sont rares pour ces époques anciennes.

On peut cependant supposer que la valeur des conversions n'était pas étrangères aux formes que revêtaient l'évangélisation.

Or, l'adhésion à la foi doit être libre. Lactance l'affirme : « La religion est affaire de volonté » (*Inst. div.*, V, 19). Victime des contraintes impériales, Hilaire de Poitiers proteste également contre l'emploi de la violence en matière de foi (*Liber contra Constantium*, ch. 4). Une constitution impé-

---

(1) E. Griffe, *La Gaule chrétienne*, I, 274.

riale de 423 (*C. Th.* 16, 10, 26, 1) condamne elle aussi les violences, de chrétiens cette fois contre des juifs ou des païens.

La doctrine est donc ferme et la législation l'appuie. Mais des violences aux conseils, de l'invitation à la pression, les nuances sont innombrables et s'ils condamnent toute contrainte, les Pères incitent à favoriser les conversions. Chrysostome demande aux grands propriétaires de faire édifier des églises dans leurs domaines. Plus pressant, Augustin reproche aux *potentes* de ne rien faire pour la conversion de leurs gens. Et en face de sursauts violents du paganisme menacé, on ne doit pas oublier certains excès, condamnés par la hiérarchie mais cependant réels, de chrétiens trop fougueux.

Hors même de tout excès, il est toujours difficile d'atteindre au fond des âmes. *Magnum opus est intus haec idola frangere*, disait saint Augustin (1). Et il est le premier a dénoncer ces demi-convertis, encore attachés à Tanit-Coelestis, oscillant d'un culte à l'autre. En Gaule, les clercs eux-mêmes dénoncent des conversions précaires. Certaines ne résisteront pas à la menace des invasions. Pour écarter le Barbare, on demande l'appui des vieilles divinités (2). Sans doute les jugements sévères du prêtre marseillais Salvien (3) ne doivent-ils pas être acceptés sans réserve. Mais s'il y a exagération, il n'y a pas invention pure (4). Ce n'est pas seulement le concile d'Elvire, qui, au lendemain d'une persécution qui avait mis les fidèles à dure épreuve, règle le sort de chrétiens qui ont sacrifié aux dieux (c. 1 à 3). En 374, le concile de Valence (c. 2) revient sur la question, pour ouvrir la pénitence à ces chrétiens incertains.

Il est évident que des conversions plus faciles, plus nombreuses, dont la spontanéité n'était pas toujours totale et qui, loin d'exposer aux risques du martyre, faisaient désor-

---

(1) *Enarr. in Psalm.*, 80, 14, *Corpus Christianorum*, 39, 1127.
(2) Courcelle, *Hist. litt. des grandes Invasions*, Paris, 1948, 79 et 104.
(3) *Ad ecclesiam sive adv. avaritiam*, I, 1.
(4) Poschmann, *Die abendländische Kirchenbusse*, 69.

mais entrer dans la foi reconnue par l'État, devaient avoir pour contrepartie une ferveur parfois moins assurée.

II. *Les cadres*. — De plus en plus vaste, la communauté chrétienne doit s'organiser. Comme toute société, elle le fait en se hiérarchisant et en se diversifiant :

1. Le cadre hiérarchique est constitué par le diocèse dirigé par l'évêque. Celui-ci est par excellence le ministre de la liturgie. Ce n'est que parce qu'il ne peut plus suffire à sa tâche que progressivement les prêtres, d'assistants, deviennent aussi ministres. L'évêque est d'autre part le chef de la communauté. Il en est le pasteur et le père. A lui de régler les litiges, de fixer les usages, de gérer le patrimoine.

De l'évêque au pape, les intermédiaires restent rares. Les métropoles apparaissent en Gaule dans des conditions et à une époque mal connues. Sans doute au début du ve siècle ou à la fin du ive. Le plus souvent elles répondent à la province civile. L'organisation métropolitaine existe en Gaule au ve siècle, puisque les conciles gaulois de cette époque prescrivent la tenue de conciles provinciaux. Mais ces conciles sont irréguliers, du fait de troubles, et le métropolitain ne joue pas un grand rôle sauf dans l'élection et la consécration des évêques.

Un document de nature discutée, mais précieux pour l'organisation ecclésiastique de la Gaule du ve siècle, la *Notitia Galliarum* (1) donne un tableau des circonscriptions civiles et ecclésiastiques. Pour la région qui nous intéresse on y relève les noms suivants :

Belgica Ia : *Metropolis civitas Treverorum* (Trèves).
civitas Mediomatricorum (Metz).
civitas Leucorum (Toul).
civitas Verodunensium (Verdun).

---

(1) M. G., *A.A.*, IX, 584 et s. Document d'origine administrative (Duchesne, *Bull. soc. nat. des Antiquaires de France*, 1897, 247) mais d'usage ecclésiastique (S. Mazzarino, *Stilicone*, 188 et s.).

Germania Ia :   *Metropolis civitas Mogentiacensium* (Mayence).
                        Civitas Argentoratensium (Strasbourg).
                        Civitas Nemetum (Spire).
                        Civitas Vangionum (Worms).
Germania IIa :   *Civitas Metropolis Agrippinensium* (Cologne).
                        Civitas Tungrorum (Tongres).
Maxima Sequanorum :   *Metropolis civitas Vesontiensium* (Besançon).
                        Civitas Equestrium (Nyon).
                        Civitas Helvetiorum (Avenches).
                        Civitas Basiliensium (Bâle).
                        castrum Vindonissense (Windisch).
                        castrum Ebrodunense
                        castrum Argentoriense
                        castrum Rauracense (Augst).
                        portus Abucini.

Aucun siège gaulois ne paraît jouir d'une autorité comparable à celle de Carthage en Afrique, ni même à celle de Milan pendant un temps dans l'Italie du Nord. L'Église de Gaule n'est pas centralisée.

Cependant il y eut des conciles interprovinciaux, de façon fort intermittente et, semble-t-il, surtout à deux périodes : à la fin du IVe siècle : conciles de Valence (375) ; Bordeaux (384) ; Turin (398) ; puis au milieu du Ve siècle dans le Sud-Est : conciles de Riez (439), Orange (441), Vaison (442) et dans l'Ouest : conciles d'Angers (453), Tours (461), Vannes (465). Des liens, sur la nature desquels d'ailleurs on ne sait rien, existaient entre ces conciles, car on constate que certaines de leurs dispositions se transmettent de l'un à l'autre.

Mais pour la région rhénane, en dehors de l'incertain concile de Cologne de 346, on ne conserve aucune trace d'une activité conciliaire.

Quant au vicariat d'Arles, qui cherche à s'imposer dans la première moitié du Ve siècle, il ne parviendra pas à se faire accepter par l'épiscopat des Gaules.

Restent les liens avec Rome, plus efficaces et moins discutés que ceux que l'évêque d'Arles s'efforça d'établir pendant un temps, comme vicaire du pape. Ces liens sont réels, mais sporadiques. La docilité de l'épiscopat gaulois ne semble pas être en question. C'est l'inégale énergie des pontifes romains qui explique les variations de l'action pontificale.

Elle se marque en effet essentiellement par l'envoi d'instructions par le pape, en réponse au questionnaire d'un évêque embarrassé. Le pape est gardien de la discipline. Il la rappelle ou la précise dans les *Canones synodi romani ad Gallos episcopos* (de Sirice plutôt que de Damase), ou dans des lettres comme celles d'Innocent Ier à Victricius de Rouen (404), à Exupère de Toulouse (405), de Célestin aux évêques de Viennoise et de Narbonnaise (428), de Léon Ier à Rusticus de Narbonne (458), d'Hilaire aux évêques gaulois (vers 462), de Symmaque à Césaire d'Arles (513). Dans ces décrétales, le pape affirme son droit de veiller sur les églises de Gaule et il l'exerce en leur donnant des règlements disciplinaires.

Mais le pape est aussi le gardien de la foi. Et cette mission plus haute apparaît par exemple dans la lettre de Célestin aux évêques gaulois en 431, à propos de la doctrine augustinienne de la grâce.

Si les liens avec Rome sont réels, ils gardent un caractère particulier. C'est telle église, au plus celles d'une région, qui reçoivent les instructions pontificales. Et celles-ci sont provoquées par des difficultés immédiates dont l'épiscopat a entretenu le pape. Il est d'autre part évident que les Invasions, l'insécurité des routes, leur mauvais entretien gênent ces relations. Elles sont plus rares avec les régions du Centre, du Nord, de l'Est des Gaules. On n'en a pas d'exemples pour la région rhénane.

2. La hiérarchie de juridiction n'empêche pas la diversité des structures. Celle-ci s'accroît avec les progrès du christianisme.

L'évêque ne peut plus, à lui seul, assurer les fonctions liturgiques et le gouvernement. Des prêtres sont à la tête de certaines églises. Ils confèrent le baptême, diffusent la doctrine. C'est à notre époque que la prédication cesse d'être prérogative épiscopale.

L'indépendance et les attributions du clergé inférieur sont nécessairement plus étendues dans les *vici* ou les campagnes que dans la cité épiscopale. Celle-ci comporte cependant parfois plusieurs lieux de culte et peut-être des prêtres sont-ils déjà affectés à ces églises multiples.

Ainsi se profilent les paroisses rurales, créations de l'évêque évangélisateur, mais aussi du grand propriétaire désireux d'avoir une chapelle dans son domaine ou des paysans qui ont le même souci pour leur bourgade. Toutefois ce n'est qu'au VIe siècle que s'organiseront vraiment les paroisses rurales (1).

La diversité ne résulte pas simplement de la complexité croissante de la hiérarchie. Elle se manifeste aussi dans la variété des vocations et des statuts. A côté des clercs et des laïcs, apparaît le *tertium genus* des moines.

Athanase par ses courses errantes d'exilé fut en Occident le messager du monachisme. Jérôme, un peu plus tard, diffuse l'idéal monastique dans ses lettres de direction. Mais il enseigne aussi qu'une vie de perfection n'exige pas nécessairement une rupture totale avec le siècle. Aussi les nuances sont-elles multiples et les frontières indécises entre le simple laïc et celui (ou celle) qui, rompant totalement avec le monde, prend la voie du couvent ou de l'érémitisme.

La Gaule est en bonne place dans ces débuts du monachisme occidental. On a parfois cru déceler dans ce fait

---

(1) Imbart de La Tour, *Les paroisses rurales du IVe au XIe siècle* (Paris, 1900).

l'action directe de l'Orient (1). Dans la seconde moitié du IVe siècle, saint Martin fonde Ligugé et Marmoutiers. Au début du Ve à Marseille, Cassien établit un couvent d'hommes et un de femmes et c'est vers 420 qu'il rédige son *De Institutione coenobiorum*. Vers 410, Honorat fonde Lérins. A Apt, l'évêque Castor fait édifier un couvent. Dans le Morinie qu'il évangélise, Victricius propage l'ascétisme. S'il n'institue pas de couvent, il développe l'érémitisme.

Ces structures et leur diversité prouvent la vitalité de l'Église. Et ces constatations corrigent les conclusions peu optimistes auxquelles risqueraient de conduire la pointe de désillusion ou certains regrets qui transparaissent dans les propos des auteurs ecclésiastiques.

III. *Les forces.* — Un premier élément de puissance est constitué par l'appui séculier.

Du jour où l'Église fut libre, ses possibilités d'expansion se trouvèrent décuplées. A cette liberté, Constantin ajouta bientôt des faveurs et jusqu'à la fin de l'Empire en Occident, celles-ci l'emporteront sur les courants hostiles.

Sans doute y eut-il un Julien et Valentinien Ier aurait préféré observer la neutralité dans des questions qu'il avouait ignorer. Les querelles christologiques de leur côté entraîneront de fâcheux remous, peut-être dès Constantin, mais surtout avec Constance, qui entendra gouverner l'Église.

Rançon d'un appui trop voyant. Mais dans l'ensemble, l'Église bénéficia du pouvoir impérial et avec Gratien, Théodose Ier, Honorius, les chrétiens ont le plus souvent l'oreille du prince.

Cet appui se marque par la très abondante législation séculière en matière de discipline ecclésiastique, dont le livre XVI du *Code Théodosien* n'a recueilli qu'une partie (2).

(1) Carl SCHNEIDER, *Geistesgeschichte des antiken Christentums*, Munich, 1954, I, 644 et suiv.
(2) D'autres constitutions ont été réunies par HAENEL dans son *Corpus Legum*. Sur cette législation, cf. W. K. BOYD, *The ecclesiastical edicts of the Theodosian Code* (New York, 1905).

Il se marque aussi dans la juridiction reconnue à l'Église et dans l'enrichissement de son patrimoine, bien vite privilégié.

La juridiction ecclésiastique s'appuyait sur des textes scripturaires (1). Mais la juridiction épiscopale n'avait pu être pendant les trois premiers siècles qu'un règlement amiable que l'État ignorait et qui était dépourvu de valeur officielle.

Là encore tout change avec Constantin, qui reconnaît à l'*audientia episcopalis* une compétence étendue, peut-être même au cas où elle ne serait demandée que par l'un des plaideurs. Ses sentences ont force exécutoire (2). Il est certain que ce tribunal joua un rôle important au IVe siècle, encore que quelques évêques aient considéré sans faveur cette charge qui les détournait de leur mission pastorale.

A la fin du siècle, certaines constitutions limiteront quelque peu cette compétence. Mais, devant la disparition des cadres judiciaires romains, l'*audientia episcopalis* reprendra une activité nouvelle à partir du Ve siècle. Une sorte de vide s'est creusé, que la juridiction ecclésiastique viendra pour des siècles combler.

Gardien du droit, l'évêque est aussi le gérant du patrimoine. La fortune de l'Église s'accroît. L'Empereur avec Constantin a donné l'exemple de la générosité. Grands et petits l'imitent. Et peut-être le paysan exposé aux razzias, aux pillages, aux violences, commence-t-il, comme il le fera du VIe au Xe siècle, à abandonner sa terre à l'église voisine ou à un monastère, contre sa rétrocession en précaire et surtout contre une protection qu'il préfère à une liberté et une propriété toujours menacées.

A cet enrichissement, point de contrepartie. L'Église ne meurt point et elle n'aliène pas.

---

(1) Réserves sur ce point de G. Lombardi, *Alcune osservazioni sulla vita della chiesa quale ordinamento giuridico nei secoli IV e V*, in *Studia et Documenta, Historiæ et Juris*, XXV, 1959, 410-413.

(2) Ces solutions sont celles de la Constitution de Sirmond I, qui rapporte une constitution de Constantin de 333, mais l'authenticité du texte est discutée (en faveur de l'authenticité, B. Biondi, *Il diritto romano cristiano*, I, 446-451).

L'inaliénabilité est affirmée par les papes (1), par les collections canoniques (2), par la législation séculière (3). Seule la nécessité permet d'y faire échec. Il est vrai qu'elle est assez fréquente. Le rachat des captifs en particulier conduit souvent l'évêque à disposer d'une partie du trésor.

Enfin ce patrimoine est protégé juridiquement. C'est le début de la théorie de l'immunité réelle, dont les origines sont obscures (4). Elle est signalée pour la première fois par une constitution de 360, mais elle existait déjà avant cette date, car cette constitution ne prétend pas innover. La fin du ive siècle lui est favorable. Au contraire, dans la première moitié du ve siècle, les derniers empereurs d'Occident devront la limiter pour satisfaire aux exigences d'un Trésor aux abois. Honorius introduit certaines réserves en 412 (*C. Th.*, 16, 2, 40 = *C.J.* 1, 2, 5). Valentinien III les accentue en 441, en raison du « malheur des temps » (*Novelle*, X).

Tel apparaît, schématiquement dressé, le cadre dans lequel l'église rhénane s'est développée. A-t-elle quelques traits propres ? C'est ce qu'il faudrait préciser.

II. — L'originalité

Si nous avons pu commencer par un tableau, il nous faut terminer par un questionnaire, dont le seul objet sera de signaler les curiosités du canoniste, ses vœux et ses espoirs.

Sans reprendre les divers aspects de la vie de l'Église d'Occident, tels qu'ils nous sont apparus, on peut grouper autour de trois notions les problèmes qui se posent : les fidèles, les pasteurs, les relations des églises.

On a signalé plus haut les conditions qui favorisaient

---

(1) Léon, *Ep.* 17 ; Gélase, *Ep.* 16, 2.
(2) *Statuta ecclesiae antiqua*, c. 31.
(3) Constitution de Léon de 470 pour l'Orient.
(4) G. Le Bras, *L'immunité réelle* (Thèse, Paris, 1920) ; Ferrari Dalle Spade, *La immunità ecclesiastiche nel diritto romano imperiale*, Scritti giuridici. III (1956).

l'évangélisation et les obstacles qu'elle devait surmonter. Quels furent ses résultats en Rhénanie ? Quels groupes sociaux, fonctionnaires, soldats, marchands, citadins ou ruraux, furent les agents ou les bénéficiaires de la prédication ? Et que représente numériquement la population chrétienne de Rhénanie ? Archéologues et épigraphistes apporteront ici des données précieuses. Il feront connaître les lieux, ruraux ou urbains, des *martyria* et des basiliques, leur nombre, leur surface. Sans doute était-il possible de célébrer plusieurs offices le même jour dans une même église. Mais il n'en est pas moins important de connaître les dimensions que l'on avait estimées tout d'abord suffisantes, les agrandissements successifs, leur date approximative.

Dans certains cas l'anthropométrie (1) permet d'identifier l'origine d'un groupe dont les sépultures attestent la religion. Plus souvent l'épigraphie fournit des données numériques, qui, si elles restent suspectes, car elles sont commandées par le hasard des fouilles (2), peuvent cependant fournir un élément d'appréciation. La qualité des inscriptions est, elle aussi, un indice de la fortune de ceux dont elles conservent le souvenir. Malgré leur laconisme habituel les quelques indications gravées sur la pierre renseignent sur l'âge, le sexe, la profession.

L'histoire vient souvent éclairer ces données premières, irréfutables, mais d'interprétation délicate. A elle de fixer quelle fut l'action de la cour de Trèves, la place du christianisme parmi les hauts fonctionnaires, les grands propriétaires, les bourgeois, les soldats.

A elle aussi de relever les résistances païennes, leurs lieux et leurs formes, violentes ou littéraires, les milieux qui les favorisent.

A côté de la résistance de païens attachés à la tradition ou à des pratiques rituelles, il faut aussi, dans les Marches de

---

(1) Cf. *infra* pour Trèves.
(2) Cf. à cet égard les observations de F. G. MAIER, Römische Bevölkerungsgeschichte und Inschriftenstatistik, in *Historia*, II (1954), 318-351.

l'Est, tenir compte de la pression des Invasions. L'immense diocèse de Tongres fut submergé par les Francs et vers la fin du ve siècle l'évêché est passé de Tongres à Maestricht. Des métropoles, comme Cologne ou Mayence, furent ruinées au moins pour un temps. Les églises rhénanes, de Cologne à Bâle, furent elles aussi bouleversées au Nord par les Francs et au Sud par les Alamans. A Strabourg la succession épiscopale semble interrompue. Mais qu'en fut-il à Cologne, Mayence, Worms, Spire, Bâle ? Dans la cité des Équestres, Nyon cesse d'être ville épiscopale. Là encore l'archéologie sera d'un grand secours. Elle dénombre les Temples détruits et fixe la date de leur démolition. Mais elle note aussi les survivances et surtout les réfections tardives de temples païens. L'interprétation de représentations figurées, de mosaïques (1) permet encore d'évoquer des courants philosophiques et religieux, de les situer (au sens le plus topographique du terme) dans une cité (2).

A côté du peuple fidèle et de ses adversaires, les pasteurs. Ils sont fort mal connus. On en voudrait savoir l'origine ethnique et sociale, le nombre, l'échelonnement. Certains diocèses sont très vastes. C'est le cas pour Tongres, Trèves, Toul. L'évêque ne pouvait y suffire à tout. Comment étaient organisées les communautés locales, comment leurs pasteurs étaient-ils rattachés à l'évêque ? Si les paroisses rurales s'ébauchent, commence-t-on à discerner des cadres intermédiaires, celui des archiprêtres en particulier ?

Enfin quelle est l'action de ce clergé. Son action religieuse tout d'abord. Mais aussi son rôle social devant les Invasions. Resta-t-il, comme certains de ses chefs lui en faisaient le devoir, avec ceux qui ne pouvaient fuir et qu'abandonnaient les cadres administratifs impériaux ? Quelle fut son action pour secourir les détresses, racheter les prisonniers ? Et, en dehors même de toute invasion, comment

---

(1) Cf. *infra* l'interprétation de la mosaïque du Kornmark de Trèves.
(2) La numismatique fournira aussi des éléments de datation et parfois l'expression de tendances religieuses.

assuma-t-il sa mission charitable ? Trouve-t-on, comme déjà en Italie, des hospices accueillant voyageurs et malades ?

Le monachisme nous est apparu comme particulièrement florissant en Gaule. Dans quelle mesure a-t-il atteint la Rhénanie et par quels intermédiaires ? Là encore on en voudrait savoir les foyers et les formes : monastères d'hommes ou de femmes, vie érémitique ou maintien dans le siècle ?

Les relations des églises entre elles ou avec Rome ne sont pas moins obscures. Il ne semble pas que la Rhénanie ait été le siège de grandes réunions conciliaires comme celles que connurent, malgré les Invasions, d'autres régions de Gaule. Aucune trace ne subsiste d'une législation conciliaire rhénane. Et l'on ne sait pas quelles étaient les relations des métropoles avec les sièges diocésains, ni comment se firent les choix épiscopaux.

Si la présence de la Cour fit de Trèves un centre important où l'épiscopat venait trouver le prince, les relations des évêques rhénans avec Rome n'ont pas laissé de traces.

Sur tous ces points on souhaiterait des données précises qui seules permettront d'apprécier exactement la part d'originalité et celle de conformisme des églises rhénanes.

Leur mérite ne serait pas seulement de mieux situer cette pointe avancée de la chrétienté ancienne. Il serait plus encore d'étayer le tableau que tente ce rapport. Car, sans ces précisions du détail, les vues d'ensemble restent vaines et c'est par l'histoire locale que l'on pourra un jour tenter d'écrire l'histoire générale.

II

Unanimité et majorité
(Observations sur quelques études récentes)

Plusieurs travaux récents ont, à nouveau, attiré l'attention sur les mécanismes de l'adhésion populaire au choix d'un chef, à l'établissement d'une règle, au prononcé d'une sentence. M. Paolo Grossi a scruté le concept de l'unanimité dans la pensée chrétienne des premiers siècles [1] ; M. Leo Moulin déjà connu par plusieurs articles sur l'histoire des techniques électorales, s'est attaqué à la double notion de *maior et sanior pars* [2]. L'histoire de l'adage *quod omnes tangit ab omnibus tractari et approbari debet* vient d'être retracée par le R. P. Y. M. Congar [3]. Enfin, dans un cadre géographique volontairement limité, M. Ferdinand Elsener a envisagé la place faite aux notions d'unanimité, de majorité et de *sanior pars* dans les sources suisses du XIIe au XVIe siècle [4].

La comparaison des résultats auxquels aboutissent ces recherches laisse mieux apercevoir, sous la communauté du but, non seulement la diversité des mécanismes techniques, mais, ce qui importe peut-être davantage, celle des conceptions juridiques qui leur servent de fondement.

Rome a fourni les textes de base, mais la construction juridique fut surtout canonique, car c'est dans l'Eglise que les techniques électorales se sont d'abord développées et seuls les clercs étaient alors capables de poser la question de leur justification.

---

[1] *Unanimitas, Alle origini del concetto di persona giuridica nel diritto canonico*, Annali di Storia del Diritto, II (1958) ext., 103 p.
[2] *Sanior et maior pars, Note sur l'évolution des techniques électorales dans les ordres religieux du VIe au XIIIe siècle*. (Rev. hist. de droit, 1958, 368-397 ; 491-529).
[3] *Ibidem*, 210-259.
[4] *Zur Geschichte des Majoritätsprinzips (Pars maior und pars sanior) inbesondere nach schweizerischen Quellen*, Zeitschrift der Savigny Stiftung, Kan. Abt., 1956, 73-116 et 560-573. On ajoutera à ces études amples, l'article plus bref de A. Petrani, *Genèse de la majorité qualifiée*, Apollinaris, XXX (1957), 430-436.

On ne trouve pas à Rome de réflexion sur les formes de gouvernement, sur le rôle des masses et celui des élites, comparable à celle que l'on rencontre en Grèce. L'époque républicaine elle-même n'avait laissé qu'une place réduite à la loi du nombre. Comme on l'a fait observer [5], le régime des magistratures romaines reposait sur le principe de la collégialité qui excluait tout appel à la majorité. Le collège agit selon une règle « d'unanimité », qui persiste encore sous l'Empire dans le collège impérial. Cette unanimité est réelle ou théorique (en particulier au cas de partage des tâches selon le système de la *provincia*). Elle n'exige pas le concours effectif de tous les membres du collège. Mais elle s'exprime (négativement) par le droit reconnu à chacun de s'opposer à l'acte de ses collègues et de paralyser ainsi toute initiative (*ius prohibendi*).

Les comices cependant pratiquaient le vote et observaient la loi de la majorité. Un document provincial, la *lex municipii Malacitani* (vers 82-84 de notre ère) permet de rétablir le mécanisme du vote dans les comices tributes de la Rome républicaine [6]. Ce n'est pas le lieu de rappeler comment le mode de computation des voix aboutissait à des solutions dont on a souvent dénoncé le caractère peu démocratique. Il est assez vain de reprocher aux Romains d'avoir ignoré nos conceptions d'une représentation démocratique (et l'Histoire contemporaine montre qu'il est bien des façons de les mettre en œuvre). Ce qui reste caractéristique du système romain c'est que la voix qui compte pour le calcul final n'est pas celle du citoyen, mais celle d'un groupement, centurie ou tribu. Cela seul suffirait à prouver que les Romains ne prenaient pas en considération une majorité d'individus, mais la majorité de corps intermédiaires.

C'est à l'intérieur de ces corps que le vote individuel reprend ses droits. Il est également observé au Sénat, sans que l'on puisse dire si l'on exigeait la majorité absolue ou si l'on se contentait d'une majorité relative [7]. Deux passages de Pline le Jeune confirment le jeu du principe majoritaire. Le premier marque le mépris du grand seigneur ou de l'intellectuel pour un système qui sacrifie l'élite : *Numerantur enim sententiæ, non ponderantur ; nec aliud in publico consilio potest fieri in quo nihil est tam inæquale quam æqualitas ipsa ; nam cum sit impar prudentia, par omnium ius est* [8]. Dans ce regret de ne pouvoir « pondérer » les votes, Pline se montre un précurseur des propagandistes de

---

[5] Ed. RUFFINI AVONDO, *Il principio maggioritario nelle storia del diritto canonico*, Archivio giuridico, XCIII (1925), 22.

[6] Ch. LVI (*C. I. L.*, II n° 1964, RICCOBONO, *Fontes iuris romani anteiustiniani*, I, *Leges*, p. 208). Sur le mécanisme électoral d'après ce texte, cf. MOMMSEN, *Gesammelte Schriften*, I, 1, p. 317 et suiv.

[7] La seule source à ce propos est Pline, VIII, 14, qui montre que la question était déjà débattue de son temps.

[8] II, *Ep.*, 12, 5.

la *sanior pars*. Et sa critique d'une égalité absolue est conforme à la tradition aristocratique de la République romaine. L'autre passage marque au contraire le respect du nombre. Après le débat où chaque opinion peut librement s'exprimer, lorsque la majorité a fixé la solution, tous doivent l'observer : « *Singulos enim integra re dissentire fas esse ; peracta, quod pluribus placuisset, cunctis tuendum* [9] ». Mais si Pline affirme la soumission à l'opinion majoritaire, il n'évoque nullement l'idée d'une unanimité fictive que nous allons rencontrer chez certains jurisconsultes romains.

Sous l'Empire, dans les curies municipales, le vote est également majoritaire. L'assemblée ne peut valablement délibérer que si deux tiers des membres sont présents [10]. Mais la simple majorité suffit à emporter le vote [11]. Comment parvenait-elle à s'imposer à tous ? Peut-être par un ralliement de la minorité qui aboutissait finalement à une unanimité. Ces tractations, qui sont la négation du principe majoritaire et prouvent la persistance de la règle de l'unanimité, sont encore évoquées par des formules du genre de celle-ci : *universi decuriones colonique inter se consenserunt*. C'est alors, dans une sorte d'accord ou plutôt de compromis entre majorité et minorité, qu'il faut chercher l'autorité de la décision [12].

Pour les juristes classiques, l'avis de la majorité s'impose par une fiction qui l'identifie à une décision unanime. Scaevola le dit clairement [13] : *Quod maior pars curiæ efficit, pro eo habetur ac si omnes egerint*. Et Ulpien confirme le recours à cette fiction : *Refertur ad universos quod publice fit per maiorem partem*. Ainsi, là même où il admettait la majorité, le droit public romain doutait de sa valeur obligatoire. C'est à l'unanimité du corps qu'il attribuait la décision pour lui conférer autorité.

Une grave lacune de la dogmatique juridique romaine empêchait d'ailleurs la construction d'une doctrine cohérente. C'est l'absence à peu près totale d'une notion de représentation. Cette défaillance ne semble pas avoir été très nettement ressentie par les curies municipales dont les décisions engageaient les habitants du municipe. Mais elle est plus flagrante en droit privé. Ici encore — comme pour les magistratures républicaines — l'idée de collège prédomine et elle postule le concours de tous. C'est à propos des co-tuteurs que Paul déclare, dans une formule

---

[9] VI, *Ep.*, 13, 4.
[10] Ulpien, D. 50, 9, 3 : *Lege autem municipali cavetur, ut ordo non aliter habeatur quam duabus partibus adhibitis;* cf. Ulpien et Paul, D. 3, 4, 3 et 4 ; Honorius, CTh. 12, 1, 142 (395).
[11] Paul, D. 26, 5, 19, pr. Honorius, CTh. 12, 1, 142 (395). Sur l'ordre dans lequel les décurions sont appelés à voter, cf. Papinien, D. 50, 2, 6, 5, et Ulpien, D. 50, 3, 1, 1, et pour les vœux des provinces au Bas-Empire, Théodose 1er, CJ. 10, 65, 5 (392).
[12] En ce sens AVONDO, *op. cit.*, 29-30.
[13] D. 50, 1, 19.

dont on retrouvera l'écho au Moyen Age : *De uno quoque negotio præsentibus omnibus, quos causa contingit, iudicari oportet* [14]. On en revenait ainsi à l'unanimité qui, franchement ou par le jeu d'une fiction, l'emportait sur le principe majoritaire.

On ne saurait entreprendre ici le relevé de tous les témoignages sur les séances du Sénat ou des curies municipales sous l'Empire. Une recherche systématique dans cette voie serait sans doute fructueuse. Du moins peut-on citer un exemple particulièrement fameux où le procès-verbal de l'assemblée fait état non de votes et de majorité, mais d'unanimité par acclamation. Il s'agit de la séance du Sénat de Rome qui, en 438, reçut et promulgua le Code que Théodose venait de donner à l'Orient [15]. On n'y mentionne que des acclamations sénatoriales. Peut-être sont-elles imputables à la servilité du Sénat ou à un enthousiasme sincère et général pour le nouveau Code. Mais si la règle avait été de voter, on l'aurait observée alors même que ce vote devait être unanime. En fait, la technique des délibérations du Sénat était — Pline l'indiquait déjà — des plus imprécises. Il était naturel de parer la décision du prestige de l'unanimité.

⁂

L'unanimité est également la loi habituelle des conciles tenus au Bas-Empire. La formule qui termine si souvent leurs canons est celle d'*universi dixerunt* ou de *placet*. Dans la grande majorité des cas, les divergences d'opinions dans les débats ou les oppositions dans les votes sont passées sous silence. Cette unanimité était en partie au moins fictive. On n'en donnera pour exemple que les débats que souleva la question de la continence des clercs majeurs au concile de Nicée [16] et le refus qu'opposèrent au même concile deux prélats à la souscription du Symbole [17]. Si la règle de la majorité est parfois appliquée, soit dans des élections pontificales (celle de Corneille en 251 [18]), soit dans quelques décisions conciliaires [19], le principe reste celui de l'unanimité.

Le 6ᵉ canon du concile de Nicée, dans sa phrase finale montre bien comment il faut comprendre cette unanimité. Il envisage l'hypothèse où

---

[14] D. 42, 1, 47, pr.

[15] Dans l'édition du Code Théodosien de MOMMSEN et P. MEYER, Berlin, 1905, 1 et suiv.

[16] Le débat est rapporté par les historiens ecclésiastiques (Socrate, Sozomène, Gélase de Cysique). Il n'apparait pas dans les canons. Cf. HEFELÉ-LECLERCQ, *Hist. des conciles*, I, 1, 620-624.

[17] *Ibid.*, 447, cf. Eusèbe, *Vita Constantini*, III, 14.

[18] ORTOLAN, V° *Election des papes*, *Dict. de Théol. Cathol.*, col. 2287. Cf. la disposition du concile de Rome de 499 qui rapporte la règle de l'élection à l'unanimité, mais admet le jeu de la majorité (HEFELÉ-LECLERCQ, *op. cit.*, II, 2, 949).

[19] Par exemple au concile de Chalcédoine (451) à propos des deux natures du Christ (HEFELÉ-LECLERCQ, *op. cit.*, II, 2, 719).

l'élection de l'évêque ayant été acquise par un vote unanime (τῇ Κοινῇ πάνιων ψήφῳ), deux ou trois électeurs s'y opposent par esprit de chicane (ce qui prouve que l'unanimité n'était pas effective). Le concile décide que le vote de la majorité l'emportera (Κρατείτω ἡ τῶν πλείονων ψῆφος). On ne saurait mieux dire que l'opposition ne compte pas et que l'opinion de la majorité est tenue pour celle de tout le collège.

Comment expliquer cette prépondérance du principe d'unanimité dans l'Eglise ancienne, alors que les institutions romaines, qui si souvent inspirent le droit de l'Eglise, connaissaient le régime majoritaire ? M. Grossi fait observer que, si on a insisté — peut-être avec excès — sur les exemples que les conciles avaient trouvés dans le Sénat ou les curies municipales romaines [20], ici du moins le rapprochement ne porte pas. Mais il est également impossible d'attribuer le principe d'*unanimitas* canonique à l'influence des Germains, bien que ceux-ci aient également un principe d'*unanimitas*. En effet, d'une part l'unanimité canonique est attestée au moins dès le IIIe siècle dans des régions de l'Empire soustraites à toute influence germanique ; mais surtout, M. Grossi montre l'originalité du concept canonique qui, comme si souvent, traduit une doctrine théologique. L'unanimité canonique exprime la notion théologique et mystique de l'*unitas ecclesiæ*. L'enquête faite à ce propos par M. Grossi s'étend des Pères apostoliques (Clément de Rome, Ignace d'Antioche) aux Apologistes (Irénée, Tertullien, Origène, Cyprien) et aux Pères du IVe siècle (qui ne font guère ici que reprendre les idées de leurs devanciers). Elle porte également sur les premières œuvres juridiques (Pasteur d'Hermas, Hipollyte, Didaschalie, règles monastiques et canons conciliaires). Et M. Grossi affirme à ce propos la légitimité d'un recours aux textes patristiques pour une étude de notions juridiques. Les Pères, dit-il (p. 17-18), ont dû « construire l'Eglise » en tant qu'organisme nécessitant une certaine structure juridique. A la base de cette construction juridique, ils ont mis le droit divin et les exigences de la morale chrétienne.

Le terme d'*unanimitas*, qui répond à des notions bibliques, était exceptionnel chez les païens. Il fut popularisé par la langue des chrétiens. C'est qu'il était lié à la notion d'Eglise, entendue comme « corps mystique » et donc à celle d'*unitas ecclesiæ*. L'unanimité n'est pas seulement celle des consentements, c'est aussi une « unité de foi et de vérité » ainsi que le déclare Cyprien dans sa lettre 75 (III, 1). Cette lettre sur l'*unanimitas fidelium*, voulue par Dieu et persistant malgré les séparations matérielles des membres, est l'un des textes où cette doctrine s'exprime le mieux (I, 1 et 2 ; III, 1-3 ; etc.). Et c'est dans ce contexte

---

[20] Références sur ce point dans notre ouvrage, *L'Eglise dans l'Empire Romain* (Paris, 1958), 451-452.

théologique que l'évêque de Carthage parle de la nécessité du concile annuel : *in unum convenimus* pour décider *communi concilio* (IV, 3). Ainsi l'unanimité n'apparaît nullement comme un total de voix individuelles. Elle exprime la volonté d'un *corpus,* d'un collège dont tous les membres ont reçu l'inspiration du Saint-Esprit. Ce n'est donc pas seulement la chronologie qui s'oppose à ce que l'on attribue à l'unanimité canonique une origine germanique ; c'est aussi la logique, car les principes sur lesquels elle repose sont totalement étrangers à ceux qui justifiaient les conceptions germaniques [21].

Les mêmes conceptions, théologiques et juridiques à la fois, expliquent également l'impossibilité de tout fractionnement dans l'Eglise. Si l'Eglise est une et si ses organes s'expriment unanimement, tout fractionnement est contraire à la volonté de son divin fondateur. La *pars* contredit l'unité du corps mystique ; elle conduit au schisme et à l'hérésie. L'erreur est son œuvre, tandis que l'unanimité du *corpus* garantit l'authenticité de la Tradition [22].

Les Germains eux aussi invoquaient l'unanimité, mais sans l'appuyer, comme les Pères, sur des considérations relatives à l'unité du corps social. Tacite (*Germanie,* XI, 6) observait déjà que leurs assemblées ignoraient le décompte des voix. L'approbation s'y marquait par le fracas des armes, tandis que l'opposition provoquait des rumeurs [23]. Pas plus qu'à Rome, moins même s'il est possible, on ne trouve l'idée de représentation du groupe par quelques élus. Tacite encore (*ibid.,* XI, 1) note avec sa brièveté coutumière : *de minoribus rebus principes consultant ; de maioribus omnes.* Ces *principes* ne sont nullement des représentants au sens moderne de l'expression, mais un conseil étroit qui suffit pour les questions secondaires. Quant à l'adhésion populaire, elle est le fait de tous [24]. Ce consentement unanime est nécessaire. Comme déjà dans la Grèce homérique, ces soi-disant consultations du peuple pour avoir son avis sont bien plus des confrontations inégales, où les chefs s'efforcent de convaincre les leurs par d'habiles arguments (*auctoritate suadendi,* dit Tacite, qui analyse bien les forces en présence). L'acclamation finale marque leur réussite. Cette pratique d'unanimité se retrouve dans les

---

[21] Si *l'unitas ecclesiæ* est affirmée par de nombreux textes, c'est à tort que M. Grossi invoque en sa faveur (p. 62-64) le soi-disant Edit de Milan. Car la restitution des biens qui est faite *ad ius corporis eorum, id est ecclesiarum* (Lactance, *De mortibus persec.,* XLVIII, 2-8) concerne non l'Eglise universelle (qui n'aurait pu commodément être l'attributaire et le gérant de tout le patrimoine ecclésiastique), mais les communautés épiscopales locales : *ecclesiæ* et non *Ecclesia.*

[22] Si beaucoup de textes condamnent la division qui déchire l'unité de l'Eglise, le partage des voix dans une élection n'est pas toujours mal vu. Léon 1er, dans un texte cité ci-dessous p. 141, le déclare *nec reprehensibile, nec irreligiosum.*

[23] Mêmes usages en Gaule, César, *De bello gallico,* VII, 21.

[24] De même en Gaule : *Conclamat omnis multitudo* (César, cité ci-dessus, à propos de l'approbation donnée à la politique de Vercingétorix avant le siège d'Avaricum).

monarchies « barbares », où les références sont fréquentes à l'action collective (*omnes, cuncti, universi*).

L'unanimité germanique était très différente de celle qu'avaient accréditée les Pères. Elle ne repose plus sur l'idée d'un *corpus*, abstraction étrangère à la pensée des Germains. C'est la foule qui consent. Ce qui compte c'est le nombre des individus, des présences physiques, en général celles de guerriers. Si l'on ne craignait des précisions étrangères sans doute à la pensée de l'époque, on dirait qu'à une conception organiciste s'oppose une doctrine particulariste, celle qui tient compte de la somme des individus.

Fortifié par les traditions germaniques, le principe canonique de l'*unanimitas* persiste pendant tout le haut Moyen Age.

Le R. P. Congar[25] a attiré l'attention sur le texte des *Etymologies* (VI, 16, 12-13), où Isidore de Séville tentait l'explication du terme de « Concile » : *Concilium nomen tractum ex more romanorum. Tempore enim quo causae agebantur, conveniebant omnes in unum communique intentione tractabant ; unde et concilium a communi intentione dictum, quasi consilium...*[26]. L'évêque de Séville voulait ainsi souligner l'accord unanime qu'impliquait le concile. Une phrase, qui figure dans le fragment d'Isidore tel que le rapporte Gratien[27], l'indique plus clairement encore dans une forme négative : *Unde et qui sibimet dissentiunt, non agunt concilium, quia non consentiunt in unum.* Dans la pensée d'Isidore, l'unité conciliaire était donc double : matérielle, par la réunion commune (*conveniebant omnes in unum*), et intellectuelle, par l'accord général dans les décisions (*communique intentione tractabant*)[28]. On ne pouvait marquer plus fortement que l'unanimité était essentielle aux conciles. A plusieurs reprises, les conciles eux-mêmes insisteront sur l'unanimité de leurs décisions[29].

Celle-ci apparaît aussi souvent dans les élections épiscopales ou abbatiales. L. Moulin a fait observer que du VIe au XIIe siècle tous les papes ont été élus « à l'unanimité[30] ». La première élection pontificale à la majorité fut celle d'Innocent II en 1130. En 1159, Alexandre III était

---

[25] *Op. cit.*, 229.
[26] Sur l'établissement de ce texte et sur ses origines romaines, cf. A. Rota, *La definizione isidoriana di concilium et le sui radici romanistiche* (*Atti del Congresso intern. ai diritto romano*, Verona, IV, 1948 [1953], 213 et suiv.).
[27] D. XV, c. 1, § 7. En faveur de l'authenticité de cette phrase déjà conservée par les *Correctores Romani*, Rota, *op. cit.*, 217-218.
[28] En ce sens Rota, *op. cit.*, 219 et suiv., qui croit trouver l'origine de ces formules dans un passage d'Ulpien rapporté au Digeste, II, 14, 1, 3 : *Nam sicuti convenire dicuntur qui ex diversis locis in unum locum colliguntur et veniunt, ita et qui ex diversis animi motibus in unum consentiunt*. Ce texte, relatif aux conventions privées, se réfère en effet, comme le fera Isidore, à la communauté du lieu et à celle des volontés, mais, à la différence d'Isidore, il ne les exige pas toutes deux ensemble.
[29] Ex. dans Congar, *op. cit.*, 229, n. 71.

élu par 24 voix sur 27 et dans des conditions qui provoquèrent un schisme. Mais en notifiant son accession au trône pontifical, le pape, sans cacher la vérité, usait du langage traditionnel de l'unanimité : *Tandem in personam nostram... omnes fratres, quotquod fuerunt, tribus tamen exceptis, ... concorditer atque unanimiter convenerunt* [31].

Cette unanimité est souvent formelle. La minorité doit s'incliner. Fréquemment on tente de la rallier à l'opinion du plus grand nombre. Si la persuasion échoue, on recourt aux menaces. Les conflits, les bagarres même, autour des élections canoniques sont célèbres. Et le cas de ces clercs qui déclaraient au pape que *minis et terroribus fuerant inducti electioni... consentire* [32] n'est pas exceptionnel [33].

L. Moulin évoque à ce propos les élections à 98 %, dont les régimes autoritaires contemporains ont donné des exemples [34]. En fait, les mécanismes et les préoccupations sont très différentes. Le succès à 98 % est encore un hommage aux règles de la démocratie, telle que l'avait conçue le XIXe siècle, car le vote se fait selon les modes démocratiques. Et si l'énormité du succès rend sceptique sur sa sincérité, s'il y a falsification, celle-ci repose sur le principe du vote individuel (que l'on provoque, que l'on empêche ou que l'on dirige). L'unanimité canonique médiévale ne se ramène pas à une addition de voix individuelles. Elle doit — comme aux premiers siècles de l'Eglise — traduire l'entente parfaite du corps. Toute division est scandale. Pour la cacher, on cherche *per fas et nefas* à rallier une minorité, *qui s'est manifestée*. Sans doute, dans les deux cas l'unanimité est « un mythe » (L. Moulin), mais qui relève de « mythologies » très différentes.

Elaborée par les canonistes, qui héritaient de la pensée des premiers docteurs, la notion d'*unanimitas* se retrouve dans les usages séculiers. On souhaiterait que les diverses régions de l'Occident bénéficient d'études analogues à celle que M. Elsener a consacrée à la Suisse [35]. Dans ce pays, le principe d'unanimité, général au haut Moyen Age, laissera des traces dans des textes du XVIe siècle. La minorité ne compte pas. Elle doit s'incliner, ne pas se faire connaître au dehors, rallier la majorité pour que s'affirme au grand jour le respect de l'*unanimitas* [36].

Mais progressivement l'influence ecclésiastique introduit des conceptions nouvelles. M. Elsener montre comment celles-ci résultent tant de

---

[30] *Op. cit.*, 374.
[31] Cité par Wretschko, *Die electio communis...*, Deutsche Zeitschrift für Kirchenrecht, XI (1902), 347. La formule employée par le pape mérite d'être soulignée. Elle marque (implicitement, mais cela même indique combien la chose semblait normale) que les opposants ne comptent pas (l'unanimité moins les adversaires !).
[32] X, 1, 6, 19.
[33] Exemples dans Moulin, *op. cit.*, 372-373.
[34] *Op. cit.*, 369-370.
[35] Cité *supra*, p. 133, n. 4.
[36] *Op. cit.*, 82-83.

l'action de clercs, qui ont fréquenté les Universités d'Italie, que de l'exemple des usages monastiques concernant l'élection de l'abbé ou les décisions capitulaires. Tous deux contribuent à introduire, à côté du principe ancien de l'*unanimitas,* celui de la majorité. Peut-être même celui de la *sanior pars* trouve-t-il application. Quelques textes semblent l'établir, mais le point exigerait des recherches plus poussées [37]. En tous cas, le principe majoritaire qui apparaît fréquemment dans les textes du XIIIe siècle, gagne peu à peu. Il l'emporte nettement au XVIe siècle.

C'est que dans l'Eglise elle-même, à côté de l'*unanimitas* et tendant à la supplanter, apparaît le principe majoritaire. L. Moulin en fixe les premiers développements au cours du XIIe siècle. En 1134, le chapitre général cistercien signale les divisions d'opinions dans les élections (la nouveauté est dans l'aveu, non dans le fait) et conclut à la nécessité d'un régime majoritaire [38]. L'époque où se manifestent ces tendances nouvelles, qui est celle de la diffusion du droit romain récemment retrouvé, incite à attribuer à l'influence des textes romains cette renaissance du principe majoritaire. Sa justification chez Innocent IV rejoint celle des juristes romains. Comme pour Scaevola ou Ulpien, la majorité pour Sinibaldo Fieschi est dans la fiction de l'unanimité : *Quod maior pars capituli facit, totum capitulum facere videtur.* Selon M. Grossi, la doctrine romaine n'aurait fourni au canoniste qu'un « point d'appui ». Ce serait la pensée patristique, plus que la jurisprudence romaine, qui inspirerait le pape. Il est en tous cas évident que le principe majoritaire est, par une fiction, ramené à celui de l'unanimité. Celle-ci reste donc l'objectif final.

Les mécanismes électoraux trahissent les mêmes soucis. L'élection *per inspirationem,* qui est pour les canonistes le procédé le plus parfait, suppose cette unanimité suscitée par l'Esprit. Celle par compromis, en remettant à quelques-uns le soin de proposer l'élu, évite qu'un désaccord ne s'affiche au grand jour. Le principe majoritaire ne condamne donc pas celui de l'unanimité.

Il s'y opposait d'autant moins qu'il fut bientôt corrigé par celui de la *sanior pars.* Les débuts de cette notion restent obscurs. Qu'elle ait été « pensée » sinon reconnue dès le second siècle, les regrets de Pline voyant qu'on refuse de « peser » les votes, en est une preuve certaine. Sous une forme positive, on a cru la trouver déjà dans la lettre de Léon Ier à Anastase de Thessalonique (Ep. 14, ch. 5) : *Si forte, quod nec reprehensibile nec irreligiosum iudicamus, vota eligentium in duas se diviserint partes, is metropolitani iudicio alteri præferatur qui maioribus iuvatur studiis et meritis* [39]. Mais ce texte ne donne pas la primauté à l'opinion d'une *pars,* tenue pour la meilleure. Il indique le moyen de résoudre

---

[37] *Op. cit.,* 112 et 560 et suiv.
[38] MOULIN, *R. H. D.,* 1958, 371.
[39] PL. 54, 673, reproduit au Décret de Gratien, D. 63, c. 36 ; cf. AVONDO, *op. cit.,* 53.

l'opposition entre deux fractions électorales tenues pour équivalentes puisque l'on confie au métropolitain le soin de les départager et de choisir l'un des deux candidats. Ce choix ne résulte nullement de ce qu'il est le candidat d'une *sanior pars,* mais de ce que le métropolitain le considère comme le meilleur [40].

Beaucoup plus net en faveur de la prise en considération de l'opinion de la *sanior pars* est le passage célèbre de la règle bénédictine, relatif à l'élection de l'abbé (ch. 64). Celui-ci est normalement désigné par l'unanimité, qui garde ici encore la première place (*omnis concors congregatio*). Mais il peut être également celui que *etiam pars congregationis* (*quamvis parva*) *sanioris consilio elegerit.* Et s'il arrivait que l'unanimité se portât sur un candidat indigne, son choix ne devrait pas être ratifié par l'évêque.

Par ce correctif à la seule loi du nombre, la règle bénédictine donne la primauté à une appréciation qualitative, qui est bien dans la ligne de l'organisation hiérarchique de l'Eglise [41]. Car la *sanior pars* ne se définit pas d'elle-même. Elle est déterminée par les supérieurs qui reprennent ainsi le contrôle de l'élection. Là apparaît la contradiction fondamentale qui oppose un régime démocratique qui « pèse » les voix (surtout lorsqu'il le fait en se référant au critère très vague de la *sanior pars*) à celui qui pratique l'élection majoritaire. Par contre le système de la *sanior pars* ne s'oppose pas profondément à celui de l'unanimité. Non que, par une fiction, la *sanior pars* soit tenue pour exprimant la volonté de tout le corps. Mais parce que l'*unanimitas,* qui est suscitée par l'Esprit, ne peut être que celle des meilleurs.

Adopté de bonne heure pour les élections bénédictines, le système de la *sanior pars* s'étend de façon générale aux élections canoniques à partir du XIe siècle [42]. Il se combine le plus souvent avec le principe majoritaire (*maior et sanior pars*). Mais il le corrige en permettant l'intervention hiérarchique, car la *sanior pars* l'emporte sur la *maior pars* [43].

---

[40] Sans doute lorsque les canonistes auront à fixer les critères auxquels se reconnaît la *sanior pars,* ils feront intervenir les qualités de son candidat (Panormitain, sur X, I, 6, 57, n. 11 et 12). Mais il s'agit alors de déterminer la *sanior pars,* non de choisir un candidat. Il était d'ailleurs peu logique (et très dangereux) de se référer aux mérites du candidat pour fixer le groupe qui serait considéré comme ayant fait le choix décisif ! Cet illogisme ne peut s'expliquer que par la volonté de rétablir le contrôle hiérarchique sur le choix des électeurs.

[41] Grossi, *op. cit.,* 94 et suiv.

[42] Moulin (*R.H.D.*, 1958, 380) après Avondo et Grossi.

[43] C'est l'opinion de Rufin et d'Hostiensis ; elle s'exprime dans cette Glose au Décret, D. 40, c. 12, V° *Honore:* « *Illa pars quæ iustiori ratione innititur, maior dicitur, licet sit minor.* » Mais devant les interminables conflits entre *maior* et *sanior pars,* le concile de Lyon de 1274 décida que la majorité des deux tiers l'emporterait toujours, sans que l'on puisse lui opposer l'opinion d'une *sanior pars* (VI°, 1, 6, 9).

Par d'autres cheminements le principe démocratique cherchait à s'imposer. Vers les dernières décades du XIIe siècle [44] apparaissait un nouvel adage dont le succès sera considérable : *quod omnes tangit ab omnibus tractari et approbari debet.* On le rencontre pour la première fois dans la *Summa* « *Reverentia sacrorum canonum* », que Kuttner date de Bologne entre 1183 et 1192 [45]. Il s'agit d'un passage relatif au jugement du pape hérétique : *Quod omnes similiter tangit ab omnibus, sicut si bonum est debet comprobari, ita si malum est improbari, ut colligi potest ex eo quod dicitur in c. De auctoritate, l. ult.* (= CJ. 5, 59, 5).

L'origine romaine de l'adage est ainsi certifiée. En fait, la règle formulée par Justinien dans une constitution de 531 concernait la nécessité d'une collaboration entre cotuteurs pour certains actes particulièrement graves : *ut quod omnes similiter tangit ab omnibus comprobetur.* C'était une manifestation de l'aspect collégial, conséquence d'une organisation rudimentaire et de l'absence de principe de représentation, que l'on a signalée plus haut à propos de l'indivision et de la cotutelle [46].

Cette règle, retrouvée dans la compilation justinienne et aussitôt appliquée en dehors de la matière à propos de laquelle elle avait été formulée, devait connaître un rapide succès auprès des canonistes. Innocent III lui confère autorité législative, en l'insérant dans une décrétale relative à la désignation des doyens ruraux [47] : « *Quum iuxta imperialis sanctionis auctoritatem ab omnibus quod omnes tangit approbari debeat.* » Au cours du XIIIe siècle elle est de plus en plus souvent invoquée [48]. Elle finira par prendre rang parmi les règles de Chancellerie (n° 29) que Boniface VIII publiera à la suite du Sexte.

Le P. Congar a soigneusement relevé les divers domaines à propos desquels elle était alléguée, procès intéressant les corps (*universitates*), contributions aux taxes prélevées par la papauté, convocation de conciles ou de chapitres généraux. Des intérêts privés, la maxime s'étend rapidement aux questions d'ordre général. On la trouve même dans une lettre de 1282 de l'archevêque de Rouen et de l'évêque d'Amiens, protestant contre la Bulle de 1281 qui accordait aux Mendiants la pleine liberté de prêcher et de confesser [49].

---

[44] Une lettre de Saint-Bernard (*Ep.* 236, v. 1143-1144, *PL.* 182, 424) contient une formule qui exprime la même idée, mais où l'on peut hésiter à trouver déjà l'expression de l'adage : *Omnibus scribendum fuit de eo quod spectat ad omnes.* GROSSI (*op. cit.,* 90, n. 238) estime que le P. Congar donne pour « reale presupposto dottrinale » de l'adage des textes pontificaux ou conciliaires des Ve et VIe siècles. En fait, ces textes témoignent simplement d'un « principe de consentement de la part des fidèles » (CONGAR, *R.H.D.,* 1958, 224) et, s'ils appartiennent au même courant de pensée que la maxime *q. o. t.,* ils n'en sont pas une première expression.
[45] Ad. D. 40, c. 6, v° *A fide devius* (cf. CONGAR, *op. cit.,* 259).
[46] Cf. également le texte de Paul au Digeste, 42, 1, 47, pr. cité *supra,* p. 136.
[47] X, 1, 23, 7.
[48] CONGAR, *op. cit.,* 212-213.
[49] *Ibid.,* 221.

Son succès ultérieur sera considérable. Elle sera largement invoquée par les théoriciens des doctrines conciliaires. Déjà Occam s'y réfère volontiers pour prouver que le prince est en droit d'exiger le concours (financier) des clercs à la défense du royaume ; pour justifier la participation de l'empereur à l'élection du pape ; pour légitimer le jugement du pape hérétique par l'Eglise universelle ou le concile [50].

A quel courant de pensée rattacher cette maxime ? M. Grossi la croit sans lien avec le concept d'*unanimitas,* et il pense sur ce point différer d'opinion avec le P. Congar [51]. Alors que l'unanimité canonique traduit le concept d'*unitas ecclesiæ* et refléterait « l'expression d'une pensée hiérocratique » (p. 91), la règle *q. o. t.* répondrait à une conception démocratique de l'organisation sociale. Il s'agirait par conséquent de deux courants doctrinaux différents.

Les recherches du P. Congar montrent qu'en fait la règle était invoquée dans des cas très différents, et il n'est pas certain qu'elle traduise toujours une même conception de l'organisation sociale.

Une ambiguïté fondamentale demeure. L'adage est en effet invoqué tantôt pour justifier le consentement de *tous* les intéressés, tantôt dans des cas de représentation (ou du moins dans des cas où nous trouverions aujourd'hui l'application du principe de représentation). Dans la première hypothèse la règle *q. o. t.* traduit à sa manière la nécessité de l'accord unanime. Mais, comme le fait observer M. Grossi, cet accord n'est plus envisagé comme l'expression d'une unité profonde. Ce n'est plus l'*unanimitas,* traduisant l'*unitas ecclesiæ,* mais la somme des volontés individuelles : *ab omnibus, non a toto corpore* [52].

Cette différence apparaît très nettement dans un texte relatif au paiement d'une dîme demandée en 1264 par le pape au clergé français [53]. Les procureurs des chapitres y avaient consenti. Mais une habile distinction fit admettre que les procureurs n'avaient pu obliger que les biens communs ; les individus n'étaient donc pas personnellement tenus : *quia nec requisita super hoc fecerunt, nec promiserunt. Unde dicit lex quod illud quod omnes tangit debet ab omnibus comprobari* [54]. Il est ici évident que non seulement la maxime ne fonde pas un principe de représentation, mais qu'elle l'écarte formellement [55]. Quelques années plus tôt, Jean de

---

[50] *Ibid.,* 251 et suiv.
[51] GROSSI (*op. cit.,* 90-91 et n. 238). En fait, les pages du P. Congar auxquelles se réfère M. GROSSI (*R. H. D.,* 1958, 224-229) ne prétendent pas rattacher la maxime *q. o. t.* au concept d'*unanimitas,* mais montrer comment, dès l'Eglise ancienne, la communauté était appelée dans les domaines les plus divers à marquer son consentement ou même sa collaboration.
[52] Cette conception individualiste éclate chez Occam (CONGAR, *op. cit.,* 253).
[53] Cité par le P. CONGAR, p. 214.
[54] Drogo, *Summa* (VARIN, *Arch. adm. de Reims,* I, 448).
[55] Même conception dans le texte relatif à un débat engagé à Florence en 1284 sur l'opportunité d'une action militaire contre Pise, cité par le P. CONGAR, *op. cit.,* 243, n. 94.

Viterbe, dans son *Liber de regimine civitatum* [56], écrivait déjà : *quod omnes tangit ab omnibus comprobatur ut id consensu omnium fiat quod est omnibus profuturum.*

Ainsi, dans un certain courant de pensée, la maxime *q. o. t.* s'entend d'un consentement de tous les individus. Elle écarte aussi bien la représentation qu'une conception « organiciste » de la société.

Mais dans d'autres textes, l'adage justifie la convocation de certaines personnes qui engageront la masse. Sans doute serait-il abusif d'y voir l'application d'une doctrine de la représentation populaire, telle que la forgeront les publicistes du XIXe siècle. Si le seigneur représente les hommes de sa terre, ce n'est pas à la manière du député moderne représentant de sa circonscription. Mais, ramené à son sens médiéval [57], le mot de représentation n'est peut-être pas ici abusif. En tout cas la règle *quod omnes...* ne concerne plus une réunion effectivement générale. C'est ainsi que Frédéric II l'invoque en 1244 dans la convocation d'une *curia generalis* [58] et qu'on la retrouve, pour des cas analogues, aussi bien en Italie qu'en Angleterre ou dans l'Empire [59].

Enfin chez les docteurs des théories conciliaires, Nicolas de Cues ou Gerson, on note un curieux glissement de l'adage *q. o. t.* au principe majoritaire ou même à celui de la *sanior pars* [60].

De si profondes divergences incitent à la prudence dans l'interprétation des textes qui traduisent les doctrines politiques. Non seulement il serait abusif de les caractériser par le vocabulaire politique moderne qui, chargé des notions précises des systèmes politiques actuels, exposerait à

---

[56] L'ouvrage est de 1261 ou de peu après cette date ; cf. le passage dans CONGAR, *op. cit.*, 233.

[57] Ce sens médiéval est lui-même complexe. Le P. Congar fait observer (p. 248) qu'il faut distinguer deux notions médiévales de représentation. L'une est l'idée organique de représentation de tout le corps *dans* sa tête. C'est en ce sens que le pape représente toute l'Eglise. Cette inclusion de la représentation dans une conception hiérarchique et autoritaire a des origines bibliques. Elle est celle des théologien du XIIIe siècle et les canonistes y adhèrent dans certains cas. L'autre notion est celle des juristes et des théoriciens canonistes du droit des corporations. Elle implique l'idée d'une délégation de pouvoir de tous à quelques-uns. C'est alors la représentation *par* des délégués, qui ont soit pleins pouvoirs de décider librement, soit mandat fixé par les intéressés. Ces deux notions coexistent dans la pensée ecclésiastique au XIVe siècle. La seconde gagne du terrain avec les doctrines conciliaires.

[58] Cité par CONGAR, *op. cit.*, 233, n. 85.

[59] Exemples cités *ibid.*, 232 et suiv.

[60] Textes *ibid.*, 242-243 ; cf. surtout cette formule de Gerson : *ab omnibus, intellige, vel a maiore omnium sanioreque concilio.*

de fâcheuses équivoques. Mais il faut surtout se garder de toute vue schématique et de classifications arbitraires. Des courants multiples existent. Ils ne sont propres ni à certaines écoles, ni à certaines périodes. Et le mérite des études qui ont guidé ces réflexions réside moins dans les textes nouveaux qu'elles apportent que dans l'analyse de ces tendances variées. Par là elles contribuent à faire davantage apparaître la diversité profonde et la richesse de la pensée médiévale.

III

Saint-Augustin et le manquement au vœu de Virginité

Inspirée par des principes fondamentaux de la morale chrétienne, la condition des vierges consacrées s'est précisée peu à peu. Si elle a existé dès les siècles obscurs de l'Eglise cachée, ce n'est qu'au cours du IVᵉ siècle que son statut s'organise. Aux simples jeunes filles non encore mariées, dont le droit fixe parfois les devoirs (1), s'opposent d'une part celles qui se sont liées par un engagement privé et de l'autre les vierges consacrées, les *virgines velatæ* (2). Toutes d'ailleurs peuvent vivre dans le siècle, car les monastères de femmes sont encore rares et, pendant longtemps, ils ne seront pas seuls à abriter les *virgines velatæ*.

Au cours des IVᵉ et Vᵉ siècles, les règles se précisent. Non sans variations et incertitudes. La notion même du vœu en offre un bon exemple. Son assimilation à un mariage mystique justifia tout d'abord les sanctions auxquelles exposait sa violation. Celle-ci fut qualifiée d'adultère. A cette allégorie, St Augustin substituera une interprétation qui marque un réel progrès dans l'autonomie de la condition des vierges. Vigoureusement défendue par l'évêque d'Hippone, elle

---

(1) Concile d'Evire, c. 14.
(2) Concile d'Elvire, c. 13 ; *Canones ad Gallos episcopos* (Bruns, *Canones apost. et concil.*, II, p. 274) c. 1 et 2 ; Innocent I à Victricius de Rouen (15 fév. 404) c. 14 (P. L. 16, 334) : « *suscipe jamdudum devotam tibi* (le Christ) *spiritu, nunc etiam professione* ».

III

6

s'imposera aux juristes et constitue un témoignage des dettes du droit canon à la théologie augustinienne (3).

I

L'Ecriture n'offrait pas de textes sur cette question. Les Pères invoqueront souvent un passage de la première épitre à Timothée (V, 11-12). Mais il concerne de jeunes veuves qui veulent se remarier : St Paul, sans formuler de défense absolue, déclare qu'elles « encourent le reproche de manquer à leur premier engagement ». Comme il n'existe pas à cette époque de *professio viduitatis*, telle que la connaîtra le droit ultérieur, l'engagement, que l'Apôtre leur reproche de violer, ne peut être que leur premier mariage.

Le sort des vierges infidèles fait l'objet d'une réponse de St Cyprien à l'évêque Pomponius (4). St Cyprien compare la douleur du Christ, lorsqu'il voit *virginem suam sibi dicatam et sanctitati suæ destinatam jacere cum altero*, à celle du mari trompé. Ce mariage n'est qu'une *incesta conjunctio*, la Vierge est *Christi adultera*. Elle encourt l'excommunication. Assimilation à l'adultère, excommunication ; dès le milieu du IIIe siècle, le droit paraît fixé d'une façon qui ne subira pas de changement jusqu'aux analyses augustiniennes.

Au début du IVe siècle, l'Orient et l'Occident ont en cette matière identité de vue. Le concile d'Ancyre (c. 19) tient pour « *bigame* » celle qui ne respecte pas sa promesse de virginité (5), ce qui suppose l'assimilation du vœu à un ma-

---

(3) Nous laissons en dehors de cette note l'étude de la sanction (excommunication souvent accompagnée de pénitence publique) et celle, beaucoup plus délicate, de la validité du mariage conclu en violation des vœux. Sur ces deux questions, l'analyse des textes anciens donnée par J. Freisen (*Geschichte des kanonischen Eherechts*, 1888, p. 767 sq.) reste valable. L'exposé d'Esmein-Génestal (*Le mariage en droit canonique*, I, p. 301-302) manque des nuances nécessaires et n'est pas toujours exact.

(4) *Ep.* 4, chap. 3 et 4 (249). Des extraits figurent dans le Décret de Gratien, C. 27, qu. 1, c. 4 et 5

(5) La version de ce texte au décret de Gratien (C. 27, qu. 1, c. 24) ajoute : *inter digamos, id est qui ad secundas nuptias transierunt*, qui ne figurait pas dans le Décret d'Yves de Chartres, VI, 351 (*P.L.* 161, 518).

riage mystique avec le Christ et entraîne comme sanction l'exclusion de la communauté (6). En Occident, une législation détaillée est élaborée au concile d'Elvire. Pour les *virgines deo dicatæ* qui rompent leur vœu, la réadmission à la communion n'est possible qu'à l'article de la mort, à la condition que leur faute ait été unique et qu'elles aient fait pénitence toute leur vie (7). Le texte ne précise pas la nature de la faute : union passagère ou mariage véritable. Esmein (8) se ralliait à cette dernière interprétation. Hefele-Leclercq (9) entendent le texte comme sanctionnant toute union « par luxure ou par le mariage ». La comparaison avec le c. 14, les termes employés, l'absence de toute allusion à un mariage semblent en faveur de son application aux unions passagères. Pour les simples *virgines sæculares*, la sanction est moins sévère (c. 14). Ici, le texte distingue formellement celles qui se marient avec leur complice et qui seront réconciliées après un an, sans être soumises à la pénitence, *quod solas nuptias violaverint*, et les vierges coupables à qui on impose une pénitence de cinq ans avant leur réadmission à la communion.

Le droit séculier de son côté réprimait pénalement l'atteinte aux vœux. Le C. Th. (IX, 25) a conservé trois textes *de raptu vel matrimonio sanctimonialium virginum vel viduarum* (10). Mais aucun d'eux ne rapproche le vœu du mariage, ni, par conséquent, sa violation de l'adultère (11). Deux siècles plus tard, les constitutions de Justinien ne verront également dans cette faute qu'une *irreverentia* envers Dieu (12).

---

(6) St Basile, *Ep. ad Amphilochium*, c. 4 (*P. G.* 32, 673).
(7) c. 13, cf. 27, qu. 1, c. 25.
(8) *Mariage en droit canonique*, 2° èd., II, p. 301, n. 3.
(9) *Histoire des conciles*, I, p. 229.
(10) De 354, 364, 420. Le second seul passera au C. J. 1, 3. 5. Le troisième se retrouve dans la constitution de Sirmond, 10. Peut-être, selon une hypothèse proposée par Godefroy, fut-il provoqué par l'hérésie de Jovinien, qui, en affirmant l'égalité de mérite entre mariage et virginité, put inciter des vierges à rompre leur vœu.
(11) Il ne s'agit pas simplement de punir la violence à l'égard des vierges. La constitution de 364 (C. Th. 9, 25, 2) édicte la peine de mort, même si la femme est consentante et que l'union soit conclue *matrimonii jugendi causa*.
(12) C. J. 9, 13, 1 (533) ; Nov. 6, 6 (535) et 123, 43 (546).

8

Mais l'idée de mariage reparaît au contraire dans les canons d'un synode romain adressés aux évêques gaulois (13). Le c. 1 envisage la violation du vœu d'une *virgo velata*. A celle *quæ sponsa Christi fuerat*, il impose une longue pénitence, parce qu'elle a voulu « donner le nom de mari à un adultère ». La même idée reparaît au c. 2, à propos de la *puella... nondum velata*, qui *matrimonii cœlestis præceptum non servaverit*. Elle aussi est soumise à une pénitence, bien que plus courte (14).

Plus que les textes législatifs, peu propices aux effets rhétoriques, la Patristique devait donner au thème du mariage mystique son plein développement. Il apparaît dans plusieurs passages du *De Virginibus* de St Ambroise (v. 377) (15). A la même époque, la faute des vierges fait l'objet d'un chapitre de la deuxième épitre canonique de St Basile à Amphiloque (16). Basile rappelle que ses prédécesseurs traitaient comme « digames » les vierges pécheresses. Mais cette assimilation sommaire lui paraît insuffisante devant l'importance que la multiplication des vœux donne à cette question. Prenant pour point de départ le texte de St Paul sur les veuves, il tient la faute de la vierge pour plus grave, la virginité étant supérieure au mariage. L'infidélité de la vierge est assimilée à l'adultère. Elle est écartée de la communion jusqu'à cessation de l'état coupable : ἡ δὲ παρθένος τῷ κρίματι τῆς μοιχαλίδος ὑποκεῖται.

Dans un ouvrage de rhétorique « *De lapsu virginis conse-*

---

(13) C. 1 et 2 (Bruns, *Canones*. II, p. 275). L'attribution du texte à Damase, proposée par Babut (*La plus ancienne décrétale*, p. 39) et acceptée par Mgr Batiffol (*Siège apostolique*, p. 198) a été repoussée par Getzeny (*Styl u. Form der ältesten Papstbriefe*, p. 94) et Caspar (*Geschichte des Papsttums*, I, p. 262), qui sont revenus à l'attribution traditionnelle à Sirice.

(14) Dans sa décrétale à Himère (*P. L.* 16, cf. C. 27, qu. 1, c. 11), Sirice édicte des mesures pénales, sans faire allusion au mariage mystique ni à l'adultère de la vierge.

(15) L. I. ch. 5, n° 22 (*P. L.* 16, 195) : *spectate et aliud virginitatis meritum, Christus virginis sponsus...* (cf. *ibid.* ch. 7, n° 36-37). L. III, ch. 1, n° 1 (*P. L.* 16, 219) dans l'homélie du Pape Libère à la consécration de Marcellina : *Bonas... nuptias desiderasti*. Cf. l'allusion à l'adultère pour la vierge condamnée à sacrifier ou à être prostituée. (L. II, ch. 4, n° 24-26, *P. L.*, 16 213-214).

(16) *Ep.* 199, ch. 13 (P.G. 32, 718-719).

cratæ », faussement attribué à St Ambroise et probablement œuvre de Nicetas de Remesiana († 409/414) (17), l'idée du mariage et de l'adultère trouve son plein développement. A la coupable, l'auteur reproche *ut tacendo crimen cum adultero sæpius sociaveris* (18) ; *copula spiritualis per adulterium solvitur* (19). La faute commise est double : *Vide ergo si simplex hoc peccatum adulterii est, an duplex sit pro illa nece quæ facta dicitur in occulto* (20); au complice, il reproche *in uno scelere duo crimina perpetrasti : adulterium utique et sacrilegium* (21). C'est que la vierge a conclu un véritable mariage avec le Christ : *quæ se spopondit Christo et sanctum velamen accepit, jam nupsit, jam immortali juncta est viro. Et jam, si voluerit nubere communi lege conjugii ,adulterium perpetrat...* (22).

Le même thème reparaît dans une lettre attribuée à Sulpice Sévère *ad Claudiam sororem de virginitate* (23). L'autorité de l'Eglise est invoquée pour légitimer l'assimilation des vierges aux *Christi sponsæ* (24), qui, tout au long de la lettre, est abondamment utilisée à des fins rhétoriques (25). L'auteur évoque même la remise du libelle de répudiation par le Christ à la vierge « adultère » (26).

Ce symbolisme n'est pas inconnu de St Jérôme. Dans sa

---

(17) Bardenhewer, *Geschichte der altkirchlichen Literatur*, III, 1912, p. 533 ; Altaner, *Patrologie*, 1938, p. 249 ; mais voir Labriolle, *Histoire de la Littérature latine chrétienne* (3ème ed., 1947), I. p. 440. Le texte se trouve dans *P. L.* 16, 367 sq. ; cf. Burn, *Nicetas of Remesiana* 1905.
(18) ch. 4, n. 13 (*P. L.* 16, p. 370).
(19) ch. 5 (*ibid.*, p. 372).
(20) ch. 8, n. 34 (*ibid.*, p. 376).
(21) ch. 9, n. 39 (*ibid.*, p. 379). Le texte est repris par Ives de Chartres, Décret VII, 134.
(22) ch. 5 (*ibid.*, p. 372).
(23) *Ep.* 2, authenticité discutée, cf. Schanz — Hosius, *Geschichte der romischen Literatur*, IV, 2 (1920), p. 474.
(24) *Christi sponsas virgines dicere ecclesiastica nobis permittit auctoritas dum in sponsarum modum quas consecrat Domino velat, ostendens eas vel maxima habituras spirituale conubium quae subterfugerint carnale consortium* (*C.S.E.L.*, I, p. 225-226).
(25) En particulier ch. 13, *ibid.*, p. 243.
(26) *Cito scribet* (*Christus*) *repudium, si in te vel unum viderit adulterium* (ch. 12, *ibid.*, p. 241).

lettre à Eustochium (v. 384), il souligne la gravité de la faute *post Dei filii thalamos, post oscula fratuelis et sponsi* (27). A plusieurs reprises revient ce qualificatif de *sponsus* (28) ou de *vir* (29). Les vierges coupables sont *Christi adulteræ* (30). Et Jérôme pousse l'analogie jusqu'à qualifier la mère d'Eustochium de « belle-mère de Dieu (31).

Mais lorsqu'il réfute les thèses hérétiques de Jovinien sur les mérites égaux du mariage et de la virginité, il rejette l'assimilation à l'adultère . *Virgines, quæ post consecrationem nupserint, non tam adulteræ sunt, quam incestæ* (32). A ces thèmes rhétoriques, il préfère l'argument scripturaire, dont St Basile avait déjà fait usage : *virgo, quæ semet Dei cultui dedicavit... si qua nupserit, habebit damnationem, qui primam fidem irritam fecit* (33).

Cette idée d'engagement, qui correspondait à la réalité et pouvait se prévaloir du terme de *fides*, employé par St Paul, est à la base de l'argumentation d'Innocent Ier dans sa réponse à Victricius de Rouen. Dans le chapitre de ce *liber regularum* consacré aux vierges *necdum sacro velamine tectæ*, il déclare qu'elles sont liées par une *sponsio*, une *pollicitatio*, conclue avec Dieu et dont le respect s'impose bien plus encore que celui des *bonæ fidei contractus* (34).

Mais, pour les *virgines velatæ*, Innocent reprend la notion

---

(27) *Ep.* 22, ch. 6, *C.S.E.L.*, 54, p. 151 et éd. Labourt, *Coll. des Univ. de France,* 1949, I, p. 116 cf. C. 32, qu. 5, c. 11.

(28) ch. 1 et 17, *sponsus tuus* ; ch. 2, *sponsam Domini mei* ; ch. 8, *sponsa Christi* ; ch. 16, *Dei sponsa* ; cf. encore ch. 24, 25, 26, 29, 41.

(29) Ch. 16, *cur tu facias injuriam viro tuo ?*

(30) Ch. 13.

(31) Ch. 20.

(32) *Contro Jovinianum*, I, 13 (*P. L.* 23,229) cf. D. 27, c. 9. *Incestae,* utilisé déjà par Saint Cyprien (supra, p. 6) est pris ici dans le sens courant de la langue juridique du Bas-Empire, de mariage interdit (cf. *Reg. Ulpiani,* V, 7).

(33) L. I, 13 (*P.L.* 23, 229), cf. D. 27, c. 5. On retrouve là les termes de St Paul, I, Tim., V. 12.

(34) Ch. 14 (*P.L.* 20, 479 ; 15 fév. 404), cf. C. 27, qu. 1 ,c. 9. Le passage est repris dans le concile de Tours de 567, c. 20 et dans un faux isidorien (*Additio IV,* c. 88, cf. C. 27, qu. 1, c. 2). Ce dernier texte concerne la faute des veuves et des vierges. Et, alors que pour ce second cas on s'était appuyé sur le texte de Saint Paul relatif aux veuves, c'est ici la culpabilité des vierges qui fournit un argument a fortiori pour conclure à celle des veuves !

du mariage mystique, dont le caractère spirituel est cependant plus nettement accusé (35). Dans l'esprit du pape, seule la cérémonie solennelle de la *velatio* faisait donc de la vierge l'épouse du Seigneur. Mais l'idée de mariage mystique n'est pas poussée dans toutes ses conséquences logiques. La faute de la *virgo velata* n'est pas tenue pour un adultère. Si Innocent Ier la met en parallèle avec lui, c'est pour souligner la plus grande gravité du manquement au vœu.

Ainsi une certaine réticence à l'égard des conceptions traditionnelles apparaissait déjà chez St Jérôme et Innocent Ier. L'assimilation au mariage (et donc l'idée de l'adultère) tendait à se restreindre à la profession solennelle. Il appartenait à St Augustin de porter un coup décisif à ces conceptions.

II

Déjà, dans le *De sancta virginitate* (v. 400-401), Augustin s'était gardé d'assimiler le vœu de virginité à un mariage. Ce n'est qu'une fois, et en passant, qu'il use de la formule traditionnelle : *Christus... virginum sponsus... virginali conubio spiritaliter coniugatur* (36). L'union mystique, dont il fait état, est bien plutôt celle de l'Eglise et du Christ (37). Quant aux *Deo virgines dicatæ... Christi spiritaliter matres sunt* (38). C'est que tout le traité insiste sur la différence des états de mariage et de virginité. Il les oppose pour marquer la supériorité du second. Semblable perspective ne permettait guère les rapprochements traditionnels.

Dans l'épitre à Juliana, *de bono viduitatis* (414), ils ne sont plus simplement passés sous silence. Augustin les attaque et les ridiculise dans un passage, dont l'originalité frappera encore Gratien. En face des quarante canons, qui, dans *Iª Pars* de la C. 27, qu. 1, condamnent le mariage conclu

---

(35) *quae Christo spiritaliter nupserunt... ; quae ante se immortali sponso conjunxerat*, ch. 13 (*P.L.* 20, 478), cf. C. 27, qu. 1, c. 10.
(36) II, 2, *C.S.E.L.*, 41, p. 236
(37) *Ecclesia virgo... desponsata uni viro Christi* (*ibid.*)
(38) VI, 6, p. 240.

III

12

aux mépris des vœux de virginité, il en fait le morceau central et presqu'unique de la *II*ᵃ *Pars* (39).

La lettre à Juliana a pour objet de détourner du mariage. Augustin rappelle à ce propos le jugement de St Paul (40). Incidemment, du remariage de la veuve, il passe à la rupture du vœu par la vierge, car dans les deux cas il y a *fracta votis fides* (41).

C'est à cette occasion qu'il s'élève contre l'assimilation de ce mariage à un adultère (X, 13) : *qui dicunt talium nuptias non esse nuptias sed potius adulteria, non mihi videntur satis acute et diligenter considerare quid dicant*. Leur erreur vient d'une *similitudo veritatis*. On parle pour les vierges d'un *conjugium Christi* et leur mariage ne saurait être qu'un adultère. Mais on n'a pas songé aux conséquences absurdes d'un tel raisonnement. Lorsqu'avec le consentement de son mari, une femme fait vœu de continence, elle deviendrait, selon cette doctrine, l'épouse du Christ et le constituerait ainsi adultère ! D'autre part, on considère les premières noces comme supérieures au remariage. La veuve, qui se voue au Christ conclurait donc avec lui un mariage de moindre qualité que son union terrestre !

De telles conséquences condamnent l'argument et St Augustin refuse de s'y rallier. La vierge qui se marie ne commet donc pas un adultère. Mais sa faute est plus grave. C'est une violation de la foi donnée, d'autant plus coupable que l'engagement avait été librement consenti (42). On retrouve ici l'argumentation d'Innocent Ier, mais plus largement développée. Il s'agit d'une offense à Dieu, d'un sacrilège, comme il le dira plus loin (43), alors que le *De lapsu virginis* déclarait : « *in uno scelere duo crimina perpetrasti : adulterium utique et sacrilegium* » (44).

Ainsi St Augustin repoussait les raisonnements allégori-

---

(39) c. 41. Des deux autres canons, qui composent cette *pars*, le c. 42, emprunté à Gélase, concerne l'engagement des veuves, le c. 43 se borne à une affirmation.

(40) VIII, 111 (*C.S.E.L.*, 41, p. 317).

(41) IX, 12, p. 318.

(42) XI, 14, p. 320.

(43) XXII, 25, p. 336.

(44) Cf également *De adulterinis conjugiis* (419), I, XXIV, 30, *C.S.E.L.* 41, p. 377 (cf. C. 32, qu. 8, c. 1) .

ques, qui, conduits à l'extrême, sombraient dans l'absurde. S'appuyant sur le texte de St Paul, il trouvait dans la violation de l'engagement librement consenti un motif plus grave de condamnation. Mais peut-être n'est-ce pas simplement par répugnance à l'allégorie qu'Augustin s'insurgeait contre la doctrine courante. Même pour l'auteur de *De bono conjugali*, le mariage garde une part d'impureté et il pouvait paraître choquant de le rapprocher des états plus parfaits. S'il n'a pas inventé la hiérarchie des trois états, mariage, veuvage et virginité (45), il l'a développée plus souvent et avec plus d'insistance que d'autres. Le rapprochement, même par simple allégorie, de la virginité et du mariage risquait d'affaiblir cette hiérarchie.

Quoiqu'il en soit de ses motifs profonds, la doctrine d'Augustin trouva une large audience. Sans doute la liturgie conserva et amplifia peu à peu le thème de la *sponsa Christi* (46). Mais les textes juridiques ne considèreront plus le vœu comme un mariage, ni sa violation comme un adultère (47). Seuls, au Ve s., le c. 17 du concile irlandais tenu sous St Patrick, le c. 4 du concile de Vannes de 465 et le c. 104 des *Statuta ecclesiæ antiqua* témoignent encore de la doctrine ancienne (48).

(45) Voir par ex., Saint Jérôme, *Ep.* XXII, *ad Eustochium*, ou *adv. Jovinianum*, I, 13 (*P.L.* 23, 229-232).

(46) Un travail en préparation de notre collègue et ami, M. l'abbé Metz, l'établira bientôt. Voir par ex. la bénédiction des vierges au Sacramentaire Léonien, ch. 30 (P. L., 55, 129-130) : « *Illius thalamo, illius cubiculo se devovit, qui sic perpetuae virginitatis est sponsus* »

(47) Sans doute ces rapprochements manquaient déjà dans les décrétales de Sirice (*supra*, p. 7-8) et dans les c. 16 et 19 du concile de Tolède de 400 (C. 27, qu. I, c. 27, pour le premier texte, et c. 26 pour le second, dans la forme que lui donnèrent les *Capitula* de Martin de Bragga). Mais le silence de ces textes isolés ne saurait se comparer à l'absence totale de ces rapprochements après Saint Augustin.

(48)' Les deux premiers textes qualifient d'adultères la violation du vœu par une vierge. Le troisième fait de même à l'égard de la veuve. Dans ce dernier cas, la faute n'est pas envisagée à l'égard du premier mari, mais à l'égard du Christ, comme le prouve le contexte. L'écho de la doctrine augustinienne se retrouve cependant dans ce canon des *Statuta ecc. ant.*, lorsqu'il allègue Saint Paul et souligne la gravité de la faute de la veuve qui n'était pas obligée de s'engager.

III

14

La législation séculière elle-même semble refléter les idées d'Augustin, devenues celles de la doctrine canonique. Tandis que les constitutions de 354, 364 et 420 ne donnaient aucune justification religieuse de leurs sanctions, Justinien, comme St Augustin, allègue l'injure faite à Dieu (C. 9, 13, 1, 533) (49).

Les conciles, à partir du milieu du Ve s. (50), les décrétales de St Léon (51), Gélase (52), Symmaque (53), Grégoire le Grand (54), le droit séculier franc (55) ne font plus allu-

---

(49) La législation du C. Th. est reprise par la *lex rom. burg.* IX, 1-4.

(50) Orange (441), c. 27 (C. 27, qu. 1, c. 35) et 28 ; Chalcédoine (451), c. 16 (forme différente dans C. 27, qu. 1, c. 12, 22, 23) ; le c. 1 (= C. 27, qu. 1, c. 23) interdit le mariage des diaconesses en faisant valoir non l'adultère, mais l'injure faite à Dieu, ce qui était le motif augustinien : ὕβρισασα την τοῦ Θεοῦ χαρίν ; **Collection dite** « Deuxième Concile d'Arles », c. 52 ; Tours (461), c. 6 ; Lérida (523), c. 6 ; Orléans, Concile de 533, c. 17, de 538, c. 16, de 549, c. 19 ; Paris (556/573) c. 5 ; Tours (567), c. 20 ; Lyon 583, c. 3 ; **Tolède (589)**, c. 10 (= 27, qu. 1, c. 38) ; Barcelone (599) c. 4 ; Paris (614), c. 13 (= C. 27, qu. 1, c. 7 insc. fausse) ; Reims (625-630), c. 23 ; Tolède, Concile de 633, c. 56 et 656, c. 6 ; Dingolfing (770), c. 4 ; Frioul (796), c. 11. Le concile de Macon de 583, c. 12 fait allusion à l'adultère dans l'inscription du canon, donnée par Bruns (*Canones*, II, p. 244). Mais Bruns déclare lui-même que ces inscriptions ne figuraient pas dans les ms. qu'il a utilisés et on ne la retrouve pas dans l'édition des conciles mérovingiens de Maassen.

(51) Ep. à Rusticus, ch. 15 (P. L. 54, 1207-1208 ; cf. C. 20, qu. 1, c. 8). Le ch. 14 admet que le mariage du moine (pour lequel il ne pouvait être question d'adultère) peut constituer un *honestum conjugium*.

(52) *ad Episc. Lucaniae* (494), c. 20 (Thiel, p. 373) = C. 27, qu. 1 c. 14, où l'on retrouve l'expression déjà employée par Saint Jérome d'*incesta* (*federa*) et c. 21 (*ibid.* p. 374) = C. 27, qu. 1, c. 3.

(54) A Januarius de Sardaigne, IV, 24 ; 594 (*M.G. Epist.* I, p. 259) et à Marianus de Ravennes, X, 3 ; 599 (*ibid.*, II, p. 238 = C. 27, qu. 1, c. 15). La lettre à Januarius, IV, 9 ; 593 (*M.G., Epist.*, I, p .241) à la formule « *ad lapsum adulterii deducta* (*monacha*) *fuerit* ». Mais la lecture *adulterii* est douteuse. Elle a été adoptée par le décret d'Ives de Chartres (VII, 123) et on la retrouve dans Gratien, C. 27, qu. 1, c. 28.

(55) Edits de Clotaire II de 584/628, c. 8 et de 614, c. 18 (*M.G., Capit. reg. Franc.*, I, p. 19 et 23) ; loi des Bavarois, 1, 11 ; *Capit. generale* d'Aix, 817, c. 25, qui reproduit les termes de Gélase, *ad episc. Lucaniae* c. 20 (supra, n. 52).

sion au mariage mystique ni à l'adultère. Par intermittence, quelque survivance de la terminologie ancienne apparaissent dans les textes canoniques, qui reprennent à la liturgie la formule de *sponsa Christi* (56). Mais le fond de la doctrine est ferme. Les papes y restent fidèles (57). Les collections canoniques choisissent les textes qui la respectent (58). C'est, comme l'avait établi Augustin, le manquement à la promesse, l'injure à Dieu, l'autorité de St Paul, non quelqu'assimilation au mariage, qui justifient l'excommunication de la vierge coupable.

La doctrine classique ne fera plus état du mariage mystique (59). Pierre Lombard définit le vœu : « *testificatio quædam promissionis spontanæ, quæ Deo... proprie fieri debet* » (60). Si Huguccio tente de reprendre à la théorie du mariage classique sa distinction du *votum de præsenti* et du *votum de futuro* (61), il ne s'agissait que d'une transposition de catégories juridiques, non d'une assimilaton au mariage. Sa doctrine d'ailleurs ne prévaudra pas. L'argument rationnel l'emportait sur le symbolisme. L'analyse des théologiens s'imposa aux juristes.

---

(56) Concile *in Trullo* (692) c. 4 (= 27, qu. 1, c. 6) ou Benoit le Lévite II, 424.

(57) Nicolas I à l'évêque de Salisbury, Adalvinus, rapportée au Décret, C. 27, qu. 1, c. 6.

(58) Par ex. Benoit le Lévite, II, 411-414 et 424 (*P.L.*, 97,799-800) ou Burchard de Worms dont le Décret (L. VIII, *de viris ac feminis deo dicatis*) n'utilise que des textes (à l'exception de celui d'Innocent 1er cité ci-dessus, p. 10, qui ne font pas allusion au mariage ou à l'adultère.

(59) Textes dans Freisen, *Eherecht*, p. 697-719.

(60) L. IV, dist. 38, § A.

(61) Cf. Freisen, *op. cit.*, p. 705-710.

IV

GRATIEN ET LE CELIBAT ECCLESIASTIQUE

SOMMAIRE: Le problème du célibat écclésiastique, posé avec acuité à l'époque de la Réforme grégorienne et résolu par elle dans un sens rigoureux, est envisagé au Décret de Gratien dans les D. 27 à 34. Si Burchard s'était montré prudent sur une question particulièrement délicate au début du XIè. siècle, Ives de Chartres avait été plus ferme. Gratien reste largement tributaire des collections chartraines, mais assez curieusement rompt l'ordonnance que lui offrait la Panormie et mêle ses *auctoritates* dans un certain désordre. L'étude détaillée des D. 27 à 34 montre et la richesse et la confusion du Décret sur ce point. Les divergences législatives anciennes autant que les difficultés soulevées par la position grégorienne en sont peut-être les causes. Mais, à travers les hésitations du développement, la ligne directrice paraît claire. Gratien suit les réformateurs grégoriens dans leur lutte contre l'incontinence des clercs. Conformément à une discipline romaine, qui remontait au moins à Grégoire le Grand, il exige le célibat à partir du sous-diaconat et impose, à partir du même degré, la continence aux hommes mariés entrés dans les ordres

Que l'on date le Décret de Gratien, avec l'opinion commune, des environs de 1140, ou qu'on le reporte, avec Adam Vetulani, aux premières décades du XIIe siècle, il se situe de toute façon dans la période qui suit les décisions des réformateurs grégoriens, mais aussi dans les années difficiles où il fallut en imposer le respect aux clercs et aux laïcs. La lutte menée pour restaurer la dignité de la vie cléricale et pour faire observer plus rigoureusement le célibat écclésiastique constitue peut-être l'épisode le plus célèbre de cette histoire.

En 1119, le concile tenu à Reims par Callixte II, à l'occasion de sa rencontre sans résultat avec Henri V, interdisait aux prêtres, diacres, et sous-diacres d'avoir des concubines ou de se marier. Les coupables étaient menacés de la perte de leur office et de leur bénéfice. Si cette sanction ne les ramenait pas dans la voie droite, ils seraient excommuniés (1).

Une disposition identique est attribuée au c. 21 du premier concile de Latran de 1123 (2). Mais la présence de ce texte dans les canons du premier concile de Latran est douteuse (3). En effet les actes du concile ne sont connus que de façon indirecte et sous deux formes différentes (4). Une récension courte de 17 canons est conservée dans un manuscrit composite *B.N. lat. 3881*, f. 184-185 (5). Ce texte a été publié par BALUZE dans P. DE MARCA, *Dissertationum de concordia sacerdotii et imperii... Libri II* (Paris 1663, pp. 1300-1301). Baluze présente ce manuscrit comme un « ancien manuscrit de l'abbaye d'Aniane », conservé dans la bibliothèque de Colbert (6). Baluze a numéroté les canons qui ne l'étaient

---

(1) HEFELE-LECLERCQ, *Histoire des conciles* V, 1 (1912) 576-591; ULYSSE ROBERT, *Histoire du pape Callixte II* (Paris 1891) 66-87. Le concile est connu par les récits d'ODÉRIC VITAL (*Hist. ecclés.* XII, 21, *MGH, SS.* T. XX 72-75) et par HESSON (*MGH, Libelli de Lite*, III, 26-28). Les canons conciliaires ne figurent pas dans le manuscrit d'Ulderic de Bamberg qui nous a conservé le récit d'HESSON. ODÉRIC VITAL donne pour le c. 5 le texte suivant: *Presbyteris, diaconibus et subdiaconibus* (Gratien D. 27, c. 8 ajoute *et monachis*) *concubinarum et uxorum contubernia prorsus interdicimus. Si qui autem huiusmodi reperti fuerint ecclesiasticis officiis priventur et beneficiis. Sane si neque sic immunditiam suam correxerint, communione careant christiana.* C'est ce texte qui donne MANSI comme c. 5 du concile de Reims (cf. également HINSCHIUS, *Kirchenrecht*, I, 1869, 155 n. 4). Le Décret D. 27, c. 8 donne une autre version de ce texte, non seulement en ajoutant les moines à la liste des personnes qu'il vise, mais surtout en sanctionnant ses prescriptions de façon différente: il prescrit de mettre un terme à ces unions (*matrimonia... disiungi*) et de soumettre les coupables à une pénitence.

(2) MANSI, XXI, 284; *Conciliorum oecumenicorum decreta*, ed. altera (1962) 170.

(3) Sur le concile cf. U. ROBERT, *op. cit.*, 162-171, dont les termes sont pour partie reproduits par HEFELE-LECLERCQ (*op. cit.* 630-644). Le concile, tenu sous la présidence du même Callixte II, se réunit entre le 18 et le 27 mars (ou le 6 avril) 1123. Il eut au moins deux sessions. Convoqué quelques mois après la conclusion du Concordat de Worms (septembre 1122), il se fait à plusieurs reprises l'écho de ses dispositions.

(4) Sur les divergences dans la présentation des canons du concile de Latran de 1123 cf. l'introduction aux canons de ce concile donnée dans les *Conciliorum oecum. decreta* (2e éd., 1962), 164-165.

(5) Sur ce manuscrit cf. J. RAMBAUD-BUHOT, *Hist. du droit et des institutions de l'église en occident*, t. VII (1965), 57.

(6) La reliure est aux armes d'un conseiller à la cour des Aides de Montpellier.

pas dans le manuscrit. Mais celui-ci séparait chaque canon par un signe. Ces canons figurent, à quelques variantes de forme près, dans l'édition du 1er concile de Latran donnée dans les *Conciliorum oecumen. decreta* (2e éd. 1962), comme les 17 premiers canons de ce concile. Toutefois cette édition donne un canon 11 (*illam vero pravam... permaneant*) qui ne figure pas dans le texte *B.N. lat. 3881*. Mais la numérotation se trouve rétablie parce que le c. 12 groupe en un seul canon les c. 11 et 12 du manuscrit d'Aniane (7). Une récension longue en 22 canons est donnée par MANSI et reproduite dans HEFELE-LECLERCQ. Elle ajoute les c. 18 à 22 plus un c. 13 (*si quis treugam*). D'autre part, elle modifie quelque peu la forme donnée aux canons qui figurent dans le manuscrit *B.N. 3881* (8). C'est dans cette récension longue que l'on trouve la disposition du concile de Reims, qui devient le c. 21 du concile de Latran.

Il n'est pas certain que cette récension longue représente la forme originale des dispositions du concile de Latran et il est en particulier peu probable que ce concile ait repris le canon 5 du concile de Reims. En effet, on trouve déjà dans le canon 7 du concile de Latran une disposition sur le célibat ecclésiastique. Le texte commence comme le c. 5 de Reims (*presbyteris... interdicimus*). Mais au lieu de poursuivre en indiquant les sanctions, le texte continue en rappelant l'interdiction de cohabiter avec des femmes autres que les très proches parentes, tolérées par le concile de Nicée « par raison de nécessité ». Il paraît peu vraisemblable que le concile de Latran ait consacré deux canons au même sujet (9). S'il l'avait fait, il ne les aurait sans doute pas séparés ainsi l'un de l'autre (c. 7 et 21). Cependant P. HINSCHIUS (10) admettait que le c. 21 figurait dans le concile de Latran et il estimait que son objet n'était pas exactement le même que celui du c. 7. Ce dernier concernerait les *mulieres subintroductae*, le c. 21 les femmes mariées. En fait, le c. 7 parle aussi d'*uxores*, qu'il distingue des *concubinae*, et le c. 21 des *concubinae!*

---

(7) Cette récension courte est celle de PERTZ. *MGH., Leges*, f., 1837, 182, que reproduit la *PL*, t. 163, 1361.

(8) Cf. Tableau I, p. 344.

(9) En ce sens HEFELE-LECLERCQ (*loc. cit.*), qui pour cette raison tendaient à exclure le c. 21 des canons de Latran.

(10) *Kirchenrecht*, I, 155, n. 5.

Tableau I

B. N. lat. 3881 éd. Baluze	Concil. oecum. Decreta	Marrsi, XXI	Hefele-Leclercq V, 1
1 Sanctorum Patrum ... confirmata	texte analogue	texte analogue	texte analogue
2 A suis episcopis ... prohibemus	id.	c. 9	id.
3 Nullus in episcopum ... deponatur	id.	c. 10	id.
4 Nullus omnino archidiaconus ... arceatur	id.	c. 7	id.
5 Ordinationes ... iudicamus	id.	c. 6	id.
6 Nullus etiam ... ordinetur	id.	c. 2	id.
7 Presbyteris ... oriri		c. 3	
8 Praeterea iuxta ... iudicetur	id.	c. 4	{8 praeterea ... dispendet {9 si quis ergo ... iudicatur
9 Coniunctiones ... censemus	id.	c. 5	10 même texte 11 ad haec Stae Romanae ... teneatur
10 Eis qui ... interdicimus	id	c. 11	{12 eis quis ... plectantur {13 eos autem ... interdicimus
	11 illam vero pravam... permaneant	c. 12	14 illam vero ...
11 Sanctorum Patrum ... prohibemus	12 Sanctorum Patrum + ecclesias a laicis	c. 14	15 texte analogue
12 Ecclesias a laicis ... prohibemus	13 même texte	c. 15	16 même texte
13 Quicumque monetam ... separetur	14 id.	c. 16	17 id.
14 Si quis Romipetas ... christiana	15 id.		
15 Quidquid vero ... confirmamus	16 id.	c. 17	
16 Sanctorum etiam Patrum ... respondeant	17 id.	c. 8	18 unctiones ... ordinatis (1)
17 Ad haec Stae Romanae ... teneatur	(2)		
		18 in parochialibus ... subjaceant	
		19 Servitium ... prohibemus	
		20 paternarum ... feriatur	
		21 presbyteris ... iudicamus	
		22 alienationes ... subiacebit	

(1) répond pour le fond au c. 16 B. N. lat. 3881
(2) ajoute en petits caractères les c. 18-22 de Mansi

Le second concile de Latran (1139), renouvelant la disposition du concile de Reims, privait de leur office et de leur bénéfice les clercs, à partir du sous-diaconat, qui se mariaient ou entretenaient des concubines (c. 6). Il ajoutait (c. 7) l'interdiction d'assister aux messes célébrées par des prêtres mariés ou concubinaires (11).

Quoiqu'il en soit de la forme originale de ces textes et des relations entre les conciles de Reims et les deux premiers conciles de Latran, cette accumulation de défenses en quelques années prouve que la lutte contre le mariage des prêtres était d'actualité au moment où Gratien composait son Décret. La partie était loin d'être gagnée, puisque les Décrétales de Grégoire IX devront encore consacrer un titre aux « fils de prêtres » (I, 17). Sans doute était-ce pour réprimer les unions prohibées; cependant s'il fallait encore s'en occuper au milieu du XIIIᵉ siècle, c'est que la législation grégorienne et post-grégorienne s'imposait difficilement. Elle se heurtait à une vive résistance qui n'était pas seulement inspirée par une longue pratique de moeurs relâchées (12). La doctrine grégorienne se montrait en effet plus sévère en ce qui concerne la discipline du célibat, en particulier à l'égard des sous-diacres (13). Aussi certaines oppositions doctrinales se firent-elles sentir aux XIIᵉ et XIIIᵉ siècles (14). Une question si disputée ne pouvait laisser indifférent le Décret de Gratien.

Les textes en la matière étaient abondants, d'époques diverses et de tendances opposées (15). Déjà Ives de Chartres avait consacré une trentaine de textes de la *VI Pars* du Décret (16) et une

---

(11) Ce qui allait à l'encontre d'une antique disposition du concile de Gangres c. 4, que reproduit Gratien, D. 28, c. 15 cf. *infra*, 358.

(12) Un exemple de l'hostilité avec laquelle furent accueillis les canons réformateurs de Callixte II est fourni par cette complainte (citée par U. ROBERT, *op. cit.*, 85 n. d'après L. PRÉVOST, *Odéric Vital*, IV, 393):

O bone Calliste, nunc clerus odit te
Olim presbyteri poterant uxoribus uti
Hoc sustilisti, quando papa fuisti.

(13) Rufin (*Summa*, D. 27, éd. SINGER, 63) souligne les étapes de la rigueur croissante.

(14) J. W. BALDWIN, *A campaign to reduce clerical celibacy at the turn of the twelfth and thirteenth centuries*, dans *Et. d'hist. du droit canonique dédiées à G. Le Bras*, II (Paris 1965) 1041-1053.

(15) Pour les diacres, cf. A. M. STICKLER, *La continenza dei diaconi, specialmente nel primo millennio della Chiesa* in: *Salesianum* XXVI (1964), 275-302.

(16) *PL* 161; la *VI Pars* est consacrée au statut du clergé. Les textes relatifs au célibat ou à la continence se trouvent dans les c. 50 et suivants. Mêlés à des canons concernant d'autres sujets ils ne constituent pas un ensemble homogène.

partie du Livre III de la Panormie (ch. 84 à 115) à la « continence des clercs ». Quelle allait être en ce domaine la position de Gratien?

Il est toujours difficile de dégager la pensée de Gratien. Il faut la chercher non seulement dans les *dicta*, où il laisse parfois percer sa préférence pour telle ou telle solution fournie par les *auctoritates*, mais aussi dans la place qu'il accorde aux textes favorables à une certaine doctrine, voire l'ordre dans lequel il les fait figurer au Décret. L'appréciation de ces indices est délicate et laisse place souvent à bien des incertitudes. Nous verrons qu'elle l'est particulièrement dans le sujet qui nous occupe ici.

Pour mieux mesurer l'originalité, sinon la rigueur, de la position de Gratien, il est nécessaire d'évoquer rapidement l'apport des prédécesseurs, auxquels il eut si largement recours.

I — Les précédents

Sans vouloir remonter bien loin et sans prétendre à une étude exhaustive des collections auxquelles Gratien put emprunter, on rappellera seulement quel avait été en cette matière l'apport du Décret de Burchard de Worms et des collections d'Ives de Chartres. La différence d'attitude de deux compilateurs suffit à rendre sensible l'évolution qui, sous l'influence grégorienne, s'était produite au cours du XIe siècle.

Le Décret de Burchard (vers 1008-1012) (17) reste largement tributaire de Réginon de Prüm dans les textes, assez rares, qu'il consacre à la chasteté cléricale. Celle-ci doit être envisagée à un double point de vue (ou à deux moments): le célibat peut être exigé pour l'accès aux ordres, ou au moins à certains degrés d'ordres « supérieurs »; la continence peut d'autre part être imposée aux clercs, qu'ils aient ou non été mariés avant l'entrée dans les ordres. Sur le premier point Burchard est assez pauvre. Il ne fait pas état de la disposition du concile d'Ancyre (c. 10) qui permettait aux diacres de se réserver lors de leur ordination la faculté d'un mariage ultérieur. A défaut de cette réserve, le mariage leur était interdit, sous peine d'être déchus de leur ministère. Peut-être cette relative liberté paraissait-elle encore trop sévère à l'évêque de Worms, car il est peu probable qu'il ait ignoré ce texte.

---

(17) *PL* 140.

Il ne s'agit pas en effet d'une disposition mineure. On la trouvera chez Ives de Chartres et chez Gratien (18). Burchard pour sa part se borne à citer des textes qui interdisent l'accès aux ordres aux bigames (19) ou à ceux qui ont « péché par la chair » (20).

Plus important est le passage du L. II du Décret dans lequel Burchard rassemble des textes sur la continence des clercs après leur ordination.

Onze *auctoritates* (c. 107 à 118) empruntées (à l'exception du c. 111) à Réginon (21) sont introduites par la rubrique *de presbytero, si uxorem acceperit, deponatur*. En réalité la plupart de ces textes ne concernent pas le mariage des clercs, mais simplement l'interdiction de ce que les conciles de l'époque franque avaient appelé la *familiaritas*, c'est-à-dire le fait d'habiter sous le même toit que des femmes (à moins qu'il ne s'agisse de très proches parentes) ou d'avoir avec des femmes des relations qui pourraient prêter à soupçon. Telle était déjà l'une des mesures prescrites par le c. 36 du concile de Meaux de 845 qui figurait au Décret de Burchard II, 107. C'est encore à ce sujet que se réfèrent les c. 109 (= concile de Nicée, c. 3), interdisant à tout clerc d'avoir une *mulier subintroducta* (συνείσακτος); 110 (= décrétale de Sirice à Himère, c. 12, qui se référait à la défense du concile de Nicée); 111 (faussement attribuée à la même décrétale, mais en réalité texte tiré du concile d'Aix la Chapelle de 818-819); 112 (concile d'Agde de 506, c. 10); 113 (*ibid.* c. 11, mais fausse-

---

(18) Cf. *infra*, 353-354
(19) Par exemple II, 38 (Concile de Gérone, 517, c. 8).
(20) II, 48 et 49 *versio dionysiana* et version de Martin de Braga (ch. 25) du c. 9 de Néocésarée. Le texte était également dans l'*Anselmo dedicata* IV, 70.
(21) *PL*. 132, 208-211

Burchard II, 107	RÉGINON, *De synodalibus causis*	I, 83
108	....	84
109	....	90
110	....	91
112	....	100
113	....	101
114	....	96
115	....	103
116	....	104
117	....	89
118	....	88

ment attribué à un concile de Reims); 115 (concile de Tours de 461, c. 3); 116 (pseudo-concile de Nantes, en fait textes d'époque carolingienne sans doute d'origine rhénane (22)).

Si l'on écarte ces six canons qui ne se rapportent pas directement à l'obligation du célibat, il ne reste que les c. 108, 114, 117 et 118. Le premier (groupant les c. 1 et 10 du concile de Néocésarée) punit de la déposition le prêtre ou le diacre qui se marie ou qui entretient des relations extra-conjugales avec une femme (23). Le c. 114, fourni par un chapitre de la lettre 167 de Saint Léon à Rusticus de Narbonne (458-459), impose aux « ministres de l'autel », c'est-à-dire aux diacres comme aux évêques ou aux prêtres, la « loi de continence ». Et s'il interdit aux clercs majeurs mariés de renvoyer leur épouse, il leur prescrit en même temps de cesser avec elles toutes relations conjugales. Les c. 117 et 118, empruntés à la lettre d'Innocent I à Exupère de Toulouse en 405, rappellent l'obligation de continence qui s'imposait aux diacres et aux prêtres, sous peine d'être privés de leur dignité.

Il résulte de l'examen des textes qui forment au Décret le traité de la continence des clercs que Burchard réunit assez d'*auctoritates* pour établir clairement l'obligation faite aux clercs majeurs de respecter le célibat où, s'ils se sont mariés antérieurement, de ne plus vivre maritalement avec leur épouse. Mais dans la masse des textes qui, au cours des siècles, avaient formulé ces principes, il n'en retient que quatre, tous empruntés à la législation des IVe et Ve siècles (24), et surtout il ne soulève pas la question si longtemps débattue de la situation des sous-diacres à l'égard de l'obligation de chasteté.

Cette question cependant ne lui était pas inconnue, car il cite la décrétale de Léon le Grand à Anastase (*ep.* 14; 446) qui interdisait le mariage aux sous-diacres. Mais il la fait figurer au L. II ch. 148, c'est-à-dire en dehors du passage principal consacré à

---

(22) P. Fournier et G. Le Bras, *Histoire des collections can.* I, 259-262.

(23) Le rattachement du c. 10 de Néocésarée au c. 1 du mème concile aboutit à une modification grave du sens de ce canon. Venant après le c. 9 le ὁμοίως qui ouvre le canon 10 se référait aux « péchés de la chair » commis avant accès aux ordres. Rattaché au c. 1 il évoque le mariage ou la fornication du diacre déjà ordonné.

(24) Il faut à cet égard noter qu'il néglige un certain nombre de textes que lui offrait cependant sa principale source Réginon de Prüm. C'est ainsi que l'on ne retrouve pas au Décret les canons 87, 93, 95, 97 à 99, 102 du L. I de Réginon.

Gratien et le célibat écclésiastique 349

la continence cléricale. N'était-ce pas là un moyen d'en diminuer la portée ? Burchard était en effet bien obligé de tenir compte des conditions dans lesquelles vivait le clergé de son temps. Mariage ou concubinage étaient fréquents. Le mouvement de réforme n'avait pas encore commencé. Lorsque l'on voit les hésitations du recueil de Gratien, postérieur cependant aux décrets qui condamnèrent formellement le mariage des clercs, on comprend la réserve que devaient observer les collections du début du XIe siècle. Et l'on ne saurait s'étonner que Burchard ait reproduit dans deux passages (III, 75 et 207) le canon 4 du concile de Gangres anathématisant celui qui se détourne d'un prêtre marié (25).

Les collections chartraines traduisent déjà une attitude toute différente.

Au Décret, la question du célibat fait l'objet d'une trentaine de canons dans la *VI Pars* consacrée aux clercs. Ils ne sont pas groupés en une masse homogène, mais échelonnés entre les c. 50 et 422 (26).

Vingt et un de ces textes se retrouvent au Décret de Gratien, mais dix seulement dans les Distinctions 27 à 34. Les autres figurent dans d'autres Distinctions consacrées aux clercs, où incidemment la question du célibat réapparaît (27). Beaucoup d'ailleurs concer-

---

(25) Le canon III, 75 attribue d'ailleurs faussement cette disposition au c. 8 du Concile d'Agde. Cette erreur d'attribution et une légère variante de forme qui ne modifie pas la portée du canon peuvent expliquer pour partie cette répétition.

(26) c. 50-52; 55-57; 68; 76-77; 81; 86; 87; 89; 94; 96; 98; 113; 119; 134; 139; 185; 189; 191 à 194; 221; 376; 382; 422. Les c. 98 et 221 reproduisent le même texte, trouvé par Ives dans deux sources différentes.

(27) Décret d'Ives, *VI Pars*, c. 50 - Décret de Gratien D. 82, c. 3
— 51 — D. 84, c. 5
— 52 — D. 81, c. 31
— 55 — D. 34, c. 13
— 57 — D. 82, c. 2
— 68 — D. 31, c. 10
— 76 — D. 81, c. 23
— 77 — D. 81, c. 25
— 81 — D. 81, c. 24
— 86 — D. 32, c. 3
— 89 — D. 81, c. 20
— 94 — D. 31, c. 4
— 96 — D. 81, c. 6

naient moins le célibat ou la continence des clercs mariés que l'interdiction de toute forme de *familiaritas* (28). Et l'absence de toute construction rigoureuse empêche de dégager du Décret une doctrine précise du célibat ecclésiastique (en dehors du principe général de la chasteté cléricale).

La Panormie offre ici, comme toujours, un ensemble mieux ordonné. Son L. III contient une rubrique *de continentia ordinandorum*, riche de 32 canons (c. 84 à 115) dont trois seulement (les c. 88, 90 et 109) ne figurent pas au Décret de Gratien (29). Ces 32 canons représentent une masse de textes aussi importante et beaucoup plus groupée que celle consacrée par le Décret d'Ives au même sujet. Il est d'ailleurs curieux d'observer que sept canons seulement figuraient déjà dans la *VI Pars* du Décret (30). La Panormie a négligé dix des onze textes du Décret interdisant la *familiaritas* (31).

On ne peut qu'admirer la logique qui a présidé à cet exposé de la continence cléricale. Le c. 84 que introduit le sujet signale immédiatement la différence qui présentent sur ce point les disciplines orientale et occidentale (32). Puis Ives indique (c. 85) les origines de la discipline orientale en rapportant le passage

—	98	—	D. 32, c. 1
—	113	—	D. 34, c. 20
—	119	—	D. 32, c. 4
—	134	—	D. 55, c. 2
—	185	—	D. 28, c. 9
—	186	—	D. 32, c. 16
—	187	—	D. 81, c. 31
—	376	—	D. 27, c. 1

(28) Par exemple, c. 52, 76, 77, 81, 89, 186, 187, 188, 189, 191, 192.

(29) FRIEDBERG ne signale pas dans sa table de concordance entre la Panormie et le Décret de Gratien le c. 101, qui figure au Décret D. 32 c. 10.

(30) III, 91 - Décret VI, 185
     94 -   »   94
     97 -   »   376
    100 -   »   98
    106 -   »   68
    108 -   »   86
    112 -   »   186

(31) Seul est repris le c. 186 = Pan. III, 112.

(32) Ce texte, attribué à une déclaration du pape Etienne au concile de Latran, devrait, selon FRIEDBERG (Ed. du Décret de Gratien, p. 117 n. 147) être attribué à Etienne IX et se rattacherait peut-être au concile romain de 1058.

célèbre de l'*Historia Tripartita*, selon laquelle ce serait sur l'intervention de Paphnuce que le concile de Nicée aurait écarté l'obligation du célibat ecclésiastique (33). Enfin un texte du concile de Constantinople de 692 (c. 13) lui permet de donner la discipline orientale en la matière (c. 86). Ives rapporte ensuite le texte du concile d'Ancyre, l'un des plus anciens documents législatifs sur le célibat ecclésiastique, offrant aux diacres la faculté de se réserver le droit de se marier, par une déclaration faite lors de leur accès au diaconat (c. 87). Le c. 88, emprunté à la discipline espagnole, confirme la possibilité d'accepter des diacres mariés. Les c. 89 et 90 rapportent une disposition de Grégoire le Grand relative aux sous-diacres. Les canons suivants exposent les disciplines concernant les ordres majeurs à partir du diaconat (c. 91-98). La situation des sous-diacres, souvent incertaine en raison de la contrariété de textes d'inspiration et d'époque différentes, est à nouveau envisagée dans les c. 99 à 105. Le c. 106, relatif aux ordres majeurs, peut être considéré comme une incidente mal placée au milieu des textes concernant les ordres mineurs. Car c'est à ceux-ci que reviennent les c. 107 à 111. Le canon 112 prohibe la *familiaritas*, transition toute naturelle pour en venir, avec les c. 113 à 115 à traiter des clercs mariés avant leur ordination. Loin de se montrer sévère à leur égard, Ives de Chartres, commence par citer le texte des canons des Apôtres (c. 5) excommuniant l'évêque ou le prêtre qui renvoie son épouse (c. 113), puis rappelle les devoirs qui incombent au clerc marié à l'égard de son épouse (c. 114, *ut sororem diligens;* c. 115, *victum et vestitum largiari*).

II — Le Décret de Gratien

1. — La question du célibat ecclésiastique est envisagée au Décret de Gratien dans le long traité de l'ordre et de la hiérarchie qui occupe les Distinctions 21 à 101. Elle s'insère dans l'exposé des qualités cléricales que Gratien a construit en partant des textes des épitres à Tite (ch. 1, v. 6 à 9) et à Timothée (I, ch. 3, v. 2 à 4) sur les vertus de l'« episcopos ». Et c'est pour expliquer l'expression *unius uxoris vir* qu'il réunit les textes sur le célibat dans

---

(33) Cf. Socrate *Hist. eccles.*, I, 11; Sozomène, *Hist. eccles.*, I, 23.

les Distinctions 27 à 34, les Distinctions 29 et 30 formant une sorte d'intermède, étranger à la question du célibat (34). Ce sont au total près de 70 canons (35) qui sont réunis dans ces six Distinctions, auxquels il faudrait d'ailleurs ajouter quelques textes relatifs au même sujet épars dans divers passages du Décret (36).

Une première constatation surprend à l'examen de ces Distinctions: c'est le manque de rigueur dans leur construction. Aucune n'est consacrée à un aspect déterminé du célibat ecclésiastique; aucune n'épuise totalement une question. Ce désordre est d'autant plus surprenant que la Panormie offrait ici un cadre auquel Gratien aurait pu se rallier. Il ne l'a pas fait, bien qu'il ait certainement utilisé ce recueil pour la composition des Distinctions sur le célibat. On sait combien les collections chartraines ont d'une façon générale servi à la composition du Décret. Mais l'utilisation de la Panormie peut être prouvée ici de façon plus précise et plus certaine que par une simple référence à cette observation générale sur les sources du Décret. On a déjà fait observer qu'à l'exception des c. 88 et 109, les trente-deux textes du *de continentia ordinandorum* de la Panormie (c. 84 à 115) se retrouvent au Décret de Gratien (37). Certes on ne saurait affirmer que tous aient été pris dans la Panormie, car la plupart figuraient dans d'autres recueils utilisés par Gratien. Mais certains groupements de textes très analogues dans la Panormie et chez Gratien ne peuvent pas s'expliquer autrement que par un emprunt (38).

---

(34) La D. 29 traite de l'interprétation des canons *ex causa, loco et tempore*, problème qu'avait fait apparaître les divergences des textes législatifs concernant le célibat (cf. le § 4 du *dictum* D. 28 *post* c. 13) et la D. 30 reproduit les anathèmes du concile de Gangres, introduit par celui qui frappait les contempteurs de clercs mariés (D. 28, c. 15).

(35) Les Distinctions 27, 28, 31, 32, 33, 34 totalisent 86 canons. Mais quelques uns ne concernent pas notre sujet: par exemple D. 31, c. 2 à 7 (effet du voeu de chasteté sur un mariage ultérieur); D. 33 c. 3 à 5 (exclusion des ordres des insensés); D. 34 c. 2 et 3 (deux *paleae*); 5 et 6 (interdiction des concubines même aux laïcs); 16 (définition); 19 (interdiction faite aux prêtres de participer aux banquets de noces) etc.

(36) Par exemple D. 50, c. 29.

(37) Pour le c. 100 cf. *infra*, n. 40.

(38) Cf. Panormie, III, 84, 85, 86 et Gratien, D. 31, c. 14, 12, 13; Panormie, III, 92 à 96 et Gratien D. 31, c. 2 à 7 (le c. 5 étant une *palea* n'est venue interrompre la série que par la suite); Panormie III, 103-105 et Gratien D. 32 c. 11-13 (ajoutons que Panormie II, 99 à 102 se retrouvent D. 32 c. 9, 1, 10, 7, que Panormie III, 107-108 se retrouvent D. 32, c. 14 et 3; Panormie, III, 110-112 = D. 32, c. 15, 8, 16 et Panormie III, 114 = D. 32 c. 18).

L'utilisation de la Panormie est encore prouvée par d'autres signes. C'est ainsi que la coupure de la lettre de Nicolas I à l'archevêque de Salisbury, Adalvinus, après *quod inchoavit*, que l'on trouvera au Décret D. 27, c. 6, était déjà dans la Panormie (39) alors que le Décret d'Ives (VII, 65 et 152) et Burchard (VIII, 47) avaient un texte plus long, qui donnait le passage qui constitue la *Palea* de l'actuel c. 7.

Les textes de la Panormie se répartissent entre les D. 27, 28, 31, 32, selon les proportions suivantes:

D. 27, 1 sur 9 canons
    28, 3 — 17 —
    31, 11 — 14 —
    32, 12 — 19 (40)

Un canon se retrouve à la D. 50 (c. 29).

L'emprunt est donc évident et sans doute massif. Il n'a pas été jusqu'à la reprise du plan. Cette infidélité est le plus souvent fâcheuse, car le traité de Gratien est moins bien ordonné que celui de la Panormie. Dans le détail, elle aboutit parfois à des résultats surprenants. C'est ainsi que la lettre de Grégoire le Grand relative aux sous-diacres qui fournissait à la Panormie deux textes accolés (III, 89 et 90) est chez Gratien D. 28, c. 1 et D. 31, c. 1. De même la Panormie avait rapproché deux textes relatifs aux lecteurs (c. 110 et 111) que Gratien sépare à la D. 32 en faisant de l'un le c. 8 et de l'autre le c. 15.

Négligeant le plan que lui offrait la Panormie, Gratien a-t-il groupé ses *auctoritates* selon un ordre différent? A suivre la succession des canons dans les six Distinctions, il ne le semble pas. Certes tout n'est pas laissé au hasard, mais le développement n'est pas rigoureux. Que l'on en juge plutôt.

2. — La *D.* 27 s'ouvre par un *Dictum* qui soulève la question du sens à donner à l'expression *unius uxoris vir* appliquée par Saint Paul à l'évêque. Or, le c. 1 concerne le diacre. Il donne, dans la version de Martin de Braga (c. 39), le texte du c. 10 du concile d'Ancyre qui permettait au diacre de se réserver par une décla-

---

(39) III, 205.
(40) La Panormie III, 100 n'a qu'un petit fragment du texte que Gratien donne D. 32, c. 1. Au contraire, le Décret d'Ives (VI, 98) donne le même texte avec la même variante fautive: *luxuriae*.

ration formelle lors de son ordination, la faculté de se marier par la suite. Mais la forme espagnole de ce texte en trahissait le sens, car elle déclarait que si le futur diacre se réservait le droit de se marier, il ne serait pas ordonné!

Allez illogiquement, Gratien cite d'ailleurs la version dionysienne de ce texte D. 28, c. 8, sans sembler se souvenir qu'il en propose quelques lignes plus haut une version toute différente. Dans la forme dionysienne, en effet, le concile autorisait le mariage du diacre qui s'en était réservé la possibilité et maintenait le diacre marié *in ministerio* (41).

Ayant, avec la version hispanique, affirmé que le diacre qui se mariait ne pouvait demeurer dans le ministère, Gratien conclut que la « force du sacrement de mariage est telle que la violation du voeu ne peut entrainer sa dissolution » (D. 27, *dictum post* c. 1). Cette observation le conduit à interrompre son développement sur le célibat ecclésiastique pour citer des textes relatifs aux effets du voeu sur le mariage (D. 28, c. 2 à 6; le c. 7, qui est une *palea*, concerne le même objet). C'est seulement le c. 8 qui revient au sujet en donnant le texte du concile de Reims de 1119 (c. 5) qui interdisait aux prêtres, diacres, sous-diacres (ou moines) d'avoir des épouses ou des concubines et qui prescrivait de faire cesser de telles unions (42). Le dernier canon (9) de la D. 27 tient pour incestueuses les vierges qui manquent à leur voeu. Ce ne sont donc au total que deux canons (1 et 8) qui, dans cette Distinction, concernent le célibat ecclésiastique. Aucun ne fait mention des évêques auxquels se rapportaient le texte de Saint Paul et le *dictum* initial de la D. 27!

3. — La *Distinction* 28 (17 canons) est plus riche; mais les textes s'y pressent, abordent des questions diverses, revenant sur des points déjà examinés et, chose plus grave, proposant parfois

---

(41) Ce canon du concile d'Ancyre, négligé par beaucoup de collections canoniques du IXe au XIe siècle (voir cependant *Anselmo dedicata*, IV, 126), semble avoir été remis en honneur par Ives de Chartres qui en donne la version dionysienne (*Pan.* III, 87) et la version de Martin de Braga (*Décret* VI, 376 et *Pan.* III, 97).

(42) Cette solution n'est pas conforme à celle que proposaient Saint Augustin dans le c. 2 et le pseudo-Théodore dans le c. 3. Elle est plus conforme aux c. 4 à 7, empruntés à Saint Jérome et à Nicolas I, qui affirment la primauté du voeu par rapport au mariage, mais qui ne vont pas cependant jusqu'à prescrire la cessation de l'union contractée au mépris du voeu.

des solutions peu conciliables entre elles. Il revenait à l'auteur de la *Concordia* de remettre de l'ordre dans cette masse et d'harmoniser les solutions antagonistes. Loin d'y parvenir, Gratien semble ici n'avoir pas su, ou pas voulu, opter.

Le *dictum* initial exige le voeu de chasteté avant l'obtention du sous-diaconat. Il allègue en ce sens deux *auctoritates*. C'est d'abord (c. 1) un bref passage d'une lettre de Grégoire le Grand de 591 (43), que l'on retrouve sous une forme plus complète (44) D. 31 c. 1. La non-observation de cette prescription entrainait l'interdiction de la promotion aux ordres majeurs. Le c. 2 reproduit le c. 6 du 2e concile de Latran de 1139 (45). Ce texte prive de leur office et de leur bénéfice les clercs, à partir du sous-diaconat, qui se marient ou entretiennent des concubines. Une adjonction à la Panormie (VIII, 142) donne ce texte, mais en l'appliquant seulement à partir du diaconat. Il est peu vraisemblable qu'il s'agisse d'une simple erreur, car les hésitations concernant la condition des sous-diacres étaient trop connues pour que les auteurs de collections canoniques ne prêtassent pas attention aux termes. Ces variations trahissent donc sans doute des divergences de vues sur la discipline imposée aux sous-diacres.

La question du célibat des sous-diacres est alors interrompue par deux canons qui concernent les diacres et les degrés d'ordre supérieur. Le c. 3 (= 4e concile de Tolède de 633, c. 27) exige des diacres et prêtres une promesse de respecter la chasteté, prêtée à l'évêque au moment de l'ordination. Le c. 4, fourni par un fragment de lettre de Grégoire le Grand (46), refuse d'admettre à l'épiscopat un homme qui a eu un enfant, alors qu'il était diacre.

Le c. 5 revient aux sous-diacres en reproduisant le c. 1 du second concile de Tolède de 527 qui exige des lecteurs parvenus à l'âge de 18 ans un engagement de respecter la chasteté s'ils veulent accéder à 20 ans au sous-diaconat et, ultérieurement, aux ordres supérieurs. Régime plus rigoureux que celui du concile d'Ancyre qui ne signalait un engagement qu'avant l'accès au diaconat

---

(43) *Ep.* I, 42, mai 591. *MGH. Epist.* T.I. *pars I, Gregorii papae registrum epistolarum* T.I., ed. EWALD (Berlin 1887), p. 67.

(44) *Infra*, 359-360.

(45) *Supra*, 345; cf. déjà conciles de Clermont de 1130, c. 4, et de Reims de 1131, c. 3 (MANSI, XXI, 438 et 458) et HEFELE-LECLERCQ, *Hist. des conciles*, V, 1, (1912) 687 et 698.

(46) X, 62, en 600.

et qui laissait la possibilité au candidat au diaconat de se réserver le droit de se marier. Désormais la *professio* doit intervenir avant le sous-diaconat et elle doit être le renoncement au mariage (47).

La fin du canon 5 envisage la situation des hommes mariés qui aspirent aux ordres sacrés. Ils n'y seront admis que s'ils renoncent à la vie conjugale.

Cette nouvelle idée explique les deux canons suivants qui concernent les hommes mariés. Il s'agit de deux canons de la collection dite second concile d'Arles (c. 2 et 4, ce dernier reproduisant le c. 22 du concile d'Orange de 441) qui exigent des hommes mariés une *professio conversionis*.

Le *dictum* qui suit le c. 7 conclut de ce texte que le mariage est autorisé aux diacres, puisque ce n'est que le « *sacerdotium* » qui est refusé aux hommes mariés. Puis se tournant vers le canon suivant, il déclare qu'il semble autoriser le mariage des sous-diacres puisqu'il n'exige la promesse de chasteté que des diacres. La contradiction entre les deux propositions de ce *dictum* ne peut guère être niée. Après avoir dit que le diacre peut se marier, il le conteste dans sa seconde phrase. Inconséquence grave dont l'auteur du *dictum* ne semble pas avoir conscience.

A l'inconséquence du *dictum* s'ajoute celle des *auctoritates*. Le c. 8, invoqué pour écarter le mariage des diacres, reproduit le c. 10 du concile d'Ancyre qui ouvrait la Distinction 27. Mais dans sa forme dionysienne, sous laquelle Gratien le donne ici, il autorise le mariage du diacre, dès lors que celui-ci s'est réservé cette faculté à son ordination. On a vu que tel n'était pas le sens de ce texte à la Distinction 27. Cette contradiction semble avoir échappé à Gratien et surtout l'*auctoritas* qu'il croit trouver dans ce texte répond fort mal à l'affirmation du *dictum* qui l'introduit. Celui-ci disait en effet qu'il était interdit d'ordonner un diacre *sine probatione castitatis* (ce qui est le sens du concile d'Ancyre dans la version de Martin de Braga). Or le c. 10 d'Ancyre dans la version dionysienne dit au contraire que le diacre peut lors de son ordination se réserver le droit de se marier et que s'il a fait une telle déclaration il pourra se marier et demeurer *in ministerio*.

---

(47) On comprend que devant cette nouvelle discipline espagnole, Martin de Braga ait donné des textes d'Ancyre une version qui transformait la *professio* du futur diacre en une renonciation au mariage, à peine de se voir refuser le diaconat.

Après ces textes relatifs aux sous-diacres, le c. 9, reproduisant le c. 1 du concile de Néocésarée, punit de déposition le prêtre qui se marie et rejette de l'Eglise celui qui commet la fornication ou l'adultère.

Les c. 10, 11, 12 ne concernent pas le célibat ecclésiastique. Ils interdisent le remariage de la veuve d'un clerc majeur.

Quant au c. 13, tiré d'une lettre de Pélage I (555-560), il signale le danger que peut présenter l'élection à l'épiscopat d'un homme marié et père de famille. Le pape accepte cependant cette élection. Sa lettre signale seulement les précautions qu'il prend pour éviter que l'évêque ne détourne le patrimoine de son église au profit de sa femme ou de ses enfants. Ce sont donc des considérations purement matérielles qui sont ici mises en avant; dès lors que les garanties nécessaires ont été prises pour protéger les biens de l'église, le pape consent à l'« ordination » du prélat. Solution qui, elle non plus, ne se concilie pas très bien avec le c. 4 dans lequel Grégoire le Grand refusait d'accepter pour évêque un homme qui n'avait pas su respecter « une longue continence ». Il est vrai qu'il s'agissait d'un diacre et que ce pouvait être cette qualité qui rendait sa paternité répréhensible. Mais Grégoire ne le disait pas expressément et le canon (ainsi qu'en fait foi la rubrique) avait pour objet d'écarter de l'épiscopat tout homme *qui longam sui corporis continentiam non habet.*

Tant de contradictions exigeaient une mise au point. C'est à elle sans doute que devait servir le long *dictum post* c. 13. Il traduit cependant l'embarras de Gratien, plus qu'il ne résoud l'opposition des canons. Alléguant le c. 13, le *principium* du *dictum* déclare que l'élu à l'épiscopat ne doit avoir ni femme ni enfant. C'était cependant la solution contraire qu'avait admise Pélage, ce qui conduira les *correctores* romains à corriger *prohibetur* en *non prohibetur.* Ils font en effet remarquer que cette formule négative, qui aboutit à autoriser la consécration épiscopale d'un père de famille, répondait mieux et au texte de Pélage et à la suite du *dictum* (48). Mais on est encore plus surpris de voir Gratien déclarer après cette première phrase, que prêtre, diacre ou sousdiacre *licite matrimonia possunt uti,* car les c. 6 et 7 exigeaient une promesse de *conversio* de la part des hommes mariés qui accédaient au *sacerdotium.*

---

(48) Cf. § 1: *sed ipsum uxorem habere et filios non repugnat praemissis auctoritatibus.*

Plus conforme à l'enseignement des *auctoritates* est l'affirmation du § 1. Invoquant Grégoire le Grand (c. 10) et les conciles de Néocésarée et d'Ancyre (c. 9 et 8), Gratien déclare que sous-diacres et diacres peuvent se marier, ce qui en effet peut se déduire de ces trois canons. Mais ce libéralisme se concilie mal avec d'autres canons de la même distinction qui refusent le mariage aux diacres (c. 3 et 4) et même aux sous-diacres (c. 1 et 2).

Aussi la fin du *dictum* (§ 3 et 4) s'efforce-t-elle d'expliquer le laxisme de ces trois canons. Que Grégoire le Grand puisse parler de la veuve d'un diacre, Gratien en propose deux explications: ou bien il s'agissait d'une Eglise dans laquelle l'obligation de continence n'avait pas encore été formulée pour le diacre; ou bien ce diacre s'était marié avant même d'accéder au sous-diaconat. Quant aux canons de Néocésarée et d'Ancyre, il explique leur solution soit *ex tempore*, parce que la loi du célibat ecclésiastique n'avait pas encore été formulée au début du IVe siècle; soit *ex loco*, parce qu'il s'agit de conciles orientaux et que l'Eglise d'Orient n'a pas prescrit le célibat ecclésiastique. De toute façon, ces textes s'écartent de la discipline générale de l'Occident et, encore que Gratien ne le dise pas formellement, c'est le principe du célibat à partir du sous-diaconat qui constitue pour lui la règle à observer.

Les derniers canons (14 à 17) de la Distinction 28 concernent les prêtres mariés. Comme la Panormie, mais avec plus d'ampleur, le Décret de Gratien met l'accent sur le respect qui leur est dû et pour cela il ne reproduit que des textes orientaux: concile de Gangres (c. 15); lettre de Nicolas I aux Bulgares en 866 (ch. 70) qui rappellent que l'on ne doit pas se détourner d'un prêtre marié; texte des Canons des Apôtres (c. 5 (6)) qui interdit au prêtre marié de renvoyer son épouse; enfin un canon du concile in Trullo (691) concernant un prêtre qui « par ignorance » se trouve engagé dans les liens d'une union « non conforme à la loi ». Le canon lui laisse l'honneur de sa fonction, lui interdisant simplement de l'exercer. Ce dossier final sur les prêtres mariés omettait curieusement les condamnations grégoriennes. Ne témoigne-t-il pas de l'embarras du canoniste en présence du profond désaccord qui persistait encore entre la législation et les moeurs?

4. — La *Distinction* 31 revient plus largement sur la condition des clercs mariés, moins pour déterminer leurs devoirs envers leur épouse ou leur situation dans la société, que pour rappeler

TABLEAU II

Canons	Anselme de Lucques	Anselmo Dedicata	Burchard	Décret	Panormie
1					III, 89
2					III, 92
3					III, 93
4	VII, 134		II, 118	VI, 94 et 194	III, 94
5 (*Palea*)					
6					III, 95
7					III, 96
8		XII, 27			
9			VIII, 61	VII, 79	
10	VI, 201	IV, 88	II, 114	VI, 68	III, 106
11					III, 115
12					III, 85
13					III, 86
14					III, 84

l'obligation de continence qui s'impose à eux. C'est là le sujet essentiel de cette Distinction. Onze de ses canons sur 14 sont empruntés au L. III de la Panormie, dont l'ordre est partiellement respecté (49). Des trois autres, l'un (le c. 5) est une *palea* (le texte figurait déjà dans la collection d'Anselme de Lucques VIII, 8); les deux derniers (c. 8 et 9) reproduisent la version dionysienne des textes du concile de Gangres déjà utilisée dans des collections antérieures.

Encore que l'on ne puisse admirer sans réserve la composition de la D. 31, elle apparaît cependant comme l'une des mieux ordonnées dans l'ensemble consacré au célibat ecclésiastique. Elle s'ouvre par un fragment de la lettre de Grégoire le Grand relative

---

(49) Cf. le Tableau II.

aux sous-diacres (50), dont un extrait plus bref avait déjà été mis D. 28, c. 1. Bien que fâcheuse et peu conforme au principe d'économie des textes qui présidait à la confection du Décret, cette répétition n'est cependant pas inutile. Car non seulement elle donne un passage beaucoup plus long de la décrétale, ce qui permet d'en mieux apprécier la portée, mais elle en offre une autre forme qui change radicalement le sens de la mesure prise par Grégoire le Grand. Dans la D. 28, c. 1 il était dit: *Nullum facere subdiaconum praesumant episcopi, nisi qui se victurum caste promiserit* et la rubrique du canon confirmait cette formule. Dans la D. 31, c. 1, le même passage, inséré dans un contexte plus large, déclare *Nullum facere diaconum...* Sous cette forme le c. 1 prend alors la valeur suivante. Grégoire le Grand s'inquiète de voir imposer aux sous-diacres de Sicile l'obligation de continence, à laquelle ils n'étaient pas soumis jusqu'alors et à laquelle ils ne s'étaient pas engagés. Cette prescription nouvelle résulterait de l'introduction en Sicile d'un usage romain. Mais le pape redoute qu'il ne conduise les sous-diacres à des fautes plus graves. En conséquence l'obligation de continence ne sera pas imposée aux sous-diacres mariés. En revanche le pape prescrit d'exiger désormais des *diacres* avant leur ordination un engagement d'observer la chasteté. La contradiction avec le c. 1 de la D. 28 qui exigeait cet engagement des *sous-diacres* est évidente (51). Or c'est ce dernier texte qui reproduit avec exactitude la décrétale de Grégoire le Grand (52). La répétition du texte à la Distinction 31 aboutit donc et à trahir la pensée pontificale et à assouplir la discipline du célibat en n'imposant la chasteté qu'à partir du diaconat!

Le *dictum* qui suit le c. 1 justifie l'obligation de chasteté, thème

---

(50) *Ep.* I, 42, cf. *supra*, 355, n. 43.

(51) La Panormie (III, 89) avait bien la version exacte *nullum subdiaconum facere praesumant*. L'utilisation massive de la Panormie dans la D. 31 interdit de supposer que Gratien n'y avait pas trouvé ce texte. Pourquoi avoir remplacé « sous-diacre » par « diacre », alors surtout que la D. 28, c. 1 conserverait la mention du sous-diacre?

(52) Ce que prescrivait le pape en effet c'était de soumettre désormais les sous-diacres à la promesse de chasteté. A partir du moment où une telle promesse serait exigée, on pourrait refuser à ceux qui ne la respectaient pas l'accès du diaconat (*ad ministerium altaris*). Dans la forme sous laquelle la D. 31 rapporte le texte cette dernière disposition n'est plus compréhensible. En effet, si la promesse de chasteté n'est exigée que des diacres, on ne voit pas comment l'inobservation de cette promesse les exclut de la promotion *ad ministerium altaris*, auquel, en tant que diacres, ils sont déjà associés.

de toute la Distinction, par un sourci de pureté (*munditio clericalis*). Mais la préoccupation pratique semble l'emporter sur les considérations de morale et d'ascèse, car le *dictum* insiste surtout sur la liberté dont disposeront ainsi les ministres de l'autel pour donner tout leur temps à la prière, sans en être distraits par les soins familiaux (53).

C'est à la continence des clercs mariés que sont consacrés les c. 2 à 7, repris à la Panormie, dont l'ordre est respecté. Ces textes ne concernent que les clercs majeurs (à partir du diaconat), ce qui pourrait peut-être expliquer l'interpolation du c. 1 ramené du cas des sous-diacres à celui des diacres afin de l'harmoniser avec les textes qui suivent.

Gratien craignait sans doute que cette accumulation de textes détournant du mariage ou de la vie conjugale ne fournisse des arguments aux adversaires de l'institution matrimoniale elle-même. D'où l'insertion, avec les c. 8 et 9, de deux canons du concile de Gangres qui menaçaient d'anathème les contempteurs du mariage (54). Ces deux canons, donnés ici dans la version dionysienne, figuraient, sous leur forme hispanique, avec la série des textes du concile de Gangres D. 30, c. 12 et 5. Malgré la différence de rédaction, la répétition semblait peu utile, car sous leurs deux formes les deux canons développent la même idée.

La *III pars* de la D. 31 (c. 10 et 11) concerne les obligations des clercs majeurs à l'égard des femmes qu'ils avaient épousées avant d'accéder aux ordres supérieurs. Les deux textes repris par Gratien sont empruntés à la lettre de Léon le Grand à Rusticus de Narbonne (55) et à une réponse du Cardinal Humbert de Moyenmoutiers défendant la discipline latine du célibat ecclésiastique. Ils rappellent que les clercs majeurs ne doivent pas renvoyer leur épouse et qu'ils lui doivent le vivre et le vêtement.

---

(53) Le c. 3 de cette Distinction 31, qui cite le c. 2 du concile de Carthage de 390 obligeant à la continence les clercs majeurs (BRUNS, *Canons Apost. et concil...* I, 118) ne reproduit que le dispositif du concile africain, sans l'accompagner des considérants que lui donnaient les Pères. Cette coupure était déjà dans Ives, *Pan.* III, 93.

(54) Il s'agit ici d'une justification du mariage en général, alors que le c. 4, reproduit D. 28 c. 15 (*supra*, 358) concerne le prêtre marié.

(55) *Ep.* 167, ann. 458-459. Le texte était bien connu. Il figurait dans l'*Anselmo dedicata* (IV, 88), chez Réginon (I, 96), Burchard (II, 114), Anselme de Lucques (VI, 201), dans le Décret d'Ives (VI, 68) et dans la Panormie (III, 106).

La Distinction s'achève par une *IV pars* qui donne les trois textes relatifs à la discipline orientale, que la Panormie avait fait figurer en tête de son traité de la continence cléricale. La comparaison du plan des deux collections est tout à l'avantage du recueil chartrain. Ives avait rapidement évoqué la discipline orientale (56) pour se consacrer ensuite exclusivement à la discipline latine. Gratien la signale de façon presque incidente, à la fin de cette Distinction, c'est-à-dire au milieu de son traité du célibat. La place n'est pas heureuse et l'ordre dans lequel il fait figurer les trois canons ne satisfait ni la logique ni la chronologie. S'être écarté ici du modèle de la Panormie, guide premier dans ces *Distinctiones*, n'est pas à l'honneur du rédacteur du Décret.

Un *dictum* final revient assez curieusement sur la portée de canons qui figuraient à la D. 28! Il s'agit du *responsum* de Nicolas I aux Bulgares (D. 28, c. 17), du canon du concile *in Trullo* (c. 16) et de celui du concile de Gangres (c. 15). Gratien s'efforce de minimiser la portée de ces trois textes, que l'on pouvait utiliser dans une doctrine à ses yeux condamnable. En effet le texte de Nicolas I, tout en réprouvant le mariage des prêtres, rappelait aux laïcs qu'il ne leur appartenait pas de porter de jugement en ces affaires. Texte que le *dictum Gratiani* dit devoir être interprété *ex loco quia gens Bulgarorum noviter conversa ad fidem propositum sacrae religionis ex integro assumere nondum didicerat*. C'était appliquer à un canon qui figurait dans une Distinction relativement lointaine le principe d'interprétation dont il venait d'user à propos du canon 13 du concile *in Trullo* (D. 31 c. 13). Ce n'est pas à ce canon que se réfère la mention de ce concile qui figure dans le *dictum*. Gratien se préoccupe en effet de savoir ce qu'était le *presbyter non legitimis nuptiis detentus*. Il attribuait cette formule au concile *in Trullo* (cf. son canon 3) qu'il croit citer D. 28, c. 16 (57). Le texte laissait à ce prêtre sa dignité (*cathedra*), mais lui interdisait d'exercer le

---

(56) Et d'une façon fort logique: différence entre l'Orient et l'Occident (c. 84, fourni par le texte d'Etienne IX); origine de la discipline orientale (c. 85, rappelant l'intervention de Paphnuce au concile de Nicée); modalité d'application de la discipline en Orient (c. 86, emprunté au concile *in Trullo*).

(57) En réalité, il s'agit du ch. 27 de la seconde lettre de Saint Basile à Amphiloque (cf. P.P. JOANNOU, *Läs canons des Pères grecs*, Rome, 1963, 127 dans les *Fontes della pontif. Comm. per la redaz. del codice di diritto canon. orient.*, fasc. IX).

ministère. Gratien fait observer que ce texte entendait par *legales nuptiae* des secondes noces (*secundae nuptiae*). Il concerne donc une hypothèse très spéciale et pour laquelle d'ailleurs la condamnation canonique était solidement établie (58). Quant au canon du concile de Gangres (D. 28, c. 15), anathémisant le laïc qui se détournerait d'un prêtre marié, le *dictum* l'explique également par la différence des disciplines orientale et occidentale.

Non content de commenter à la fin de la Distinction 31 trois canons de la Distinction 28, le *dictum* explique par avance une disposition de Martin de Braga (59) qui ne figure qu'à la Distinction 34, c. 17! Ce texte réduisait au rang de lecteur ou de portier le sous-diacre qui contractait une seconde union. Il fournissait en conséquence un argument à l'interprétation que Gratien venait de proposer du canon du concile *in Trullo*, en le tenant pour une disposition dirigée contre le clerc bigame. Il n'en reste pas moins que le *dictum* final de la D. 31 ne se réfère qu'à des canons qui ne figuraient pas dans cette Distinction.

5. — Pas plus que les Distinctions précédentes, la *Distinctio 32* n'offre l'exemple d'une rigoureuse unité. Son propos cependant paraissait clairement indiqué par le *dictum* initial: *Servanda est ergo continentia ab omnibus in sacris ordinibus constitutis*. En fait, les mêmes enchevêtrements entre l'interdiction du mariage faite aux clercs majeurs et la situation des clercs mariés se retrouvent. Et tour à tour, prêtres, diacres, sous-diacres retiennent l'attention de Gratien. Si des 19 canons qui constituent cette Distinction on retire les deux *paleae* des c. 2 et 17, on reste en présence de dix fragments de décrétales (60), de 6 canons conciliaires (61) et d'un texte emprunté à la réponse d'Humbert de Moyenmoutiers au libelle du moine Nicetas en 1054 (c. 14). Ces textes viennent presque tous de la Panormie (62).

---

(58) Le prêtre remarié ne respecte pas en effet le principe paulinien: *unius uxoris vir*.

(59) Il s'agit du c. 4 du premier concile de Tolède, dans la forme que lui a donnée Martin de Braga, *capit*. c. 44.

(60) C. 1, 3, 4, 5, 6, 9, 10, 11, 12, 18.
(61) C. 7, 8, 13, 15, 16, 19.
(62) Distinction 32 - Panormie L. III
    c. 1 .... c. 100
       3 108
       5 135
       6, § 1 135

C'est la condition des sous-diacres qui fait l'objet principal de la Distinction 32 (63). Dès le c. 1, un passage de la décrétale de Léon le Grand à Anasthase de Thessalonique (64) rappelle qu'à partir du sous-diaconat, les clercs ne doivent pas se marier; mariés avant d'accéder au sous-diaconat (ou à un ordre supérieur), ils devront observer la continence. Les c. 3 (65) et 4 fournis par des lettres de Grégoire le Grand (66) et de Nicolas I (67) confirment cette discipline romaine (68).

Les c. 5 et 6, suivis d'un long *dictum*, interrompent la série des textes relatifs aux sous-diacres. Cette incidente est d'autant plus surprenante qu'elle ne figurait pas dans la Panormie, dont Gratien suit ici fidèlement la trame; elle résulte de l'introduction malencontreuse de dispositions conciliaires romaines, de 1059 et 1063 que la Panormie avait rejetées plus loin au milieu de textes relatifs aux fautes commises par les prêtres (III, 135). Il s'agit

---

7	....	102
8	....	111
9	....	99 (avec la même faute *singulis* pour *Siculis*)
10	....	101
11	....	103
12	....	104
13	....	105
14	....	107
15	....	110
16	....	112 (où l'on trouve déjà l'adjonction *idoneas*)
18	....	114

(63) Cf. déjà Ives, *Panormia*, III, 89-90 et 99-105.

(64) *Ep.* 14. (*PL.* 54).

(65) Le c. 2 est une *palea* emprunté également à une lettre de Grégoire le Grand (L. IV, *ep.* 34, *MGH.*, *Ep.* T.I. 1, 1887, 269-279) qui va dans le même sens. Le texte était déjà dans Anselme de Lucques, VIII, 148.

(66) L. XI. *ep.* 56 (601; *MGH.*, *Ep.* T.II, 2 p. 333), qui rejoint les mesures prises à l'égard des sous-diacres de Sicile en 591 (cf. D. 28 c. 1 et D. 31 c. 1 *supra*, 355 et 359-360). La position romaine est donc bien affirmée à l'époque de Grégoire le Grand. Il est malheureux que Gratien ait dispersé dans trois *distinctiones* différentes les textes de ce pape qui la formulait.

(67) Lettre de 864 à Adon de Vienne (*MGH.*, *Ep.* VI, *Karol. aevi* IV, p. 289).

(68) C'est par erreur que FRIEDBERG (*ad* c. 4, n. 46) dit que le texte de Nicolas avait *usque ad diaconatum*. Le pape disait bien *usque ad subdiaconatum*. En revanche l'original *cur nostra auctoritate uxorem duxerit, miramur*, contenait une critique implicite de la décision prise par le pape (ou en son nom par ses bureaux). Ives (*Pan.* VI, 119) avait déjà modifié *nostra* en *vestra* et Gratien une fois de plus le suit. C'est faire endosser la responsabilité de l'autorisation critiquée à l'archevêque et décharger le pape. Mais c'est aussi attribuer compétence au premier aux dépens du second pour dispenser les clercs de la loi du célibat.

en effet de l'interdiction d'assister aux messes célébrées par des prêtres concubinaires sous peine d'excommunication (69).

Cette disposition, qui s'insère dans l'ensemble des mesures prises à partir du milieu du XIe siècle pour lutter contre le concubinage des clercs, se conciliait mal avec le c. 4 du concile de Gangres, cité cependant à deux reprises dans les Distinctions précédentes (D. 28, c. 15 et D. 31, *dictum post* c. 14, § 1). Gratien ne relève pas cette contradiction, qu'il aurait pu expliquer en recourant une fois de plus à l'interprétation *ex tempore vel ex loco*. Mais il consacre le long *dictum* qui suit le c. 6 à concilier sa solution rigoureuse avec la doctrine augustinienne qui admettait la validité des sacrements malgré l'indignité des ministres. C'est l'écho des débats suscités depuis la fin du XIe siècle par la difficile question des ordinations simoniaques. A mettre en question la validité d'ordinations faites contre une prestation simoniaque ou par un évêque lui-même simoniaque ou consacré par un simoniaque, on risquait de rejeter hors du clergé la majorité de ses membres. La solution rigoureuse se heurtait donc à une véritable impossibilité pratique. C'est pourquoi théologiens et canonistes firent triompher, contre certains partisans de la rigueur et de toutes ses conséquences, la doctrine formulée naguère par Augustin à propos des baptêmes donatistes. La grâce conférée par le sacrement vient de Dieu; elle ne saurait être affectée par l'indignité du ministre. Transposée au sacrifice eucharistique, cette doctrine conduisait à reconnaître la validité des messes célébrées par des ministres indignes. Pourquoi alors interdire aux fidèles d'assister à la messe d'un prêtre concubinaire?

Pour lever cette difficulté, Gratien fait appel à un long passage d'une lettre d'Urbain II (70) dont un autre passage sera reproduit à propos de la simonie (C. I, q. 3, c. 8). Cette lettre rappelle la doctrine de la validité du sacrement conféré par des ministres indignes. Mais elle invoque l'exemple de mesures prises déjà par

---

(69) Le concile de 1063 renouvelle en termes identiques la mesure prise par celui de 1059 (HEFELE-LECLERCQ, *Hist. des conciles* IV, 2, (1911), 1167 et 1230; MANSI, XIX, 897 et 978). La présence de ces deux textes au Décret constitue donc une redondance et le paradoxe réside dans le fait de faire figurer au c. 5 les termes de Nicolas II au concile romain de 1059 prescrivant d'observer le décret que le c. 6 présente comme émanant du concile romain de 1063!

(70) MANSI XX, 662.

IV

d'autres papes pour interdire aux fidèles d'assister à leurs offices afin que le coupable, honteux de cet abandon, se décide à faire pénitence. C'est donc par une sorte de contrainte sociale que le pape espère ramener le coupable à une vie plus convenable. Et le *dictum* de Gratien conclut que la prohibition formulée par les conciles romains ne met pas en question « la forme et l'effet du sacrement », mais qu'elle tend à provoquer la pénitence du prêtre *rubore verecundiae*.

L'obligation du célibat ou de la continence à partir du sous-diaconat est à nouveau affirmée dans les c. 7 (concile *in Trullo*, c. 6), 9 (lettre de Grégoire le Grand de 593 qui se réfère à la lettre de 591 citée D. 31 c. 1) (71), 10 et 12 (c. 2 et 12 du concile de Melfi de 1089) (72), 11 (lettre d'Alexandre II), 13 (concile de Carthage de 401, c. 3, reproduisant les dispositions du c. 2 de 390, cf. *codex ecclesiae africanae*, c. 3 (73)). Une confirmation *a contrario* de cette discipline est formulée par le c. 14, citant, sous l'autorité de Léon IX, un texte du cardinal Humbert qui autorisait le mariage des clercs mineurs.

Cette liberté concédée aux clercs mineurs n'est pas cependant totale. Le c. 15 rappelle la disposition du concile de Chalcédoine (c. 14) interdisant aux lecteurs et aux psalmistes d'épouser une femme d'une autre secte (74). Disposition reprise elle aussi par la Panormie (III, 110), mais dont l'intérêt, réel dans le monde oriental du Ve siècle que divisaient les hérésies, ne semble pas aussi évident au milieu du XIIe siècle.

Puis quittant le thème majeur de la D. 32, les quatre derniers canons concernent les relations des clercs avec des femmes: interdiction faite à tout clerc d'avoir chez lui une femme étrangère (c. 16, citant le texte fondamental du concile de Nicée, c. 3 et c. 17,

---

(71) Gratien, à la suite d'Ives (*Pan*. III, 99) donne *quod de singulis statuimus* au lieu de *quod de Siculis statuimus*.

(72) La mention fautive du c. 12 *in Meldensi synodo* était déjà dans la Panormie III, 104. Le c. 10 (= c. 12 du concile de Melfi) porte *post diaconatum*. Mais l'erreur, déjà signalée par les *Correctores romani*, est certaine. Il s'agissait des sous-diacres (cf. Hefele-Leclercq, *Hist. des conciles*, V, 1 (1912) 344). Il est remarquable que le concile fasse encore prévaloir le mariage sur l'engagement au célibat puisqu'il prescrit non la séparation des conjoints, mais la déchéance de l'ordre sacré et la privation de l'office et du bénéfice.

(73) Bruns, *Canones Apost. et concil.* I, 161, cf. supra n. 53.

(74) Hefele-Leclercq, *Hist. des conciles* II, 2 (1908), 802.

une *palea*, qui ajoute un passage de Saint Jérôme dans le même sens), obligation pour le prêtre marié de considérer son épouse « comme une soeur » (c. 18 emprunté à Grégoire le Grand). Le dernier canon (19), repris à la transposition isidorienne du c. 11 du concile de Laodicée, se propose d'expliquer le terme de *presbyterae*, employé par Grégoire dans le texte précédent (75).

6. — Les *Distinctions* 33 et 34 malgré leurs 27 canons n'apportent guère de complément à ce qu'avaient donné les D. 27, 28, 31 et 32.

Des 7 canons de la D. 33, seuls les deux premiers et les deux derniers concernent le mariage des clercs (les c. 3 à 5 introduisent la question de l'exclusion des possédés, appelée par l'énumération des raisons d'écarter des ordres que donnait le c. 2). Le c. 1 cite le c. 17 des Canons des Apôtres, refusant l'accès des ordres majeurs à ceux qui s'étaient mariés deux fois ou qui entretenaient une concubine. Le *dictum* de Gratien étend cette mesure à l'accès au sous-diaconat et même à l'acolytat. Il fait ainsi du texte du Canons des Apôtres une disposition rigoureuse, alors qu'en fait, condamnant seulement la bigamie ou le concubinage des clercs mariés, elle était moins sévère que les textes occidentaux. Le c. 2, apocryphe attribué à Grégoire le Grand, mais accepté par Anselme de Lucques et par Ives de Chartres (Décret VIII, 295), donne une longue liste des causes d'exclusion des ordres où figurent la bigamie et le mariage avec une femme de mauvaise vie. Les c. 4 et 5 rappellent que le mariage antérieur à l'accès aux ordres n'est pas une raison suffisante pour en interdire l'accès, mais que certaines unions fâcheuses doivent normalement en détourner.

Quant à la Distinction 34, elle mêle diverses interdictions où voisinent la *familiaritas* avec des femmes étrangères (c. 1), l'adultère du mari (c. 8) ou celui de la femme du candidat au sacerdoce (c. 11 et 12), le mariage avec une femme qui n'était plus vierge (c. 9, 10, 13, 18) ou qui pouvait prêter à quelque soupçon (c. 15), les secondes noces (c. 14, 17, 18) (76). D'autres canons,

---

(75) L'explication est embarrassée. Elle présente le terme comme l'équivalent en grec de ce que l'Eglise latine qualifiait de *viduae, seniores, univirae* et *matriculariae*. Aucun de ces qualificatifs ne convient aux *presbyterae* dont parlait Grégoire le Grand, qui étaient très évidemment des femmes de prêtres (mariés avant l'accès aux ordres majeurs).

(76) Les c. 2 et 3 relatifs aux clercs chasseurs sont des *paleae* qu'il ne faut donc pas prendre en considération pour retracer la démarche du rédacteur du Décret. De même faut-il écarter la *palea* qui constitue le c. 6.

par des précisions parfois subtiles, contribuent à assouplir les interdictions de principe (77). Mais s'ils précisent sur certains points la doctrine exposée par les *auctoritates* des Distinctions précédentes, ces canons n'apportent pas de compléments essentiels à la théorie du célibat ecclésiastique.

L'ampleur de cette question dans le Décret de Gratien témoigne de l'importance qu'elle présente pour les canonistes au milieu du XIIe siècle. Quantitativement l'apport de Gratien est supérieur à celui de Ives de Chartres. Mais on ne saurait affirmer qu'il l'emporte également par la qualité. Sans raison apparente Gratien a renoncé à l'ordre des canons, relativement satisfaisant, qu'il trouvait dans la Panormie et il ne lui en a pas substitué un autre plus rigoureux ou plus savant. Aucune Distinction n'épuise une question. Les dispositions propres aux ordres majeurs, aux sous-diacres, aux clercs mineurs, s'enchevêtrent les unes aux autres. De même passe-t-on constamment de l'accès aux ordres des hommes mariés au célibat des clercs non mariés ou à la continence des clercs mariés. Les textes relatifs à la situation des épouses des clercs viennent encore accroître la confusion.

Certes, l'abondance de la législation, sa diversité, ses contradictions dues aux différences des lieux et des temps ne facilitaient pas l'exposé. Soucieux de donner beaucoup de textes, Gratien a peut-être été quelque peu dérouté par leurs divergences. Les *dicta* auraient pu lui offrir l'occasion de classer les solutions et de proposer des choix. Le Maître ne s'y est guère employé.

La ligne cependant paraît claire. Gratien suit les réformateurs grégoriens dans leur lutte contre l'incontinence des clercs. Conformément à la discipline romaine traditionnelle au moins depuis Grégoire le Grand, il exige le célibat depuis le sous-diaconat, et s'il n'écarte pas les hommes mariés des ordres, il leur impose la continence à partir du même degré. Soucieux d'éviter toute occasion de faute ou de simple soupçon malveillant, il reprend les textes qui condamnent la *familiaritas* avec des femmes étrangères

---

(77) C'est ainsi que les c. 4 et 5 ne condamnent pas la vie avec une concubine lorsque le concubin n'est pas déjà marié (le premier texte emprunté au concile de Tolède de 400 s'explique sans doute par la notion romaine du concubinat, qu'il ne faut pas assimiler à un concubinage; le second, pris à Isidore de Séville, se réfère également aux usages antiques). Le c. 7 excuse les rapports d'un veuf avec une esclave.

à la proche parenté. Enfin, il rappelle aux clercs mariés qu'ils ne doivent pas abandonner leurs épouses (78).

Si tout cela est dit, et souvent redit, il n'en demeure pas moins que ni l'ordonnance des canons ni quelques *dicta* incisifs ne font aparaître du premier coup la position de Gratien. En d'autres matières, où la réforme grégorienne avait accusé les doctrines, l'auteur de la *Concordia* fait preuve de la même réserve (79). Les raisons de cette attitude ne sauraient être données avec certitude. Souci de faire une place dans un recueil qui se voulait complet aux textes représentatifs de tendances diverses ou hésitation à s'engager à fond dans la voie tracée par les réformateurs parce qu'elle heurtait bien des situations et même parfois se conciliait difficilement avec des traditions anciennes? On peut en discuter.

---

(78) Mais la D. 27 fait prévaloir le mariage sur la promesse de célibat en excluant du ministère celui qui se marie malgré sa promesse, *tanta est vis in sacramento coniugii quod nec ex violatione voti potest dissolvi coniugium ipsum* (*dictum post.* c. 1).

(79) Par exemple, à propos de la primauté pontificale, cf. nos observations, *Collections canoniques et primauté pontificale*, dans *Rev. de Droit canonique* XVI (1966) 105-117.

LA HIÉRARCHIE: PAPAUTÉ

V

Aspects de la primauté romaine
du Vè au XVè siècle

Il est à bien des égards audacieux d'aborder pareil sujet et de prétendre suivre les éclairages divers que connût la Primauté romaine au cours d'un millénaire.

Ce sujet n'est pas neuf et l'on ne saurait prétendre le renouveler. Il a fait depuis des siècles l'objet d'une littérature qu'il est impossible de résumer ici, voire même de réduire à ses lignes essentielles. Faut-il ajouter que cette littérature fut parfois de combat et que bien souvent, alors même qu'elle s'efforce d'atteindre l'objectivité, elle laisse deviner de secrètes préférences ou des voeux légitimes.

Immensité d'une longue histoire, surabondance des travaux, danger de céder à son tour à des options doctrinales, tels sont les difficultés et les risques qui nous guettent. Mais la fresque historique aux facettes changeantes est aussi riche d'enseignement. La

V

masse des études prouve l'importance du sujet. Les positions, que trop souvent elles laissent deviner, attestent que le débat n'est pas un simple jeu d'érudits.

Au triple danger répond un triple attrait. En faut-il davantage pour tenter de poser quelques jalons.

Car il ne saurait être question de dire en quelques pages ce que n'ont pas épuisé de vastes monographies. Et il est dès l'abord nécessaire de préciser les limites de notre réflexion.

Et d'abord dans le temps. Pourquoi un millénaire dans une histoire qui en compte deux? Et pourquoi le déterminer en laissant deux demi millénaires et avant et après la période retenue?

Tout choix est arbitraire et toute coupure en histoire contestable. Loin de nous l'idée de nier l'intérêt des premiers témoignages sur la Primauté, ni la richesse des premiers débats, dont la correspondance de Saint Cyprien offre un exemple bien connu. Il n'est pas davantage question de minimiser l'importance des réformes administratives opérées par Sixte-Quint ou celle des formules doctrinales du 1er concile du Vatican. Si nous préférons retenir la période du Ve au XVe s. c'est qu'elle parait particulièrement riche d'enseignements pour notre enquête.

La papauté du Ve s. bénéficie, depuis 380, d'une situation privilégiée puisque le Christianisme est non seulement reconnu et toléré, mais désormais religion d'état. L'exercice de la mission pastorale s'en trouve, provisoirement du moins, grandement facilité. D'Innocent I à Gélase I, quelques grands pontifes affirment, au cours de ce Vè s., par leur doctrine et leurs actes, la place éminente du siège romain. Notre enquête part donc d'une base solide.

Elle s'achève au XVe siècle, en pleine crise conciliaire après que la papauté ait connu au cours de ce millénaire un prestige exceptionnel et des affronts cinglants, des pontificats éclatants et de tristes déchéances. Sommets et affaissements où la part des pontifes, des évènements et des institutions n'est pas facile à faire. Mais ce sont précisément ces variations qui pour l'historien sont les plus passionnantes et qui, peut-être aussi, peuvent offrir les plus fructueux sujets de réflexions.

Telles sont les raisons de notre chronologie.

Quant à l'objet même de notre recherche, il doit lui aussi être précisé. La majesté même du mot de «Primauté» est en effet périlleuse. On ne saurait en proposer une définition, puisque précisément notre propos est de voir comment le terme fut entendu et par les papes et par la diversité du peuple chrétien.

Mais on doit au moins distinguer plusieurs directions dans lesquelles l'enquête pourrait être conduite.

a) Il est tout d'abord nécessaire de bien distinguer la Primauté, qui relève, pourrait-on dire, de la Constitution interne de l'Eglise, de l'autorité que le Siège romain a parfois exercée à l'égard du pouvoir temporel. Si l'éclat de la Primauté a pu servir des positions, que l'on pourrait qualifier d'un terme commode, mais rarement exact, de théocratiques, il ne faut pas confondre les deux plans. Et précisons tout de suite qu'ici nous ne nous intéresserons pas au second.

L'attitude de Rome vis à vis des pouvoirs séculiers, empereurs, rois ou moindres seigneurs est étrangère à notre enquête.

Mais l'étude de la Primauté elle-même peut se concevoir de deux façons, selon qu'on l'envisage comme l'histoire d'une doctrine ou comme celle d'un gouvernement. La Primauté, en effet, s'appuie sur l'autorité de l'Ecriture. Elle fut affirmée sous des formes diverses par les papes, les docteurs, les canonistes. Mais elle fut aussi mise en oeuvre par les Pontifes romains avec plus ou moins d'insistance et des fortunes diverses.

Si la doctrine de la Primauté fut parfois discutée, minimisée, voire contestée, l'exercice du souverain gouvernement ne trouva pas toujours les hommes capables de l'assumer dans toute son ampleur. Il se heurta aussi à des difficultés de mise en oeuvre, parfois à des oppositions plus ou moins affirmées.

La Primauté apparait ainsi comme une doctrine, dont l'expression prit des formes diverses, dont la mise en oeuvre exige certains moyens, une volonté ferme, des circonstances favorables. Pour toutes ces raisons, elle ne saurait échapper à l'Histoire. Si elle connut des périodes d'éclipse, cela ne signifie pas nécessairement qu'elle était niée, mais seulement qu'elle ne pouvait en fait s'affirmer. A l'inverse, il n'est pas certain que ceux qui l'ont le plus fortement proclamée ou qui l'ont imposée de la façon la plus stricte aient été plus que d'autres persuadés de leur mission.

C'est ce jeu complexe de l'idée, de l'homme et des circonstances que l'on voudrait évoquer ici, pour rechercher comment, selon les époques, l'un ou l'autre favorise ou entrave l'exercice de la Primauté; pour fixer aussi comment, à certains moments, une heureuse conjonction de ces trois données assure à la Primauté un éclat tout spécial.

Il est à cet égard évident que la Primauté ne put avoir le même retentissement au Ve et au XIIIe siècle. Au Ve s., la doctrine s'affirme, mais les moyens de la mettre en oeuvre sont presqu'inexistants. Au XIIIe siècle, le gouvernement de l'Eglise est fortement organisé et le prestige de la Papauté reconnu dans toute l'Europe chrétienne, sinon par tous les chrétiens. Ce simple exemple montre combien il importe de replacer l'étude de la Primauté dans une perspective historique.

Si l'on tient compte de la situation politique générale, des vicissitudes de la Papauté, de l'histoire des doctrines, on est conduit à distinguer pour le sujet qui nous occupe malgré l'inélégance d'un tel fractionnement et pour ne pas sacrifier la réalité historique à de trop faciles antithèses, cinq périodes.

1) Premières esquisses (d'Innocent I à Grégoire le Grand).

2) La crise du Haut Moyen-Age (de Grégoire le Grand à la réforme grégorienne).

3) Une doctrine au service d'une politique (de la réforme grégorienne à Innocent III).

4) L'éclat de la papauté médiévale (d'Innocent III à Boniface VIII).

5) Symptômes de crise (de Boniface VIII à la crise conciliaire).

I. PREMIÈRES ESQUISSES

D'Innocent I (401-417) à Grégoire le Grand († 604)

Trois données nous semblent dominer ce que l'on peut appeler l'âge patristique.

1) l'importance nouvelle des affirmations doctrinales;

2) la pratique du recours à Rome par des évêques dans l'embarras;

3) l'absence de toute prétention du Siège romain à gouverner effectivement les communautés locales, qu'explique pour partie la déficience des moyens, mais qui n'a nul-

V

lement empêché le rayonnement de grands Pontifes.
Eclairons rapidement ces trois propositions.

I. Les affirmations doctrinales

A) Elles se traduisent d'abord par un vocabulaire qui marque la place éminente du siège romain et qui, du même coup, justifie les affirmations de la Primauté.

1) a) Le terme de *Sedes apostolica* prend de l'importance avec Damase (366-384), peu avant le début de la période que nous envisageons[1]. Il est fréquemment utilisé par sa chancellerie[2] et restera d'usage courant chez ses successeurs. L'expression n'est pas d'ailleurs création damasienne. Elle figure déjà dans une lettre du pape Libère à Eusèbe de Verceil en 354[3]. Si l'Afrique et l'Espagne, au début du Vè siècle[4], la réservent au Siège romain, l'Orient à la même époque l'applique à toutes les grandes églises, les futurs Patriarchats (Jérusalem, Antioche, Alexandrie)[5]. La chancellerie impériale de Ravenne, à la différence de celle de Constantinople, employait également l'expression de *Sedes apostolica* à propos du Siège romain[6].

b) Quant à *prima sedes* qui au IIIè siècle désignait les sièges métropolitains (et que l'on retrouve dans ce sens à la fin du VIe s., par exemple dans les *Capitula* de Martin de Braga, c. 4), l'expression tend, depuis le Vè s., à être réservée au Siège romain[7].

2) La titulaire de ce siège n'a pas aux Ve et VIè s., le monopole du qualificatif de *papa*. On sait que ce terme était dès le IIIè siècle couramment employé pour désigner les évêques. Au Vè s., il parait utilisé plus particulièrement pour l'évêque de Rome, sans que l'expression lui soit réservée. Il tend peu à peu à cette spécialisation. Mais on relève encore, dans le prologue du formulaire de Marculf, le mot *papa* pour désigner l'évêque.

Pontifex n'est pas davantage l'apanage de l'évêque de Rome et le terme continuera longtemps à être utilisé à propos des évêques. On peut cependant observer que la chancellerie de Théodose (C Th. 16, 1, 2; 380, édit de Thessalonique) semble distinguer: «*pontificem Damasum... et Petrum Alexandriae episcopum*».

Summus Pontifex est encore plus rare, Gélase ne l'emploie que deux fois (Ep. 14, 6 et 25) et seul le 2è cas se réfère avec certitude à l'évêque de Rome. *Pontifex Maximus*, vieille expression païenne, qu'avait reprise l'empereur, ne devient disponible que lorsque Gratien aura renoncé à porter ce titre[8]. L'évêque de Rome l'utilise à partir de Saint Léon le Grand (440-461).

3) Si les qualificatifs du siège romain ou de son titulaire tendent ainsi à marquer peu à peu leur éminente position, le vocabulaire utilisé pour caractériser l'autorité romaine n'est pas moins instructif.

La terminologie présente ici un remarqua-

---

1. Carmen 35, PL, 13, 410: "*Hinc mihi provecto Christus, cui summa potestas Sedis apostolicae voluit concedere honorem*".
2. Textes dans P. BATIFFOL, *Cathedra Petri*, 152-153; cf. aussi P. BATIFFOL, *Papa, Sedes apostolica*, Riv. di Archeol. christ., II (1925), 99-114.
3. P. BATIFFOL, *Cathedra Petri*, 153.
4. Conciles de Tolède (400), de Carthage (401 et 416).
5. *Ibid.*, 154-158; 162-163.
6. *Ibid.*, 161.
7. Gélase, ad *Faustum*, c. 5 (ann. 493) (THIEL, *Rom. Pontif. Epist.* 344). La Quesnelliana déclare: *Prima sedes est caelesti beneficio Romana ecclesia*.
8. En 379 ou en 382 (en faveur de cette dernière date, J. R. PALANQUE, *Saint Ambroise et l'empire romain*, Paris, 1933, 43, n. 13 et 117).

ble éclectisme, puisqu'elle trouve son inspiration dans le droit public romain, les épîtres pauliniennes et les usages propres à la chancellerie romaine.

α) Le droit public romain a donné *potestas* et *auctoritas* qui ne sont pas plus un monopole du pape qu'ils ne l'étaient de l'empereur. *Auctoritas* apparait dans la lettre de Sirice à Himère. Saint Léon use fréquemment du terme[9]. *Potestas* n'est pas moins fréquent. Les deux termes sont employés séparément ou accolés. On connait le passage fameux où Gélase semble opposer l'*auctoritas* des Pontifes à la *regalis potestas*[10]. Ce n'est pas le lieu ici de rappeler tous les débats qu'a suscité ce texte.

β) Saint Paul (II Corinth. 11, 28) a donné *sollicitudo*. Dès Sirice (Ep. I, ch. 7, PL. 13, 1138), on trouve l'expression, appelée à un grand avenir, *sollicitudo omnium ecclesiarum*. C'est sous cette forme, amplement reprise par la suite, que l'expression est proprement romaine. Car chaque évêque a aussi à témoigner de sa sollicitude. Mais celle du pape s'étend à toutes les églises. A côté de la terminologie romaine du pouvoir, s'affirme ainsi la mission pastorale qu'inspirent les Ecritures.

γ) La langue du Vè siècle vulgarise deux autres expressions qui ne semblent pas pouvoir revendiquer de parrainage aussi illustre: *Primatus* et *principatus*, encore que l'un et l'autre soient connus des latins classiques et que le second ait servi à désigner le pouvoir impérial.

Mais ici encore la terminologie n'est pas monopole romain. Les évêques, eux aussi, au moins ceux des métropoles exercent un *primatus* et le *principatus*, c'est à dire que le pouvoir suprême dans son ordre, appartient à l'évêque comme au pape ou à l'empereur. Toutefois le Vè siècle marque ici une date importante. Le *primatus* de l'église romaine est affirmé, vers 439 par l'interpolation du c. 6 de Nicée: *ecclesia romana semper habuit primatum*[11] et en 445 un édit de Valentinien III (Nov. 17) ratifie la formule.

Principatus semble avoir été appliqué à la papauté pour la première fois par Boniface dans la lettre aux évêques de Thessalie (11 Mars 422). Augustin et Léon l'utilisent pour désigner la primauté de Pierre parmi les apôtres aussi bien que celle du pape dans l'épiscopat[12]. Au contraire la chancellerie impériale, à Ravenne comme à Constantinople, refuse d'appliquer au pouvoir pontifical un terme qui lui semble réservé à celui de l'empereur.

Si nous avons quelque peu insisté sur la terminologie c'est qu'elle est un signe particulièrement important. Le passage progressif d'un vocabulaire commun à tout l'épiscopat, ou du moins aux principaux sièges, à deux formules de plus en plus réservées au seul Siège romain marque les progrès de l'idée de Primauté. Les résistances ecclésiastiques ou laïques à l'égard de ce vocabulaire privilégié sont aussi le signe de réserves de principe ou du moins d'un souci de sauvegarder les marques collégiales. L'adoption d'un vocabulaire juridique romain à côté de la terminologie strictement scripturaire atteste que l'église romaine ne pouvait ignorer la langue de son temps. A l'adopter se

---

9. P. J. Brisson, *"Auctoritas"*, dans le vocabulaire des écrivains latins chrétiens et ses applications au Siège apostolique de Damase à la mort de Léon le Grand (Thèse compl. Paris, 1955).

10. Ep. 12, 2 (Thiel, 351).
11. Maassen, Quellen, 23-25.
12. O. Batiffol, Cathedra Petri, 83-93.

bornait-elle à un emprunt verbal ? La question reste posée. En tout cas l'insistance de Saint Léon à rappeler la *sollicitudo* du pontife romain mettait les soucis pastoraux avant les affirmations de puissance.

B) Au delà du vocabulaire d'ailleurs, la papauté, ou du moins ses plus illustres représentants au cours de ces deux siècles précisent déjà la place qu'ils entendent assurer au siège romain dans l'Eglise.

Déjà avec Damase (366-384), Rome s'était vu reconnaitre une place particulière. La lettre du synode romain de 378 aux empereurs (Mansi, III, 626 E) déclare que si Damase est «l'égal des évêques par la fonction, il l'emporte sur eux par la prérogative du siège apostolique». C'est en invoquant Math. XVI, 18 et les souvenirs de Saint Pierre que ce rang éminent est revendiqué. Mais il n'est pas dit qu'il emporte des prérogatives juridiques ou des compétences réservées [13].

L'unanimité était d'ailleurs loin d'être réalisée. Au concile d'Aquilée (381) un pamphlet circulait, contestant que le pape soit plus qu'un évêque ordinaire [14].

De ces prémices modestes, les papes du Vè siècle tireront des conséquences juridiques importantes [15]. Les formules doctrinales se font plus fermes et plus juridiques. Innocent I se compare à Moïse, à qui «le Seigneur a confié toutes choses» [16] et il qualifie Rome de *caput ecclesiarum* [17].

Léon Ier (440-451), par son action comme par sa doctrine, marque une étape essentielle dans l'histoire de la Primauté [18]. C'est lui qui le premier parle de *plenitudo potestatis* dans sa lettre à Anastase de Thessalonique, mais simplement pour marquer le rôle subordonné de son vicaire, qui n'a qu'une *pars sollicitudinis* [19]. C'est lui aussi qui, plus qu'aucun de ses prédécesseurs, met l'accent sur la sollicitude pontificale. On ne saurait nier que ce grand romain ait eu le sens des formules juridiques. Il n'en demeure pas moins qu'il se voulut pasteur, non pas maître.

Les fondements invoqués en faveur de la place spéciale qui revient à Rome ne sont d'ailleurs pas moins importants que le vocabulaire de la *plenitudo potestatis*. Et ils devaient connaître une égale fortune. C'est, bien entendu, l'appel à Pierre. Mais Léon ne se considère pas seulement comme son successeur. Il affirme son intime union à Pierre, allant jusqu'à une sorte d'identification [20].

S'il reconnaît l'égale dignité de tous les évêques, il évoque les différences de pouvoir qui auraient déjà existé entre les Apôtres. L'unité de dignité se combine avec l'inégalité de rang (*ordo*). Tous les Apôtres avaient le même honneur, non la même *potestas*. On n'a pas à apprécier ici l'opportunité de décrire dans le vocabulaire du droit public romain l'organisation de la communauté apostolique, et l'on ne saurait reprocher à Saint Léon d'avoir parlé latin. Mais les conséquences de cette réflexion sont évidentes. Elle conduit à reconnaître aux grandes mé-

---

13. MARTIN RADE, *Damasus, Bischof vom Rom* (Freiburg, 1882).
14. CASPAR, *Geschichte des Pappstum*, I, 244-245.
15. Cf. *infra*, 99 sq.
16. *Ep.* 13, 1 (PL 20, 515)
17. *Ep.* 17, 1 (PL 20, 527).
18. CASPAR, *op. cit.*, I, 423-464; KLINGENBERG. ZSS, Rom. Abt., 1952; W. ULLMANN, *Leo I and the Theme of Papal Primacy*, JTS., 1960, 25-51; R. L. BENSON, *Plenitudo potestatis*, Studia Gratiana, XIV = Collect. Kuttner IV (1967), 198-200.
19. *Ep.* 14, 1 (PL. 54, 671). La formule évoque des expressions de Saint Paul, par exemple, Col. 2 sq.; Rom. 13, 10, etc. Cf. ULLMANN, *op. cit.*, 40.
20. Y. CONGAR, *L'Eglise de Saint Augustin à l'époque moderne*, 26, n. 7 et 28-31.

tropoles religieuses une sollicitude spéciale[21], et à donner à Rome une *cura*, une *sollicitudo* sur toutes les églises. Toujours le pastoral l'emporte, mais la construction juridique vient désormais l'appuyer.

A la fin du siècle, Gélase précise à son tour certains aspects de cette primauté. Il affirme l'autorité romaine à l'égard des conciles (*Tract.* IV, 1; Thiel, 558; *Ep.* 26, 3; Thiel, 395, repris au Décret de Gratien, C. 25, qu. 1, c. 1). Les collections canoniques de l'époque gélasienne[22], le pseudo-décret de Gélase *de recipiendis libris*, les apocryphes symmaquiens vont à la fin du Vè et au début du VIè s. tirer de nouvelles conséquences des prémices posées. L'une des plus célèbres est sans doute l'adage «*Prima sedes a nemine iudicatur*»[23].

On ne saurait donc dire que toute référence juridique soit étrangère au vocabulaire comme à la doctrine des papes, lorsqu'ils cherchent à fixer la place du Siège romain. Les plus grands d'entre eux étaient d'ailleurs trop romains pour se soustraire à l'esprit juridique.

Mais l'essentiel pour eux n'est pas cette construction juridique. C'est leur mission pastorale, une charge particulière, une action universelle. Et le fondement en est la présence de Pierre à Rome.

C'est en ce sens aussi que Saint Augustin reconnaît à Rome une situation privilégiée. Plus qu'à l'autorité romaine, il fait appel à la «communion avec Rome». Si dans la lutte anti-pélagienne il fait appel à Rome et s'il prononce la fameuse formule (*Sermo*, 131, 10) «*rescripta venerunt, causa finita est*», il fait aussi référence dans le même passage aux canons des conciles de Carthage et de Milévc qui auraient été envoyés à Innocent I[24].

II. Les recours à Rome

Saint Augustin ne fut pas seul à faire appel à l'autorité romaine. Les recours au pape autant que les affirmations de principe formulées par Rome manifestent la place que dès cette époque occupe le Siège romain.

Sans pouvoir en dresser ici un tableau même approximatif, on en retiendra seulement une manifestation particulière, qui marque le prestige dont jouissait l'évêque de Rome auprès des autres évêques, et la confiance que ceux-ci lui témoignaient. Il s'agit des requêtes adressées par certains évêques, hésitant sur les solutions disciplinaires qu'il fallait adopter.

Ces recours eux aussi sont dans la pure tradition de l'administration romaine. Le fonctionnaire dans l'embarras, souvent un gouverneur de province, adressait une lettre au prince, qui répondait par un rescrit. La correspondance entre Pline et Trajan en contient des exemples célèbres, dont le rescrit sur les chrétiens est le plus fameux.

Les évêques agissent de même avec le pape et c'est par ce détour qu'apparaît la législation pontificale. Les premières décrétales celles de Sirice à Himère de Tarragone (384), d'Innocent I à Victricius de Rouen (404) ou à Exupère de Toulouse (405), répondent aux questions posées par les prélats.

---

21. *Ep.* 14, c. 11 (PL. 54, 67).
22. G. Le Bras, *Un moment décisif dans l'histoire de l'Eglise et du droit canon: la renaissance gélasienne*, RHD, 1930, 506 sq.
23. Y. Congar, op. cit., 33, n. 29; cf. Gélase, *Ep.* 10, 5 et 26, 5 (Thiel, 344 et 399) et le faux *constitutum Silvestri* (Mirbt, *Quellen*, n.º 193), fabriqué à l'époque de Symmaque (498-514).
24. Congar, op. cit., 21 et n. 32.

Ainsi s'affirmait dès la fin du IVè siècle (et peut-être déjà plus tôt, mais la documentation reste alors très insuffisante) une autorité au moins morale de Rome, que justifiait la succession apostolique plus encore que la personnalité du Pontife et qui conduisait la papauté, à la demande même de l'épiscopat, à proposer des règles disciplinaires pour régler des situations délicates. Etait-il possible d'aller plus loin? C'est ici qu'apparaissent les limites qu'imposait l'insuffisance des moyens.

III. La faiblesse des moyens

Exercer effectivement et efficacement une direction qui traduise en acte la *sollicitudo omnium ecclesiarum* exigeait des moyens qui, le plus souvent, faisaient défaut à la papauté.

Si l'on peut supposer qu'avec la paix de l'Eglise et les facilités que bien vite lui donnèrent les empereurs chrétiens, quelques services s'organisèrent à Rome, ils restèrent certainement limités. Il demeurent en tout cas à peu près inconnus, ce qui laisse supposer qu'ils furent pour le moins modestes.

A cette déficience des «organes centraux» s'ajoutait celle, non moins grave, des «organes de transmission». Les liaisons dépendaient du bon vouloir, en général acquis, de la poste impériale. La papauté ne disposait ni d'un corps chargé de l'informer ou de porter ses consignes, ni, sur place, de représentants [25] qui puissent, dans les provinces parler en son nom et veiller au respect de ses prescriptions.

Sans doute peut-on constater des tentatives de vicariat. Celui d'Arles, voulu par Patrocle et consenti par Zosime, ne servit guère la papauté. Il aboutit à un conflit entre Léon le Grand et Hilaire d'Arles. On ne saurait le tenir pour un précieux auxiliaire de l'action romaine. Celui de Thessalonique, sur bien des points mal connu, servit peut-être davantage, au milieu du Vè s., le Siège romain. Mais il ne s'agit que d'un cas exceptionnel et qui fut d'une durée relativement brève [26].

Par d'autres voies, la papauté s'efforça de traduire dans la réalité des faits ses affirmations doctrinales. S'il était difficile et peut-être impossible d'avoir à travers l'empire des vicaires du pape, on pouvait à l'inverse tenter d'attirer à Rome les affaires importantes. Transposée dans le domaine de l'administration, la Primauté pouvait soutenir une politique centralisatrice.

Si l'on entend par là ce qu'entendront plus tard les grands états monarchiques et, à certaines époques la papauté elle-même, il est bien évident que l'on ne saurait parler pour les Vè et VIè siècles d'une centralisation romaine. Mais on ne doit pas pour autant négliger certaines tendances.

Et d'abord dans le domaine judiciaire. Les papes du Vè siècle se reconnaissaient juges d'appel à l'égard d'instances inférieures: juridiction épiscopale ou métropolitaine. Ils formulent également la réserve de leur seule compétence pour les *causae maiores* [27]. L'expression reprise à la Bible (Exode 18, 22) servait par son imprécision juridique la position romaine. Enfin Zosime et Boniface

---

25. Innocent I eut cependant un représentant à Constantinople et Léon suivra cet exemple (*Ep.* 111 et 113, PL 54, 1019 et 1024).

26. Sur ces vicariats, cf. J. GAUDEMET, *L'Eglise dans l'Empire romain* (Paris, 1958), 399-407.
27. Innocent I à Victricius de Rouen, *Ep.* 2, ch. 3, n. 6 (PL 20, 473).

affirment que l'on ne saurait appeler de leurs sentences[23]. Resterait à savoir quel fut en fait le nombre des appels et celui des *causae maiores* portées à Rome. Entre l'affirmation de principe et les réalisations effectives peut-être y eut-il plus que des nuances. Il n'en demeure pas moins que sous Léon de multiples affaires sont portées à Rome[29].

Innocent I affirme également la prééminence de Rome lorsqu'il s'agit de fixer une liturgie commune[30] et il proclame son droit, comme successeur de Pierre, de régler les questions de foi[31].

Avec Gélase, la juridiction pontificale est encore plus fermement affirmée. Elle s'applique à «tout ce qui concerne la religion»[32]. Il faut entendre par là non seulement les questions dogmatiques, la détermination de la foi, la condamnation des hérétiques, mais aussi la discipline[33].

La difficulté de traduire en acte ces formules ambitieuses était évidente. Les distances pouvaient, ici, jouer un rôle considérable; mais aussi de vieilles traditions ou des oppositions plus ou moins avouées. L'Afrique, à plusieurs reprises avait, avec éclat, manifesté son goût d'une certaine autonomie. Les conciles africains de la fin du IVè et du début du Vè siècle sont peu favorables aux appels à Rome. L'affaire d'Apiarius donne aux conciles de 419 et de 426 l'occasion de les prohiber[34].

En Orient l'autorité romaine trouve des adversaires. Sans doute Innocent I connut de plaintes contre l'évêque de Jérusalem[35].

Mais, si Eutychès saisit la papauté, il s'adressa en même temps à l'évêque de Ravenne, qui lui rappella d'ailleurs, dans les termes impérieux de la doctrine de Léon, tout ce qui sépare le pape d'un simple évêque[36]. Quant au concile de Chalcédoine (451), s'il accepte l'autorité doctrinale de Rome, en reconnaissant que «Pierre a parlé par Léon», il conteste, malgré les interventions des légats, son autorité disciplinaire.

Ainsi, au terme de l'âge patristique, lorsque les monarchies barbares se sont en Occident partagé le territoire de l'Empire et qu'avec Grégoire le Grand disparaît l'un des derniers représentants du patriciat romain, le Siège apostolique jouit d'une prééminence certaine. Celle-ci s'est affirmée au cours du Vè s. sous l'action de grands pontifes, qui en ont donné une justification doctrinale, qui en ont dégagé certaines conséquences pratiques, qui l'ont mise en oeuvre par leur action pastorale.

Mais la papauté ne revendique aucune autorité à l'égard des princes; et, si l'expression de *plenitudo potestatis* est largement accréditée, elle ne sert pas de base à une construction juridique, mettant le pape au sommet d'une hiérarchie ou lui réservant certaines compétences propres. Les moyens, qui seuls permettraient la mise en oeuvre d'une telle politique, font d'ailleurs défaut. Evêque à Rome, le pape exerce en Italie une action directe parfois efficace, en particulier au VIè s. pour l'érection et la consécration de nouvelles églises. Au delà des Alpes ou des mers son prestige, le plus souvent

---

28. Zosime, *Ep.* 12, Boniface, *Ep.* 13 (PL 20, 676 et 776).
29. J. GAUDEMET, *L'Eglise dans l'empire romain*, 442-444.
30. *Ep.* 25 à Decentius de Gubbio, ch. 2 (PL 20, 551).
31. *Ep.* 29 (PL 20, 582).
32. *Ep.* 10, 9 (THIEL, 347).
33. Fragm. 8 (THIEL, 487-488 = c. 7, qu. 2, c. 2).
34. *Codex ecclesiae afric.*, c 28 et 138 (BRUNS, *Canones* 164 et 200-202).
35. *Inter epist. Hieronym.* 136 (CSEL. 56, 264).
36. Pierre Chrysologue, *Ep.* 25, 2 (PL 54, 743).

indiscuté, ne se traduit guère par des prérogatives effectives. Comment les choses vont-elles évoluer au cours des siècles difficiles du Haut Moyen-Age?

II. LA CRISE DU HAUT MOYEN-AGE

De Grégoire le Grand à la réforme grégorienne (VII-XIè s.)

La période qui s'étend de la mort de Grégoire le Grand à l'avènement de Léon IX (1049) n'est pas l'une des plus brillantes dans l'histoire de la papauté. 84 papes occupèrent le siège de Pierre en trois siècles et demi, ce qui ferait une moyenne d'un peu plus de quatre ans par pontife; en fait les règnes furent souvent beaucoup plus brefs, car une quinzaine de pontificats dépassèrent la décade.

Brièveté des règnes, effacement des personnes, parfois même insuffisance notoire. Si la période compte quelques papes que l'Eglise fait figurer parmi ses Saints, elle connut aussi des papes indignes. Le jeu des factions romaines, la pression impériale imposaient trop souvent des pontifes incapables d'assumer pleinement leur mission. Sans doute y eut-il quelques exceptions notables et nous aurons à citer quelques grands noms. Il furent cependant l'exception. Cette défaillance des hommes ne pouvait servir une grande politique.

Les conflits avec l'Orient, les ruptures temporaires, préludes de séparations plus longues, ne furent pas plus favorables au prestige de Rome.

Sur ce fond de grisaille se détachent cependant quelques noms et quelques signes.

1) Dans la 2è moitié du IXè s. la papauté connut de grands pontifes avec Nicolas I (858-867), Hadrien II (867-872) et Jean VIII (872-882) [37].

Rome est reconnue comme tête de la Chrétienté (*caput*) et l'on a pu parler pour cette période d'une «monarchie pastorale» [38]. La papauté ramène en effet à son autorité métropolitains, patriarches, conciles [39]. Nicolas I a pu être considéré comme l'un des initiateurs du courant doctrinal qui, à travers bien des développements, aboutira finalement à la doctrine de la supériorité du pape à l'égard du concile oecuménique [40]. En pratique cependant le problème ne se posait pas au IXè s. car il y avait collaboration entre papes et conciles.

Nicolas fonde l'autorité romaine sur la volonté divine elle-même, qui l'a confiée à Pierre. Au Prince des Apôtres il associe, et c'est une innovation qui sera par la suite conservée, la personne de Paul [41]. S'il affirme une plénitude du pouvoir, *totius iura potestatis*, et s'il use du terme juridique de *potestas*, il tient pour le rôle de la papauté d'éclairer toutes les églises par le rayonnement d'une foi précieusement gardée et de fortifier plus que de régenter. D'où les fréquentes citations de Luc, 22, 31, *confirma fratres tuos*, ou de Jean 21, 17: *Pasce oves meas*.

Mais ce romain a pleinement conscience de sa mission. Il l'exerce avec fermeté, corri-

---

37. W. ULLMANN, *The Growth of Papal Government in the Middle Ages*, 2è ed. (London, 1962), 190-228.
38. CONGAR, *L'Eglise*... 61 et *Ecclésiologie du Haut Moyen-Age* (Paris, 1968), 210.
39. CONGAR, *Eccl.*, 211-213.
40. CONGAR, *L'Eglise*..., 62.
41. Y. CONGAR, *Eccl.*, 209.

geant et condamnant qu'il s'agisse d'abus dans l'Eglise, du conflit avec Constantinople, des fautes de Lothaire [42].

Mêmes principes et mêmes prétentions chez son successeur Hadrien II. Celui-ci reprend le fondement pétrinien de l'autorité pontificale:

Praecepta ... beati Petri per os nostrum prolata

Et il en déduit l'affirmation de sa Primauté. Contrairement à L. Halphen, qui voyait dans Hadrien II «un prêtre romain assez effacé, borgne et boiteux... sans grand prestige», W. Ullmann souligne la volonté que manifestent ses lettres de commander et d'être obéi. C'est, dit-il, «peut-être le plus romain de tous les papes du IXe siècle» [43].

Jean VIII à son tour (872-882), par souci d'unité, veut regrouper l'Eglise sous l'autorité de Rome «*caput et mater omnium ecclesiarum*». Poursuivant dans une voie désormais largement ouverte, il intervient dans les affaires des églises locales et à l'égard des princes. Il contrôle les désignations épiscopales [44], surveille les métropolitains, arbitre les conflits des princes carolingiens [45].

2) L'autorité pontificale ne doit pas seulement être envisagée dans les affirmations des plus illustres pontifes. Il faut aussi mesurer l'écho qu'elle rencontra.

On ne trouve guère, chez les théologiens des IX-Xè s., d'expression doctrinale de la Primauté [46]. Mais la place singulière de l'évêque de Rome se marque dans le vocabulaire qui, depuis la seconde moitié du VIIè s., lui a réservé le terme de *papa* [47]. En fait la Primauté est souvent reconnue. L'Espagne la proclame clairement.

Si dans l'empire carolingien Bède n'en fait pas mention [48], Alcuin la reconnait. Les *Libri Carolini*, les conciles de Paris de 825 et de 849 [49] l'affirment nettement. On n'y trouve au contraire aucune référence dans le concile de 829, dont les canons ont été rédigés par Jonas d'Orléans. Hincmar l'admet, mais les positions de l'archevêque de Reims sont pleines de nuances et de complexité. S'il reconnait que la Primauté est d'institution divine, il invoque les canons des conciles de Sardique pour défendre les droits des métropolitains contre la prétention pontificale de juger les évêques en première instance (*causae maiores*). Cette Primauté n'emporte d'ailleurs pas pour tous les esprits une autorité disciplinaire. Le domaine religieux reste souvent à l'écart des intrusions juridiques. Les positions pontificales, même en matière doctrinale, ne sont pas à l'abri de critiques souvent vives [50].

3) On ne saurait dans ce bref panorama envisager en détail l'action de la papauté ni épuiser les multiples nuances des attitudes doctrinales. Du moins fallait-il en rappeler la complexité avant de se tourner vers les positions très nettes qu'accusent les plus notables *collections canoniques* de l'époque.

a) Les *Fausses Décrétales* présentent pour

---

42. *Op. cit.*, 210.
43. *Growth*, 213.
44. IMBART DE LA TOUR, *Les élections épiscopales en France*, 134-154.
45. Y. CONGAR, *Ecclésiologie*, 233-243.
46. Y. CONGAR, *Ecclés.*, 158-163.
47. IBID., 202, et les références données, n. 19.

48. Les paroles de Mat. 16, 19, lui paraissent s'adresser à tout l'épiscopat.
49. MANSI, *Amplissima Collect.*, XIV, 923.
50. 15è concile de Tolède de 688 (MANSI, XII, 12, 16); concile de Paris de 825 (*ibid.*, XIV, 421). Sur ces doctrines et leurs nuances, cf. Y. CONGAR, *Ecclésiologie*, 132-186.

l'histoire de la Primauté une importance considérable [51]. Composée au milieu du IXe siècle dans une région de France qui reste discutée, cette collection se proposait de fournir des textes qui, par un recours à l'autorité romaine, faciliteraient la restauration disciplinaire de l'Eglise carolingienne. Que les auteurs inconnus de la collection aient voulu se tourner vers Rome est déjà le signe d'une attitude et d'un espoir. Mais, pour que ce recours fut légitime, il fallait que l'autorité romaine fut solidement établie. Tel est pour bonne part le but des Fausses Décrétales, qui mêlent à cette fin textes authentiques, fausses attributions (pour donner plus de crédit au texte allégué) ou rédaction de faux [52].

Les textes recueillis sont ou se veulent juridiques. Ils en ont la netteté, la fermé, la rigueur. Beaucoup, d'ailleurs ont été repris au droit romain, mais camouflés sous le nom de papes des premiers siècles. Il n'est pas étonnant dans ces conditions qu'ils donnent «une image toute juridique» de la papauté et qu'ils aient mis l'accent sur «une autorité moins charismatique et spirituelle que juridique» [53]. C'est ainsi que la tenue des conciles, même provinciaux, dépend du pape [54] ou que les *causae maiores* sont réservées au pape [55]. L'Eglise romaine, «mère de toutes les églises du Christ» ne peut se tromper.

Un texte particulièrement important rassemble quelques uns des éléments majeurs de la conception que les Fausses Décrétales entendent faire prévaloir et réintroduit la notion de *plenitudo potestatis*. Il s'agit de la décrétale du pseudo-Vigile [56], texte composite où à une décrétale de Vigile fut associé un fragment de la lettre de Grégoire IV qui, en 833, prenait la défense de l'évêque Aldric du Mans [57]. Ce dernier texte, dont une étude récente semble avoir rétabli l'authenticité [58] empruntait à la décrétale de Léon à Anastase l'antithèse *plenitudo potestatis* et *pars sollicitudinis*. Grégoire IV l'appliquait au domaine de la juridiction pontificale pour marquer la différence entre la compétence limitée des évêques et celle universelle du pape. S'il restait fidèle à la conception léonienne, il la dépassait par sa façon de présenter l'antithèse et la différence d'expression aboutissait à une différence plus substantielle. Tandis que Léon se bornait à marquer par ces termes la limite de compétence de son vicaire, résultant d'une délégation de pouvoir toute personnelle, Grégoire IV opposait non plus deux personnes, le pape et son vicaire, mais l'église romaine et les autres églises. Ce qui était délégation personnelle devenait institution hiérarchique de la constitution de l'Eglise. C'est l'église romaine qui a confié à chaque église locale sa *pars sollicitudinis*, conservant elle-même une plénitude de pouvoir [59]. La décrétale du pseudo-Vigile reprend dans son dernier paragraphe la même concep-

---

51. G. HARTMANN, *Der Primat des römischen Bischofs bei Pseudo-Isidor* (Stuttgart, 1930).
52. Sur les Fausse Décrétales, P. FOURNIER, et G. LE BRAS, *Histoire des Collections canoniques en Occident* (Paris, 1931), 171-183 et, avec une bibliographie plus récente, Y. CONGAR, *Eccles.*, 226-232.
53. Y. CONGAR, *L'Eglise*, 62.
54. HINSCHIUS, *Decretales pseudo-Isidorianae* (Leipzig, 1863), p. 19, 224, 228, 459.
55. *Ibid.*, p. 74, 84, 125, 128, 132, 243.
56. HINSCHIUS, *Decretales Pseudo-Isidorianae*, p. 712.
57. *MGH*, Ep. V, 72-81, n.º 14.
58. WALTER GOFFERT, *Gregory IV for Aldric of le Mans. A genuine or spurious Decretal?*, Medieval Studies, XXVIII (1964), 22-38.
59. ROBERT L. BENSON, "*Plenitudo potestatis*", Evolution of a formula, Studia Gratiana XIV = Collect. Kuttner IV (1967), 201-202.

tion⁶⁰. Elle affirme très fortement que toutes les églises tirent leur pouvoir de l'Eglise romaine, *fundamentum et sors ecclesiarum*. «Fondement» de l'Eglise et de toutes les églises, l'église romaine «tient» la Primauté *(primatum tenet omnium ecclesiarum)*. A ce titre elle exerce la juridiction sur les évêques et pour les *causae maiores*, qui lui sont «réservées». Etant la première, elle a concédé certaines attributions aux églises particulières *ut in parte sint vocatae sollicitudinis non in plenitudine potestatis*. La plénitude du pouvoir était ainsi rattachée à la Primauté romaine. La *pars sollicitudinis* n'était plus l'effet d'une délégation temporaire et limité concédée par le pape à un vicaire. Elle définissait statutairement la condition des églises, les mettant dans un état de subordination «essentielle» vis à vis de Rome⁶¹.

Ainsi les Fausses Décrétales n'ont fait le plus souvent que reprendre des affirmations ou des formules déjà connues. Mais elles ont rassemblés des textes épars et, si elles n'ont pas attribué à la papauté des prérogatives nouvelles, elles ont constitué un précieux dossier en faveur de la monarchie pontificale.

Il est d'ailleurs remarquable que, si les Fausses Décrétales ont été peu utilisées par les papes du IXe siècle, elles le seront largement par les Grégoriens et le Décret de Gratien leur empruntera 324 textes.

b) Avant lui la collection *Anselmo dedicata* reprend 514 textes aux Fausses Décrétales. Cette collection, composée probablement en 882 et qui répond aux vues du pape Jean VIII (872-882), présente cette nouveauté de commencer par des textes concernant l'église romaine.

L'exemple sera suivi par les collections de l'époque grégorienne qui parfois débuteront par un titre *de Primatu Romanae ecclesiae*. Les textes favorables à la Primauté viennent pour bonne part des Fausses Décrétales. Leur transmission à travers les collections canoniques jusqu'à Gratien était désormais assurée.

La seconde moitié du IXe s. marque donc un moment important dans l'affermissement de la Primauté, dans le progressif triomphe d'une acception plus juridique de cette notion. Une fructueuse convergence s'opère entre l'attitude adoptée par quelques grands papes, tant à l'égard des princes qu'à l'égard des autres instances de l'Eglise, leur prise de position doctrinale qu'affirme leur correspondance, enfin la composition de collections canoniques, où les textes favorables à la papauté sont recueillis avec soin et groupés de façon éclatante. Au cours d'une longue période, pendant laquelle la papauté n'a guère brillé, cet intermède d'une trentaine d'années apportait une contribution qui ne sera pas négligée par l'âge suivant.

Mais, avant l'étape décisive que marque la

---

60. *Ecclesia Romana fundamentum (est) ecclesiarum, a qua omnes ecclesias principium sumpsisse nemo recte credentium ignorat... Quamobrem sancta Romana ecclesia... primatum tenet omnium ecclesiarum, ad quam tam summa episcoporum negotia et iudicia atque querellas quam et maiores ecclesiarum quaestiones, quasi ad caput semper referenda sunt... Ipsa namque ecclesia quae prima est, ita reliquis ecclesiis vices suas credidit largiendas, ut in parte sint vocatae sollicitudinis, non in plenitudine potestatis, unde omnium appellantium apostolicam sedem episcoporum iudicia et cunctarum maiorum negotia causarum eidem sanctae sedi reservata esse liquet.*

61. En ce sens, BENSON, *op. cit.*, 202-203.

V

Réforme grégorienne, la papauté connait, à part de brèves et rares exceptions, un nouveau déclin de la mort de Jean VIII à l'avènement de Léon IX.

La situation générale d'une «église aux mains des laïcs» est d'ailleurs périlleuse. L'épiscopat est la proie des seigneurs locaux. L'immoralité, le goût des armes, la simonie sont dénoncés sans succès par quelques esprits réformateurs. La papauté elle-même est l'objet de luttes politiques et de compétitions familiales. Les tendances réformatrices des empereurs saxons puis franconiens ne la servent pas, car les princes font et défont les papes.

Rome cependant n'a pas perdu tout prestige. C'est vers elle que se tourne l'ordre clunisien. Son fondateur a fait don de Cluny à Pierre et Paul. L'immunité, en rattachant directement l'ordre à Rome, le met au service de la papauté. C'est un clunisien, Abbon de Fleury, qui dans les dernières années du millénaire «revient à la veine léonine et romaine» en faveur d'un pouvoir pontifical monarchique. Au concile de St. Basle (Juin 991) à la thèse d'Arnoul et de Gerbert, qui conçoivent l'Eglise comme une communion d'églises locales, il oppose celle de la monarchie romaine qu'appuient les Fausses Décrétales [62]. Et la *Collectio canonum* d'Abbon reprend les textes favorables à la papauté [63].

Mais si le courant romain n'a pas disparu, il n'est pas général et la papauté elle-même est le plus souvent incapable de le défendre et de le justifier. C'est par elle, cependant, qu'après des tentatives locales sans grand effet, la réforme de l'Eglise sera menée à bien.

III. UNE DOCTRINE AU SERVICE D'UNE POLITIQUE

De la réforme grégorienne a l'avénement d'Innocent III (1198)

Les cent cinquante années qui vont de l'avénement de Léon IX (1049) à celui d'Innocent III (1198) sont peut-être plus importantes pour l'histoire de la Primauté que l'apogée du XIIIè s. Sans elles les affirmations et l'attitude d'un Innocent III, d'un Innocent IV, d'un Boniface VIII n'auraient pas été possibles. Les grands papes du XIIIè siècle sont en quelque façon les bénéficiaires de l'effort mené dans les deux siècles précédents.

Cet effort fut celui de pontifes énergiques et de grande valeur. L'importance des hommes ici encore apparait essentielle. Mais il fut soutenu par un travail doctrinal sans précédent. Et surtout il fut suscité par la crise profonde que traversait l'Eglise. L'appel à Rome imposait à la papauté une mission. La profondeur de la crise requit une œuvre de restauration de longue haleine. Pour agir avec autorité, efficacité, continuité, la papauté trouva dans une doctrine de la Primauté plus ferme et plus impérieuse son principal moyen.

La forme plus accusée que prend la Primauté, à partir de l'époque grégorienne, tient donc pour bonne part à la nécessité d'une autorité forte pour restaurer l'Eglise, au caractère de ceux que eurent la tâche de redresser la situation, aux progrès de la réflexion doctrinale, que la renaissance du droit romain et le début des Universités rendirent possible.

---

62. Cf. PL. 139, 309 A, 310-312.

63. Cf. c. 5, *ibid.*, 479 A. B.

Sans pouvoir entrer ici dans le détail des faits ou des doctrines, on tentera simplement de préciser quel fut avant Grégoire VII (1073-1085) puis au XIIè s. le rôle des événements, des hommes et des doctrines dans cette affirmation toujours plus ferme et d'un ton assez neuf de la Primauté romaine.

I. De l'avénement de Léon IX (1049) à celui de Grégoire VII (1073)

S'il fallait dégager deux données essentielles dans cette période où la réforme de l'Eglise par Rome commence à se manifester, on retiendrait sans doute le Décret de 1059 de Nicolas II et les premiers travaux doctrinaux suscités par Hildebrand pour étayer l'autorité romaine.

Ces deux entreprises tendent à la même fin, donner à la papauté une autorité incontestée.

1) Sa faiblesse au cours du Haut Moyen-Age était due pour partie au mauvais choix des pasteurs. Jouet des ambitions romaines et des pressions germaniques, la paupauté avait trop souvent été laissée à des prélats obscurs, faibles ou indignes. Si l'on voulait qu'elle entreprit la réforme de l'Eglise, il fallait d'abord lui assurer prestige et autorité morale. Cela n'était possible qu'en soustrayant le choix des Pontifes aux pressions extérieures. Le Décret de 1059 confiant leur élection au College des cardinaux répond à ce besoins [64].

Certes il ne dit rien sur la Primauté. Mais il rendait plus facile, parce que plus légitime, son affirmation. A cet égard donc il devait être ici mentionné.

2) D'autre part, à partir des années 1060 environ, on songe à faire composer un recueil des textes affirmant la suprématie du Saint Siège. La demande en fut faite à Pierre Damien, qui avait déjà rédigé des traités contre le nicolaïsme et contre la simonie [65]. Attaché à l'oeuvre de réforme, Pierre Damien avait été fait cardinal en 1057 [66]. Le travail, demandé par Hildebrand, ne vit pas le jour [67]. Mais, dans certains écrits de Pierre Damien s'affirment déjà la prééminence de Rome et son rayonnement sur toutes les églises: le pape dit-il est «*solus omnium ecclesiarum universalis episcopus*» [68].

Humbert de Moyenmoutiers appartient au même groupe réformateur. Secrétaire de Bruno (le futur Léon IX) de 1030 à 1040, appelé à Rome par son protecteur, fait cardinal en 1049, il s'attaque à la simonie et à l'investiture laïque et, pour libérer l'Eglise, veut faire triompher la Primauté du pape. Dans la *Collection en 74 Titres*, il reprend les thèmes des papes du Vè s., ceux aussi d'un Nicolas I ou d'un Jean VIII, qualifiant l'Eglise romaine de *caput, mater, cardo, fons, fundamentum ecclesiarum*. Sur 315 textes 250 viennent des Fausses Décrétales. Humbert considère l'Eglise comme une sorte de royaume, dont le pape serait le monarque. Il distingue d'ailleurs l'*ecclesia romana*, concept générique qui inclut les cardinaux à côté du pape, et la personne même du Souverain Pontife. Si la première ne peut errer, le second peut être *a fide devius*.

---

64. *MGH. Constit.* I, 529, cf. E. FEINE, *Zum Papstwahldekret Nicolaus II, Etudes...* Le Bras, I (Paris, 1965), 541-551.
65. *Liber Gomorrhianus* (1049) et *Liber Gratissimus* (1052).
66. J. LECLERCQ, *Saint Pierre Damien, ermite et homme d'Eglise* (Rome, 1960).
67. Cf. *Opusc.* 3, 10 et *Opusc.* 5 (PL. 145, 60 CD et 89 C).
68. *Opusc.* 23, 1 (PL 145, 474 C).

V

L'idée est importante. Elle conduit Humbert à déclarer: «*...cunctos ipse (=papa) iudicaturus a nemine est iudicandus, nisi deprehendatur a fide devius*». Juge de tous, le pape ne saurait être jugé par personne. C'est l'un des thèmes majeurs de la Primauté, que l'on retrouvera bientôt fortement marqué dans les *Dictatus papae*. Mais la réserve de l'hérésie du pontife est, elle aussi, lourde d'avenir. Elle sera abondamment alléguée à partir de la fin du XIIIe siècle et d'abord contre Boniface VIII. Cette formule mise sous l'autorité de Saint Boniface est reprise dans la *Collectio canonum* de Deusdedit [69]. D'où elle passera dans le Décret d'Ives (V, 23), puis dans celui de Gratien (D. 40, c. 6) [70].

A la recherche des *auctoritates*, qui viennent fortifier la doctrine, s'ajoute l'action quotidienne de la papauté. Le successeur de Nicolas II, Alexandre II (1061-1073) ne se borne pas à rappeler dans ses bulles les maximes que cisèlent ses collaborateurs. Il envoie des légats en France, en Espagne, en Angleterre, en Scandinavie, en Bohême ou en Dalmatie. Porteurs de l'autorité romaine, ils viennent réformer les églises locales. En Allemagne, la minorité d'Henri IV permet au pape de reprendre le contrôle de l'Eglise. Enfin, lorsqu'il organise la croisade française en Espagne, Alexandre II prend soin de faire réserver au Saint Siège la maîtrise des terres qui seront reprises aux Infidèles.

Ces signes précurseurs, dans la doctrine et dans l'action, annonçaient le pontificat décisif de Grégoire VII.

II. Grégoire VII (1073-1085)

Par sa politique à l'égard des princes, et spécialement vis à vis du souverain germanique, aussi bien que par ses affirmations doctrinales et l'action de ses légats, Grégoire VII donne à la Primauté une ampleur et une efficacité qu'elle n'avait sans doute jamais connue jusque là, bien qu'il n'use jamais du terme de *plenitudo potestatis* [71].

Dès le début du pontificat, une lettre aux fidèles de Lombardie [72], plus tard les *Dictatus papae* [73], les lettres à Hermann de Metz (25 Aout 1076 et 15 Mai 1081) [74] exposent les fondements, les principes et les effets pratiques de la Primauté.

Celle-ci est d'origine divine. Le pape n'est qu'un intermédiaire qui fait connaître la volonté de la Trinité, celle aussi des Apôtres Pierre et Paul. Il s'identifie, ainsi que l'avait déjà dit Léon le Grand, à la personne de Pierre.

Les 25 propositions qui constituent les *Dictatus Papae* proclament de façon abrupte dans des formules lapidaires la toute puissance du pape, son autorité sur les évêques, les clercs et les conciles, son droit de déposer l'empereur, de contrôler tout texte canonique, de faire la loi, de juger sans appel. «Fondée par le Seigneur seul» (*Dict*. 1) l'Eglise romaine ne peut errer (*Dict*. 22). Juge de tous, le pape ne peut être jugé par personne (*Dict*. 18 à 21). Ainsi le pape est un véritable monarque, qui contrôle toutes les institutions, peut les modifier et, par sa toute

---

69. Ed. Wolf von Glanvell, 177-178.
70. Sur la doctrine d'Humbert, Y. Congar, *L'Eglise...*, 95-98.
71. Sans doute ne l'ignorait-il pas. On trouve seulement (*Reg*. V, 2) l'expression antithétique *pars sollicitudinis*, reprise à Léon (sic. Benson, *op. cit.*, 205) plutôt qu'à Grégoire IV ou au pseudo-Vigile (sic. Michel, *Die Sentenzen des Kardinals Humbert*, 1943, 134).
72. *Reg*. I, 15 (Juillet, 1073), MGH, *Ep. selectae*, ed. Caspar (1920-1923).
73. *Reg*. II, 55 (a. 1075).
74. *Reg*. IV, 2 et VII, 21.

puissance, est autorisé à se substituer à toute instance locale. Il s'impose également aux assemblées conciliaires, car dans celles qui se tiennent à Rome, c'est lui qui parle et qui fait prévaloir sa volonté; quant aux autres conciles, ou bien ils sont dirigés par ses légats ou bien leurs canons dépendent toujours de l'aval ou du refus romain.

Ce qui frappe dans ces thèses, c'est moins leur nouveauté — car pour beaucoup d'entre elles on trouverait l'essentiel de leurs affirmations dans la doctrine pontificale du V⁰ siècle — que la forme qui leur est donnée. Forme extérieure d'abord, par la frappe impérieuse des formules, qui renoncent aux nuances pour adopter le style ferme et dur des juristes romains. Mais l'emprunt aux juristes n'est pas seulement verbal. L'esprit lui aussi est nouveau. Certes Grégoire VII ne méconnait nullement sa mission pastorale. Mais pris dans une lutte sans merci contre l'empereur, menant un dur combat pour écarter les prélats simoniaques et concubinaires, il doit parler et agir en maître autoritaire. Son caractère peut-être l'y incitait. Il faut en tout cas reconnaître que les circonstances l'y poussaient.

D'où ces aspects nouveaux, bien souvent signalés: «à l'ecclésiologie sacramentelle» se substitue une «ecclésiologie juridique». La papauté est conçue comme un «pouvoir» en face d'autres puissances. Et l'on a pu voir une marque extérieure de cette attitude où le «juridique» l'emporte sur le «charismatique» dans la préséance désormais accordée aux cardinaux par rapport aux patriarches [75].

Cette modification profonde dans la conception jusque là dominante de l'autorité romaine n'est pas sans effet sur l'écclésiologie. L'absolutisme centralisateur, pour employer le vocabulaire juridique qui répond aux tendances nouvelles, conduit à mettre l'Eglise toute entière dans la mouvance de l'institution papale. A la notion d'une communion des églises locales, qu'unissaient l'identité de foi, la commune adhésion à l'autorité romaine et la sollicitude universelle exercée par la papauté à l'égard de tous, se substitue l'image d'une société hiérarchisée relevant en tout domaine du pontife romain. On a pu voir là «le plus grand tournant que l'écclésiologie catholique ait jamais connu» [76].

La politique grégorienne bénéficia du précieux appui d' écrits de circonstance, d'allure polémique tels que le *Liber ad Gebehardum* de Manegold de Lautenbach [77]; mais plus encore du secours doctrinal des collections canoniques dites «grégoriennes» [78]. Il s'agit le plus souvent de collections d'origine italienne, parfois romaine, qu'inspire le souci de la réforme. Imbues de l'esprit «grégorien», elles estiment que celle-ci n'est possible que par Rome et d'abord par la restauration de l'autorité pontificale. Leur chronologie reste mal assurée. Certaines sont antérieures à Grégoire VII, comme la *Collection en 74 Titres*, publiée sous Léon IX (avant 1065), où P. Fournier a vu le «premier Manuel canonique de la Réforme» [79] mais qui aurait peut-être été précédée par la

---

75. Pierre Damien, Ep. 8, 20 (PL. 144, 238 D). Sur cette transformation de la Primauté, Y. Congar, *L'Eglise*, 100-101.
76. Y. Congar, *ibid.*, 103.
77. Vers 1084, *MGH.*, LL. I.

78. P. Fournier et G. Le Bras, *Histoire des collections canoniques en Occident* (II, Paris, 1932).
79. Mélanges d'archéologie et d'histoire de l'école de Rome, T. XIV (1894) 147 sq. Contre l'attribution au cardinal Humbert, proposée par A. Michel, cf. Benson, Studia Gratiana, XIV (1967), 204, n. 38.

Collection en deux Livres [80]. Les plus notables collections datent du pontificat de Grégoire VII et furent souvent composées sous son impulsion: *Capitulare* d'Atton de Verceil; *Collection en 12 Livres* d'Anselme de Lucques, proche collaborateur de Grégoire VII (v. 1083), Collection du Cardinal Deusdedit, commencée sous Grégoire VII mais publiée vers 1086; plus tard, sous Urbain II, (1088-1099) *Liber de Vita christiana* de Bonizo de Sutri, etc. Beaucoup de ces collections (celle en 74 Titres, celle en deux Livres, celles d'Anselme de Lucques ou de Deusdedit) s'ouvrent par un Titre *de Primatu romanae ecclesiae*. Elles l'alimentent largement, comme l'avait déjà fait l'*Anselmo dedicata*, par des emprunts aux Fausses Décrétales (18 des 24 premiers canons d'Anselme; la grande majorité des textes du début de la Coll. en 2 Livres: 26 sur les 29 premiers canons).

Les textes réunis par les compilateurs affirment l'institution divine de l'Eglise romaine, la Primauté dogmatique du Souverain Pontife, son droit de légiférer pour toute l'Eglise, de juger toute cause, de donner des ordres à tout membre de la hiérarchie et à tout fidèle [81]. L'arsenal ainsi réuni confirmait les thèses des *Dictatus Papae* et servait la politique pontificale.

A comparer ces affirmations avec celle d'un

---

80. Que son éditeur J. BERNHARD date des environs de 1053 (éd. Strasbourg, 1962).
81. Sort des trois textes pontificaux citant la *"plenitudino potestatis"* dans les Collections de l'époque grégorienne d'après R. L. BENSON, *Plenitudo potestatis*. Studia Gratiana XIV = Collect. Kuttner IV (Roma, 1967), 204 sq.

	Léon, Ep. 14	Grégoire IV	Pseudo Vigile
Coll. en 2 Livres (v. 1053?)		I, 33	I, 32
Coll. en 74 Titres (av. 1045)		I, 13	I, 12
Capitular. d'Atton (1061-1073)	78		
Anselme de Lucques (v. 1083)		II, 17	II, 18
Manegold de Lautenbach *Ad Gebehardum Liber* (MGH, LL. I, 529) (v. 1085)			c. 7
Bonizo de Sutri, *Liber ad amicum* (1086)	c. 7		
Collect. canonum de Deusdedit (v. 1083-1087)			I, 139
Ives de Chartres — Tripartita (v. 1094)			I, 52, 2
Ives de Chartres — Décret (v. 1094)		V, 11 et 349	
Bonizo de Sutri, *Liber de vita christiana* (1088/1099)	III, 30 et IV, 80		

Léon le Grand on mesure moins le chemin parcouru que l'inflexion donnée à la Primauté depuis le V° siècle. A l'affirmer si fortement, Grégoire VII n'innove, ni sur Léon, ni sur Nicolas I, ni sur Jean VIII. Pas davantage lorsqu'il dit l'église romaine d'institution divine ou qu'il s'identifie au Prince des Apôtres.

La nouveauté n'est ni dans le principe, ni dans son fondement, mais dans les conséquences qui en sont déduites. Si la mission pastorale n'est pas oubliée, si les textes évangéliques et les images bibliques sont souvent rappelées, les *Dictatus* comme les Collections parlent la langue de droit et revendiquent les compétences qui sont celles des princes: pouvoir législatif suprême, pouvoir judiciaire en dernier ressort, autorité hiérarchique sur les autres prélats. Enchassée dans les strictes formules de la langue du droit, la Primauté gagne en netteté, peut-être en efficacité, mais au prix de plus de rigueur, et sans doute d'une certaine dureté.

III. De la mort de Grégoire VII (1084) à l'avénement d'Innocent III (1198)

La voie tracée par Grégoire VII sera reprise par ses successeurs immédiats. L'oeuvre réformatrice était d'ailleurs loin d'être achevée à sa mort. Ses successeurs la poursuivront et, après bien des efforts, libéreront l'Eglise de l'investiture laïque (Concordat de Worms, 1122).

Pour mener cette tâche à bien, la papauté continue à se servir de la Primauté. Celle-ci se traduit par une centralisation croissante. C'est ainsi que pour soustraire les monastères à l'autorité d'un épiscopat trop souvent médiocre, Urbain II répond favorablement aux demandes d'exemption des monastères qui, échappent à la juridiction épiscopale, sont rattachés directement à Rome. La volonté centralisatrice du pape s'exprime d'ailleurs d'une façon beaucoup plus générale dans cette formule: Les affaires importantes des églises particulières doivent être jugées par l'autorité apostolique [82].

1) C'est d'ailleurs par la politique plus que par la doctrine que la Primauté s'affirme au XIIè s. Sans doute n'y avait-il pas plus grand chose à dire après les formules des *Dictatus Papae* et peu de textes à ajouter à ceux, apocryphes ou non, qu'avaient recueilli les Grégoriens. Il est d'ailleurs remarquable de constater que les Collections chartraines à la fin du XIè s. ne donnent pas à la Primauté la place d'honneur que lui avaient reconnue certaines collections grégoriennes. Le Décret d'Yves de Chartres traite de la Primauté dans sa Vè Partie, où 52 canons s'y réfèrent, mais en ordre dispersé. La Panormie ne retient que 12 textes, qui figurent au L. IV.

On pourrait penser que l'évêque de Chartres n'était pas désireux de mettre en exergue dans ses Collections l'autorité pontificale, sans pour autant en souhaiter l'effacement. Mais la méthode adoptée par Ives pour traiter de la Primauté se retrouve au Décret de Gratien. Comme Ives, Gratien reproduit les textes essentiels sur la Primauté. Il ne la conteste donc pas. Mais il les disperse en quatre endroits [83]. A l'exception d'un ou peut-être deux textes, tous figu-

---

82. JAFFÉ-WATTENBACH, 5519.

83. D. 21, c. 1 et 3; D. 22, c. 1 et 2; D. 93, c. 1 à 4; C. 9, qu. 3, c. 10-21 et le *dictum*, p. c. 9.

raient déjà dans les Collections antérieures, souvent chez Ives.

Si le Décret contient donc les textes essentiels sur la Primauté, il ne les présente pas d'une façon accusée. Il en omet beaucoup, qui n'auraient peut-être pas introduit d'idées nouvelles, mais qui, par la répétition, auraient souligné l'importance du thème. D'autre part, on ne trouve à propos des textes retenus aucun ample *dictum*, qui viendrait témoigner de l'intérêt que Gratien attachait à la question [84].

Sans doute a-t-il recueilli au Décret les trois textes essentiels sur la *plenitudo potestatis* [85]. Mais il ne cherche pas à leur donner une importance particulière. Dans les *dicta*, l'expression ne revient que deux fois et assez curieusement par référence au pouvoir des métropolitains et non à celui du pape [86]. Gratien ne lui témoigne donc qu'une modeste faveur, mais, en la faisant figurer au Décret, il rendait possible les constructions que la doctrine canonique classique édifiera sur ce terme.

On a fait d'autre part observer que Gratien préférait les textes qualifiant le pape de *vicarius Petri* à ceux qui parlaient du *vicarius Christi* [87] et qu'il a recueilli le canon faussement attribué à Boniface qui admet le jugement du pape *a fide devius* [88].

Sans doute ne s'agit-il là que de nuances. Elles marquent cependant un recul par rapport aux collections grégoriennes.

2) Si la doctrine progresse peu, la centralisation romaine se développe malgré des conditions peu favorables. Au milieu du XIIè siècle, la papauté est souvent tenue à l'écart de Rome. Innocent II (1130-1143) vit en France, réfugié, de 1130 à 1132. Rentré à Rome au printemps de 1133, il doit fuir à Pise dès l'automne et ne revient à Rome qu'en 1137. Eugène III (1145-1153) au cours d'un pontificat de huit ans, est à plusieurs reprises obligé de fuir Rome. Il est en France en 1147-1148, à Viterbe en 1148-1149. Rentré à Rome à la fin de Novembre 1149 il doit fuir à nouveau en Juin 1150 et n'y revient qu'en décembre 1152 pour mourir en Juillet suivant. Dans de telles conditions l'administration reste rudimentaire et la conservation d'archives est à peu près impossible. On ne saurait non plus oublier le schisme qui éclate à l'élection d'Innocent II et qui pendant huit ans divise la Chrétienté (1130-1138). Ces difficultés graves n'arrêtent pas cependant le mouvement de centralisation. Au cours du siècle et malgré les périodes d'instabilité, des services s'organisent: Chancellerie, Chambre apostolique chargée de percevoir les cens que l'Eglise romaine commence à imposer à des titres divers à des évêchés, des monastères, ou des villes; tribunaux qui jugent une fiscalité naissante. Les appels au pape, les concessions d'exemption se multiplient. Par la dispense, le pape contrôle l'usage de la loi. Les réserves apparaissent. Le canon *si quis suadente...* réserve au pape l'absolution de ceux qui frappent les clercs (conciles de Reims 1132; Pi-

---

84. Pour une analyse des collections chartraines et du Décret de Gratien sur ce point, nous renvoyons à notre article "*Collections canoniques et Primauté pontificale*". Rev. de droit canonique XVI (1966), 105-117.
85. C. 3, qu. 6, c. 3 (Saint Léon); C. 2, qu. 6, c. 11 (Grégoire IV) et 12 (Pseudo-Vigile).
86. C. 8, qu. 1, *pr* et C. 9, qu. 3, *pr*; cf. ROBERT L. BENSON, *Plenitudo potestatis*, Studia Gratiana XIV = Collect. Kuttner IV (1967), 214-216.
87. MACCARONE, *Vicarius Christi*, 105.
88. D. 40, c. 6; cf. Y. CONGAR, *L'Eglise*, 147.

se, 1135; Latran 1139). On cite en 1137 un premier exemple de mandat de provision [89]. Une fois encore la terminologie témoigne de ces changements. La vieille expression *Patriarchatum Lateranense* fait place à celle de *Palatium Lateranense*. Celle de *curia romana* apparait au milieu du XIIe siècle, ce qui provoque les véhéments reproches de Geroh de Reichesberg [90].

Le faste romain, qu'Innocent II ou Eugène III savent d'ailleurs concilier avec la modestie de l'habit monastique lorsqu'ils échappent aux cérémonies publiques, fait comparer le pape à l'empereur. Suger [91] décrivant le couronnement écrit: *capiti eius frigium, ornamentum imperiale instar galei circulo aurea circinatum imponunt.* Les formules grégoriennes d'affirmation du pouvoir se retrouvent chez Innocent II ou Eugène III. La chronique de Morigny prête au premier cette déclaration au concile de Latran de 1139: «Vous savez que Rome est la tête du monde, que l'on demande à l'évêque romain les dignités éclésiastiques comme par coutume de droit féodal et qu'on ne peut les conserver sans son consentement» [92].

Quant à Eugène III, il écrit [93] «Toute la Chrétienté de par le monde reconnait que lui seul a fondé la Sainte Mère l'Eglise apostolique romaine ... lui qui a confié au bienheureux Pierre... les droits de l'empire terrestre et céleste à la fois». Aussi reprend-il le qualificatif de *vicarius Christi*.

Avec Alexandre III (1159-1181) c'est un juriste qui occupe de siège de Pierre [94], inaugurant ainsi une lignée de papes canonistes qui compteront parmi les plus illustres: Innocent III, Innocent IV, Boniface VIII. Il se plait à qualifier l'église romaine de *caput et magistra omnium ecclesiarum*.
L'ancien canoniste aime à légiférer. Ses décrétales sont nombreuses. Beaucoup, par les *Compilationes antiquae* parviendront au recueil des Décrétales de Grégoire IX. Au concile de Latran de 1179 c'est lui qui décide «*sacri concilii approbatione*». La formule se retrouvera pour le IVè concile de Latran (1215) et les conciles oecuméniques de Lyon.

Alexandre III affirme d'ailleurs son magistère doctrinal et sur ce point aussi son pontificat fait date. Par la décrétale *Cum Christus* de 1177 [95] il intervient dans le débat christologique soulevé par la doctrine de Pierre Lombard. L'importance de cette prise de position est clairement perçue par les canonistes. La *Summa «et est sciendum»* (traité de l'école des canonistes français qui date probablement de 1181-1185) en tire une double conséquence: «Le pape ne peut être mis en accusation pour hérésie, car on doit considérer un énoncé comme catholique du fait que le pape pense ainsi, même si tous différent de sentiment d'avec lui, parcequ'une question de foi ne peut être conclue que par le successeur de Pierre» [96].

C'était à la fois supprimer la réserve que

---

89. B. JACQUELINE, *Papauté et épiscopat selon Saint Bernard* (Paris, 1963), 7-74. Sur les légats: W. JANSSEN, *Die päpstlichen Legaten in Frankreich vom Schisma Anaclets II bis zum Tode Celestins III (1130-1198)* Köln, 1961.
90. "*Nunc dicitur curia romana quae antehac dicebatur ecclesia romana*", cité par B. JACQUELINE, op. cit., 19, n. 4.
91. *Vie de Louis VI*, éd. Waquet (Paris, 1929), p. 262.
92. III, 3, *MGH. Script.* XXVI.
93. Ep. 232, oct. 1147 (PL 180, 1285).
94. M. PACAUT, *Alexandre III, Etude sur la conception du pouvoir pontifical dans sa pensée et dans son oeuvre* (Paris, 1956).
95. PL. 200, 1098.
96. Cité par Y. CONGAR, *L'Eglise*, 191-192.

rappellait encore Gratien, autorisant à juger le pape *a fide devius*, et faire dépendre du pape seul la fixation de la foi.

C'est également avec Alexandre III que la canonisation des Saints passe «de l'ordre charismatique d'une lumière reçue de Dieu» au «pouvoir d'une autorité juridique». Alexandre exerce déjà un contrôle des canonisations et dans la décrétale *Audivimus* (X, 1, 3, 45) interdit de «vénérer comme saint» un homme *absque auctoritate romane ecclesie*. Peu après, la réserve des canonisations à l'autorité romaine sera proclamée au nom de la *plenitudo potestatis* (Innocent III, bulle de canonisation de Ste. Cunégonde, 1200). Ici encore les compétences juridiques prennaient la place de l'inspiration venue du ciel. Et cette compétence était monopolisée par Rome [97].

Ainsi la détermination de la foi, la réglementation de la discipline, la juridiction universelle, la reconnaissance des mérites héroïques devenaient peu à peu domaines réservés de la papauté. Pour assurer une mission si lourde la curie progressivement s'organisait. Pour subvenir aux besoins de ces services, plus encore que pour donner quelque éclat à la cour pontificale, l'impôt apparaissait. Si la mission pastorale restait l'ultime objectif, les moyens utilisés pour l'assumer n'étaient pas sans rappeler ceux de l'empire romain, modèle qui, à la même époque, inspirait les monarchies en Angleterre ou en France. Et les canonistes, comme bientôt les légistes, empruntent leur vocabulaire et leurs argumentations au droit romain retrouvé.

3) Il n'est pas sans intérêt à ce propos de suivre l'évolution du vocabulaire.

Plenitudo potestatis, qui avait été largement utilisé dès l'époque patristique par Léon le grand, prend une importance croissante. Léon l'opposait à la *pars sollicitudinis*. Ce couple est désormais employé pour marquer la distance du pape aux évêques. Gratien n'avait pas attaché grande importance à cette expression [98]. Mais avec Rufin, les canonistes trouvent là une terminologie juridique qui sert leur construction d'une monarchie [99] pontificale centralisatrice. C'est par cette «pleinitude de pouvoir» qu'ils justifient les droits privilégiés de l'évêque de Rome [100]. Leur élève Innocent III suivra cet exemple.

Le couple *Vicarius Christi*, *Vicarius Petri* se retrouve également avec des alternances qui sont fonction de la conception que le pape se fait de sa place dans l'Eglise. Alexandre III préfére «vicaire de Pierre». «Vicaire du Christ» est encore appliqué au XIIè s. à des évêques, des abbés, parfois de simples prêtres [101]. Mais, vers la fin du siècle, *vicarius Christi* semble plus fréquent dans les qualifications pontificales. Il tend à devenir privilège du pape, ce qui provoque d'ailleurs les réserves d'Huguccio [102].

Le qualificatif d'*Apostolicus*, utilisé dès le IXè siècle, devient également très usuel chez les théologiens comme chez les canonistes [103].

---

97. Cf. S. KUTTNER, *La réserve papale du droit de canonisation*, Rev. hist. de droit français, 1938, 172-228; E. W. KEMP, *Canonization a. authority in the Western Church* (Oxford, 1948).
98. Supra, 112.
99. Le mot est appliqué par Rufin à l'Eglise (O. MORIN, *Le discours d'ouverture du concile général de Latran, 1179 et l'oeuvre littéraire de Maitre Rufin*, Atti della Pontif. Acc. di Archeol., Serie III, mem. 11, Rome, 1928, 117).
100. Sur l'usage de cette notion dans les luttes de l'époque grégorienne, cf. ROBERT L. BENSON, *Plenitudo potestatis*, Studia Gratiana XIV (1967), 206-208.
101. Référence dans Y. CONGAR, *L'Eglise*, 186, n. 31.
102. *Summa*, ad. c. 19, C. 33 qu. 5.
103. Y. CONGAR, *L'Eglise*, 185.

Lui aussi privilégiait le pape et semblait en faire le seul véritable successeur des Apôtres.

Enfin l'universalité du pouvoir suprême qui est celui du pape finit par faire admettre le qualificatif d'*universalis*[104]. Les Collections de la réforme grégorienne ne s'y étaient pas toujours montrées favorables[105]. Gratien avait recueilli le fragment de Saint Grégoire qui déniait ce titre au Saint-Siège[106]. Mais, vers 1157, Rufin, commentant ce texte, précise qu'il ne répond plus à l'usage de son temps[107].

4) La Primauté ne doit pas être étudiée qu'à Rome.

On a déjà vu que, tout en l'affirmant, les canonistes n'étaient pas toujours unanimes sur ses contours exacts, ni sur la terminologie qui devait l'exprimer. Cet essai de synthèse ne permet pas d'envisager des opinions multiples[108]. On peut tenir un compilateur sans grande originalité, comme Honorius d'Autun, pour le témoin d'une opinion commune lorsqu'il écrit, peu après 1123, dans sa *Summa Gloria de Apostolico et Augusto*[109], que la pape a la *cura universalis ecclesiae, scilicet totius populi et cleri, cunctorum episcopatuum, patriarchatuum canonica dispositio, universi cleri et populi in divinis legibus correctio* (ch. 19).

Plus intéressante, par l'importance de l'homme et les nuances de son jugement, est l'opinion de Bernard de Clairvaux, défenseur d'Innocent II lors du schisme d'Anaclet, puis compagnon et conseiller d'Eugène III. Sa fidélité à Rome n'est pas en question. Il fut de ceux qui lui reconnaissaient une mission directrice dans toute la Chrétienté. Mais il n'approuve pas sans réserve. Dans sa correspondance et plus synthétiquement dans le Livre II du *de Consideratione*, écrit après 1148 et dédié au pape Eugène III, saint Bernard précise sa conception du pouvoir pontifical[110]. Déjà ses qualificatifs marquent quelque réserves. Jusqu'en 1148 Bernard préfére celui de *Vicarius Petri*. *Vicarius Christi* est appliqué à Pierre dans le *de Consideratione*, puis par la suite à Eugène III.

Saint Bernard reconnait au pape la *plenitudo potestatis*[111] en même temps que la *sollicitudino omnium ecclesiarum*[112]. Il le considère comme *caput ecclesiae*. Son pouvoir est universel. Il est juge suprême et gardien de la doctrine. Une longue énumération évoquant la mission pontificale termine le *de Consideratione*[113]. A côté d'expressions poétiques et de réminicences bibliques, le vocabulaire juridique est largement utilisé: *assertor, defensor, ordinator, magister, advocatus, tutor, iudex, legum moderator, ca-*

---

104. Grégoire VII l'avait fait figurer dans les *Dictatus Papae*, 2: *quod solus Romanus pontifex iure dicatur universalis* et il l'emploie souvent dans ses lettres et ses actes officiels (HOFMANN, *Dict. papae*, 34-35). Il suivait en cela le position déjà affichée par Léon IX et dirigée contre les prétentions orientales (cf. Concile de Reims de 1049. MANSI, XIX, 738; cf. également Deusdedit, *Coll. can.* 3, 388).
105. *Collect. en 74 Titres*. T. 24 et Anselme de Lucques, *Collectio canonum*. VI. 117-118.
106. D. 99, c. 5.
107. *Summa*, éd. Singer (Paderborn, 1902), 421-422.
108. Voir par exemple A. STICKLER, *Alanus Anglicus*

als *Verteidiger des monarchischen Papsttums*, Salesianum XXI (1959), 346-406.
109. MGH. LL. III, 63 sq.
110. B. JACQUELINE, *Papauté et épiscopat selon saint Bernard de Clairvaux*; (Paris, 1963); *Le pape d'après le livre II du "de consideratione ad Eugenium papam"*; Studia Gratiana XIV (= Collect. Kuttner, IV), 1967, 219-240.
111 Par exemple, *Ep*. 131, 2 (PL. 182, 286 D); *de consid*. II, 3, 16, etc... A la différence de Gratien, il emploie souvent l'expression.
112. *Ep*. 358 (PL. 182. 560).
113. L. IV, cap. 7, 23 (PL. 182, 788), cité par B. JACQUELINE, *Papauté et épiscopat*. 61.

nonum dispensator, vicarius. Cette énumération montre combien la langue du droit a pénétré l'institution romaine, au point que ses termes viennent tout naturellement à l'esprit de l'abbé de Clairvaux. Mais si saint Bernard partage sur bien des points la doctrine favorable à la Primauté, il précise en quel sens il l'entend et par là même en fixe la nature et les limites.

Le *de Consideratione* met en garde, dans des formules qui sont restées célèbres, le pape Eugène III contre les abus de la curie romaine. Toutes les prérogatives qu'il reconnait au pape, la «pleinitude de pouvoir» qui n'est pas en question, ne font pas pour autant de la Primauté, une maîtrise (*dominium*). Elle est un ministère (*ministerium*) une fonction exercée pour le bien des Chrétiens avec l'aide divine. Deux qualificatifs sont attribués par Saint Bernard au pape, qui ne figuraient pas dans le langage commun. Le pape est un gérant, *villicus*, comparable à l'intendant d'un domaine, qu'il doit garder et faire fructifier pour le Maître [114]. Il est aussi *amicus sponsi* parce que *custos sponsae Christi* [115].

Cette terminologie donnait à la Primauté une signification moins abrupte que celle que feront prévaloir les canonistes. Elle s'accompagnait de certaines réserves sur l'usage que, de plus en plus, la papauté faisait de son autorité [116]. Saint Bernard condamne l'abus des appels à Rome et la prolifération des exemptions, c'est à dire qu'il regrette de voir la centralisation romaine réduire l'autonomie des communautés locales et assortir la mission pastorale d'un lourd appareil judiciaire. Il défend par là les prérogatives épiscopales. Sensible au péril de formules juridiques trop heurtées, il reste fidèle à l'image d'une papauté pastorale. La mission religieuse qu'il lui assigne, sauvegarder l'unité et la liberté de l'Eglise, ne lui parait pas réductible au vocabulaire du droit.

Cette conception du pouvoir pontifical, il l'avait défendue en prenant parti pour Innocent II lors du schisme d'Anaclet. Dans cette division de l'Eglise romaine, en effet, derrière les hommes, deux conceptions du pouvoir pontifical s'affrontaient. Saint Bernard craignait qu'Anaclet, adepte des thèses grégoriennes, ne cherchât à fortifier la Primauté en renforçant le pouvoir temporel du pape [117]. La longue durée du schisme laisse pressentir les appuis dont jouissaient les deux rivaux, la difficulté aussi de trancher en faveur de l'une ou de l'autre élection, toutes deux ayant eu lieu dans la confusion et au milieu de l'émeute. Les arguments juridiques développés par Saint Bernard en faveur d'Innocent II servaient une certaine conception du pouvoir pontifical.

IV. L'ÉCLAT DE LA PAPAUTÉ MÉDIÉVALE

De l'avénement d'Innocent III (1198) à l'avénement de Boniface VIII (1294)

Affirmée dès le Vè s., rappelée par intermittence pendant le haut Moyen-Age, et avec une insistance accrue depuis l'époque grégorienne, la *plenitudo potestatis* pontificale connut au XIIIè s. une brève apogée. Elle ne compte aucun adversaire déclaré. Les

---

114. B. Jacqueline, *Le pape...*, 226-231.
115. *Ep.* 161; 189, 5; 191, 2; 238, 2; 256, 3 (PL. 182, 320; 356; 358; 428; 464).
116. B. Jacqueline, *op. cit.*, 231-233.
117. B. Jacqueline, *Papauté et épiscopat*, 31-38.

premières esquisses des doctrines conciliaires n'apparaissent qu'à la fin du siècle. L'Occident se confond encore avec une Chrétienté unie; et si les princes contestent parfois les interventions pontificales, ils le font en défenseur de leur indépendance politique, sans mettre ouvertement en question l'autorité du pape dans l'Eglise.

Le Siège de Pierre fut d'ailleurs occupé au cours de ce siècle et surtout dans sa première moitié par des prélats illustres: De 1198 à 1241, trois papes seulement se sucèdent, Innocent III, Honorius III, Grégoire IX, qui tous trois par leur valeur personnelle assurent à la papauté une autorité et un prestige rarement égalés. Puis au milieu du siècle avec le pontificat d'Innocent IV (1243-1254) l'autorité suprême est confiée à un grand canoniste. L'évocation de ces noms suffit à souligner l'importance de ce siècle.

La formation juridique des plus grands papes du XIIIè s., l'appui que leur assure la science canonique, alors à son apogée, les progrès de la centralisation romaine, le développement des services administratifs [118], autant de facteurs qui concourent à donner à la Primauté les traits d'une souveraineté juridique. C'était faire prévaloir une orientation qui depuis Grégoire VII n'avait cessé de s'accuser davantage. L'inflexion alors fortement donnée à la Primauté devait la marquer pour de longs siècles.

Celle-ci apparaitrait d'abord dans des faits, que nous n'avons pas ici à rappeler longuement. Le concile de Latran de 1215, sorte de couronnement d'un Pontificat exceptionnel, l'action déterminante de la papauté aux deux conciles oecuméniques de Lyon (1245 à 1274), la publication du premier code officiel de l'Eglise d'Occident en 1234, pour ne rien dire des appels à la croisade, des tentatives d'arbitrages dans les conflits des princes [119], de la longue lutte contre Frédéric II, entrainant la déposition du souverain en 1245 (Bulle *ad Apostolicae*). Sans s'y attarder, il fallait rappeler le cadre prestigieux dans lequel la doctrine de la Primauté est poussée à ses limites extrêmes. Car, si l'on n'avait pas présent à l'esprit ces données politiques, les affirmations des papes, de leurs juristes et de leurs théologiens ne seraient guère compréhensibles.

Innocent III [120] se reconnut le droit d'intervenir dans toutes les églises. L'une de ses initiatives les plus hardies à l'égard de la hiérarchie reste sans doute, à la suite de la croisade de 1204, la «création» d'un Patriarche latin à Constantinople qui, porteur du pallium et tenu au serment, fait figure d'archevêque latin [121]. Reprenant les vieilles prérogatives des empereurs romains, Innocent III s'affirme souverain législateur et maître du droit. C'est lui qui légifère au concile de Latran (*Inn. in concilio*) et il affirme son droit de dispenser du droit. Il tranche dans un sens favorable à la Papauté le débat engagé par les canonistes sur le domaine et l'autorité des décrétales [122]. Etienne de Tournai dans sa *Summa* (v. 1160), que suivra encore Johannes Faventi-

---

118. P. HERDE, *Beitrage zum päpstlichen Kanzlei und Urkundenwesen, im XIII Jahrhundert*, Münch. Hist. Studien I (1961).
119. Nous les avons évoqués dans une contribution au volume XV des publications de la Société Jean Bodin, *La Paix*, 79-95.
120. L. BUISSON, *Potestas u. caritas* (1958), 58-70 et

Y. CONGAR, *L'Eglise*, 192-197, avec une ample bibliographie dans ces deux livres.
121. Y. CONGAR, *L'Eglise*, 196.
122. Cf. J. HANENBURG, *Decretals a. Decretal Collections in the Second Half of the Twelfth Century*, Tijdschrift voor Rechsgeschiedenis, XXXIV (1966), 552-599.

nus (mort en 1220), attribuait aux canons plus d'autorité qu'aux décrétales. Celles-ci ne pouvaient aller contre les dispositions des canons en vertu de l'adage, transposé du droit romain [123] *rescripta contra ius elicita sunt refutenda*. Au contraire la *Summa* «*et est sciendum*», oeuvre de l'école française qui date du pontificat de Lucius III (1181-1185), admettait que le pape pouvait par ses décrétales aller contre les canons. Cette faculté d'y déroger (*quod ei licet*) était déduite du pouvoir d'interpréter et de dispenser des canons [124]. C'est à cette seconde doctrine, plus favorable aux prétentions pontificales, que s'était rallié Huguccio, la maître d'Innocent III.

Enfin parcequ'il agit sur terre comme le ferait Dieu, qui est le «roi des rois», le pape n'a pas seulement la *summa potestas in spiritualibus*, mais encore une *magna potestas in temporalibus* qui vient de Dieu lui-même. On sait la doctrine affirmée par Innocent III. C'est le siège romain qui a transmis l'empire à Charlemagne. Par conséquent *principaliter et finaliter negotium imperii ad sedem apostolicam pertinet* [125]. A l'égard du roi de France la position est plus nuancée. Si le pape ne s'interdit pas d'intervenir dans les affaires du royaume, c'est, précise-t-il, selon une distinction qui fera fortune, qu'il entend juger *non de feudo sed de peccato* (décrétale *Novit*) [126].

On reconnaît là les distinctions du juriste. C'est au même esprit juridique qu'il faut attribuer les multiples formules, admirablement frappées, d'une précision remarquable, mais d'une lourde portée, dans lesquelles Innocent III exprime sa conception du pouvoir pontifical [127]. Celle-ci se marque extérieurement par l'abandon de l'expression «vicaire de Pierre», qu'avait préféré Alexandre III, au profit de celle de «vicaire du Christ».

Quant à la *plenitudo potestatis* elle revient fréquemment dans ses écrits [128]. Pas plus chez lui que chez Raymond de Peñafort [129] ou chez Innocent IV l'expression n'implique «une prétention hiérocratique» [130]. Mais, reprenant et amplifiant une doctrine qui apparait avec les Décrétistes des dernières décades du XIIè siècle, Innocent III attribue à la plenitude de pouvoir une double conséquence. Elle confère d'abord au pape le «pouvoir suprême dans l'ordre proprement ecclésiastique». C'est à dire qu'il est le juge ordinaire de tous les prélats et des simples laïcs. Telle était déjà l'opinion du maître d'Innocent III, Huguccio [131]. C'est du pape que toutes les instances inférieures tirent leur autorité, car l'église romaine les a appelées «*in partem suae sollicitudinis*».

Tandis que le pape est le «juge ordinaire de chacun», les évêques ne le sont que dans

---

123. C. Th. 1, 2, 2.
124. Arg. C. 1, qu. 5, c. 1, cf. HANENBURG, op cit., 577.
125. Cf. KEMPF, *Papsttum und Kaisertum bei Innocenz III*.
126. X, 2, 1, 13.
127. Voir par exemple la lettre du 12 Novembre 1199 au patriarche de Constantinople (PL. 214, 760) qui sera utilisée lors des débats au Ier concile du Vatican, ou le très beau texte du sermon de la Saint Silvestre (PL. 217, 481-482).
128. A. HOF, "*Plenitudo potestatis*" *und "Imitatio imperii*" *zur Zeit Innocenz III*, ZKG, 66 (1954-1955), 39-71; L. Buisson (*Potestas u. Caritas*, 74-98) étudie l'évolution de la notion au cours du XIII⁰ siècle.
129. J WATT, *The Papal Monarchy in the Thought of St. Raymond of Peñafort*, Irish Theologe Quarterly, XXV (1958), 33-42; 154-170.
130. Y. CONGAR, *L'Eglise*, 255.
131. HUGUCCIO, *Summa*, sur C. 6, qu. 2, c. 3: ...*in papa autem speciale est, qui est iudex ordinarius omnium, scilicet maiorum et minorum praelatorum et subditorum ...ipse enim solus habet plenitudinem potestatis*.

leur diocèse [132] et sauf intervention pontificale qui les primerait. Une telle doctrine était déjà incluse dans les Fausses Décrétales. Mais en outre, et ceci peut passer pour l'apport proprement «grégorien», la *plenitudo potestatis* permet au pape d'intervenir en dehors de l'exercice ordinaire de la juridiction. Elle le met au dessus de la loi. Cette nouvelle conséquence que l'on voulait attribuer à la *plenitudo potestatis* avait été suggérée par les textes romains déclarant que le prince était *legibus solutus*. Le pape ne pouvait être moins que l'empereur. Il fallait donc le mettre lui aussi au dessus de la loi. Prérogative qui emportait un triple privilège: le pape peut dispenser de la loi; il peut «suppléer» à toute déficence d'une procédure électorale ou à l'inhabileté du candidat; il dispose librement des offices et des bénéfices. D'un tel privilège, il n'avait jamais été question pour les évêques. En le revendiquant, le pape donnait à son pouvoir une nature propre qui le séparait du reste de l'épiscopat.

Innocent IV ira plus loin encore, justifiant par sa *plenitudo potestatis* la prétention d'exercer le pouvoir temporel [133] et spirituel [134] sur tous, chétiens ou infidèles [135].

Le même concept est invoqué par les canonistes et les curialistes pour légitimer les interventions de la papauté dans la collation des bénéfices aussi bien que sa faculté de dispenser du droit.

On a pu dégager d'ailleurs deux tendances dans la doctrine canonique du XIIIè siècle. Certains décrétistes représentent une doctrine «modérée», tandis que d'autres canonistes, surtout des décrétalistes, tels que Tancrède (mort vers 1235) ou Bernard de Parme (mort en 1266), poussent plus avant la théorie d'une monarchie pontificale. Témoin ce passage du commentaire de Tancrède sur la *Compilatio III a* (I, V, 3): «*Vices: in iis gerit vicem Dei quia sedet in loco Jesu Christi, qui est verus Deus et verus homo ... item de nichilo facit aliquid ... item in iis gerit vicem Dei, quia plenitudinem potestatis habet in rebus ecclesiasticis... item qua potest dispensare supra ius et contra ius ... item qua de iustitia potest facere iniustitiam corrigendo ius et mutando... nec qui dicat ei, cur ita facis?*».

La théorie de la *plenitudo potestatis* est particulièrement développée par Henri de Suse, cardinal d'Ostie, plus connu sous le nom d'Hostiensis. Professeur de droit canonique à Paris, conseiller d'Henri III d'Angleterre, chapelain d'Innocent IV, évêque de Sisteron (1244), archevêque d'Embrun (1250), puis cardinal évêque d'Ostie (1262), il rédigea entre 1250 et 1251 une *Summa* sur les décrétales, et, peu avant sa mort (1271), une *Lectura*, qui comptent parmi les oeuvres maîtresses de la doctrine canonique au milieu du XIII° siècles [136].

On a pu relever 71 emplois de *plenitudo*

---

132. De cette différence, Innocent III trouve une conséquence ou un symbole dans l'usage du *pallium* que "le pontife romain est seul à porter toujours et partout, parce qu'il est porté au plein pouvoir ecclésiastique" tandis que "les autres ne le portent ni toujours ni partout, mais seulement dans leur église et à certains jours" (X, I, 8, 4; 1204). Bonizon de Sutri (*Liber de vita christiana* 3, 108, éd. PERELS, 108) et Pascal II (*Compil.* I.ª, 1, 4, 21) avaient déjà vu dans la *pallium* le signe de la *plenitudo potestatis*.

133. TIERNEY, *Foundation of the conciliar Theory*, (1968), 141, 149.

134. TIERNEY, *ibid.*, 87-95.

135. M. PACAUT, *L'autorité pontificale selon Innocent IV*, Le Moyen-Age, LXVI (1960), 85-119.

136. Sur l'utilisation du droit romain par Hostiensis et l'organisation de "l'Eglise sur le modèle impérial", G. LE BRAS, *Theologie et droit romain dans l'oeuvre d'Henri de Suse*, Etudes... Didier (Paris, 1960), 203.

potestatis chez Hostiensis [137], chiffre qui ne se retrouve chez aucun autre canoniste du XIIIè s. Hostiensis ne refuse même pas «*plenitudo potestatis plenissima*» (*Summa*, I, 8, 2).

Cette plénitude de pouvoir constitue le fondement de la *potestas absoluta* du pape. Cette dernière se distingue de la *potestas ordinaria* ou *ordinata*, qui elle reste dans les limites de la loi. La *potestas absoluta* au contraire dépasse la loi; elle en est *soluta*, d'où *absoluta*. C'est elle qui permet d'écarter la loi par la dispense, ou de suppléer à une déficience qui invaliderait un acte (par exemple une élection épiscopale) par la *suppletio* [138]. C'était là tirer les conséquences d'une solution déjà adoptée par Innocent III (X, 1, 6, 39) et dont Innocent IV fera un large usage.

Dans le dernier quart du XIIIº s. Guillaume Durand (évêque de Mende en 1286, mort en 1296) donne dans son célèbre *Speculum iudiciale* [139] une définition de la *plenitudo potestatis*, où les réminiscences du droit public impérial romain sont mises au service de la Primauté romaine. Le pape peut tout faire et dire ce qu'il veut, dès lors qu'il respecte la foi. C'est un absolutisme qui confine l'arbitraire et qui ne laisse plus que la foi en dehors de l'emprise pontificale [140].

Devant de telles affirmations on ne peut que souscrire au jugement de Tierney [141].

«It seams indeniable that toward the middle of the thirteenth century, the whole tendency of canonistic thought was to emphasize the universel authority of the Pope».

Cependent les décrétistes reconnaissent que le concile a plus d'autorité que le pape en matière de foi. Johannes Teutonicus déclare «*synodus maior est papa*». Les canonistes du XIIIè siècle, à la suite des Décrétistes commentant le texte de Gratien D. 40, c. 6, tiennent pour possible le jugement du pape *a fide devius* et cette juridiction du pape hérétique appartient au concile [142].

Ainsi s'élaborait une théorie du pouvoir pontifical qui servait la politique romaine, mais qui trouvait aussi en elle de précieux appuis. Le XIIIè marquait l'apogée doctrinale et effectif de la Primauté.

Les Romanistes de leut côté reconnaissent l'autorité suprème du Pontife romain; Placentin, Pillius, Azon déclarent que «*papa maior est quam imperator*» [143]. Sans doute ils ne veulent pas affirmer par là une supériorité juridique du pontife sur l'empereur, mais simplement la prééminence du spirituel sur le temporel. Azon précise en ces termes son sentiment:

...«*Maior videtur imperator papa. Et dic quod maior est in saecularibus, Papa in spiritualibus, sed quia spiritualia meliora et maiora sunt simpliciter temporalibus, concedendum est simpliciter quod Papa maior*

---

137. J. A. WATT, *The use of the Term "plenitudo potestatis" by Hostiensis*, Procd. III intern. Congress of medieval Canon Law, Boston (Roma, 1965).
138. Cfr. *Summa*, 1, 6, 13; 1, 32, 3; 1, 44, 4; etc.
139. Vers 1272, recension plus tardive vers 1287.
140. *Speculum*, I, 2: *De legato*, n.º 52 (éd. Lyon, 1538, f. 20): "*Habet enim Papa plenitudinem potestatis (...) et dummodo contra fidem non veniat, in omnibus et per omnia potest facere et dicere quicquid placet: auferendo etiam ius suum cui vult, quia non est qui ei dicat. Cur ita facis?... nam apud eum est pro ratione voluntas et quod ei placet legis habet vigorem. Potest etiam omne ius tollere et de iure supra ius dispensare...* On retrouve dans cette justification de l'absolutisme pontifical la thèse d'Ulpien sur le pouvoir législatif de l'empereur (Dig. 1, 4, 1 pr.) que reproduisent les Institutes de Justinien (I, 2, 6).
141. *Op. cit.*, 141.
142. Cf. TIERNEY, *op. cit.*, 57-67.
143. Cf. D. MAFFEI, *La donazione di Costantino nei giuristi medievali* (Milano, 1964), 60-61.

sit et pro maiori debeat haberi quam imperator»[144].

La Primauté ne trouvait pas seulement dans les juristes d'ardents protagonistes. Les théologiens ne l'exhaltaient pas moins.

On a pu tenir Saint Bonaventure pour «le principal théoricien au XIIIè siècle de la monarchie papale»[145]. Disciple à Paris d'Alexandre de Halès (1243) avant d'y enseigner lui-même, ministre général des Mineurs (1257), évêque d'Albano, cardinal, il fut désigné parle pape pour être son légat au Concile de Lyon (1274), au cours duquel il mourut.

Lui aussi insiste sur la plénitude de pouvoir du Saint Siège et il lui assigne un triple caractère: elle n'appartient qu'au pape; celui-ci peut l'exercer dans toutes les églises; elle fonde toute autorité inférieure dans l'église[146].

Imaginant une destruction totale de l'Eglise, le docteur séraphique admet que le pape pourrait à lui seul la reconstituer «*et si ipse solus esset et omnia essent destructa in ecclesia, reparare posset universal*»[147].

Dans une telle perspective, les autonomies locales n'ont plus de place. L'Eglise tend à n'être plus qu'un immense diocèse, dont le pape serait le seul pasteur et les évêques de simples vicaires[148].

L'image de l'Eglise, épouse du Christ, lui fournit un singulier argument pour justifier ses thèses monarchistes. Rappelant que l'Eglise est une *sponsa*, il ajoute aussitôt qu'elle ne peut avoir qu'un seul époux. Mais cette monogamie n'est pas celle du Christ et de son Eglise. Les époux des églises (particulières) sont leur évêque. Et de même que toutes ces églises se fondent dans la seule Eglise, de même tous ces époux, institués *loco Christi*, doivent se confondre en un seul, «celui qui *principaliter* tient la place du Christ»[149].

Ainsi la combinaison d'une double symbolique, celle de l'union du Christ et de son Eglise et celle du mariage mystique des évêques avec leur siège, l'incite à ramener l'épiscopat à l'unité dans la personne du pape.

Les thèses affichées par la papauté et appuyées par l'argumentation des théologiens et des canonistes devaient trouver une consécration officielle sous Grégoire X au concile de Lyon (1274)[150] où, à la suite de longues tractations fut tentée l'union des églises grecque et romaine[151]. Des lettres de Clément IV à Michel VIII Paléologue en date du 4 mars 1267 avaient proposé une formule, qui finalement fut acceptée. En fait la formule avait été imposée à l'Empereur et par lui au clergé de Constantinople, ce qui explique la dénonciation dès 1283 de l'accord opéré par le «Concile d'Union»[152].

---

144. Cité par MAFFEI, *op. cit.*, 61.
145. Y. CONGAR, *L'Eglise*, 222.
146. *Quod solus habet totam plenitudinem auctoritatis quam Christus ecclesiae contulit; et quod ubique, in omnibus ecclesiis habet illam sicut in sua speciali sede Romana; et quod ab ipso manet in omnes inferiores per universam ecclesiam omnis auctoritas* (cité par Y. CONGAR, *op. cit.*, 222, n. 20).
147. Cité *ibid.*, 223.
148. *Cum ipsi plebani sint vicarii episcoporum in suis parochiis, sicut episcopi Summi Pontificis in officiis sibi comissis* (cité *ibid.*, 251, n. 12).

149. *Ecclesia est una sponsa, ergo debet habere unum sponsum; sed omnes particulares ecclesiae reducuntur ad Ecclesiam unam; ergo omnes sponsi loco Christi constituti, sc. episcopi, ad unum debent reduci, qui principaliter tenet locum Christi.* (cité *ibid.*, 251, n. 14).
150. St. Bonaventure, qui devait mourir à Lyon au cours du concile, y exerça une action efficace.
151. WALTER et HOLSTEIN, *Lyon I et II* (Paris, 1966).
152. L. GATTO, *Il pontificato di Gregorio X (1271-1276)*, Roma, 1959; D. J. GEANAKOPLOS, *Emperor Michael Paleologus and the West, 1258-1282* (Cambridge, Mass, 1959).

V

Ce qui nous importe ici ce sont moins les vicissitudes des tentatives de rapprochement avec l'Orient que l'expression officielle qui fut alors donnée de l'autorité pontificale. L'église romaine exerce un *principatus* universel. Le pape dispose d'une juridiction suprême sur tous les chrétiens et c'est de la *plena potestas* pontificale que toutes les églises tirent leurs pouvoirs [153]. Ces formules consacraient la doctrine de la monarchie écclésiastique qui s'était élaborée au cours du siècle. Elles seront évoquées dans la constitution dogmatique I c. 4 du 1er concile du Vatican, qui formule le dogme de la Primauté [154]. Par la *professio fidei* de 1274 la *plenitudo potestatis*, qui depuis le Vè siècle avait alimenté l'argumentation pontificale, devenait objet de foi.

Si l'autorité disciplinaire était ainsi portée à son plus haut degrè, qu'en était-il de l'autorité doctrinale? La question allait bientôt diviser l'Eglise. Elle est au centre du débat conciliaire et, jusqu'à la proclamation du dogme de l'infaillibilité pontificale dans les limites que lui donnera le 1er concile du Vatican, elle restera disputée. On a vu qu'elle n'était pas inconnue du Haut Moyen Age, qui se demandait si le pape pouvait errer et quelle juridiction s'exercerait à l'égard d'un pape *a fide devius* [155]. La réflexion des théologiens et des canonistes du XIIIè ici encore accentue les prérogatives pontificales, esquissant parfois le thème de l'infaillibilité [156].

L'opinion commune, alléguant l'Evangile [157] considérait que l'Eglise en sa totalité, la «*congregatio fidelium*» ne pouvait se tromper. Telle est l'opinion des plus grands docteurs du XIIIè siècle. En s'appuyant sur des textes du Décret de Gratien [158], on ajoutait que jamais l'Eglise romaine n'avait erré dans la foi.

Mais, commentant ces textes, les Décrétistes étaient conduits à se demander ce qu'il fallait entendre par *Ecclesia Romana*.

Huguccio [159] répondait: ... *dico quod romana ecclesia dicitur tota catholica ecclesia quod nunquam in tote erravit, vel romana ecclesia dicitur papa et cardinales et licet iste erraverit non tamen cardinales, vel saltem non omnes romani...* [160]. Ainsi l'*ecclesia romana* qui ne pouvait errer était la totalité de l'Eglise, ou au moins le pape en collège de cardinaux. La collectivité seule était reconnue infaillible, non l'individu. Et Huguccio précisait davantage lorsqu'il disait formellement que le pape peut errer [161]: ...*licet papa erraverit, qui et per haeresim iudicari potest... non tamen ecclesia Romana sive apostolica errat, quae catholicorum collectio intelligitur*. Plus clairement encore la glose ordinaire de Jean le Teutonique

---

153. Cf. la *professio fidei* des Grecs dans MANSI, XXIV, 67-77.
154. *Approbante vero Lugdunensi concilio secundo Graeci professi sunt: Sanctam Romanam Ecclesiam summum et plenum primatum et principatum super universam Ecclesiam catholicam obtinere, quam se ab ipso Domino in beato Petro Apostolorum principe sive vertica, cuius Romanus Pontifex est successor, cum potestatis plenitudine recepisse veraciter et humiliter recognoscit.* (Concilior oecum. Decreta, Rome, 1962, 791).
155 Sur les doctrines et les attitudes à l'égard du pape hérétique du XIIº au XVº s., cf. L. BUISSON, *Potestas und Caritas* (1958), 166-215.
156. Y. CONGAR, *L'Eglise*, 244-248, avec de nombreuses références.
157. Matt. 28, 20; Luc. 22, 32; Jean 16, 13.
158. Souvent, mais non exclusivement, des textes du Pseudo-Isidore, toujours prompt à appuyer l'église romaine (par exemple: C. 24, qu. 1, c. 7 et 9 à 12).
159. *Summa* ad D. 19, c. 9 cité par TIERNEY, *Foundations*, 42.
160. Cf. également la *Summa* "*Et est sciendum*" ad D. 21, c. 3, citée ibid., 42, n. 3.
161. Sur C. 24, qu. 1, c. 9, cité ibid., 43.

(1215-1217) déclare: «*sed certum est quod papa errare potest ut 19 dist. Anastasius et 40 dist. si papa*»[162].

La distinction était donc bien faite au début du XIIIè s. entre l'Eglise, qui collectivement ne pouvait errer, et la personne du pape qui pouvait se tromper.

Au cours du siècle cette distinction très claire tendra s'estomper non par une confusion, mais par une identification progressive du pape à l'Eglise. Le glissement semble avoir été le fait des théologiens, en particulier de Bonaventure et des Franciscains [163]. Puisque le pape préside à l'Eglise, qu'il en est la tête, il s'identifie à elle. On ne saurait donc dire de l'une qu'elle ne peut se tromper et de l'autre qu'il est dans l'erreur. Deux solutions étaient alors seules possibles: Ou bien on admet que le pape ne peut se tromper; et le terme *infaillibilis* apparait à la fin du XIIIè siècle [164] avec Olivi, puis chez Guy Terré et Agostino Trionfo. Ou bien le pontife, en errant, se sépare de l'Eglise et perd sa qualité de pape. Telle est la conclusion à laquelle aboutit Pierre Jean Olivi en se posant la question «*An Romano pontifici in fide et in moribus sit ab omnibus catholicis tanquam regule inerrabili obediendum*» [165]. Olivi répond: *Cum enim ecclesia generalis errare non possit et sic per consequens nec capiti erroneo vel falso veraciter coniungi et inniti possit... Impossibile est quod papa sic errans sit verus papa et verum caput ecclesiae.*

Le pape est si étroitement uni à l'Eglise qu'il ne peut y avoir erreur du premier et infaillibilité de la seconde. Si Olivi évite cette contradiction, en disant que le pape qui erre n'est plus vrai pape, une autre conclusion était aussi possible, celle qui considérait que l'infaillibilité de l'Eglise résidait aussi dans celui qui lui était intimement uni. La première solution fut celle du XIIIè s. et elle prévaudra encore largement au siècle suivant. La seconde devait finalement l'emporter.

Maitresse de la discipline et gardienne de la foi, juge des princes et arbitre des lois, la papauté du XIIIè siècle ne connait-elle aucune limite? *Plenitudo potestatis* est-il synonyme d'absolutisme, voire d'arbitraire?

Présenter la notion sous ce jour serait mal pénétrer la complexité des doctrines et ne pas tenir compte de la double subtilité des canonistes et des théologiens. Malgré la *plenitudo potestatis* entendue le plus largement, la puissance pontificale n'est pas sans limite.

a) Tout d'abord, on vient de le rappeler, la doctrine est unanime à admettre que le pape peut être *a fide devius*. Le texte du Cardinal Humbert, mis sous l'autorité de Saint Boniface en est le garant (D. 40, c. 6).

b) Si le pape peut dispenser de la loi, cette dispense ne vaut pas à l'égard de la loi naturelle ou de la loi divine.

c) Il doit même respecter les canons des conciles oecuméniques et surtout ceux des quatre premiers.

d) Il ne peut modifier le *status generalis ecclesiae*, expression vague qui désigne les principes essentiels de l'organisation ecclésiastique et de la vie religieuse. C'est ainsi qu'il ne pourrait pas changer les sacrements.

---

162. Cité *ibid.*, 45.
163. Y. CONGAR, *L'Eglise*, 246.
164. Y. CONGAR, *op. cit.*, 247, n. 17.

165. M. MACCARONE, *Una questione inedita dell'Olivi sull'infallibilità del Papa*, Riv. de storia d. Chiesa in Italia, IV (1949), 309-343.

Ce sont là autant de limites aux compétences du Souverain Pontife. Un autre adage tend en outre à restreindre sa liberté d'action. Les canonistes affirment que «*maior est (papa) cum synodo quam sine*». La formule est doublement imprécise. *Synodus* est équivoque et doit en fait s'entendre aussi bien du concile que du collège des cardinaux. Hostiensis considère en effet que le pape et les cardinaux ne font qu'un seul corps. Ensemble ils constituent l'*ecclesia romana*. Mais cette opinion n'est pas unanime. Les canonistes sont divisés sur le point de savoir si le pape est obligé de consulter les cardinaux ou s'il demande librement leur avis? Ils ne sont pas plus unanimes lorsqu'il s'agit de dire si cette consultation est toujours requise ou si elle se limite à certains domaines [166]. Mais surtout il faut bien entendre en quel sens l'intervention du *synodus* rend le pape «plus grand». Elle ne peut conférer plus de pouvoir à celui qui dispose déjà de la *plena potestas*. Son seul effet est d'accroître la solemnité de l'acte ou de la décision pontificale et par là de lui donner plus de poids. Si la déposition de Frédéric II fut faite par Innocent IV «en concile», ce fut, dit le pape, *ad solemnitatem*.

A la fin du XIIIè siècle une réserve plus insidieuse se glissera dans les *regulae iuris* qui terminent le recueil. La règle 29 déclare *quod omnes tangit debet ab omnibus approbari*. Dans sa frappe lapidaire cette formule opposait à l'idée monarchique celle du concours de la communauté. Avec elle on entrait dans une voie nouvelle [167].

V. EPILOGUE: VERS LES CRISES

De Boniface VIII (1294-1303) à la fin de la papauté avignonaise (1378)

Le pontificat qui clot le XIIIe siècle et inaugure le XIVe est communément présenté comme celui qui porta au plus haut les prétentions romaines. L'éclat des formules des Bulles *Ausculta fili* et *Unam sanctam* explique ce jugement. De toutes les formules qui furent alors lancées, aucune peut-être n'est plus brève, ni plus absolue que celle du cardinal d'Aquasparta, au consistoire du 24 Juin 1302, au plus fort du conflit avec Philippe le Bel, déclarant le pape «*dominus omnium temporalium et spiritualium*». Ce fut en effet le duel avec le roi de France qui fournit à la papauté l'occasion de formuler les théories les plus absolues. Ce conflit est hors de notre étude puisqu'il concerne les relations du pape avec les états [168].

Mais il faut bien constater que derrière l'éclat des formules, qui heurteront les légistes français, les thèses bonifaciennes ne sont pas plus outrées que celles d'Innocent III ou d'Innocent IV. Au point où ce dernier et ses docteurs, théologiens et canonistes, avaient porté le pouvoir pontifical, il ne pouvait plus guère être encore majoré. Si le milieu juridique dans lequel s'élaborent les textes pontificaux autant que le caractère autoritaire de Benedetto Gaëtani, lui-même juriste de formation, expliquent la dureté des formules, le pape à la tête de l'Eglise reste ce que voulurent être les grands pontifes depuis Grégoire VII [169].

---

166. Y. CONGAR, *L'Eglise*, 261.
167. Y. CONGAR, *"Quod omnes tangit ab omnibus tractari et approbari debet"*. RHD. 1958, 210-259.
168. Il a fait l'objet d'une littérature considérable qu'il n'y a pas à rappeler ici.

169. On a même voulu faire de Boniface VIII un "modérateur". G. LE BRAS, *Boniface VIII symphoniste et modérateur*, Mélanges Louis Halphen (Paris, 1951), 383-394.

En fait le conflit entre le roi et le pape ne se termina pas à l'avantage de ce dernier. A l'humiliation impériale à Canossa, signe éclatant de la Primauté pontificale dans la Chrétienté médiévale, répond l'outrage d'Agnani, qui en marque la fin. Avec Clément V (1305-1314) la papauté s'installe à Avignon (1309). Au cours de ce demi-exil, nouvelle «captivité de Babylone», elle connaîtra avec des papes comme Jean XXII (1316-1334), Benoît XII (1334-1342) ou Urbain V (1362-1370) des pasteurs soucieux de la grandeur et de la mission du Saint-Siège.

C'est à Avignon que la centralisation pontificale atteint son apogée, en particulier en ce qui concerne la collation des bénéfices qui, par le jeu des réserves, relève de plus en plus du pape. C'est au cours de la même période qu'une lourde fiscalité s'organise, qui, au prix de bien des plaintes de la part des communautés locales, assurent les besoins croissants de la monarchie pontificale. Par la jeu des appels en cour de Rome, le pape étend partout son contrôle judiciaire. Enfin, jamais autant que sous Jean XXII, la Chancellerie n'a expédié d'actes administratifs ou législatifs. Ce sont les canons du concile de Vienne (1311) et les décrétales des papes d'Avignon qui constituent d'ailleurs les derniers éléments du *Corpus Juris canonici*[170]. Législation, juridiction, administration restent donc étroitement dans la dépendance du pape et les moyens mis en place à Avignon permettent une efficace politique de centralisation[171]. Mais l'exercice de cette toute puissance est de plus en plus difficilement supporté. L'autorité temporelle du pape, déjà violemment attaquée par les légistes de Philippe le Bel, l'est davantage encore lors du conflit avec Louis de Bavière.

Quant à la Primauté elle-même, c'est à dire à l'autorité du pape dans l'Eglise, elle se heurte désormais à un courant puissant qui trouve dans les excès même des prétentions pontificales et dans la subordination extrême imposée aux églises locales ses meilleurs arguments.

Comment était entendu cette Primauté et à quelles objections se heurte-t-elle désormais, tels sont les deux points que nous voudrions rapidement aborder en manière d'épilogue.

A) Des multiples expressions données par Boniface de son autorité suprême, on peut retenir celle qui figure dans une lettre du 17 octobre 1301 à propos de l'élection du roi de Hongrie: *Romanus Pontifex super reges et regna constitutus a Deo, in ecclesia militanti hierarcha summus extitit et super omnes mortales obtinens principatum, sedensque in solio iudici, cum tranquillitate iudicat et suo intuitu dissipet omne malum*[172].

N'écrivait-il pas aussi aux. Florentins «Le Pontife romain, vicaire du Tout-Puissant ... exerce le principat sur tous les hommes; à ce suprême hiérarque ... tous les fidèles ... doivent tendre le cou *(colla submittere)*. Il faut être insensé et hérétique pour penser autrement»[173].

---

170. Clementines (1314), Extravagantes de Jean XXII et Extravagantes communes.
171. B. GUILLEMAIN, *La cour pontificale d'Avignon, 1309-1376* (Paris, 1966); J. E. WEAKLAND, *Administrative and Fiscal Centralisation under Pape John XXII* (1316-1334), Cath. hist. Review, LIV (1968), 39-54; 285-310).

172. RAYNALD, *Annales eccles.*, an. 1301, n.º 7. La finale du texte cite *Prov.* 20, 8.
173. Cité par Ch. V. LANGLOIS, *Philippe le Bel et Boniface VIII*, dans *l'Histoire de France* de LAVISSE, III, 2, 141.

Et il faisait insérer au Sexte (I, 2, 1) sa décrétale de 1300 qui déclarait «*iura omnia in scrinio pectoris sui censetur habere*»[174]. Mais, à bien peser ces formules, elles n'ajoutent rien à ce qu'affirmait déjà Innocent IV. Leur virulence seule suscitera la révolte.

Les plus fermes défenseurs de l'absolutisme pontifical au XIVe siècle n'apportent pas non plus des prétentions bien neuves[175]. Les théologiens du début du siècle ne font pas plus que leurs devanciers de la *plenitudo potestatis* un pouvoir arbitraire et sans borne. Ils l'entendent d'une puissance universelle, sans limite territoriale. Et ils en concluent que le pape peut exercer directement sa juridiction sur tous, bien que normalement il laisse la fonction juridictionnelle aux prélats ordinaires[176].

L'un des plus notables théologiens qui ait à cette époque écrit sur le pouvoir pontifical[177] est sans doute l'ermite de Saint Augustin, Augustino Triumfo d'Ancone, disciple à Paris de Saint Thomas, mort en 1328 à la cours de Naples[178].

Dialectitien habile, il est l'auteur de nombreux traités dont le plus célèbre est une *Summa de potestate papae*, dédiée à Jean XXII (1320). Editée plusieurs fois à la veille de la Réforme[179], elle fut peut-être utilisée par Luther lorsqu'il réfuta les thèses de l'absolutisme pontifical.

Sa méthode reste purement scolastique, agrémentée cependant de pointes ironiques. Celles-ci le rapprochent pour la forme d'Ockham, dont il se sépare au contraire totalement sur le fond. Les vues proposées sont en effet strictement conservatrices, donnant de la papauté l'image la plus absolutiste[180].

La puissance souveraine qu'Agostino Triumfo reconnait au pape vient inmmédiatement de Dieu. Le pape est d'ailleurs choisi par les seuls cardinaux, sans concours du peuple ou des princes. Disposant de la juridiction, il peut déposer tout clerc; lui-même ne saurait l'être, car il ne peut être jugé par personne. Le pape ne peut d'ailleurs être simoniaque, car il dispose de tous les biens de l'Eglise. Et s'il tombe dans l'hérésie, il est «mort», mais n'est plus pape. Aucun recours n'est possible contre les sentences pontificales, ni au concile général, qui tire lui-même son autorité du pape, ni à Dieu, dont il est le vicaire sur terre. Il est au dessus du droit positif, et notre théologien lui applique, après d'autres, la maxime impériale «*princeps legibus solutus*».

Aussi lui doit-on obéissance en toute chose, alors même que ses ordres seraient contraires aux lois positives. Celles-ci ne dépendent-elles pas de lui, directement s'il s'agit de lois canoniques, indirectement pour les lois civiles? Conformément à ses devanciers du XIIIè siècle, Agostino n'admet comme limites à cette toute puissance que la loi naturelle et la loi divine.

---

174. GILLMANN, *Romanus Pontifex iura omnia in scrinio pectoris sui censetur habere*, A. K. K. R., 1912, 1926.
175. Alois DEMPF, *Sacrum Imperium* (Berlin, 1929), 441-468.
176. Cf. l'analyse des points de vue des théologiens dans G. DE LEGARDE, *La naissance de l'esprit laïque au Moyen Age*, T. V. *Guillaume d'Ockham: critique des structures ecclésiales* (nouvelle éd. Paris, 1963), 171-173.
177. On peut également citer la *De planctu ecclesiae* du franciscain Alvarus Pelagius, composé à Avignon entre 1330 et 1332, qui réfute les thèses de Marsile de Padoue.
178. J. RIVIÈRE, *Une première "Somme" du pouvoir pontifical: le pape chez Augustin d'Ancone*, Rev. sc. relig. 1938, 149-183; M. WILKS, *The Problem of Sovereignty in the later Middle Ages. The papal Monarchy with Augustinus Triumphus* (Cambridge, 1963).
179. Augsbourg, 1473; Venise, 1487.
180. A. DEMPF, *op. cit.*, 464-466.

LA PRIMAUTÉ ROMAINE

La question lui semble oiseuse de savoir si le pape a droit aux mêmes honneurs que Dieu et le Christ. En fait il le situe au dessus des Anges (qu. 9 a. 4). Et dans une perspective très juridique, cet augustinien met la juridiction pontificale au dessus de l'*ordo*, car celui-ci concerne le *corpus Christi verum*, celui-là le *Corpus Christi mysticum* (qu. 20, a. 5).

La doctrine canonique, du côté curialiste, n'est pas plus novatrice [181]. Elle se borne à affirmer, toujours avec plus de netteté, l'autorité romaine et tourne à son profit les définitions de l'Eglise.

C'est ainsi que Guy de Baysio (mort en 1313), rassemblant dans son *Rosarium* (1300) des gloses du Décret quelque peu oubliées depuis Innocent III, fournit un arsenal de vieux arguments que reprennent les docteurs du XIVè siècle.

Joannes Andreae (v. 1270-1348), professeur à Padoue puis à Bologne, reprend lui aussi les arguments traditionnels dans sa glose ordinaire du Sexte et des Clementines et dans son Commentaire des Décrétales, les assortissant de quelques affirmations fracassantes [182], Henri Bohic (mort en 1354) à

---

181. TIERNEY, *Foundations of the conciliar Theory*, 199-237

182. Glose ad S. V, 7, 2, V° *mundi: Apostolicus totius orbis est dominus;* Nov. in S. ad III, 4, 5, *Papa, stu-*

V

la fois romaniste et canoniste, n'est pas plus original.

Tous ces canonistes attribuent toujours au pape une autorité qui vient directement de Dieu et qui fait de lui la source de tout pouvoir dans l'Eglise.

On doit seulement observer qu'ils reconnaissent en général que le pape peut-être jugé pour hérésie et que ce jugement appartient au concile général. Telle est la doctrine de Guy de Baysio [183]: *... tantus est favor fidei quod de crimine haeresis etiam in occulto Papa potest accusari, ut patet ex eo quod leg. et nat. 40 dist. «Si papa»... et huius criminis iudex competens est concilium generale.*

Guy de Baysio dans le même passage réfute l'opinion pour le moins curieuse de ceux qui, au nom sans doute du principe selon lequel le pape ne peut être jugé par personne, ne reconnaissent au concile que la fonction d'une commission d'instruction, et lui dénient le droit de condamner le pape. Il appartiendrait au Pontife de porter sentence contre lui-même! :

Et quamvis tale crimen probetur in concilio contra Papam videtur quod concilium non debeat eum condemnare, sed ipse Papa contra se sententiam habeat promulgare... Sed contra credo, et hoc clare colligitur ex praealleg. c. «si papa».

Cette doctrine est affirmée tout au long du siècle et par Johannes Andreae [184] et par Henri Bohic [185]. A la fin du siècle Gilles de Bellemère la tient pour *opinio communis* [186].

Ce n'est donc pas chez les partisans de l'autorité suprême du pape qu'il faut en ce XIVè siècle chercher des vues nouvelles. L'initiative doctrinale était passée à ses adversaires, en attendant que le schisme tricéphale, le mouvement conciliaire et plus tard la Réforme fassent passer le débat du domaine des doctrines à celui des réalités ecclésiales.

B) Dès les premières années du XIV° siècle est mise en question une Primauté qui n'avait fait que croître depuis Grégoire VII [187]. Au concile de Vienne (1311) des tendances hostiles à la Primauté s'étaient manifestées lors du débat sur l'exemption [188]. Dans une Bulle de 1318 [189] Jean XXII s'élève contre ceux «qui dans leur enseignement attaquent de façon impie la Primauté» et les déclare «non seulement criminels et schismatiques, mais encore hérétiques».

Les adversaires ne sont pas clairement désignés. Mais on a pu y voir les disciples de P. Olivi et les Maîtres séculiers engagés dans la querelle des Mendiants [190].

En face de la Primauté pontificale s'esquisse peu à peu la supériorité du concile sur le pape [191].

Dès le début du siècle, Jean Quidort, appelé

---

por mundi... Nec Deus est nec homo, quasi neuter est inter utrumque (cité par TIERNEY, *op. cit.*, 200).
183. *Comm. ad Sextum*, V, 2, 5, cité par TIERNEY, *op. cit.*, 213.
184. Glose ad *Sext*. II, 14, 2. v. Haeresi.
185. *Distinctiones* ad X, 1, 6, 6.
186. *Comentaria ad D. 40, c. 6: Dic ergo quod iudex erit in hoc casu, secundum communem opinionem quam sequor, concilium generale.* Sur Gilles de Bellemère, H. GILLES, *La vie et les oeuvres de Gilles de Bellemère*, Bibl. Ec. Chartres, CXXIV (1966), 31-136 et 382-431.
187. G. de LAGARDE, *La naissance de l'esprit laïque au déclin du Moyen-Age*. T. V: *Guillaume d'Ockham: critique des structures ecclésiales* (Paris, 1963), 87-127. B. TIERNEY, *Foundations of the conciliar Theory* (Cambridge, 1968), 179-138.
188. Ew. MÜLLER, *Das Konzil von Vienne* (Münster, 1934), 564.
189. COQUELINE, *Bullarium*, 1318, 162.
190. G. de LAGARDE, *op. cit.*, 88-89.
191. V. MARTIN, *Comment s'est formée la doctrine de la supériorité du concile sur le pape*, Rev. Sc. relig., 1937.

Jean de Paris, assigne certaines limites à l'autorité pontificale. Sa culture canonique n'est pas très large. Il appartient à cette cohorte de publicistes qui, dans les années de la querelle bonifacienne ou immédiatement après, vulgarisent des thèses restées jusque là l'apanage des docteurs, tantôt en exaltant le pouvoir pontifical, tantôt en le minimisant, tantôt, comme Jean de Paris, en cherchant une voie moyenne [192].

Son *de potestate regia et papali* (1302) concerne surtout les relations de l'Eglise et des princes. Jean Quidort y cherche une position modérée, entre ceux qui veulent fonder l'autorité temporelle du pape sur sa souveraineté spirituelle et ceux qui considèrent comme une erreur toute immixtion de l'Eglise dans les choses du siècle. Nous avons écarté de notre étude ce qui concerne les relations du temporel et du spirituel. Seule nous intéresse donc ici la conception que se fait Jean Quidort de l'autorité pontificale. Or celle-ci est sur plusieurs points limitée. Contrairement à St. Thomas, le dominicain Jean Quidort considère qu'en matière de foi le dernier mot appartient au concile. Doctrine qui annonce les conciliaristes et à laquelle Pierre d'Ailly et Gerson emprunteront largement. Le magistère doctrinal suprême ne revient plus au pape.

Le pouvoir pontifical n'est en effet plus d'une nature différente que celui des autres évêques. Sa seule originalité est d'être universel: *de iure communi quidquid papa potest quilibet episcopus potest, nisi quod papa potest ubique, ceteri vero episcopi in suis diocesibus tantum* [193].

C'est en concile et par le concile que le pape acquiert toute son autorité en matière doctrinale: *in his que fidei sunt, eo quod orbis maius est urbe et papa cum concilio maior est papa solo* [194].

Le pape n'est pas davantage à l'abri de toute juridiction. Il serait exposé à celle de l'empereur, s'il commettait quelque délit contre la loi civile, et à celle des cardinaux, si la faute était d'ordre spirituel. Le Sacré Collège pourrait sanctionner son jugement par la déposition. Cette déposition serait légitime non seulement en cas d'hérésie ou de crime, mais simplement pour incapacité du pontife [195]. Enfin les droits du pape sur les biens temporels sont aussi contestés. Jean de Paris refuse au pape ce domaine éminent sur toute chose que lui reconnaissait Gilles de Rome. Du même coup il n'autorise les levées de taxes sur les propriétés privées laïques qu'en cas de péril imminent pour la foi (croisade). Si la même réserve ne s'applique pas aux terres ecclésiastiques, ce n'est pas que le pape en soit propriétaire. Il n'en est que l'administrateur, pour le bien de l'Eglise.

Guillaume Durand le Jeune (mort en 1328) dans le *Tractatus de modo generalis concilii celebrandi*, rédigé cependant à la suite d'une requête de Clément V en vue du concile de Vienne de 1311, formule trois thèses qui limitent gravement la Primauté romaine: le pape ne peut passer outre à la législation du concile; à l'avenir le concile général doit être convoqué lorsqu'il s'agira de légiférer sur l'état commun de l'Eglise; et surtout, proposition la plus novatrice,

---

192. Tierney, *op. cit.*, 161-178, qui cite la bibliographie antérieure.
193. Éd. J. Leclercq, *Jean de Paris* (Paris, 1942, 197, 7).
194. *Ibid.*, 243, 2.

195. ...*efficacior est consensus populi... ad deponendum eum invitum si totaliter inutilis videatur et ad eligendum alium, quam eius voluntas ad renunciandum populo nolente* (ibid., 254, 25).

un concile général sera réuni tous les dix ans. Cette dernière suggestion aboutissait à transformer un organe exceptionnel en organe régulier de la vie ecclésiastique.

A l'intérieur même du Sacré Collège l'absolutisme pontifical trouve des adversaires. Le cardinal Jean Le Moine insiste sur le rôle que devrait jouer le collège des cardinaux dans le gouvernement de l'Eglise.

La condamnation par Boniface VIII des cardinaux de la famille Colonna avait posé avec acuité la question de leur place dans l'Eglise. Dans un raccourci historique quelque peu compromis par l'esprit polémique, les Colonna soutenaient que les cardinaux avaient été institués *ab exordio nascentis ecclesiae ... ad dirigendos Romanos pontifices* [196].

Avec plus d'ampleur et de calme, Jean le Moine affirme qu'ils doivent étroitement collaborer aux affaires ecclésiastiques, formulant ainsi le programme d'un gouvernement aristocratique de l'Eglise [197].

Le collège cardinalice devait tenir auprès du pape le rôle reconnu au chapitre cathédral auprès de l'évêque: *...et papa sic se habet ad collegium cardinalium sicut alter episcopus respectu sui collegii, cum ergo episcopus non possit tollere administrationem legitimam sui capituli, nec papae licebit* [198].

Cette théorie du «gouvernement par conseil» n'était pas sans rappeler celles qu'à la même époque certains esprits voulaient faire triompher dans les gouvernements séculiers, en France par exemple. Elle sera alléguée en 1352, lorque les cardinaux voudront imposer au nouveau pape des capitulations subordonnant à leur accord les décisions pontificales importantes [199].

Les idées avancées par Jean Quidort ou le Cardinal Le Moine seront reprises et développées tout au long du XIVè siècle en attendant les grands éclats de la crise conciliaire. Notre propos n'est pas de suivre les développements des doctrines conciliaires au cours du XIVè siècle. Et puisqu'il faut nous limiter, nous nous bornerons à retenir quelques une des attaques de Guillaume d'Ockham contre la Primauté [200]. Ce furent les débats sur la pauvreté et les condamnations pontificales des Spirituels franciscains [201] qui conduiront Ockham à prendre position contre l'absolutisme de Jean XXII. Son ecclésiologie s'accompagne tout naturellement d'une doctrine du pouvoir pontifical. Ayant trouvé asile auprès de Louis II de Bavière, il le soutient dans son conflit avec la papauté et formule à cette occasion certaines propositions sur les relations de l'empereur et du pape. Les écrits des environs de 1334 et tout spécialement la Iº Partie du *Dialogue* exposent surtout son ecclésiologie. Ceux de la période 1338-1342 sont plus préoccupés des relations entre l'empereur et le pape. Pour les raisons déjà plusieurs fois rappe-

---

196. Cité par TIERNEY, *op. cit.*, 183.
197. Cf. TIERNEY, *op. cit.*, 179-191.
198. Glose ad Sextum V, 3, 1 citée par TIERNEY, *op. cit.*, 189.
199. G. MOLLAT, *Contribution à l'histoire du Sacré Collège de Clément V à Eugène IV*, Rev. hist. écclés. XLVI (1951), 22-112.
200. Nous laissons de côte ici les thèses de Marsile de Padoue, exposées dans le *Defensor Pacis* (1324). Elles furent condamnées par la papauté dans la Bulle *Licet iuxta doctrinam* (1327). Marsile réduit la Primauté à une pure création historique, sans appui scripturaire. Il rejette la *plenitudo potestatis*. Il ne considère l'Eglise que comme une *universitas fidelium*, dont le Christ seul est la tête. Sur Marsile voir en particulier: G. de LEGARDE, *Marsile de Padoue* (Paris, 1934); A. GEWIRTH, *Marsilius of Padua* (New-York, 2 vol., 1951-1955); traduction du *Defensor Pacis* par J. QUILLET (Paris, 1968).
201. Jean XXII a condamné le Maître général Michel de Césène qui avec Ockham a fui Avignon.

lées dans ce rapport, nous ne nous arrêterons qu'aux propositions relatives à l'autorité du pape dans l'Eglise, c'est à dire à la Primauté, entendu au sens strict.

Il est d'ailleurs difficile de résumer la doctrine d'Ockham. Ses écrits témoignent d'un sens pénétrant de l'analyse plus que d'un esprit de synthèse constructive. Ainsi s'expliquent les interprétations très différentes que l'on propose de son oeuvre, tenue tantôt pour le prolongement de la scolastique traditionnelle, tantôt pour l'annonce des écrits de la Réforme. Ce qui ne semble pas pouvoir être contesté, c'est la rigueur de sa critique et sa volonté de rompre avec les thèses traditionnelles de l'absolutisme pontifical [202].

Ockham connaît bien les textes canoniques et il les utilise abondamment, surtout ceux du Décret et des Décrétales. Mais il n'aime pas recourir au droit romain. On a pu dire de son oeuvre qu'elle était «le plaidoyer d'un théologien contre les canonistes, ses principaux adversaires» et surtout contre Jean XXII, l'un des grands papes canonistes [203].

202. Dans une bibliographie très abondante on retiendra sourtout: G. DE LAGARDE, La naissance de l'esprit laïc au déclin du Moyen Age, V: Gu. d'Ockham, critique des structures éclésiales (Nelle éd. Paris, 1963), spécialement pp. 93-204.
203. G. de LAGARDE, Naissance de l'esprit laïque, IV, Défense de l'Empire, 54.

V

La *Prima Pars du Dialogue* se présente comme une dispute universitaire entre le Maître et son disciple. Il s'agit d'une abondante compilation canonique, réunissant les arguments contre la Primauté. La IVè Partie au contraire en prend la défense, en s'attaquant à Marsile de Padoue. D'où une position difficile à saisir, plus modérée que celle de Marsile, mais qui se montrerait favorable à une décentralisation du gouvernement de l'Eglise.

Ockham ne conteste pas l'origine divine de la Primauté. Contrairement à Marsile, il admet qu'elle a été donnée par le Christ à Pierre, qui l'emporte ainsi sur les autres Apôtres. Il reconnaît également que les évêques de Rome, successeurs de Pierre, ont la même Primauté. Mais il fait observer que si le pouvoir pontifical est d'institution divine, le pape lui-même n'est qu'un homme désigné par d'autres hommes. Il est donc soumis à un certain «consensus» humain. Il n'est d'ailleurs pas évident que le Pontificat suprême soit en toute occasion le meilleur gouvernement de l'Eglise.

Mais sur deux points essentiels, Ockham s'oppose vigoureusement aux curialistes.

a) Tout d'abord dans sa critique de la *plenitudo potestatis*. Critique d'autant plus vive et plus facile qu'elle part d'une notion sommaire de cette «plénitude», qui dépassait les thèses les plus extrêmes des curialistes ou des pontifes eux-mêmes. Selon Ockham la *plenitudo potestatis* permettrait au pape de faire «de puissance absolue tout ce qui n'est pas expressément contre la loi de Dieu et de nature»[204]. Entendue sous cette forme la *plenitudo potestatis* supprimerait et la propriété privée et l'autonomie du pouvoir politique. Or Ockham est soucieux de sauvegarder les droits de l'empereur autant que le libre arbitre des fidèles. Aussi ne saurait-il admettre la *plenitudo potestatis* au sens trop général qu'il lui a donné!

Il discute le pouvoir coactif du pape sans le nier totalement. Quant au pouvoir législatif plutôt que de l'affirmer nettement, Ockham préfère remarquer qu'il exige un consentement exprès ou au moins tacite de la communauté.

b) L'autre réserve grave porte sur l'infaillibilité pontificale. Ockham ne l'admet pas plus qu'il n'admet celle du concile ou de n'importe quel organe de l'Eglise. Tout chrétien lui paraît en effet participer à la sauvegarde de la foi. La Vérité est déclarée par l'Eglise universelle, non par l'un de ses organes, si haut placé soit-il. Et elle n'est certaine que lorsqu'elle ne rencontre aucune contradiction.

Reprenant une doctrine bien connue Ockham admet que l'Eglise universelle ne peut errer, mais cela suppose une parfaite universalité, c'est-à-dire l'absence de toute opinion divergente, et c'est ainsi que, reprenant un principe déjà souvent exprimé, il considère que le pape par son hérésie perd *ipso facto* sa qualité de pape.

Les thèses ockhamiennes seront connues non seulement à Oxford, mais dans certaines universités allemandes et surtout à Paris. Buridan (mort en 1358), Oresme (mort en 1381), Pierre d'Ailly (mort en 1420) les utiliseront avant que Luther, sans d'ailleurs les retenir toutes, en fasse son profit. Avec Marsile, avec Guillaume Durand, Jean Le Moine et les polémistes de la querelle bonifacienne, Ockham alimente le dossier conciliaire, préparant ainsi une nouvelle époque de la pensée.

---

204. Cf. G. de LAGARDE, *op. cit.*, IV, 78-83.

Ces attaques de la Primauté dans l'Eglise coincidaient avec les prétentions à l'indépendance plus clairement affirmées par les princes temporels à l'égard du pape. Le gallicanisme prend corps au cours de la querelle bonifacienne. Un monde nouveau naissait, mettant en question la vieille conception de la chrétienté médiévale. Bientôt avec la Réforme l'unité religieuse de l'Occident est rompue.

Autant de bouleversements qui ne pouvaient rester sans influence sur la notion de Primauté, son sens et sa valeur. Il ne nous appartient pas ici de rechercher ce qu'elle devint dans un monde nouveau.

ORIENTATION BIBLIOGRAPHIQUE

I. *Ouvrages ou articles concernent plusieurs périodes*

R. L. BENSON, Plenitudo potestatis: Euslalism of a Formula from Gregory IV to Gratian, Studia Gratiana, XIV (1967) 193-217; Y. CONGAR, L'Eglise de Saint Augustin à l'époque moderne (Paris, 1970); F. DVORNIK, Byzance et la Primauté romaine (Paris, 1964); F. HEILER, Altkirchliche Autonomie und päpstlicher Zentralismus (München, 1940); J. HORTEL SÁNCHEZ, De initio potestatis primatialis romani pontificis. Investigatio historico-juridica a tempore S. Gregorii Magni usque ad tempus Clementii V (Roma, Univ. Grégor. 1968); M. MACCARONE, Vicarius Christi, Storia del titolo papale (Rome, 1952); H. E. S. SYMONDS, The Church Universal and the See of Rome. A Study of the Relations between the Episcopate and the Papacy up to the Schism between East and West (London, 1939); G. LE BRAS, Le droit romain au service de la domination pontificale, Rev. Hist. du droit français et étranger, 4è série, XXVII (1949), 377-398.

II. *L'époque patristique (IVè-VIè s.)*

K. ADAM, Causa finita est, Gesamm. Aufsätze (Augsburg, 1936), 216-232; P. BATIFFOL, Le Siège apostolique (359-451) (Paris, 1924); Cathedra Petri, Études d'Histoire ancienne de l'Eglise (Paris, 1938); U. GMELIN, Auctoritas, römischer Princeps und päpstlicher Primat (Stuttgart, 1936); A. M. LA BONNARDIÈRE, "Tu es Petrus", La péricope, Mt. 16, 12-23 dans l'oeuvre de Saint Augustin, Irénikon XXXIV (1961), 451-499; K. D. SCHMIDT, Papa, Petrus ipse, ZKG (1935), 267-275; N. SHARKEY, Sant Gregory the Great's Concept of Papal Power (Washington, 1950); A. TRAPÉ, "Sedes Petri", in S. Agostino, Miscellanea A. Piolanti (Roma, 1963), II, 57-75; W. ULLMANN, Leo I and the Theme of Papal Primacy, JTS; NS XI (1960), 25-51.

III. *Le Haut Moyen Age (VIIè-XIè s.)*

Y. CONGAR, L'ecclésiologie du haut Moyen-Age. De Saint Grégoire le Grand à la désunion entre Byzance et Rome (Paris, 1968); G. HARTMANN, Der Primat des römischen Bischofs bei Pseudo-Isidor (Stuttgart, 1930); H. M. KLINKENBERG, Der römische Primat im 10 Jahrhundert, ZRG K. Abt. XLI (1951), 1-57; S. LINDEMANS, La primauté du pape dans la tradition littéraire de la fin du IXè au début du XIè s. (Rome, 1959); W. ULLMANN, The Growth of Papal Government in the Middle Ages (London, 1955, 2e ed. 1962); Principles of Government and Politics in the Middle Age (London, 1961).

IV. *L'Epoque classique (de Grégoire VII à Boniface VIII)*

H. X. ARQUILLIÈRE, Saint Grégoire VII, Essai sur sa conception du pouvoir pontifical (Paris, 1931); L. BUISSON, Potestas und Caritas, Die päpstliche Gewalt im Spätmittelalter, (Köln, 1958); B. JACQUELINE, Papauté et épiscopat selon Bernard de Clairvaux (Paris, 1963); G. B. LADNER, The Concept of "Ecclesia" and "Christianitas" and their Relation to the Ideal of Papal "Plenitudo potestatis" from Gregory VII to Boniface VIII; Sacerdozio e Regno da Gregorio VII a Bonifacio VIII (Roma, 1954), 49-77; L. F. MEULENBERG, Der Primat der römischen Kirche im Denken und Handeln Gregors VII (La Haye et Rome, 1965); C. R. GILCHRIST, Gregory VII and the Primacy of the Roman Church, Tijdschrift voor Rechtsgeschiedenis, XXXVI (1968), 123-135; A. MICHEL, Die Sentenzen des Kard. Humbert, das erste Rechtsbuch der päpstlichen Reform (Stuttgart, 1943); M. PACAUT, Alexandre III; Etude sur la conception du pouvoir pontifical dans sa pensée et dans son oeuvre (Paris, 1956); W. ULLMANN, Cardinal Humbert and the "ecclesia Romana", Studi Gregoriani IV, 111-127; A. WELT, The Theory of papal Monarchy in the Thirteenth Century (New-York, 1965).

VI

COLLECTIONS CANONIQUES ET PRIMAUTE PONTIFICALE

Les dernières décades du XIe siècle ont marqué dans l'histoire de la primauté pontificale une étape essentielle sur laquelle de multiples travaux ont apporté, dans ces dernières années, une lumière nouvelle (1). Non certes que les affirmations doctrinales et la mise en œuvre effective de cette primauté constituent une innovation. Des décrétales d'Innocent Ier, de Léon le Grand, de Gélase Ier avaient, dès le Ve s., fortement marqué l'éminente dignité et l'autorité suprême du siège romain (2). Mais, après, une longue période pendant laquelle les conditions politiques (isolement relatif des divers pays de la Chrétienté du fait de l'insécurité des routes et de la désorganisation des moyens de liaisons) autant que les contingences personnelles (faiblesse et parfois médiocrité de certains évêques de Rome) avaient entraîné une sorte d'éclipse du prestige romain, traversée seulement par quelques pontificats remarquables, une nouvelle apogée s'esquisse vers le milieu

---

(1) Aux travaux classiques d'A. FLICHE (*La Réforme grégorienne*, 3 vol. Louvain, 1924-1937 et *Hist. de l'Eglise*, T. VIII & IX (1944) et d'H. ARQUILLIÈRE (*St Grégoire VII*, 1934), on ajoutera surtout, G. TELLENBACH, *Libertas, Kirche u. Weltordnung im Zeitalter des Investiturstreites* (1936) ; cf. IDEM, in *Studi Gregoriani*, II (1947) 125-149 ; K. HELLINGER, *Gorze-Kluny*, *Studia Anselmiana*, 1950-1951, fasc. 22 et 25 ; multiples études publiées depuis 1947 dans les *Studi Gregoriani*.

(2) Cf. déjà la lettre du synode romain de 378 sous Damase (MANSI, *Ampliss. Collect.* III, 626 E) et par exemple les ep. 2, 3, 6 ; 25, 2 ; 29 ; 13, 1 ; 17, 1, 20 d'Innocent I (401-417) (PL. 20) ; Ep. 14, 11 (PL. 54) de Léon le Grand, ou Gélase, Ep. 4, 1 ; 12, 2 ; 14, 9 ; 19, 1 ; 26, 3 etc. (THIEL, *Epistolae roman. pontif.* I, 1867).

du XIe siècle. Ni ses motifs, ni son expression n'ont à être rappelés ici. Il suffit de noter qu'aux manifestations de puissance que la politique pontificale fait alors éclater tant à l'égard des princes, qu'envers l'épiscopat ou les ordres religieux (lutte du sacerdoce et de l'Empire, contrôle des évêques par les légats, exemptions) s'ajoutent des affirmations doctrinales plus fermes et parfois plus abruptes qu'à l'époque antérieure. L'appui donné par les canonistes à cette politique est bien connu. Il se manifeste en particulier dans les collections dites de « l'époque grégorienne » (3). Plusieurs d'entre elles s'ouvrent par un titre (parfois deux titres) *de Primatu ecclesiae romanae* », dont les canons sont comme autant d'*auctoritates* qui viendraient illustrer et fortifier les thèses des *Dictatus Papae*. Il en va ainsi de la « Collection en 74 Titres » (4) rédigée sans doute vers 1050, de celle d'Anselme de Lucques (5) (vers 1083), de la « Collection du ms. Ashburnham 1554 », rédigée sous le pontificat de Grégoire VII (6), de la « Collection en cinq Livres » (Vatic. 1348) (7), composée vers la fin de ce pontificat, de la « Collection en 7 Livres » du manuscrit de Turin qui, composée entre 1095 et 1100 probablement, utilise dans son Livre I les premiers titres de la « Collection en 74 Titres » (8), du Polycarpus (vers 1104-1106) (9), d'une Collection italienne en 7 Livres des environs de 1112 (10), etc... La *Collectio canonum* du Cardinal Deusdedit (1083-1087) a pour principal objet de mettre en évidence la Primauté et les privilèges de l'Eglise romaine (11). Quant à la « Collection en

---

(3) L'étude fondamentale reste le chapitre de P. FOURNIER, in P. FOURNIER et G. LE BRAS. *Hist. des Collections canoniques en Occident*, T. II, (1932) 3-53. On y ajoutera : J. T. GILCHRIST, *Canon Law Aspects of the eleventh Century, Gregorian Reform Programme.* J. of eccles. Hist. XIII (1962) 21-38 ; A. MICHEL, *Die folgenschweren Ideen des Kardinals Humbert und ihren Einfluss auf Gregor VII*, Studi Gregoriani, I (1947) 65-72 ; P. PALAZZINI, *Il diritto, strumento di reforma ecclesiastica in S. Pier Damiani*, Eph. iuris canonici, XI (1955) 361-408 et XII (1956) 9-58.
(4) P. FOURNIER et G. LE BRAS, op. cit. 18.
(5) *Ibid.* 28.
(6) *Ibid.* 136.
(7) *Ibid.* 131.
(8) *Ibid.* 164.
(9) *Ibid.* 171.
(10) *Ibid.* 186.
(11) *Ibid.* 41.

deux livres » (Vatic. 3832), dont les rapports avec le « Collection en 74 Livres », et par conséquent la date, restent fort discutés (12), elle consacre à la Primauté une grande partie de ses canons.

Mais, si les Collections marquées par la réforme ont voulu mettre en évidence la doctrine de la Primauté, un autre courant doctrinal, sans contester l'autorité romaine, procède avec moins d'éclat, sinon moins d'efficacité. Vers le milieu du XIIe siècle (si l'on s'en tient à la date la plus communément admise (13)) le Décret de Gratien, dont les mérites rejetteront bientôt les autres Collections dans une sorte d'oubli, ne fait plus de la Primauté l'objet de ses premiers canons et il n'est même pas très évident que l'auteur du Décret ait voulu lui consacrer un chapitre spécial. On ne saurait prétendre cependant que l'autorité romaine ait été moins éclatante au milieu du XIIe siècle qu'elle ne l'avait été dans la seconde moitié du XIe. La papauté sortait grandie de la longue lutte qui l'avait opposée à l'Empereur à propos des investitures. Et la réforme intérieure de l'Eglise poursuivie par les papes et leurs légats avait renforcé la centralisation romaine. Celle-ci est d'ailleurs maintes fois affirmée dans le Décret. Différence de méthode donc, plus que de tendances. C'est ce que voudrait indiquer cette note, en ne se référant qu'aux Collections chartraines et au Décret de Gratien, qui marquent deux sommets dans l'histoire des collections canoniques post-grégoriennes.

I

Des premières, nous ne retiendrons que le Décret et la Panormie, celui-là plus riche, mais moins bien ordonné ; celle-ci composée à partir du Décret, mais ne conservant que certains

---

(12) L'opinion traditionnelle (P. FOURNIER et G. LE BRAS, *op. cit.* II, 130) que suit GILCHRIST (cité supra 2 n. 1 et l'article du même auteur dans les *Etudes d'Hist. du droit canonique offertes à G. Le Bras* 1965, 142-156), la date de la fin du pontificat de Grégoire VII ; tandis que J. BERNHARD, qui a édité la « Collection en deux Livres » (Strasbourg 1962) la situe aux environs de 1053.

(13) A. VETULANI propose au contraire de dater le Décret des premières décades du XIIe siècle. Mais son opinion reste contestée. Cf. J. RAMBAUD-BUHOT, in *Hist. du droit et des Instit. de l'Eglise en Occident*, T. VII (1965) 69.

de ses textes afin d'offrir un recueil plus maniable et plus clair (14). Dans les deux Collections, on trouve un traité *de Primatu romanae ecclesiae*. En cela Ives restait fidèle aux exemples grégoriens. Mais ni dans le Décret, ni dans la Panormie, ces traités ne figurent en tête de la collection. Le Décret y consacre les 52 premiers canons de la *Pars V*, tout entière consacrée aux degrés hiérarchiques supérieurs. La Panormie en traite au début du Livre IV (c. 1-12), qui a un objet analogue à celui de la *Pars V* du Décret. Le changement de perspectives entre ces collections et celles de la Réforme grégorienne éclate dans ce déplacement des masses. On ne peut d'autre part rester insensible à la part relativement modeste qui est laissée aux textes relatifs à la Primauté : 52 canons au Décret, sur un total de 3.760 ; 12 seulement dans la Panormie. Les 52 canons du Décret ne sont pas groupés selon un ordre rigoureux. Sans se tenir pour lié par une succession fort peu satisfaisante, on peut en dégager les idées suivantes, qui apparaissent comme les thèmes qu'Ives estimait importants : affirmation générale de la Primauté (c. 1, 2, 6, 11, 17, 18, 21, 24, 26, 40, 42, 44, 47), hiérarchie (c. 8), suprématie juridictionnelle du Saint-Siège (c. 9, 10, 15, 19, 29, 30), appels au Saint Siège (c. 3, 4, 27), autorité du pape sur le concile (c. 12, 41, 43), ordination par le pape (c. 13), autorité liturgique (c. 20) impossibilité de juger le pape *nisi a fide devius* (c. 23), communion avec le pape (c. 25), obéissance au pape (c.39), donation de Constantin (c. 49) (15).

Les 12 textes de la Panormie offrent un panorama moins vaste, mais la construction est bien supérieure. Après avoir reproduit le *constitutum Constantini* (c. 1, même texte que le c. 49 du Décret), trois canons (2-4) affirment la Primauté ; puis le groupe le plus important rappelle que le pape ne peut être jugé par personne (c. 5-9) et que ses sentences sont insus-

---

(14) PL. 161. Nous ne retenons pas la *Tripartita* (encore manuscrite), dont les deux premières parties (Collection A), construites sur un plan chronologique, ne pouvaient fournir un exposé systématique de la Primauté. Quant à la troisième partie (Collection B), elle n'est qu'un abrégé du Décret.

(15) Les c. 5, 7, 14, 16, 22, 28, 31-38, 48, 50-52 ne concernent pas des questions se rattachant à la primauté. Nous les écartons par conséquent de cette enquête.

ceptibles de tout recours (c. 10-11). Le dossier s'achève par un texte sur le pouvoir des clefs (c. 12).

Comme le montre le tableau suivant, la Panormie utilise largement les textes du Décret mais elle en ajoute quelques uns (cinq sur douze), qui étaient restés inconnus de la grande compilation chartraine.

Panormie	Décret d'Ives
L. IV c. 1	*Pars V*, c. 49
2	c. 26
3	manque
4	c. 26
5	manque
6	} c. 8
7	
8	c. 10
9	} manquent
10	
11	c. 19
12	manque (15 a)

Seuls des tableaux comparatifs entre les textes conservés au Décret et les Collections grégoriennes rappelées plus haut permettraient de fixer avec exactitude la perte infligée à la Primauté dans les collections chartraines. On pourrait alors déterminer ce qu'Ives a volontairement négligé dans les principaux recueils qu'il utilisa. On notera simplement à titre d'exemple que des cinquante six premieres textes de la Collection en Deux Livres, l'une des collections « grégoriennes » qui faisait la plus large place à la Primauté, quinze seulement se retrouvent au Décret (16).

(15 a) Les textes que la Panormie ne trouvait pas dans le Décret reproduisent des fragments de décrétales de Gélase (c. 3 et 9), du pseudo-Sylvestre (Mansi, II, 631) (c.5), de Nicolas I (c. 10).

(16) C. 2, 4, 6, 10, 26, 28, 29, 31, 35, 40, 41, 44, 47, 50, 53. (=Décret, *Pars V*, 294 ; 3 ; 4 et 244 ; 261 ; 15 ; IV, 67 ; 5 ; V, 10 ; 349 ; IV, 26 ; V, 247 9 ; 336 ; 10, 223). A quoi on peut ajouter les c. 7, 30, 36 et 37 qui ne se retrouvent pas au Décret, mais à la Panormie IV, 4 ; 9 ; 10 ; 3.

Les textes utilisés par Ives pour justifier et décrire la Primauté sont d'origine et d'époque très diverses. Il faut tout d'abord souligner la place importante (plus du cinquième des textes) accordée à des faux, surtout aux Fausses Décrétales (17), mais aussi à la Donation de Constantin (18). Ces faux avaient déjà été largement utilisés par les Collections grégoriennes, en particulier par la Collection en 74 Titres ((19), celle en deux Livres, ou les Collections qui, comme celle d'Anselme de Lucques, ont beaucoup emprunté aux 74 Titres. Sans les ignorer, Ives leur donne moins de place. On ne saurait lui faire grief d'avoir recueilli des textes dont personne ne soupçonnait alors le caractère apocryphe. L'historien observera seulement que les textes sur la Primauté, empruntés aux Fausses Décrétales, ne datent que du milieu du IXe siècle et que le principal objet des falsifications du Pseudo-Isidore, qui servaient l'autorité romaine, avait été de ruiner celle des métropolitains. Mais Ives utilise également des textes authentiques : Décrétales de Léon Ier (20), de Gélase (21), de Nicolas Ier (22) ou de Léon IX (23), écrits des Pères latins (4) ou canons conciliaires (25).

Si des Collections chartraines on passe au Décret de Gratien, les perspectives se modifient encore. Pas plus qu'Ives, Gratien n'a fait de la Primauté le thème d'ouverture du Décret. Mais, alors que les collections d'Ives contenaient encore un *de primatu ecclesiae romanae*, inspiré de la tradition grégorienne, on peut hésiter sur la présence d'un tel traité au Décret de Gratien.

---

(17) Par exemple, c. 1-4, 26, 40-43, 46, 47 cf. aussi 23, 38.
(18) C. 49.
(19) P. FOURNIER, *Le premier manuel canonique de la réforme du XIe s.*, Mél. Arch. et Hist. de l'école française de Rome, XIV (1894) 147-223. Sur l'usage de la donation de Constantin dans les Collections canoniques D. MAFFEI, *La donazione di Costantino* (1964), 13-18.
(20) C. 6.
(21) C. 9.
(22) C. 8, 17, 18, 19, 20, 33, 45.
(23) C. 44.
(24) Augustin (c. 24).
(25) Concile de Sardique (c. 27).

Cette incertitude tient tout d'abord à l'imprécision du plan suivi par le Décret. Sa division en *Distinctiones* et en *Causae*, la méthode très différente adoptée pour la présentation des textes dans ses diverses parties, la juxtaposition de textes d'objets très variés, la multiplicité des questions souvent réunies dans un même fragment rendent difficile la détermination de l'objet précis d'une *Distinctio* ou d'une *Quaestio*.

Mais surtout des textes sur la Primauté sont groupés au moins dans quatre passages différents du Décret. Ils y occupent une place si modeste que l'on peut se demander si l'auteur du Décret tenait ces passages pour de petits traités de la Primauté. C'est d'abord au début des quatre-vingts Distinctions qui traitent de l'ordre et de la hiérarchie (D. 21 à 101) qu'à deux reprises Gratien cite deux textes sur la Primauté : D. 21 c. 2 et 3 ; D. 22 c. 1 et 2. La Distinction 21 pose les principes de la hiérarchie ecclésiastique. Après un long fragment d'Isidore de Séville (c. 1) qui en décrit les divers degrés, les c. 2 et 3 (empruntés aux Fausses Décrétales (26) et à Gélase (27)) affirment l'origine divine de la Primauté romaine, en rappelant le « *tu es Petrus* ». Ces deux textes figuraient dans de nombreuses Collections antérieures, en particulier chez Burchard, peu prolixe cependant sur la Primauté (I, 1 et III, 220) et chez Ives (Décret, V, 1 et IV, 3 ; Pan. III, 82).

La Distinction 22 fixe la hiérarchie des grands sièges. Pour justifier le premier rang que le *dictum* initial reconnaît à Rome, Gratien allègue deux *auctoritates* qui affirment la Primauté et en donnent pour fondement les paroles du Christ ; le c. 1, attribué à Nicolas II, est en réalité de Pierre Damien (28) ; le c. 2 est à nouveau tiré du Pseudo-Anaclet (29). Si le premier de ces textes, parce qu'assez récent, ne figurait pas dans les collections canoniques antérieures, le second avait été largement utilisé par Ives de Chartres (Décret V, 2 et 26 ; Pan. IV, 2). Mais le texte reproduit au Décret n'est pas identique à celui donné par Ives. Il est donc probable qu'il fut emprunté à une autre Collection. Ainsi Gratien n'omet

---

(26) Hinschius, *Decret. pseudo-isid.*, 79.
(27) Décret du Concile romain de 495-496.
(28) *Opus.* 5 (pl. 145, 89-98).
(29) Hinschius, *op. cit.* 83.

nullement de rappeler la Primauté. Il l'affirme par ces quatre canons tout au début de son Traité de l'ordre et de la hiérarchie. Et il la justifie par les paroles du Christ. Mais si le principe était formulé et solidement étayé, il ne sert pas de point de départ à un exposé sur la Primauté. Aucune des conséquences longuement détaillées par les textes qu'avait naguère réunis Ives de Chartres, n'était indiquée.

Presque au terme du Traité de l'ordre et de la hiérarchie, dans la D. 93, Gratien revient à l'autorité romaine. Cette Distinction est consacrée au devoir d'obéissance des inférieurs envers leurs supérieurs. C'est pour Gratien l'occasion de rappeler, moins le devoir d'obéissance de tout chrétien envers le pape, que la nécessité pour tous de rester en étroite communion avec le siège romain. Les trois premiers canons, fournis par un apocryphe pseudo-isidorien (30), un fragment de lettre de Grégoire le Grand (31) et un passage du *de unitate ecclesiae de St Cyprien* (ch. 4) expriment cette prescription sous des formes diverses, tandis que le c. 4, attribué au pape Anaclet, mais tiré en fait du concile romain de 743 (32), signale l'une des manifestations de cette communion en obligeant les évêques à faire chaque année une visite *ad limina apostolorum* (33). Tous ces textes traduisent donc divers aspects de la Primauté romaine. Mais on ne saurait trouver dans ces quatre canons un « Traité de la Primauté ».

C'est la C. IX, q. 3 qui offre l'exposé sans doute le moins imparfait de cette doctrine. Non qu'il ait quelque ampleur, car il se réduit à onze canons, insérés d'une façon un peu surprenante à la fin d'une *quaestio* consacrée aux rapports entre évêque et métropolitain. Le *dictum* initial affirmait le droit du métropolitain de condamner ou d'absoudre les clercs relevant de ses suffragants, sans même consulter ces derniers, car « les

---

(30) Fabien I, 6 (Hinschius, *Decret. pseudo-isid.*, 159).
(31) Liv. VI ep. 26 ; 596 (*M. G. H., Epist.*, T. I, pars 2, Berlin 1891, p. 405).
(32) C. 4 (Mansi, XII, 382).
(33) Les débuts de cette pratique sont discutés et restent obscurs. La disposition du Concile de 743 est le premier texte législatif qui en signale le caractère obligatoire (J. Peter, *Bischöfliche Visitatio*, in Görresgesellschaft, Heft 19, 1914).

églises de tout le territoire archiépiscopal relevaient de l'archevêque ». Les neuf premiers canons fournissent des *auctoritates* pour étayer cette affirmation.

La *dictum* qui suit le c. 9 introduit une idée tout différente : *Sola enim Romana ecclesia sua auctoritate valet iudicare de omnibus ; de ea vero nulli iudicare permittitur.* C'était proclamer sous son double aspect la primauté de juridiction du siège apostolique. Suivent alors 11 canons, empruntés à des lettres pontificales authentiques (34) ou apocryphes (35) qui formulent les principes suivants.

Personne ne peut remettre en question un jugement du siège romain (c. 10), tandis que le pape peut relever de leur condamnation ceux qui ont été jugés par d'autres instances eccésiastiques (c. 11, 12, 19). Le siège romain *(prima sedes)* ne peut être soumis au jugement de personne (c. 13-15). Le pape exerce une suprématie juridictionnelle, car on peut appeler à lui de toute cause, tandis qu'aucun de ses jugements n'est susceptible d'être attaqué (c. 16-18). Enfin, quittant le terrain de la juridiction au sens strict, les deux derniers canons (c. 20 et 21) rappellent que le pape peut ordonner les clercs de toutes les églises. Les *auctoritates* rassemblées dans ce petit dossier formulaient quelques-unes des thèses majeures de la Primauté. Mais Gratien ne les accompagne d'aucun commentaire. Seul le *dictum* introductif formule de façon nette la primauté de juridiction. Celui qui, après le c. 21, clôt la *Quaestio* 3 revient au métropolitain et se réfère au c. 1.

La méthode d'exposition suivie ici par le Décret est surprenante. Le principe de la Primauté et son fondement divin sont formulés, brièvement, mais solidement, par deux fois aux D. 21 et 22. Leurs conséquences essentielles en matière de juridiction et d'ordination des clercs sont rapportées à la C. IX, q. 3. D'autres de ses manifestations sont éparses au Décret (36).

Gratien d'autre part se montre peu enclin à commenter des textes dont il mesure cependant parfaitement la portée. Enfin on ne saurait tenir le dossier réuni à la C. IX q. 3 pour le simple recopiage passif d'une collection antérieure. Aucun

---

(34) C. 10 et 21 (deux fragments de la lettre de Nicolas I à l'empereur Michel en 685) ; 16-18 (Gélase dans Thiel, *Epist. rom. pont.*, 344 et 399) ; 20 (lettre d'Etienne VI, dans Mansi, XVIII, 25).

(35) C. 11-15 ; 19.

(36) Cf. *infra*, p. 11.

groupement analogue de ces textes ne figurait dans les collections chartraines qui ont si souvent servi de modèle à Gratien et on ne le rencontre pas davantage dans les principales collections auxquelles Gratien a puisé, ainsi que l'établit le tableau suivant :

C IX q. 3	Ives, Déc	Ives, Pan.	Ans. de Lucq.	Poly-carpus	Caesarou-gustana	
C. 10	V, 19	IV, 11	I, 75			
11	V, 15					
12						Deusdedit IV, 35
13		IV, 5		I, 16 (18) 7	I, 1 ; V, 1	
14	V, 10	IV, 8	I, 24	— 5	— 2	
15			53	— 8		
16	9		II, 56			
17		IV, 9	I, 47 et XII, 68			
18			I, 48 et XII, 68			
19	V, 247		II, 25	I, 8 (9) 5	V, 7	Burchard I, 192
20	V, 13		VI, 31		III, 43	
21			I, 75 II, 14			

Ainsi le dossier de la *Quaestio* 3 est bien l'œuvre du compilateur du Décret. Il est d'ailleurs solidement composé et son auteur a su choisir des textes qui formulaient clairement la primauté de juridiction. On doit donc le tenir pour l'expression principale de la Primauté au Décret de Gratien.

Expression cependant, on l'a dit, bien modeste. Elle néglige d'innombrables textes qu'offraient cependant des collections nombreuses, récentes, bien connues de Gratien. Cette brièveté ne peut être le fruit de l'ignorance ou du hasard. Elle a été voulue. Pour tenter de l'expliquer une contre-épreuve est nécessaire. Gratien a-t-il écarté du Décret les textes sur la Primauté que lui proposaient d'autres Collections ? On ne peut ici entreprendre la recherche pour toutes les collections composées à l'époque où la réforme grégorienne donnait un regain d'actualité à la Primauté. Mais la comparaison avec le Décret d'Ives de Chartres, la collection la plus importante et la plus proche de Gratien, celle qui fut sa source essentielle, fournit une réponse. La très grande majorité des textes réunis par Ives au début de la *Pars V* lorsqu'il traite de la Primauté, se retrouvent dispersés au Décret de Gratien.

---

(37) D. MAFFEI, *La donazione di Costantino* (1964) 25-31.

Ives, *Décret*	Gratien, *Décret*
c. 1	D. 21, c. 2
2	D. 22, c. 2, § 2-4
3	C. 2, q. 6, c. 4
4	C. 3, q. 6, c. 5
5	D. 10, c. 6
6	D. 19, c. 7
7	C. 11, q. 3, c. 98
8	D. 21, c. 7 et 9
9	C. 9, q. 3, c. 16 + D. 22, c. 5
10	——— c. 14
11	D. 11, c. 5
12	manque
13	C. 9. q. 3, c. 20
14	D. 63, c. 31
15	C. 1, q. 3, c. 11 et 12
16	D. 63, c. 29
17	D. 21, c. 6
18	C. 1, q. 1, c. 86
19	C. 9, q. 3, c. 10 + C. 35, q. 9, c. 6
20	D. 1, c. 56 de consecr.
21	C. 16, q. 6, c. 5
22	C. 2, q. 7, c. 41
23	D. 40, c. 6
24	C. 2, q. 7, c. 35
25	C. 24, q. 1, c. 27
26	D. 22, c. 2,
27	C. 2, q. 6, c. 36
28-32	manquent
33	D. 19, 1
34	manque
35	C. 25, q. 2, c. 18
36	manque
37	C. 25, q. 1, c. 4
38	D. 10, c. 4
39	D. 66, c. 1
40-48	manquent
49	D. 96, c. 14 § 2-7 (mais il s'agit d'une parlea (37)
50	D. 19, c. 3
51	D. 63, c. 30
52	D. 63, c. 32

Ainsi seuls 17 textes que Gratien trouvait dans le Traité *de Primatu* du Décret n'ont pas été repris par lui. Certains d'entre eux ne faisaient d'ailleurs qu'exprimer à nouveau des aspects de la Primauté auxquels Gratien n'était pas resté étranger. Il les avait affirmés par d'autres textes. C'était le cas par exemple de l'autorité des décrétales. Le texte de Nicolas I (38), qui au Décret d'Ives fournit le c. 33, figure chez Gratien D. 19 c. 1. C'est sans doute la raison pour laquelle Gratien n'a pas cru devoir reproduire les c. 31-32, 34. Un motif analogue explique l'omission de textes très généraux sur la Primauté (c. 40, 44-47), dont Gratien avait déjà affirmé le principe. On peut au contraire être plus surpris de l'abandon des textes de la *Pars V* du Décret d'Ives qui rappelaient que l'autorité des conciles était subordonnée à leur convocation ou à leur ratification par Rome (c. 12, 41, 43). Mais dans l'ensemble les exclusions prononcées par Gratien contre certains textes recueillis par Ives n'étaient ni nombreuses ni graves.

***

Les comparaisons esquissées entre les collections canoniques de la période 1050-1140 permettent de proposer quelques conclusions.

1° La réforme grégorienne a incité les canonistes à consacrer une place importante, parfois la première et la plus considérable, aux textes qui, au cours de six siècles, avaient mis l'accent sur la Primauté.

2° La plupart des canons ainsi recueillis dans les années 1050-1080 ont été conservés par la suite.

3° Cependant Ives de Chartres, et plus nettement Gratien, ne traitent plus de la Primauté tout au début de leurs collections. Si le premier en fait encore un exposé d'ensemble au Décret et dans la Panormie, le second dilue plus subtilement les textes sur la Primauté.

4° Est-ce à dire qu'Ives et plus encore Gratien n'aient pas attaché la même importance que leurs prédécesseurs à la Pri-

---

(38) MANSI, *Ampliss. Collct.* XV, 695.

mauté ? Il ne le semble pas. Ives en traite encore ex professo au Décret et dans la Panormie. Quant à Gratien, il a jugé plus habile d'en rappeler le principe ou les applications tout au long du Décret. Solution qui peut-être rendait moins voyante la Primauté romaine, mais qui en faisait mieux sentir l'importance fondamentale dans l'organisation de l'Eglise médiévale.

VII

LE ROLE DE LA PAPAUTE
DANS LE REGLEMENT DES CONFLITS
ENTRE ETATS AUX XIIIe ET XIVe SIECLES

L'activité pacificatrice de la papauté à l'apogée du Moyen Age semble au premier abord relever de ces belles questions, de ces grands problèmes, qui, peu nombreux, dominent une période et lui confèrent son individualité propre. Le rôle de la papauté dans la vie interétatique médiévale était évoqué par Chateaubriand dans le *Génie du Christianisme* (1). Guizot, dans son étude sur *L'Eglise et la société chrétienne* (2), le reconnaissait. Il paraît une évidence qui n'a pas à être prouvée.

Plus prudemment, le doyen A. Fliche montrait, il y a un

---

(1) 2e Partie, Livre V, ch. 11.

(2) Paris, 1861 (p. 103) : « Pendant le Moyen Age, c'est la papauté qui, à travers les désordres du temps et malgré les siens propres, a été l'interprète, le défenseur, le patron du droit des gens. Elle en a souvent toléré et même autorisé la violation ; elle l'a souvent subordonné à son ambition et à son intérêt propre ; mais, à tout prendre, c'est elle et elle seule, à cette époque, qui, au nom de la religion, de la morale, des droits naturels de l'humanité ou des intérêts généraux de la Chrétienté, est intervenue pour rappeler et recommander la justice, la paix, le respect des engagements, les devoirs et les ménagements mutuels, posant ainsi contre les prétentions et les dérèglements de la force, les principes du droit international. »

demi-siècle, que l'enquête restait à faire (1). Il en fixait le schéma, les directions de recherches, les problèmes. A quels motifs avaient obéi les papes : ambition personnelle ou esprit évangélique de paix entre les hommes ? Quels moyens avaient-ils employés ? Quels buts, intéressés ou charitables, politiques ou religieux, avaient-ils poursuivis ? Quels résultats couronnèrent leurs efforts ?

Pour Fliche, ce rôle de la papauté s'esquissait dès Grégoire le Grand. Mais l'action pontificale ne se précise qu'à partir du milieu du XIe siècle et mieux encore avec Grégoire VII, qui intervient en 1078 pour éviter la guerre entre la Norvège et le Danemark.

C'est qu'à partir du XIe siècle, le pouvoir effectif de la papauté s'accroît. Le Décret de 1059 la libère de la tutelle laïque; vers la même époque, le prestige de l'Empire subit ses premières atteintes. Grégoire VII donne à la papauté une mission nouvelle, en la qualifiant de « Mère des Nations ». En même temps, il applique aux princes son pouvoir religieux de lier et de délier et les notions féodales favorisent l'idée d'une suzeraineté du Saint-Siège sur des monarchies vassales.

Mais le rapport de Fliche, si riche d'idées, n'était que l'esquisse d'une enquête à faire.

Depuis, beaucoup de travaux ont fait progresser notre connaissance du rôle politique de la papauté médiévale, qu'il s'agisse d'ouvrages généraux (2), de monographies consacrées

---

(1) « Le rôle international de la papauté au Moyen Age », *Bull. du Comité intern. des Sciences historiques,* I (1928), pp. 584-597.

(2) Par exemple, les volumes de l'*Histoire générale* dirigée par GLOTZ ou ceux de l'*Histoire de l'Eglise* dirigée par A. FLICHE et V. MARTIN, consacrés à cette période; les histoires de la papauté (HALLER) ; le premier volume de l'*Histoire des relations internationales (Le Moyen Age)* de Fr. GANSHOF ; certains *Cours de l'Académie de Droit international de La Haye;* G. GOYAU, *L'Eglise catholique et le droit des gens,* 1925 ; TAUBE, *Les Origines de l'arbitrage,* 1932, etc.

à un pontificat, à une période ou à une région (1), d'études portant sur les aspects techniques des interventions pontificales (2) ou plus encore des recherches, nombreuses et importantes qui depuis 30 ans se sont attachées à mieux situer la papauté médiévale, à faire connaître la pensée des grands pontifes et la conception qu'ils avaient de leur mission (3). Si l'on est mieux armé pour tenter l'enquête que souhaitait Fliche, on doit reconnaître qu'elle n'a pas encore été faite de façon complète. Bien des zones d'ombres subsistent. Beaucoup d'études particulières manquent et l'on ne saurait ici avoir l'ambition de combler ces lacunes.

On cherchera simplement à poser les problèmes majeurs et à indiquer les voies possibles d'une enquête approfondie.

Si l'on se demande quel put être le rôle pacificateur de la papauté médiévale, il apparaît aussitôt que ce rôle fut fonction d'abord de la situation politique générale, qui, du XIIe au XIVe, se modifie profondément; qu'il dépend d'autre part de la conception que les pontifes se firent de leur tâche (et cette conception, elle aussi, varie selon les règnes); enfin que l'efficacité de l'action

---

(1) Voir, depuis celle de Prou, *Etude sur les relations diplomatiques d'Urbain V avec les rois de France Jean II et Charles V* (Paris, 1888); Y. Renouard, « Les papes et le conflit franco-anglais en Aquitaine, 1269-1377 » *(Mél. d'archéologie et d'histoire,* LI, 1934, 248-292); P. Chaplais, *Le règlement des conflits internationaux franco-anglais au XIVe siècle, Le Moyen Age,* LVII (1951), pp. 269-302, etc.

(2) Le livre de A. Wynen, *Die päpstliche Diplomatie* (Freiburg i. Brisgau, 1922) traite surtout de l'époque contemporaine. Les manœuvres diplomatiques sont esquissées par Gu. Mollat, « La diplomatie pontificale au XIVe siècle », *Mél. Halphen,* 1951, pp. 507-512. Une étude détaillée pour un pontificat a été faite par Mlle Lange dans une thèse de droit à la Faculté de Paris (1955) : *Benoît XII, pape conciliateur.* Il serait souhaitable que pour chaque pape des études de ce genre soient effectuées.

(3) On ne saurait les citer tous ici. Qu'il suffise de rappeler les noms d'Arquillières, Mochy Onory, Calasso, Tillmann, du P. Fr. Kempf et de Mgr Maccarone.

dépend des moyens pratiques dont la papauté disposait pour être informée, pour agir, pour faire respecter ses décisions.

Si l'on ajoute à cela l'influence d'une doctrine canonique, dont les papes ne furent pas seulement les adeptes mais parfois les auteurs, on mesure le jeu complexe d'éléments divers, la variété des positions et des résultats, les nuances que devrait revêtir toute appréciation sur ce rôle pacificateur des papes aux XIIIe et XIVe siècles.

Le « beau problème » se révèle en réalité une question très complexe. Ne risque-t-il pas de s'émietter en une multiplicité de problèmes particuliers ? Le grand problème, le problème général, n'est-il pas l'un de ces faux problèmes, si favorables aux fresques faciles et aux formules bien frappées, quand ce ne serait que parce qu'il n'y eut pas de « papauté médiévale », mais des hommes à la tête de l'Eglise, avec des caractères, une énergie, une activité qui varient de l'un à l'autre.

Il faut donc renoncer à une vue générale, uniforme, pour tenter de serrer la question de plus près.

Et d'abord, justifions le cadre chronologique que nous nous sommes assigné : les XIIIe et XIVe siècles, ou plus précisément de l'avènement d'Innocent III (1198) à la fin de la papauté avignonaise (1377).

Ce n'est pas qu'il n'y ait eu auparavant des interventions pontificales en faveur de la paix. En 1138, Innocent II arbitrait un différend entre l'Ecosse et l'Angleterre. Le futur Adrien IV encore légat (Nicolas d'Albano) pacifia les royaumes scandinaves. En 1158-1159, lorque Louis VII et Henri II envisagent une croisade en Espagne, Adrien IV dissuade le roi de France d'intervenir « sur les terres d'autrui, sans avoir auparavant consulté les souverains et les peuples de ces terres » (1). C'était faire

---

(1) JAFFÉ-WATTENBACH, n° 10.546 ; 18 févr. 1159.

respecter l'indépendance des Etats, ou tout au moins l'indépendance à l'égard des tierces puissances, de souverains dont plusieurs étaient dans la vassalité du Saint-Siège.

Dominé par son conflit avec Frédéric Barberousse, préoccupé d'empêcher une alliance entre le roi de France et l'Empereur, Alexandre III ne jouera que rarement le rôle d'amiable compositeur. S'il donne un grand prestige à la papauté, il est en fait impuissant, car les moyens de la Curie sont limités. Le pape ne fit pas effort pour imposer aux princes une suzeraineté du Saint-Siège (1). Mais il ne se désintéresse pas pour autant du maintien de la paix.

Sous Clément III, en 1188, les légats pontificaux rétablissent la paix entre Pise et Gênes (2).

Innocent III trouvait donc chez ses prédécesseurs des exemples d'intervention en faveur de la paix. Mais son pontificat marque une étape nouvelle. Innocent III apporte une doctrine et entend pratiquer une grande politique. Docteur et homme d'action, il bénéficie de circonstances plus favorables que certains de ses prédécesseurs. Sans doute, l'empire reste dangereux. Mais l'empereur n'est plus la seule grande force temporelle. Les royaumes entendent faire respecter leur indépendance et la combinaison des forces politiques offre à la papauté de nouveaux moyens d'action.

Ces conditions politiques générales aussi bien que les principes de la doctrine pontificale resteront pour l'essentiel constants jusqu'à la fin du XIIIe siècle, lorsque le conflit entre Boniface VIII et Philippe le Bel se soldera par l'affaiblissement du prestige de la papauté.

---

(1) J. ROUSSET DE PINA, *Histoire de l'Eglise*, IX, pp. 2, 175 et 181.
(2) La sentence est publiée dans le *Supplément au Cours universel diplomatique du droit des gens* de DUMONT, t. II, p. 66.

Au XIVe siècle, pendant l'exil d'Avignon, la situation politique, l'attitude de la papauté, ses moyens d'action, seront très différents. Il est donc nécessaire de distinguer ces deux périodes.

I. — DE L'AVENEMENT D'INNOCENT III A LA MORT DE BONIFACE VIII (1198-1303)

I. — *Situation internationale et doctrine pontificale*. — Des travaux récents (1) ont montré comment, depuis l'époque carolingienne jusqu'au XIe siècle, l'*ecclesia universalis* avait constitué l'ensemble du monde chrétien que servaient conjointement les « deux pouvoirs », *sacerdotium et regnum*.

La réforme grégorienne a répudié cette dualité de pouvoirs dans une communauté. Elle affirme l'indépendance de l'Eglise à l'égard des laïcs. L'Eglise constitue un corps autonome, avec son organisation interne, ses institutions, son droit.

En face d'elle, l'Etat, ou plutôt les Etats. Mais ceux-ci s'ébauchent seulement. Les rois restent encore sans grands pouvoirs effectifs. Ils sont souvent soumis aux prêtres, non seulement comme personnes privées, mais aussi comme princes. Et Grégoire VII revendique le droit de les déposer.

Les progrès des princes, le développement des Etats, fortifieront le dualisme sans pour autant aller jusqu'à une totale dissociation ou à une rupture.

Car, à côté de l'Eglise, entendue comme la société cléricale et à côté des monarchies, subsiste une notion imprécise, mais puissante qui unit les uns et les autres, celle de Chrétienté (2).

---

(1) Spécialement Fr. KEMPF (S.J.), « Papsttum und Kaisertum bei Innocenz III » *(Miscellanea historiae pontificae*, XIX, 1954), où l'on trouvera l'indication des travaux antérieurs.

(2) J. RUPP, *L'idée de Chrétienté dans la pensée pontificale, des origines à Innocent III* (Paris, 1939).

Sans doute la notion est floue, comme en fait foi la terminologie. Il y est question tour à tour de *populus christianus*, de *gens christiana*, d'*orbis christianus*, de *terra christianorum*, etc.

Il faut entendre par là une « communauté solidaire des peuples et des royaumes chrétiens, fondée sur la conscience de la communauté de foi et d'obéissance à l'Eglise romaine, dans laquelle Etats et nations poursuivent leur propre développement politique et culturel » (1). Il s'agit donc d'une communauté qui reçoit son orientation de l'Eglise, mais qui en reste distincte. Innocent III appellera le Saint-Siège *caput et magistra, fundamentum totius christianitatis*.

Cette Chrétienté se réalise effectivement dans la première croisade, qui manifeste l'unité des peuples chrétiens sous la conduite du pape (2).

Telle est la communauté internationale dans laquelle les papes auront à intervenir et cette analyse de la notion de Chrétienté fait déjà apparaître des éléments essentiels à notre enquête. Elle révèle l'un des titres du pape à arbitrer les différends : il est le chef de la Chrétienté; l'une des raisons qui légitime ses interventions : les Etats chrétiens constituent une communauté, les luttes qu'ils mènent les uns contre les autres sont donc fratricides; enfin apparaît en plein relief, comme manifestation éclatante de cette communauté chrétienne, la croisade, qui sera le souci majeur de nombreux papes et tout spécialement d'Innocent III, et, par suite, l'une des raisons d'éviter les conflits armés entre ceux qui doivent unir leurs forces contre les infidèles.

Si tel est le milieu, quelle fut la position des papes qui prétendirent imposer leur arbitrage ?

---

(1) Fr. KEMPF, Communication au congrès des sc. hist. de Rome, 1955 (*Riassunti delle communicazioni*, vol. VII, p. 202); cf. également du même auteur, *Papsttum und Kaisertum*, p. 185.

(2) ERDMANN, *Die Entstehung des Kreuzzugsgedankens*, 1935.

1) Politiquement, le pape est chef d'Etat. Et les prétentions territoriales de la papauté ne cesseront de se manifester au XIIIᵉ siècle. Selon ses récents biographes (1), Innocent poursuivait dans ce domaine un triple but : faire respecter la souveraineté pontificale dans les Etats de l'Eglise, agrandir ces Etats dans l'Italie centrale, affirmer la suzeraineté du Saint-Siège sur l'Italie du sud.

Mais, en plus de cette politique italienne, les papes doivent se garder de la menace impériale. Celle-ci domine la politique d'Innocent III et d'Innocent IV. Ce ne sera que la mort de Frédéric II (1250) qui marquera la fin de la menace germanique. A partir de Rodolphe de Habsbourg (élu en 1273), les empereurs renonceront au mirage méditerranéen.

Cette double exigence, italienne et germanique, commande l'attitude politique des souverains pontifes. Ils sont eux aussi chefs d'Etat, engagés dans le jeu des alliances et des hostilités. Et cela risque d'affaiblir l'autorité de leurs appels pacifiques.

2) La position doctrinale des pontifes présente naturellement de multiples nuances selon les hommes et parfois selon les périodes d'un même pontificat. Il n'en reste pas moins que de Grégoire VII à Boniface VIII, les docteurs professent une doctrine dont les lignes essentielles sont constantes. Les papes, qui parfois contribuèrent comme docteurs à son élaboration, s'en inspirent. Ils ne négligent pas les exemples de leurs prédécesseurs (2). Aussi peut-on parler d'une position moyenne, commune aux différents pontifes.

Innocent III reste fidèle à l'idée de l'unité chrétienne sous direction pontificale. Et cela afin de réaliser ce qui sera la grande idée du règne, la croisade. Celle-ci n'est possible que par l'union

---

(1) Fr. Kempf, *op. cit.*, pp. 3, 10, etc.

(2) Innocent III ne fut pas un créateur comme Grégoire VII et il est impensable sans ce dernier (Fr. Kempf, *op. cit.*, XI et 181).

des princes. L'unité ne peut se réaliser que sous une direction, celle du pape, chef et arbitre.

Comment entendre cette « direction » ? S'agit-il d'une simple direction morale ou d'un impérialisme d'allure théocratique ?

Cette dernière interprétation fut longtemps traditionnelle (1). Elle apparaît aujourd'hui moins évidente (2) et l'on a pu parler d'une « direction morale » des princes, qui s'exerce même à l'égard de leur activité politique, mais sans emporter une ingérence dans la vie des Etats (3).

L'une des fins de ces interventions est précisément d'assurer la paix entre les princes. C'est l'une des missions essentielles du pape : *ad papam pertinet pacem facere inter principes christianos*. L'intervention pontificale se prévaut d'un triple titre. Humanitaire d'abord : le pape veut éviter les horreurs de la guerre qu'il évoque dans plusieurs de ses lettres. Evangélique, car il lui appartient de faire respecter la paix promise par le Christ aux hommes de bonne volonté. Pratique enfin, puisque seule l'union des princes permettra la croisade (4). Dès 1095, au concile de Clermont, Urbain II avait proclamé la « Paix de Dieu » pour faciliter la croisade.

L'intervention pontificale trouve une triple justification. Le pape agit à l'intérieur de la Chrétienté, dont il est le chef.

---

(1) A. LUCHAIRE, HAUCK, et plus récemment Fr. GANSHOF, *Histoire des relations internationales*, I, pp. 170, 176-177.

(2) MACCARONE, *Chiesa e stato nella dottrina di papa Innoc. III* (Roma, 1940, et le c. r. de CHIRAT, *RMAL.*, II, 1946, 346-352).

(3) A. FLICHE, dans l'*Histoire de l'Eglise*, X, pp. 29-43.

(4) Une lettre d'Innocent III d'août 1198 (*PL.* 214, 329) affirme que le pape est « tenu de tendre à la concorde de la vraie paix ». Elle indique « le grand détriment », qui résulte des conflits entre les princes, pour eux, pour les églises, les pauvres de leurs terres et toute la Chrétienté, « massacre d'hommes, ravages d'églises, oppression des pauvres, dangers encourus par les peuples », mais surtout « ruine de la province de Jérusalem, en retenant les guerriers par vos dissensions ».

Il a reçu du Christ le pouvoir de lier. Enfin, par une sorte de transposition ou de contamination des relations qui unissent vassal et suzerain, il se tient pour autorisé à agir sur les princes.

Certains canonistes accordaient d'ailleurs de larges pouvoirs au souverain pontife vis-à-vis des princes, même en matière temporelle. Huguccio lui attribuait le droit de contraindre et de juger les princes en matière temporelle (1) et il reconnaissait que « en bien des matières, la puissance impériale dépendait de celle du pape » (2).

Huguccio accorde au pape l'arme essentielle, le pouvoir de déposer empereur ou prince. Mais, par une curieuse réserve, dont on retrouvera plus loin l'écho, il restreint son droit à l'égard des seigneurs inférieurs (3). Ceux-ci sont sous l'autorité de l'empereur ou des rois. Et il ne semble pas à Huguccio que le pape puisse les déposer sans l'assentiment de leur suzerain. C'était une reconnaissance implicite de la souveraineté des rois et de l'empereur. Le pape ne peut intervenir dans leurs domaines, en passant par-dessus leur autorité, alors qu'il a le pouvoir de les déposer eux-mêmes !

Si la doctrine est ferme et la volonté de faire régner la paix éclatante, la papauté dispose-t-elle des moyens nécessaires à sa mise en œuvre ?

II. —*Moyens d'action.* — On s'est parfois demandé quelle était la nature des interventions pontificales, bons offices, média-

---

(1) *Summa,* sur C. 15, qu. 6, c. 3, V° *deposuit* : « *Set numquid potest papa iudicare imperatorem in temporalibus? Credo quod sic; per excommunicationem enim coget eum respondere coram se...* »

(2) *Summa,* sur D. 96, c. 10, V° *Principaliter* : « *Ergo neutrum pendet ex altero; verum est quoad institutionem, set in multis imperialis potestas pendet a pontificali.* »

(3) Sur C. 15, qu. 6, C. 3, V° *Absolvit* : *Set queret aliquis an papa possit similiter deponere comites et alios barones qui subsunt regibus et imperatoribus, sine consensu illorum quibus subsunt? Credo quod non.*

tions, arbitrage ou jugement véritable. Mais de telles distinctions, qui résultent de l'élaboration du droit international moderne, étaient inconnues de la doctrine médiévale. Celle-ci n'eut donc pas à résoudre une pareille question et il est malaisé pour l'historien moderne de dire si dans tel ou tel cas, la papauté eut recours à l'un ou l'autre de ces procédés d'intervention.

Tout au plus, peut-on remarquer une évolution au cours du XIIIe siècle. Si au début du siècle, le pape tente encore d'intervenir comme chef de la Chrétienté, en constituant une instance judiciaire obligatoire (et non pas un simple arbitrage librement accepté par les parties), dès le cours du siècle, les choses se modifient. Les princes se montrent plus soucieux de leur indépendance. Il leur appartient de recourir à la papauté s'ils l'estiment souhaitable. Mais ils ne supportent plus qu'elle s'impose à eux.

Le plus souvent, l'affaire est confiée à des légats ou à des nonces qui s'efforcent de convaincre les princes. Leurs interventions sont parfois sollicitées par les parties ou acceptées, après intervention du pape.

La papauté menace parfois d'excommunication et d'interdit si les adversaires persistent dans la voie guerrière. Mais au cours du XIIIe siècle, ces armes s'émoussent. Les menaces ne portent plus. Plus que de prescrire, il s'agit de convaincre.

Les princes se montrent de plus en plus soucieux d'éviter tout ce qui, dans l'intervention pontificale, pourrait faire croire à une reconnaissance de la supériorité du pape.

Un exemple caractéristique en est donné à la fin du siècle : au cours des quatre années de guerre (1294-1298) entre la France et l'Angleterre, qui vaudront à Philippe le Bel la conquête de l'Aquitaine et de la Flandre, Boniface VIII essaya d'intervenir pour ramener la paix. Dès février 1295, il envoie deux cardinaux aux rois. Un nouvel appel est fait le 13 août 1295. Le pape citait les deux souverains à comparaître à Rome. Il le faisait en tant que juge. Aussi se heurta-t-il au refus des rois, qui ne voulaient pas sembler reconnaître la juridiction pontificale *in temporalibus*. Mais le 14 juin 1298, ils signaient un compromis désignant Boniface VIII comme arbitre *tanquam in privatam personam et dominum Benedictum Gaietanum*, et les engageant à observer la sentence, sous peine d'une amende de 100.000 marcs d'argent (1). La sentence pontificale intervenait le 27 juin 1298. Elle était rendue en consistoire et prenait la forme d'une bulle (2).

Estimant que Boniface avait ainsi agi en chef de la Chrétienté, imposant sa décision aux princes, Philippe le Bel refusa d'accepter cette sentence (3). C'est personnellement qu'il négocia avec Edouard la convention de Montreuil (29 juin 1299), qui prescrivait une trêve. Celle-ci sera prorogée d'année en année à la demande du pape jusqu'au traité de Paris de 1303. Mais ce dernier traité fut conclu sans intervention pontificale. Par la suite, Clément V suggérera aux deux rois de désigner une commission mixte pour juger des prises maritimes (4).

On ne saurait donc dire que la paix fut ici le fait du pape. L'action du pontife fut difficile. Philippe le Bel, par diverses manœuvres, la retarda et lui retira toute efficacité. Il n'en reste pas moins que c'était le pape qui avait pris l'initiative des mesures de pacification.

Mais cette affaire montre bien qu'à la fin du XIIIe siècle, le pape ne peut plus intervenir en tant que chef d'une Chrétienté qui a cessé d'être une réalité. Les Etats, désormais majeurs, se montrent chatouilleux lorsqu'il s'agit de faire respecter leur

---

(1) Dumont, *Cours universel diplom.* I, 1re part., p. 308.

(2) Digard, *Reg. de Boniface VIII*, II, 2826; sur les causes de cette décision, R. Fawtier, *Hist. du Moyen Age*, VI, 1, 324.

(3) Dumont, *op. cit.*, pp. 333 et suiv.

(4) P. Chaplais, « Le règlement des conflits internationaux franco-anglais au XIVe siècle », *Le Moyen Age*, LVII (1951), p. 279.

jeune souveraineté. L'autorité du pape, le recours à son arbitrage, ne pourront plus s'appuyer que sur le prestige de sa personne, non sur l'autorité de sa fonction (sauf dans la mesure où cette fonction contribue au prestige de la personne). La clause du recours au pape « en tant que personne privée » deviendra presque de style au siècle suivant.

III. — *Principales interventions de la papauté*. — Dans son désir de restaurer la concorde entre les princes chrétiens et de les unir dans une grande croisade, Innocent III multiplia les interventions en faveur de la paix. Une lettre du 10 février 1199 (1) cherche à rétablir la paix entre la Castille et la Navarre.

Mais c'est surtout au long du conflit entre la France et l'Angleterre que le pape s'efforça de rétablir la paix entre les deux princes. Après que Louis VII eût été défait, en 1177, Alexandre III avait imposé une suspension d'armes (paix de Nonancourt), les deux rois s'engageant à partir à la croisade.

En 1189, Philippe Auguste reprenait la lutte contre Henri II. Le pape craignait pour la croisade et son légat menaçait Philippe-Auguste de jeter l'interdit sur le royaume. Mais le roi répliquait que le pape n'avait pas à intervenir dans une affaire purement féodale.

En janvier 1199, Innocent III imposait une trêve de cinq ans à Philippe-Auguste et à Richard Cœur de Lion. Mais la mort de Richard quelques mois plus tard allait rompre la trêve.

En 1203, Innocent III cherche à ménager une trêve à Jean sans Terre, le meilleur allié d'Otton de Brunswick, dont le pape vient de favoriser l'élection. Il envoie l'abbé de Carcassonne en France. Mais le roi obtenait de ses alliés, le duc de Bourgogne, les comtes de Blois, de Sancerre, de Nevers, la comtesse de

---

(1) Ep. II, 556.

Champagne et quelques autres, une promesse de ne pas se laisser contraindre à la paix par le pape. Il écrivait à celui-ci qu'il n'avait pas à se soumettre à son jugement pour une affaire qui ne concernait que le droit féodal (1). Dans une lettre célèbre adressée à l'espiscopat français, le pape répliquait qu'il n'entendait pas connaître de question féodale, mais du serment qui liait les deux rois et dont la violation constituait une faute religieuse (2).

Enfin, en 1213, Innocent III arrêtait le projet de croisade française en Angleterre, Jean sans Terre étant devenu le vassal du Saint-Siège.

En même temps qu'il suivait ainsi de très près l'évolution des rapports franco-anglais, Innocent III intervenait en Suède (3), au Danemark (4), pour protéger contre ses voisins le roi qui s'était engagé à partir à la croisade, en Norvège (5), en Portugal, en Aragon, en Pologne, etc. En 1214, il confirmait la paix intervenue entre Alphonse VIII de Castille et Alphonse IX de Léon.

Les motifs allégués sont toujours les mêmes : faire régner la paix, protéger les églises et les faibles, permettre la réalisation du projet de croisade. Au concile de Latran de 1215, Innocent III proclamait une paix de quatre ans pour l' « intérêt de la Terre sainte ».

Dans toutes ces interventions, le pape faisait encore figure de chef de la Chrétienté, de pasteur chargé de faire régner la paix dans le troupeau confié à sa garde. Mais déjà les résistances des princes se faisaient plus vives. Elles ne se bornaient pas à

---

(1) *Historiens de France,* XIX, 441.
(2) Décrétale *Novit,* en 1304 (Pl. 215, 325) X, II, I, *de iudiciis,* 13.
(3) Ep. du 13 novembre 1208, XI, 174 (Pl. 215, 1485).
(4) Ep. XII, 157 (1209) ; XIII, 65, (7 mai 1210) (Pl. 216, 176 et 258).
(5) Lettre de juin 1211 à l'archevêque de Nidaros (Pl. 216, 436).

négliger en fait les conseils pontificaux. Elles mettaient en question leur légitimité. Ainsi, dès le début du XIIIe siècle, s'annonçait le tournant historique, le déclin de la Chrétienté, la naissance des Etats nationaux.

Honorius III héritait de l'appel à la paix lancé au concile de 1215. Il s'efforça de le faire respecter. En Italie même, Pavie et Milan sont aux prises. Honorius tente d'arbitrer leur conflit. Puis, devant l'échec des négociations, use de l'arme ultime, l'excommunication (1). En 1216-1217, il fait échouer l'expédition anglaise de Louis de France. Plus tard, et toujours avec la perspective de la croisade, il adresse un appel en faveur de la paix aux rois de France et d'Angleterre. Une lettre du 18 avril 1223 (2) demandait au roi de France « d'établir si possible une paix stable avec notre très cher fils Henri, roi d'Angleterre, ou du moins de prolonger les trêves intervenues jusqu'ici... afin qu'une guerre de ce genre ne mette pas obstacle à l'expédition du roi céleste. » Et, en 1225, Honorius III reprochait à Louis VIII l'occupation des terres du roi d'Angleterre.

Nombreuses furent également les tentatives de Grégoire IX (1227-1241) pour rétablir la paix entre la France et l'Angleterre de 1230 à 1238. Le 15 avril 1230, le pape demandait à l'abbé de Citeaux de ménager une trêve. Le 25 avril 1231, il écrivait aux deux rois en ce sens, évoquant les menaces qui planaient sur la Terre sainte. Et ses interventions se poursuivent dans les années suivantes (3). Cependant un traité d'alliance entre Gênes et Venise, conclu en 1235, prévoyait que les difficultés futures entre les deux cités seraient soumises à l'arbitrage du pape.

---

(1) *Ep. saec. XIII, e regestris pontificum roman, selectae (M. G., in-4°, 1883-1894)* I, n°s 1-3 ; 71 ; 72.

(2) *Ibid.*, 220.

(3) Reg. de Grégoire IX, n°s 439 et 621. Nouvelles interventions par la suite, cf. n° 1311 ; 1802 ; 2180 à 2189 ; 3306 ; 4552 et voir Ch. V. Langlois, dans *L'Histoire de France*, de Lavisse, III, 2, 89-95.

Si, en 1254, Innocent IV faisait conclure une paix entre Venceslas de Bohême et la Styrie, qu'il convoitait (1), le traité de Paris de 1259, qui reste le plus grand traité du XIIIe siècle, ne fut pas œuvre pontificale. Ce traité laissait d'ailleurs beaucoup de questions pendantes. Les occasions de frictions ou de conflits subsistaient. Mais pour permettre la croisade projetée, les papes s'efforceront de maintenir la paix entre les deux rois (2).

C'est ainsi qu'à la suite d'une attaque des marins anglo-bayonnais contre ceux de Normandie, au large des côtes bretonnes (15 mai 1293), Edouard Ier proposa l'arbitrage du pape. Il ajoutait que si le roi de France s'y refusait, il accepterait que l'affaire soit jugée en Angleterre ou par une commission mixte. Le refus prévu de Philippe le Bel ne se fit pas attendre. Il était total. La guerre éclatait en 1294 (3). Les papes intervinrent alors pour tenter d'apaiser ce conflit naissant, Célestin V, le 2 octobre 1294 (4), puis Boniface VIII, les 19 février et 30 mars 1295, 25 août 1297; 23 mars 1299 (5). Le 28 mai 1295, le pape avait édicté une trêve d'un an (6); le 13 avril 1296, une trêve de deux ans (7). Mais le roi de France avait protesté contre ces immixtions dans ce qu'il tenait pour les affaires du royaume.

Ces tentatives multiples, leur insuccès, l'obligation où se trouve le pape d'accepter d'agir *tanquam persona privata* font apparaître les contradictions d'une période de crise. Boni-

---

(1) *Epist. saec.* XIII, n°s 215; 273; 275; 276; 297.
(2) Y. RENOUARD, « Les papes et le conflit franco-anglais en Aquitaine de 1258 à 1337 », *Mél. d'arch. et d'hist. de l'éc. fr. de Rome*, LI (1934), 258-292.
(3) CHAPLAIS, *op. cit.*, 272.
(4) RYMER, *Foedera, Conventiones, Litterae* (éd. 1732), I, III, 137.
(5) *Ibid.*, I, III, 142; 189; 205.
(6) DIGARD, *Rég. de Boniface VIII*, n°s 868-869.
(7) *Ibid.*, n° 1584.

face VIII tente encore de mener la grande politique d'intervention comme chef de la Chrétienté. Mais il représente une époque et des doctrines révolues. Les résistances de Philippe le Bel manifestent les tendances nouvelles à l'indépendance et à ce que les siècles ultérieurs appelleront la souveraineté des Etats. La papauté avignonaise devra tenir compte de cet état de choses.

II. — LA PAPAUTE AVIGNONAISE

I. — *La technique.* — L'abondante correspondance des papes d'Avignon, la publication déjà avancée de leurs registres par l'école française de Rome, permettent de suivre les efforts du Siège apostolique pour apaiser les conflits qui seront nombreux au XIVe siècle. Par contre, on dispose de très peu de pièces de caractère technique, d'instructions aux ambassadeurs. Celles-ci furent le plus souvent verbales, le pape craignant que des instructions écrites ne soient interceptées.

En général, la papauté agit par intermédiaire. Ses envoyés sont de conditions très diverses. Souvent, ils sont fournis par le personnel de la Curie, chapelains, notaires apostoliques, auditeurs de Rote, pénitenciers; plus rarement un évêque ou même des laïcs. Parfois des clercs de haut rang, cardinaux ou nonces, sont choisis comme légats.

Lorsque, par exception, le pape donne des instructions écrites, il le fait par lettres closes, scellées. Elles sont écrites par le camérier sous Clément V, par des agents secrets sous Jean XXII, par des secrétaires sous Benoît XII. Des noms conventionnels, parfois sévères pour le prince qu'ils désignent, tiennent alors lieu de « chiffre ».

Le pape marque souvent le caractère de conciliateurs de ses envoyés. Ils vont, comme le dit une lettre de Benoît XII, *non tanquam judices vel arbitros, sed velut mediatores et amicos communes* (1). Plus que de jugement ou même d'arbitrage, il s'agit de bons offices et de tractations en vue de rétablir la paix. Aussi les envoyés doivent-ils se montrer habiles. Ils s'efforcent de se faire des amis et de trouver des appuis dans l'entourage des princes. Reine, reine-mère, chancelier, conseillers, personnages influents, sont sollicités. Des intrigues se nouent, tant dans les Cours princières qu'à Avignon. Les cardinaux contrecarrent parfois la politique pontificale. En 1354, lors des négociations de paix entre la France et l'Angleterre auprès d'Innocent VI, P. de Colombiers et Gui de Boulogne facilitent les entrevues nocturnes où le duc de Lancastre et le roi de Navarre préparent un plan de démembrement de la France !

Les princes, de leur côté, cherchent à se concilier la Curie, les cardinaux, le pape. Des cadeaux doivent y contribuer. Philippe VI envoie à Clément VI du gibier; la reine Jeanne, des pièces de drap et des fromages (2). La comtesse de Bourgogne expédie du vin (3).

Si les bons offices des envoyés pontificaux restent sans effet, le pape agit parfois personnellement. Il demande l'envoi à Avignon de diplomates pour y constituer une commission de conciliation qu'il préside. Mais il n'agit alors qu'après avoir obtenu l'accord des deux parties (4).

II. — *Motifs d'intervention.* — Des théologiens et des canonistes se font encore au XIVe siècle les défenseurs d'une théocratie qui cependant n'est plus réalisable et que la **papauté** avignonaise aurait été mal placée pour assumer. Leur doctrine est celle d'attardés. Ce sont par exemple Agostino Trionfo, théo-

---

(1) DAUMET, *Epîtres closes, patentes et curiales se rapportant à la France*, Ep. 644.

(2) DÉPREZ, « Clément VI », *Lettres closes, patentes et curiales se rapportant à la France*, n°s 576; 1153; 1308; 1370.

(3) *Ibid.*, n° 518, cf. Gu. MOLLAT, *Mél. Halphen*, 507-512.

(4) M. LANGE, *op. cit.*, 151 et suiv.

ricien de la théocratie, qui affirme encore le droit pour le pape de déposer les princes, ou l'abbé d'Admont en Styrie, Engelbert, qui écrit, à l'époque de la papauté avignonaise : « Il sera de nécessité qu'il y ait dans le monde une puissance et dignité suprême et universelle à laquelle doivent être soumis de droit tous les royaumes et toutes les nations du monde pour réaliser et conserver la concorde des nations et des royaumes à travers le monde entier. »

Mais la papauté invoque d'autres titres. Le pape veut être arbitre ou plus souvent conciliateur, mais non plus juge. Il déclare agir *tanquam privata persona*. Et ce n'est que très exceptionnellement qu'il brandit encore les menaces d'excommunication ou d'interdit. Benoît XII aime à insister sur sa volonté pacifique, son recours à la persuasion plus qu'à la contrainte (1). C'est que « l'Eglise romaine agit plus par de charitables exhortations que par le fouet. » L'intervention pontificale s'explique par son devoir de faire régner la paix, devoir que rend plus urgent encore le projet de croisade, qui reste le grand objectif de la papauté.

On a parfois allégué l'humeur impérieuse de certains pontifes, de Benoît XII en particulier, qui leur aurait fait souhaiter de jouer le rôle d'arbitres de l'Occident. Mais il n'est pas établi que l'orgueil ait tenu cette place dans la politique pontificale (2).

Pour inciter à la paix, le pape use parfois d'arguments moins nobles que l'idée de croisade, mais de portée plus immédiate. Il rappelle aux princes les ravages de la guerre, les frais des opérations militaires, l'aléa des combats (3).

A ces considérations économiques ou militaires, s'ajoutent le rappel des vertus évangéliques, l'esprit pacifique, la charité,

---

(1) *Ibid.*, 132-133.
(2) Cf. sur ce point les opinions de Déprez et de Mollat, que discute Mlle Lange, *op. cit.*, 114 et suiv.
(3) M. Lange, *op. cit.*, 121 et suiv.

l'amour du prochain (1). On trouve aussi dans la correspondance de Benoît XII l'expression de principes juridiques qui doivent garantir le maintien de la paix ou assurer son rétablissement : respect de l'immunité diplomatique, interdiction de la guerre d'agression, observation des traités (2). Ainsi s'esquissaient les lignes essentielles d'un droit international public, dont la papauté avignonaise s'efforce de faire observer les maximes, non plus en se prévalant d'une autorité suprême dans un monde qu'elle entendrait régir, mais en usant de son autorité morale et des moyens diplomatiques dont elle peut disposer.

Sa position était cependant difficile, surtout dans le conflit majeur qui opposait la France et l'Angleterre. Les papes d'Avignon sont français d'origine et la situation géographique de leur résidence les expose à de multiples influences françaises. Leur impartialité peut être mise en question par les autres souverains d'Occident. L'objection est ressentie et les papes s'efforcent de l'écarter (3).

III. — *Les résultats.* — Les interventions pontificales se manifestent dans tout l'Occident. Elles sont constantes et parfois elles parviennent à des résultats tangibles.

En Italie, par exemple, Benoît XI exerce son arbitrage par l'intermédiaire du cardinal de Prato et met fin aux hostilités entre Lucques et Florence (4).

Mais la grande affaire fut le conflit franco-anglais. Clément VI (1305-1314), né dans le diocèse de Bordeaux et titulaire de ce siège avant d'accéder à la papauté, portera toujours un particulier intérêt aux affaires d'Aquitaine où les

---

(1) *Ibid.,* 134 et suiv.
(2) *Ibid.,* 139 et suiv.
(3) Cf. la lettre d'Innocent VI au duc de Lancastre en 1353 citée par Mgr Gu. MOLLAT, *RHE.,* 1909, 730-731.
(4) GRANDJEAN, *Registres de Benoît XI,* col. 801.

deux monarchies s'opposent. Il inaugure ainsi la politique d'intervention que poursuivront ses successeurs, Jean XXII et Benoît XII, originaires du Sud-Est eux aussi.

Après le traité de 1303, le pape s'interpose à plusieurs reprises pour éviter que les hostilités ne reprennent (1). Mais il ne s'attaque pas au fond du problème et ne cherche pas à faire disparaître les causes de conflits. Celles-ci sont dans le traité de Paris de 1259, qui, en faisant du roi d'Angleterre le vassal du roi de France pour l'Aquitaine, ouvrait la porte à d'innombrables difficultés. Le pape au contraire s'en tient fermement au traité et veut obliger les adversaires à le respecter et non à l'amender. Il cherche simplement à fortifier la paix par des liens familiaux entre les deux dynasties et pousse au mariage d'Edouard II avec Isabelle, fille de Philippe le Bel, qui sera célébré le 25 janvier 1308. On ne saurait dire que cette union ait réduit les occasions de conflit. Il demande aussi aux rois de renoncer à leurs ambitions. Son attitude est celle d'un pape faible, sans grands moyens d'action, en face de princes autoritaires et puissants. Il n'en reste pas moins que sous son pontificat il n'y eut pas de guerre franco-anglaise.

Jean XXII reste fidèle à cette politique de maintien des clauses du traité de 1259 et lui aussi cherche à renforcer l'accord politique par des mariages princiers. Il affirme d'ailleurs très nettement le droit du Saint-Siège et rappelle à Philippe VI, qui le contestait, « l'exercice du droit qui appartient au Siège Apostolique d'imposer une trêve. »

De 1317 à 1320, le pape tente de rétablir l'entente compromise entre Philippe VI et Edouard II (2). En 1320, un accord, temporaire, intervient. Mais la seconde guerre de Guyenne en 1324 fait apparaître la précarité des interventions pontificales.

---

(1) Relevé de ces interventions dans Y. RENOUARD, « Les papes et le conflit franco-anglais en Aquitaine », *Mél. arch. et d'histoire*, LI (1934), 274.

(2) FAWTIER, *Hist. du Moyen Age*, VI, I, 436.

Jean XXII cherche alors à rétablir la paix (1). Il y parvient en 1325. Pour peu de temps. En 1326, la guerre reprend. Le pape ne peut imposer la paix. Le roi d'Angleterre se plaint de sa partialité en faveur de la France. Au fond, la papauté, trop faible, ne peut s'imposer.

Dans d'autres conflits, qui mettaient aux prises des princes moins puissants, elle eut plus de succès. En 1317, Jean XXII fait promulguer une trêve de six mois entre le roi de Naples et Amédée, comte de Savoie. En Flandre, deux légats exercent un arbitrage pontifical entre Philippe le Long et le comte Robert de Flandre (1317). Le pape souhaite que la trêve se transforme en paix durable. En novembre 1317, une convention est conclue à Paris entre les envoyés du comte et les représentants du roi. On y fait appel au pape, mais avec des réserves. On décide en effet d' « ouïr l'advis du pape non pas comme juge » et de ne s'y conformer que « selon ce qu'il sera leur pure et franche volonté. » Et la « besoigne » est confiée à Jean XXII, non comme pape, mais comme personne privée. Il est entendu que si Jean XXII venait à disparaître avant d'avoir réglé le différend, ses pouvoirs ne passeraient pas à son successeur.

Une autre affaire montre les difficultés auxquelles la papauté se heurtait : Jean XXII avait prescrit une trêve entre les maisons de Foix et d'Armagnac. Mais les conditions qu'il avait fixées allaient à l'encontre d'un arrêt de la Cour du roi. Philippe V protesta contre l'atteinte à ses droits de suzerain. Il ne faisait en cela qu'appliquer la doctrine affirmée au siècle précédent par le canoniste Huguccio (2). Jean XXII affirmait au contraire son droit d'imposer des trêves aux rois et à leurs vassaux *ratione animarum*. Mais finalement le roi l'emporta (3).

---

(1) COULON, *Lettres secrètes de Jean XXII*, nᵒˢ 2011; 2042; 2049; 2059; 2061; 2076; 2123; 2126 à 2130; 2135; 2162; 2165; 2184; 2188.

(2) Supra, p. 88.

(3) Y. RENOUARD, *op. cit.*, 283.

Benoît XII remporta lui aussi certains succès dans ses entreprises de pacification (1). En 1337, il apaise et règle le différend entre la Castille et l'Aragon, puis entre la Castille et le Portugal. En 1338, il réalise un accord, qui sera bref, entre l'Aragon et le roi de Majorque.

En Bretagne, le conflit pour la succession du duc Jean III (mort en 1341) oppose le frère du défunt, Jean de Montfort, et son neveu, Charles de Blois. C'est l'occasion d'une longue guerre de 23 ans, qui ruinera le pays. Benoît XII s'efforcera de ramener la paix. S'il n'y parvint pas pleinement, il put du moins, par des trêves répétées, « alléger notablement le fardeau de cette interminable guerre » (2).

Mais l'affaire la plus grave reste le conflit franco-anglais. Il revêt des formes multiples. Philippe VI soutient les Écossais contre Édouard. Benoît XII offre sa médiation, envoie deux nonces en Angleterre, qui obtiennent une trêve en 1335 et parviennent au règlement du différend entre l'Angleterre et l'Écosse.

De 1335 à 1337, le pape s'emploie à régler les conflits qui opposent plus ou moins vivement Philippe VI et Édouard III (affaire d'Aquitaine, affaire de Robert d'Artois). Voyant la crise s'aggraver, la guerre menacer, il intervient à plusieurs reprises auprès des deux rois pour les détourner de l'emploi des armes. Ce sera en vain.

Une fois les hostilités engagées, le pape ne se décourage pas : ayant échoué à maintenir la paix, il s'efforce de la rétablir.

Mais on a fait observer que l'on ne pouvait relever pendant le pontificat de Benoît XII aucun véritable arbitrage pontifical avec compromis conclu par les parties, instance juridictionnelle, sentence. L'action du pontife, qui fut réelle, resta diplomatique et ne se fit sentir que par des négociations.

---

(1) M. LANGE, op. cit., 169 et suiv.
(2) POCQUET DU HAUT JUSSÉ, Les papes et les ducs de Bretagne, I, 267.

La longueur du conflit où s'opposait Anglais et Français, la lassitude qu'elle ne pouvait manquer de susciter chez les adversaires, la situation critique où la France se trouva à plusieurs reprises, pouvaient redonner des chances aux interventions pontificales.

En fait, on peut en signaler tout au long du conflit, dont les résultats se révélèrent plus ou moins efficaces.

En 1344, Edouard III et Philippe VI décidèrent de soumettre leur différend à Clément VII « en tant que personne privée ». Mais les négociations échouèrent. L'arbitrage ne fut pas prononcé (1). Après Crécy (25 août 1342) et la capitulation de Calais (28 septembre 1347), les légats de Clément VI obtiennent d'Edouard III une trêve de 10 mois (28 septembre 1347). Renouvelée, elle durait encore à la mort de Philippe VI (1350), mais le pape ne parvint pas à la transformer en paix véritable. C'était « un échec éclatant de la diplomatie pontificale » comme l'écrit Mgr Mollat (2). De 1353 à 1355, les efforts d'Innocent VI ne seront pas non plus parfaitement récompensés. Si le pape obtint des trêves, il ne put arriver à une paix durable. Un traité préliminaire signé à Guines (6 avril 1354), onéreux pour la France, malgré la renonciation d'Edouard III à la couronne de France, prévoyait le recours à l'arbitrage d'Innocent VI en tant que personne privée. Mais ce traité ne fut jamais ratifié.

En 1356, après le désastre de Poitiers, Innocent VI intervint pour obtenir la libération de Jean le Bon et la conclusion d'une paix. Entreprise infructueuse, puisque le roi ne fut libéré qu'en 1360, après le traité de Brétigny. Mais on doit noter que ce traité était dû à l'initiative du pape et que trois légats d'Innocent VI furent présents aux négociations de paix.

---

(1) E. Déprez, « La conférence d'Avignon de 1344 », *Essays in Medieval History presented to Tout* (Manchester, 1925), 300-321.

(2) *RHE.*, 1909, 743.

Cependant la guerre reprenait en 1369 et ce fut pour la papauté l'occasion de nouvelles tentatives pacifiques. Des conférences de paix eurent lieu à Calais en 1372 et à Bruges de 1374 à 1377. Mais on en resta au stade des négociations.

Grégoire XI, qui rétablira la papauté à Rome, en 1377, chercha à restaurer la paix entre Edouard III et la France. Là encore, le souci de la croisade commandait l'initiative pontificale. Mais, malgré tous ces efforts, il faut conclure à l'échec total des interventions pontificales dans ce conflit majeur.

Par contre, à la même époque, d'autre conflits, moins graves trouvèrent dans la papauté leur pacificateur.

Depuis 1338, Jean d'Armagnac et Gaston de Foix étaient en guerre. En 1360, Innocent VI avait, sans succès, proposé sa médiation. En 1362, une trêve intervenait, mais elle fut aussitôt rompue. Urbain V intervint à nouveau en 1362 et 1363 (1).

Le même pape s'efforça d'aplanir le différend qui opposait Charles de Navarre au roi de France Charles V, à propos de la succession de Bourgogne (2). Déjà, sous le règne de Jean le Bon, Urbain V était intervenu. Après la victoire de Du Guesclin à Cocherel, le jeune Charles V acceptait la médiation du pape. A la suite de négociations menées à la Cour pontificale par les ambassadeurs des deux rois, la paix fut conclue en juin 1365. Le traité chargeait le pape de se prononcer sur la question litigieuse de la succession de Bourgogne. En fait, le pape ne rendit jamais sa sentence. Et cela convenait sans doute aux deux souverains, car Charles V avait déjà disposé de la Bourgogne en faveur de son frère et Charles de Navarre craignait que la sentence pontificale ne lui fût défavorable.

---

(1) Prou, *Etudes sur les relations diplomatiques du pape Urbain V avec les rois Jean II et Charles V*, pp. 15 et sv. et Pièce just. XIII.

(2) Cf. sur cette question, les articles et les documents publiés au t. III (1936) des *Mém. de la Soc. pour l'hist. du droit des pays bourguignons, comtois et romands*.

Au début de 1368, Urbain V intervenait en faveur de la Provence que venaient d'envahir le duc d'Anjou, lieutenant du roi en Languedoc et Du Guesclin. Et le pape demandait au roi de France de faire cesser « cette détestable entreprise » (1).

A son tour, Grégoire XI eut à régler plusieurs différends. En 1371, il rétablissait la paix entre la Castille et le Portugal. Il devait également mettre un terme au conflit qui opposait Charles IV à Louis de Hongrie, ainsi qu'à celui entre le duc de Bavière et le comte de Savoie. Il servait de médiateur entre Charles de Navarre et Henri de Transtamare. Enfin il faisait cesser (pour un temps) la guerre en Italie entre la reine Jeanne et Frédéric d'Aragon.

*
**

De ces tendances et de ces faits, quelles conclusions dégager ?

Tout d'abord, la constante volonté des papes de faire régner la paix pour des raisons humanitaires, politiques et évangéliques. Cette volonté persistera par la suite. A propos des négociations du traité d'Arras (1435), Olivier de la Marche rapporte dans ses *Mémoires* (2) que les légats et ambassadeurs du pape « laborèrent et profitèrent » et que « par le moyen des cardinaux et gens d'Eglise furent pourparliées et traitées plusieurs voies et ouvertures de paix et puis conclue et formée bonne paix et concorde. »

Mais on ne peut méconnaître la faiblesse des moyens dont disposèrent les papes. Celle-ci tenait moins à l'insuffisance de l'organisation matérielle (qui réalisa des progrès très sensibles sous les papes d'Avignon) qu'à l'engagement des papes dans la politique, à l'origine française des papes d'Avignon, qui mettait

---

(1) Texte dans Prou, *op. cit.*, 69-70.
(2) I, pp. 204 et suiv. (éd. Soc. Hist. de France, 1883-1888).

en cause leur impartialité d'arbitre, mais plus encore à l'absence de moyen de contrainte pour imposer le recours à l'arbitrage et en faire respecter les clauses. Dès le XIIIe siècle, plus nettement au XIVe, excommunication et interdit sont des armes émoussées. La papauté se heurtait ainsi à ce constant problème de la force, dont auraient besoin les instances internationales pour assurer l'observation de leurs sentences.

Cette absence d'une force effective n'était pas compensée par un indéniable prestige qui eut permis à la papauté d'imposer par sa seule autorité morale l'observation de ses décisions. Au contraire, le prestige de la papauté décline du début du XIIIe à la fin du XIVe siècle, avant de recevoir, à l'époque du grand schisme, une atteinte dont il sera long à se remettre. Si Innocent III pouvait encore tenter d'agir en chef de la Chrétienté, Boniface VIII, moins d'un siècle plus tard, doit reconnaître qu'il ne le peut plus. En 1300, il signalait déjà aux Anglais les faibles chances de son arbitrage. Non seulement en raison des demandes « déraisonnables » des Français, mais surtout parce que ceux-ci n'exécuteraient pas la sentence. La menace d'amende pour les y contraindre serait vaine. Ils ne la payeraient pas. Si la voie de l'arbitrage était fermée, resterait à intervenir « de son plein pouvoir apostolique. » Mais pour cela, il faudrait prouver le « péché » du roi de France. C'était l'aveu de l'inefficacité d'un arbitrage purement séculier, l'éventualité d'un recours à la juridiction *ratione peccati,* conforme à la vieille doctrine médiévale, mais dont Boniface VIII lui-même mesurait toutes les difficultés (1).

Si déjà un Boniface VIII est obligé de reconnaître les limites de son action, qu'en sera-t-il des papes d'Avignon en face des

---

(1) Texte cité par CHAPLAIS, *Le Moyen Age,* 1951, 289. Voir dans le même sens La *consultation de Jean de Lignans en 1369* à propos du conflit franco-anglais, où l'auteur propose le recours aux armes ou l'appel à l'Eglise, à raison du péché d'Edouard III qui prétend à la Guyenne (cité *ibid.,* 290).

grandes monarchies qui n'admettent plus d'intervention dans leurs affaires ?

Et c'est ici qu'apparaît l'autre obstacle majeur que les temps modernes ont apporté à l'organisation d'instances juridictionnelles internationales efficaces : le dogme de la souveraineté des Etats, qui, comme la plupart des grands principes du droit public des Etats modernes, apparaît non pas au XVIIIe ou même au XVIe mais au XIVe siècle.

LA HIÉRARCHIE: ÉPISCOPAT

VIII

La participation de la communauté au choix de ses pasteurs dans l'Eglise latine. Esquisse historique

C'est une attitude aujourd'hui fréquente que de demander à l'histoire des arguments pour fortifier une thèse, qu'il s'agisse de confirmer les mérites des institutions existantes ou de proposer de profondes mutations. Cet appel au passé pourrait remplir l'historien d'un légitime orgueil, s'il ne révélait trop souvent, sinon la partialité, du moins une totale absence de sensibilité à la spécificité de chaque époque. Une apparente identité de vocabulaire incite trop souvent à des conclusions hâtives. Les exemples de semblables facilités, génératrices d'erreurs, sont innombrables. Les "élections épiscopales" fournissent l'un des plus évidents.

On ne saurait en quelques pages retracer dans toutes ses nuances une histoire qui s'échelonne sur plus d'un millénaire. Des travaux excellents et classiques s'y sont d'ailleurs employés [1]. Les quelques témoignages que l'on retiendra ici à titre d'exemple permettront

---

1. On rappellera seulement, en suivant la chronologie et sans vouloir être complet, quelques oeuvres maîtresses: H. GRYSON, *Les élections ecclésiastiques au IIIè siècle*, R. H. E. LXVIII (1973) 353-404 qui annonce une étude pour l'époque suivante; Fr. GANSHOF, *Note sur l'élection des évêques dans l'empire romain au IVè siècle et pendant la première moitié du Vè siècle*, RIDA, IV, 1950, 467-498 (=Mél. de Visscher, T. III); A. HAUCK, *Die Bischofswahlen unter der Merovingern* (Erlangen 1883); E. VACAN-

seulement de déterminer dans quelles conditions cette participation de la communauté s'est instaurée, les modalités de sa réalisation, le sens qu'y attachaient les contemporains, les difficultés auxquelles elle se heurta et qui provoquèrent son déclin.

Sans méconnaître certaines persistances tardives et dont on trouve encore des traces à notre époque [2], on peut cependant considérer que l'élection des évêques a très largement disparu depuis le début du XIVè siècle. Sans doute le Titre *de electione* des Décrétales de Grégoire IX (I, 6) demeura-t-il théoriquement en vigueur jusqu'à ce que le c. 329 § 2 du *Codex iuris canonici* vienne, en 1917, affirmer que "le Pontife romain nomme librement les évêques". Mais si la "liberté" était loin d'être totale, la nomination depuis longtemps l'emportait dans les faits. Aussi arrêterons-nous notre enquête au seuil du XIVè siècle.

S'il y a d'autre part quelque arbitraire dans toute division en "périodes" historiques, il nous apparaît cependant nécessaire de tenir compte pour cette recherche des conditions générales dans lesquelles se sont trouvées les communautés chrétiennes au cours de cette longue période. Du groupe des disciples de Jérusalem aux vastes diocèses de la Chrétienté médiévale le changement est si profond qu'il n'a pu demeurer sans incidence sur le choix des pasteurs, si technique que puisse sembler cette question. C'est donc par référence à ces grandes étapes de l'Histoire que nous aurons à distinguer quatre périodes, d'ampleur d'ailleurs très inégale: celle des trois premiers siècles de l'Eglise naissante et persécutée; celle du monde romain des IVè et Vè siècles; celle du haut Moyen-Age des églises "nationales" puis de l'empire carolingien (VIè-Xè siècle); celle de la Chrétienté médiévale (Xè-XVIè siècle) [3].

DARD, *Les élections épiscopales sous les Mérovingiens*, Rev. des Questions hist., 1898 = Et. de critique et d'histoire religieuse, 1er série, 1905; P. CLOCHÉ, *Les élections épiscopales sous les Mérovingiens*, Le Moyen-Age, 1924-1925, 203-254; D. CLAUDE, *Die Bestellung der Bischöfe im merowingischen Reich*, ZSS., K. A. XLIX (1963) 1-75; J. A. EIDENSCHINK, *The Election of Bishops in the Letters of pope Gregory the Great* (Univ. Cath. Washington, 1945); IMBART DE LA TOUR, *Les élections épiscopales du IXè au XIIè siècles dans l'Eglise de France* (1891); E. ROLAND, *Les chanoines et les élections épiscopales du XIè au XIVè siècle* (Th. Institut cath. de Paris, 1909); André DESPAIRIS, *L'élection des évêques par les chapitres au XIIIè siècle* (Th. Paris, 1922); P. SCHMID, *Der Begriff der kanonischen Wahl in den Anfängen des Investiturstreits* (Stutgart, 1926); M. PACAUT, *Louis VII et les élections épiscopales dans le royaume de France* (Paris, 1957); K. GANZER, *Das Mehrheitprinzip bei der kirchlichen Wahlen des Mittelalters* (Tübingen theol. Quartalschrift CXLVII 1967, 60-87); IDEM, *Papsttum und Bistumsbesitzungen in der Zeit von Gregor IX bis Boniface VIII*, Forschungen zur kirchlichen Rechtsgeschichte IX, 1968; IDEM, *Zur Beschränkung der Bischofswahl auf die Domkapitel in Theorie und Praxis des 12. und 13. Jahrhundert*, ZSS.K.A. LVII (1972) 22-28 et LVIII (1973) 166-197; A. TOURRET, *Les élections épiscopales en Normandie sous Innocent III*, Mém. de DES. Caen 1971. Pour l'élection des pasteurs de paroisses (qui ne sera pas envisagée ici) on trouvera une vaste information européenne dans D. KURZE, *Pfarrwahlen im Mittelalter*, (Forschungen zur kirchlichen Rechtsgeschichte VIII, 1966), à compléter par MAC KAY, *The election of Parish Clerks in Medieval Scotland*, Innes Review XVIII (1967) 25-35; P. LEISCHING, *Die Parochialwahlen in den österreichischen Alpenländern*, Miscellanea Bidagor II (Roma, 1972) 229-254.

2. Certains évêchés d'Allemagne, d'Autriche et de Suisse pratiquent encore l'élection par le chapitre cathédral parmi trois candidats proposés par le Saint Siège, ceux-ci étant eux mêmes choisis sur des listes établies par les instances ecclésiastiques locales.

3. Il ne sera pas possible de suivre ici la discipline des églises orientales, pour lesquelles cependant le régime électif a joué, et joue encore, un rôle très important.

I. L'Eglise naissante et persécutée (Ier-IIIè siècle).

Rares sont les témoignages sur la vie des communautés chrétiennes pendant les trois premiers siècles et plus rares encore ceux sur leur organisation. Aussi devrons-nous nous borner à quelques notations.

Les premières concernent la communauté de Jérusalem qui eut à choisir un Apôtre pour remplacer Judas et à désigner les diacres. Selon le témoignage des Actes des Apôtres (I, 15-26) l'initiative de la désignation d'un douzième Apôtre fut prise par Pierre qui, dans ses paroles aux "frères", réunis au nombre d'environ cent-vingt, en souligne la nécessité. Suit alors une procédure en deux temps: la "présentation" par la communauté de deux noms: ceux de Joseph et de Matthias; puis, après une prière commune demandant au Seigneur "de montrer lequel des deux il a choisi", un tirage au sort qui désigna Matthias. L'intervention de la communauté, peut-être inspirée de pratiques communautaires des confréries juives [4], est donc certaine. Mais nous en ignorons les formes. Y eut-il discussions, suggestions de quelques membres influents, vote? On ne saurait le dire. Il est en tout cas évident que le petit nombre des participants, le prestige de certains d'entre eux, et tout spécialement de Pierre qui le premier avait soulevé la question, facilitèrent la proposition des deux noms. Mais le choix ultime ne fut pas celui de la communauté. Celle-ci, fidèle ici encore à des traditions juives [5], laisse à la volonté divine, exprimée par le sort, la désignation du nouvel Apôtre.

Le rôle de la communauté reparaît lorsque les Douze estimèrent nécessaire de choisir les Sept pour le service quotidien. C'est à l'"assemblée des disciples" qu'ils demandèrent de désigner sept d'entre eux. Ceux qui furent proposés, ici encore on ignore selon quelles procédures, furent ensuite présentés aux Apôtres qui leur imposèrent les mains [6].

Ainsi s'affirme dès les premières années du Christianisme l'intervention de la communauté dans le choix de ses ministres. Pratique que l'on peut rattacher à des exemples juifs, mais que l'on aurait tendance aussi à considérer comme normale et très fréquente dans la vie de tout groupe peu nombreux. On doit d'autre part observer que l'initiative de ces choix n'émane pas du groupe, mais de Pierre au premier cas, des Douze, au second; que pour la désignation de Matthias le peuple retint deux noms, mais ce fut le signe divin qui marqua l'élu; pour les diacres, le choix des personnes fut suivi d'un rite d'institution.

Un document romain, dont la nature exacte soulève encore bien des discussions [7], la "Tradition Apostolique d'Hippolyte" confirme que l'évêque doit être "choisi par tout le peuple". Mais ce sont les lettres de Saint Cyprien qui, pour le milieu du IIIè siècle, nous renseignent le mieux sur les usages africain et romain. Plusieurs d'entre elles se réfèrent à des élec-

---

4. En ce sens J. Dauvillier, *Les Temps apostoliques* (Paris, 1970), 155.

5. Par ex. *I Chron.* 24, 5-6 et 26, 13-16; l'une des versions de la désignation de Saül comme roi fait également intervenir le sort comme manifestation de la volonté divine (*I Sam.* 10, 17-24).

6. *Actes*, 6, 2-6.

7. Cf. les travaux de Dom Botte, qui a donné une édition de la *Tradition Apostolique de Saint Hippolyte* dans les Liturgiewissenschaftliche Quellen und Forschungen, Heft 139, Münster 1963. Les conclusions de Dom Botte ont été contestées par J. Magne (cf. en dernier lieu son Mémoire présenté à la Vè section de l'Ecole pratique des hautes études en 1973).

tions épiscopales⁸, mais le témoignage de la lettre LXVII est particulièrement important. Voulant établir le droit de la communauté d'écarter des évêques indignes, saint Cyprien le justifie par le droit inverse de les désigner. C'était par là-même reconnaître que ce droit ne pouvait être contesté. L'évêque de Carthage l'appuye d'ailleurs par des références à l'Ancien Testament et à la désignation de Matthias et des Sept. Mais, par ces exemples, il précise quel est, dans son esprit, la portée de cette intervention populaire. Il ne s'agit pas d'une élection, au sens moderne de l'expression, pas même d'une désignation dans laquelle le peuple serait pleinement libre: "Les ordinations⁹ sacerdotales ne doivent avoir lieu qu'au vu et au su du peuple, afin que, le peuple étant présent, les crimes des méchants et les mérites des bons soient révélés et que l'on ait une ordination juste et régulière, soumis au suffrage et au jugement de tous"¹⁰. Ainsi la présence du peuple est-elle requise pour qu'il témoigne des mérites du candidat. Intervention nécessaire sans doute, mais qui n'est pas une élection et qui laisse l'initiative à l'épiscopat du voisinage pour suggérer un nom. Cyprien le précise plus loin¹¹: "Il faut ... que les évêques les plus proches se rassemblent et que l'élection de l'évêque se fasse en présence du peuple, qui connaît parfaitement la vie de chacun et a pu apprécier sa conduite en vivant près de lui".

Dès ces premiers textes éclate l'équivoque du terme *electio*, qu'avec la plupart des interprètes nous avons traduit par élection. En réalité *electio* signifie choix¹² et non pas élection. Elle peut donc être le fait d'un seul. Mais alors même qu'elle émane d'un groupe, l'*electio* n'implique pas nécessairement le recours à des procédures électorales. Le choix peut se faire dans la spontanéité d'un enthousiasme unanime. Et surtout, on le verra plus loin, l'élection fut moins analysée comme la manifestation de la volonté d'un groupe qui choisit librement celui qui lui paraît le meilleur que comme la manifestation de la volonté divine. Elle est un "signe", à côté d'autres signes de caractère prophétique ou miraculeux. Sans doute, on verra peu à peu la détermination plus précise du collège électoral et de la procédure à suivre donner plus de relief à la volonté humaine. Mais l'adage "*vox populi vox Dei*" gardera sa valeur. Et l'un des trois modes d'élection du droit canonique classique, l'élection par inspiration, marque encore par l'unanimité qu'il suppose l'action de Dieu. Conséquence essentielle d'une telle analyse, l'élection ne saurait conférer un pouvoir, déléguer les droits de la communauté à l'un de ses membres. L'élection de l'évêque n'opère que le choix d'un homme. Le pouvoir d'ordre lui sera conféré par sa consécration. Les canonistes médiévaux ont longuement et subtilement marqué ces différences.

Ainsi dans leur rareté et leur brièveté, les quelques témoignages des premiers siècles marquent déjà nettement la spécificité de l'"élection épiscopale".

---

8. XLIII, 4; LV, 8 (à propos de l'élection du pape Corneille); LIX, 5-6.
9. Il ne faut pas prendre ce terme dans son acception moderne et y voir la collation du sacrement de l'ordre, mais, conformément à l'usage courant de la langue romaine, l'entendre de la mise de quelqu'un dans un *ordo* pour y exercer une fonction.
10. IV, 2.
11. V, 1.
12. *Eligere* veut dire «choisir».

II. Les IVè et Vè siècles.

Tolérée, puis bientôt favorisée, l'Eglise passe au IVè siècle d'une demi-clandestinité à l'affirmation publique de sa foi, de son culte et de ses cadres institutionnels. L'évangélisation, qui désormais ne rencontre plus l'hostilité du pouvoir politique, accroît le nombre des fidèles et multiplie les sièges épiscopaux. La législation, d'abord conciliaire puis, à partir du milieu du IVè siècle, également pontificale, précise les procédures, tandis que des élections qui se font au grand jour suscitent l'attention des chroniqueurs. A la rareté des sources pour les trois premiers siècles succède l'abondance des témoignages, de natures diverses et concernant de multiples régions. Ces différences rendent parfois leur interprétation délicate et déjà s'esquissent certaines distorsions entre la règle et les faits, quelques nuances aussi, qui iront en s'accusant, entre l'Orient et l'Occident.

La législation conciliaire qui au IVè siècle est surtout orientale, se montre réservée à l'égard des interventions de la communauté dans le choix des pasteurs. Le c. 13 du concile de Laodicée [13] stipule: "Il ne faut pas permettre aux foules [14] de procéder à l'élection de ceux qui doivent être promus à l'épiscopat". Pour les Pères des conciles de Nicée (c. 4), Antioche (c. 19), Sardique (c. 6) l'évêque doit être coopté par ses pairs. Sans doute le c. 18 du concile d'Antioche envisage-t-il le cas où l'évêque ainsi désigné se verrait refuser par le peuple l'accès de son église et Osius, au concile de Sardique (c. 6), parle de "la demande de la population" qui réclame un pasteur. Le peuple n'est donc pas totalement absent. Mais son rôle est aussi réduit que possible. Au contraire les Constitutions Apostoliques (VIII, 4) en Orient décrivent une procédure de désignation qui associe "tout le peuple" aux prêtres et aux évêques pour le choix d'un nouveau pasteur. La question, qui à trois reprises est posée au peuple, porte sur la dignité et les mérites du candidat. C'est un "témoignage selon la vérité" qui lui est demandé et la désignation du candidat sur lequel il est consulté ne semble pas relever de lui. En Gaule, la collection dite "second concile d'Arles", vers le milieu du Vè siècle, prévoit la désignation de trois candidats par les évêques comprovinciaux parmi lesquels "les clercs et les citoyens" choisiront leur pasteur (c. 54). A la fin du siècle la collection provençale connue sous le nom de *Statuta ecclesiae antiqua* envisage l'ordination du nouveau prélat "du consentement des clercs et des laïcs", dans une réunion des évêques de la province et avec l'assentiment du métropolitain (préambule). La législation occidentale se montrait donc moins réticente que les canons orientaux à l'égard du peuple. Mais elle ne consacre pas un véritable système d'élection par la communauté et, selon des formes diverses, lui dénie même l'initiative du choix.

A ces réserves législatives s'opposent de multiples témoignages qui attestent que, dans la pratique, l'election était couramment utilisée. C'est le peuple qui désigne saint Mar-

---

13. Concile, dont l'histoire et la date restent mystérieuses, ou Collection canonique telle que l'on en verra d'autres exemples à la même époque sous un patronage conciliaire?

14. Les termes grecs πλήθους, ὄχλοις, aussi bien que celui de la traduction latine de Denys le Petit *(turbis)* ont une valeur péjorative, qui précise encore l'image que l'auteur du canon se faisait de ces élections populaires.

tin à Tours en 371/372 [15] ; c'est lui aussi qui contraint Ambroise à accepter le siège de Milan vers 373-374 [16], qui choisit un évêque à Verceil en 396 [17] ou qui élit, en 418, saint Germain à Auxerre [18]. Il joue un rôle essentiel dans l'élection de Boniface à Rome (418-419) [19] et l'on pourrait multiplier ces exemples.

Il faut cependant préciser ce qu'est cette intervention de la communatué, comment elle est parfois tournée et les difficultés que déjà elle suscite.

Là même où elle est présentée comme jouant le rôle décisif, pour l'élection de saint Martin ou de saint Ambroise, la communauté n'intervient pas par un vote. C'est dans l'enthousiasme que le candidat est acclamé et, si une opposition s'esquisse, un prodige la met en déroute [20]. Ou bien —pour Ambroise— c'est la voix innocente d'un enfant, qui la première lance son nom. Ces manifestations d'une volonté supérieure, qui se combinent avec "l'élection", montrent que cette dernière n'est, elle aussi, que l'expression terrestre des vues de la Providence.

A côté du peuple souvent appelé à intervenir ou qui spontanément réclame un candidat, les textes narratifs font état d'autres "forces" qui se combinent avec la voix populaire et parfois l'étouffent. Le rôle de "notables" commence à se profiler. Pierre II est appelé à Alexandrie d'abord par la désignation de son prédécesseur, mais aussi par l'élection des prêtres et de "personnes honorables". Le peuple "fit connaître sa joie par des acclamations" [21]. Ainsi s'affirme une hiérarchie sociale avec ses répercussions sur les étapes de l'élection. Plus radicalement certaines désignations sont faites, malgré les prohibitions conciliaires [22], par le prédécesseur. On vient de rappeler le rôle d'Athanase dans le choix de Pierre d'Alexandrie. Valérien désigna Augustin pour lui succéder à Hippone [23] et, encore que son biographe se plaise à affirmer qu'Augustin ignorait alors l'irrégularité d'une telle pratique et qu'il ait par la suite déclaré qu'il ne faudrait pas faire pour d'autres ce qu'il déplorait que l'on ait fait pour lui [24], le procès-verbal de l'élection d'Héraclius à Hippone en 426 [25] montre qu'il fut en fait imposé à la communauté par Augustin. Habilement celui-ci réunit le peuple, mais tout en faisant appel à son approbation, il lui indique nettement "quelle était (sa) volonté, qu'il (croyait) être aussi celle de Dieu" [26]. Sans doute de telles pratiques n'allaient-elles pas toujours sans difficulté. Augustin rappelle [27] celles qui se produisirent à Milan, où l'évêque

---

15. SULPICE SÉVÈRE, Vie de Saint Martin, ch. 9 (CSEL. I, 118-119).
16. Vie de saint Ambroise par PAULIN, § 6 (PL., XIV, 28-29).
17. AMBROISE, Ep. 63 (PL. 16, 1189-1190).
18. Vie de saint Germain, MGH. Ss. rer. Meroving., VII, 252.
19. L'opposition de deux factions obligea le préfet de Rome, Symmaque, à intervenir et Honorius finit par soutenir Boniface. On a gardé de cette affaire un important dossier dans la Collectio Avellana (n.º 14 à 37) (CSEL. XXXV, 1). Les faits sont rappelés par A. CHASTAGNOL, La Préfecture urbaine à Rome sous le Bas-Empire, Paris 1960, 171-175.
20. Ainsi dans l'élection de Saint Martin, où la lecture inopinée d'un verset d'un Psaume condamne les adversaires.
21. THÉODORET, Hist. ecclés., IV, 20.
22. Concile d'Antioche de 341, c. 23; Canons des Apôtres, c. 76.
23. POSSIDIUS, Vita Aug., VIII (PL. 32, 39-40).
24. POSSIDIUS, loc. cit.
25. AUGUSTIN, Ep. CCXIII (CSEL. 57, 372 sq.).
26. Ibid., § 1.
27. Ibid.

Sévère avait désigné son successeur, mais n'en avait averti que les clercs et non tout le peuple fidèle. Sans que cela compromît la désignation, qui fut "acceptée par le peuple dans la paix", une telle attitude suscita chez certains "quelque tristesse".

Ainsi, sans être totalement relégué, le choix par la communauté n'était pas observé sans réserve. Il avait contre lui de donner occasion à des conflits parfois violents. Ceux que connut Rome après la mort de Zosime en 419 mirent aux prises les partisans de Boniface et ceux d'Eulalius. La crise fut assez grave pour troubler l'ordre public, provoquer l'intervention du préfet de Rome et finalement de l'empereur lui-même [28]. Déjà le choix de saint Martin pour Tours s'était heurté à une opposition où se retrouvaient à côté d'une partie du peuple quelques évêques du voisinage [29]. A Verceil en 396 les dissentiments qui se manifestent dans le peuple retardent le choix d'un pasteur et nécessitent l'intervention d'Ambroise [30]. A Châlon-sur-Saône en 469-470 les divergences entre les citadins et les intrigues autour de l'évêché conduisent à laisser la désignation du nouveau prélat aux évêques de Lyon et d'Autun [31]. Conflits aussi et déjà simonie à Bourges, l'année suivante [32].

Quelle est en présence de cette situation la doctrine pontificale? Il ne faut pas se l'imaginer comme reposant sur une large information, qui ferait connaître les pratiques des diverses églises, leurs nuances, les variations occasionnelles, les oppositions ou les conflits. Sans doute la papauté entretient-elle des relations épistolaires avec des évêchés lointains. Elle est consultée par des prélats embarassés. Des "vicariats" éphémères et parfois suspects (Patrocle à Arles) renforcent épisodiquement les liens. Mais l'évêque de Rome connaît mieux l'Italie. La conception qu'il se fait du choix épiscopal en porte la marque. La "lettre aux évêques de Gaule", de Damase ou plus probablement de Sirice (384-399), témoigne déjà dans un de ses passages du souci que cette question cause aux pontifes. Elle ne précise pas les procédures, mais condamne la simonie. Elle souhaite des pasteurs dignes et n'entend pas céder au "désir populaire". Si le peuple est cependant mis en scène, c'est que "le témoignage du peuple compte lorsque, s'attachant aux mérites d'une personnalité vraiment digne, il lui accorde l'éclat de sa faveur" [33]. On retrouve ici la notion du peuple-témoin plus qu'agent, déjà exposée par saint Cyprien en se référant à des textes bibliques.

Cependant des lettres de Boniface I (en 422), de Célestin I (en 498), de Léon le Grand (en 445, 446, 449, 458/9) s'accordent pour dire la nécessité du consentement populaire et ces textes, repris par les Collections canoniques, chemineront jusqu'au Décret de Gratien. Leur importance est donc considérable. Ils fixent pour des siècles une orientation. C'est Boniface qui déclare "intolérable" une désignation épiscopale à Lodève faite au mépris des demandes du clergé, des notables et du peuple [34]. Céleste I fixe cette règle aux évêques de Viennoise [35]: "Qu'aucun évêque

---

28. Supra n. 19.
29. Supra.
30. Ambroise, *Ep.* LXIII *(PL.* 16, 1189-1190).
31. Sidoine Apollinaire, *Ep.* 25.
32. Sidoine Apollinaire, *Ep.* L. VII, 5, 8, 9.
33. La décrétale a été éditée et commentée par Babut, *La plus ancienne décrétale*, Th. Lettres, Paris 1904.
34. *Ep.* 12, *PL.* 20, 772-773.
35. *Ep.* 4, 5 *(PL.* 50, 451). Le texte sera repris dans la *Quesnelliana* ch. 35 *(PL.* 56, 579), collection canonique de la fin du Vè siècle.

ne soit imposé à ceux qui ne le veulent pas. Le consentement et le souhait du clergé, du peuple et de la curie locale sont requis". Léon le Grand fait écho à ces formules: "Que l'on exige la souscription des clercs, le témoignage des notables, le consentement de la curie et du peuple", car "celui qui est à la tête de toute la communauté doit être élu par toute la communauté" [36]. Il écrit à l'évêque de Thessalonique: "Lorsqu'il s'agit d'élections épiscopales, on préférera à tous celui que l'accord du clergé et du peuple a demandé de façon unanime... Aucun candidat ne sera ordonné sans avoir été demandé et contre le gré des fidèles; car il ne faut pas qu'une cité traite avec mépris ou ait en aversion un évêque qu'elle n'aurait pas souhaité et que sa piété soit atteinte, parce qu'elle n'aurait pas eu celui qu'elle voulait" [37]. Enfin on retiendra encore cette phrase de la lettre à Rusticus de Narbonne [38]: "Il n'y a aucune raison de tenir pour évêques ceux qui n'ont pas été élus par les clercs, demandés par le peuple, consacrés par les évêques comprovinciaux avec l'assentiment du métropolitain".

Ainsi la doctrine pontificale du Vè s. est formelle. L'intervention de toute la communauté et spécialement du "peuple" est requise pour le choix de l'évêque.

Mais les lettres pontificales vont plus loin. Elles tracent les lignes d'une procédure et laissent apparaître des hiérarchies. La lettre de Léon à Rusticus est particulièrement nette: le peuple "demande", c'est à dire suggère des noms, propose des candidats; le clergé choisit; les comprovinciaux et le métropolitain ratifient et consacrent. Ailleurs [39] il distingue "le témoignage des notables et le consentement de la curie et du peuple". Ainsi, si l'intervention du peuple est tenue pour nécessaire, elle n'est pas envisagée comme une "élection" moderne. Tantôt le peuple est présenté comme prenant l'initiative, exprimant un souhait, suggérant un nom. Tantôt il apparaît au terme de la procédure, approuvant le choix du clergé. Et dans ce peuple laïc, les "notables" se voient souvent reconnaître une place de choix.

Cette esquisse de procédures aux contours incertains s'inspirait sans doute d'expériences pratiques, de coutumes qui sur un fond commun (la participation de toute la communauté) suivaient des voies quelque peu divergentes ("présentation" ou "ratification"?). On ne saurait exclure que les pontifes romains n'aient trouvé quelque modèle dans les procédures séculières et spécialement dans celle-qu'Honorius avait prescrite en 409 pour le choix des "défenseurs des cités": proposition du candidat par les clercs, des "personnes honorables, de grands propriétaires et les curiales", puis nomination par le préfet du prétoire [40]. Dans les deux cas le choix est laissé aux intéressés, mais une importance particulière est attribuée à l'avis des notables, puis interviennent les autorités supérieures (métropolitain et parfois vicaire pour les évêques, préfet du prétoire pour les défenseurs).

Ainsi, au moment où l'Empire romain allait disparaître en Occident, une discipline assez claire était affirmée dans l'église latine. Malgré des réticences conciliaires (orienta-

---

36. *Ep.* 10, 6 *(PL.* 54, 634).
37. *Ep.* 14, 5 *(PL.* 54, 673). Le texte est repris au Décret de Gratien D. 63, c. 36. On trouve d'autres textes de saint Léon sur le même sujet au Décret D. 62, c. 1; D. 63, c. 27.
38. *Ep.* 167 *(PL.* 54, 1203).
39. Lettre aux évêques de Viennoise, *Ep.* 10, 6 *(PL.* 54, 634).
40. CJ. I, 55, 8.

les), la pratique et la législation pontificale accordaient au concours de la communauté un rôle nécessaire. La place même de cette intervention dans la procédure n'était cependant pas toujours la même. Et déjà s'esquissaient des distinctions entre clercs et laïcs, peuple et notables, qui iront par la suite en s'accusant.

III. Le Haut Moyen-Age (VIè-Xè siècle).

Le cadre politique dans lequel se déroulent les élections épiscopales en Occident du VIè à la fin du Xè siècle diffère profondément de celui des premiers siècles. A l'unité de l'empire se substitue la multiplicité des royaumes, en attendant une éphémère restauration de l'unité avec l'empire carolingien. A la liberté des choix respectée par les empereurs romains fait suite une politique interventioniste des rois mérovingiens ou wisigoths, puis des empereurs carolingiens. La papauté, lointaine, souvent faible et toujours mal armée pour exercer un contrôle efficace, intervient peu. Princes et peuple, évêques de la province, métropolitains, clercs du diocèse tels sont les protagonistes que révèlent les sources. Celles-ci, pas plus qu'à l'époque ancienne, ne donnent de la désignation épiscopale une image uniforme et, tandis que désormais les conciles affirment le principe électif, les interventions du pouvoir séculier bouleversent les procédures. L'époque carolingienne tente de combiner le respect du droit électoral avec l'autorité de l'empereur, tandis que l'opinion populaire persiste à voir derrière l'élection l'intervention de la Providence.

La législation conciliaire des VI-VIIè siècles rappelle sans se lasser la règle de l'élection "par le clergé et par le peuple", qu'elle assortit d'un contrôle exercé par les consécrateurs, évêques comprovinciaux et métropolitains [41]. Mais, tout en condamnant les brigues ou la pression des grands, le concile d'Orléans de 549 (c. 10) mentionne déjà "la volonté royale" dans les composantes de l'élection. Il est vrai que le concile de Paris de 556/573 rejette le candidat qui se prévaudrait d'un "ordre du roi", traduisant peut-être ainsi l'attitude plus respectueuse de la liberté des élections du roi Childebert [42]. Mais qu'ils la tolèrent ou la réprouvent, les conciles en tout cas la signalent comme un fait. Et cela déjà est grave. L'édit de Clotaire II du 18 Octobre 614, qui prétend reprendre les décrets du concile de Paris tenu le 10 Octobre de la même année, ajoute d'ailleurs à l'élection "par le clergé et le peuple", l'"ordination" "sur l'ordre du prince" [43]. Ainsi la législation laisse déjà deviner ce que les chroniqueurs confirment abondamment : le choix du clergé et du peuple, le contrôle des comprovinciaux et du métropolitain cèdent trop souvent devant la brutalité des volontés royales.

A lire les récits de Grégoire de Tours, et en faisant la part du genre hagiographique, on ne peut qu'être frappé de la fréquence et de la vigueur des pressions royales, des manoeuvres aussi et des marchandages, auxquels donnent lieu les élections épiscopales. On ne

---

41. Conciles d'Orléans de 533, c. 7; Clermont de 535, c. 2; Orléans de 538, c. 3 et de 549, c. 10 et 11; Paris 556/573, c. 8 et 614 c. 2; Chalon-sur-Saône de 647/653, c. 10, *Corpus Christ.* T. 148. A. *Concilia Galliae*, pp. 100; 105; 115; 151-152; 208; 275; 305.

Voir, pour le royaume wisigothique, le c. 19 du IV concile de Tolède de 633.
42. Si le concile a été tenu avant 558, date de la mort de ce roi.
43. C. 1 *(ibid.* 283).

saurait ici en rappeler le détail. L'impression générale qui s'en dégage est que, si le principe de l'élection par le clergé et le peuple subsiste, il est trop souvent bafoué par la volonté du roi, les interventions des grands, les amitiés ou les liens familiaux, voire par une sordide simonie [44]. Des documents administratifs font connaître le texte de formulaires par lesquels la population d'un diocèse demande au roi de nommer évêque un candidat dont on lui suggère le nom [45]. D'autres formules fournissent le modèle de lettres où le roi enjoint à un évêque de publier la désignation d'un prélat faite par le souverain [46] ou d'ordres du roi prescrivant la consécration de l'évêque de son choix [47].

La crise au milieu de laquelle disparut la monarchie mérovingienne ne fit que faciliter de semblables abus. Charles Martel disposait des évêchés comme des *villae* royales et, d'ailleurs, la richesse foncière, désormais attachée à l'évêché, lui donnait une importance et un attrait où les soucis pastoraux n'avaient guère de place.

Sans y parvenir pleinement l'essai de réforme de l'église entrepris par Charlemagne contribua cependant à une remise en honneur, au moins temporaire, des principes anciens. Mais, si le principe de l'élection par la communauté est maintenu, l'empereur attache trop d'importance au choix des prélats pour ne pas le surveiller de près. Ses conseillers l'y incitaient en le mettant en garde contre les erreurs populaires: "Selon les prescriptions divines, le peuple doit être conduit et non pas conduire [48] et l'élection doit se faire... au profit du plus digne. Il ne faut pas écouter ceux qui ont coutume de dire: "La voix du peuple est la voix de Dieu", car "le tumulte populaire est toujours proche de la folie". Telles étaient les recommandations d'Alcuin à Charlemagne [49].

Les formulaires, ici encore, font connaître les modalités de la procédure électorale. Un visiteur impérial est envoyé au siège du diocèse vacant pour provoquer l'élection, mais aussi pour la contrôler et au besoin pour guider le choix de la communauté. Dans un discours d'ouverture, dont les termes nous ont été conservés [50], il lui annonce "le pouvoir qui lui a été concédé par l'empereur de choisir en son sein un pasteur". Ainsi le droit du clergé et du peuple, fondé sur une longue tradition, confirmé par les papes et les conciles, conforme aux pratiques bibliques et répondant à l'intérêt de la communauté elle-même, est mué en concession princière [51]. Sans doute le même document invite-t-il le peuple à faire un choix unanime d'un candidat répondant aux besoins de sa charge et aux exigences

---

44. Qu'on relise par exemple les récits de la désignation de saint Quintien à Clermont en 515, de Cautin à Clermont en 551 ou de son successeur Avitus *(Hist. Franc.* III, 2; IV, 5-15; IV, 35) ou, dans la vie de saint Didier, le récit de son élection à Cahors en 629 *(PL.* 87, 225-227 et *MGH, Script. rer. merov.,* IV, 571).

45. Formule de Marculf I, 7 (vers 650) dans ROZIÈRES, *Recueil général des formules utilisées dans l'empire franc du Vè au IXè siècle* (Paris 1859) T. II, 515. On trouvera d'autres formules du même genre, *ibid.*, n.º 513 et 514.

46. Marculf I, 5, *ibid.*, n.º 517.
47. Marculf I, 6, *ibid,* 518.
48. Reprise d'une formule de Célestin I, *Ep.* V, 3.
49. *Ep.* 132, 9 *(MGH., Epist.,* IV, 199).
50. ZEUMER, *Formulae, MGH*, pp. 549-552. Ce document doit être daté entre 814 et 840.
51. Cf. l'instruction royale «concédant à titre bienveillant le droit de choisir un évêque», dans les Formules de Saint Gall (ZEUMER, *Formulae,* p. 385 sq.). La formule se rapporte à Louis le Germanique qui a régné de 843 à 876.

pauliniennes [52]. La forme élective est donc sauvée. Mais sa signification reste empreinte d'esprit religieux. A travers la volonté des hommes, c'est Dieu qui désigne celui qui "est apte à le servir". Aussi la réunion électorale doit-elle être précédée de prières et de supplications, de trois jours de jeûnes [53], d'aumônes "selon les possibilités de chacun". Alors, par la voix du peuple, s'exprimera la volonté de Dieu.

Malgré ces empiétements du pouvoir politique, papes et docteurs s'efforcent de maintenir le principe électif. En 865 Nicolas I rappelait à l'archevêque de Besançon que l'élection devait être non pas "l'oeuvre de quelques laïcs", mais qu'elle devait émaner "du clergé de l'église avec l'assentiment des premiers de la cité" [54]. Une bulle d'Etienne VI pour Narbonne prescrivait: "Que personne ne puisse, malgré l'appui du roi, usurper le siège; mais que la réunion du collège des évêques, du clergé et du peuple confère l'archiépiscopat" [55].

Inaugurant un genre littéraire qui connaîtra au Moyen-Age un assez grand succès, le diacre lyonnais Florus rédigeait vers 820 un petit traité "de l'élection des évêques" [56]. Rallié à la tendance réformatrice qui s'efforce de rendre au clergé le sens de sa mission en le soustrayant à l'emprise laïque et aux sollicitations des biens temporels, il rappelle fermement le principe traditionnel: que l'évêque "soit élu par l'accord unanime du clergé de l'église (en cause) et le consentement de tout le peuple". Le traité allègue en ce sens les conciles et les décrets des papes, le témoignage de saint Cyprien à propos du pape Corneille [57]. Habilement, il s'efforce de limiter l'intervention du prince, rappelant que "pendant près de quatre cents ans" les évêques furent régulièrement désignés "sans aucune consultation du pouvoir séculier" (§ 3). Si "dans certains royaumes la coutume s'en est établie par la suite", il ne s'agit que d'une manifestation de l'esprit "de paix et de concorde avec le pouvoir de ce monde" (§ 4). Mais "personne n'est assez insensé pour croire que la grâce divine est moindre là où n'intervient aucune confirmation du pouvoir séculier" (§ 6).

Là-même où l'élection était respectée, elle ne suffisait plus. Appelé à consacrer le nouvel évêque, le métropolitain exerçait un contrôle. Il pouvait refuser de ratifier l'élection. Aussi voyons-nous le clergé de Laon "priant et implorant" l'archevêque de Reims Hincmar de consacrer son candidat, tout en rappelant la formule de saint Léon "celui qui doit être obéi par tous doit aussi avoir été élu par tous" [58]. Une lettre d'Hincmar au clergé de Beauvais [59] montre combien le métropolitain surveille l'élection. Il délègue un évêque comme visiteur pour suivre la procédure. Il rappelle les qualités que doit présenter l'élu, met en garde contre toute pratique simoniaque, les abus d'influence, les pressions familiales ou les faveurs de l'amitié. Il se réserve l'examen de l'élu. Et s'il découvre quelque déficience du candidat ou quelque vice de l'élection, il casse toute la procédure et se substitue au

---

52. I *Timoth.* 3, 1-7, *Tite* I, 5-9, auxquels le discours du visiteur fait référence expresse.
53. Les récits d'élection de cette époque font souvent mention de ces trois jours de jeûne.
54. *PL.* 119, 918 et *MGH., Epist.* VI, 643.
55. 20 Août 896 *(PL.* 129, 856).
56. *PL.* 119, 11-14.
57. Cyprien, *Ep.* LV, 8, 4-5.
58. *PL.* 126, 270 et Zeumer, *Formulae,* MGH., 553-554.
59. *PL.* 126, 258-260.

corps électoral pour désigner lui-même un prélat.

D'autres risques menaçaient l'élection. A côté de l'indignité de l'élu ou de l'irrégularité de la procédure, les textes signalent la division des voix. Là encore Hincmar résout à son profit le conflit entre les électeurs: "Si les voix des électeurs se partagent c'est à moi... de choisir celui qui pour son ordination jouit de plus de savoir et de mérite"⁶⁰. Moins brutalement, un privilège de Charles le Simple pour Trèves aboutissait à un résultat analogue. L'empereur déclarait en effet "s'il arrive, ce qui s'est déjà produit dans les élections de certains évêques, que les voix des électeurs se divisent, le parti sur lequel le clergé et les meilleurs citoyens se seront mis d'accord... bénéficiera de l'autorité royale et, en conformité avec le choix de ce groupe, il sera reconnu comme l'évêque qu'ils ont souhaité"⁶¹. Sans doute le texte prétend-il faire application du principe de la *sanior pars*, qu'avait déjà formulé le pape saint Léon dans sa lettre à Anastase de Thessalonique⁶². Mais la détermination difficile de cette *sanior pars* est en pratique laissée à l'appréciation de l'"autorité royale". A l'abri de cette appréciation très subjective, le prince choisira.

Pour comprendre exactement le sens donné à l'élection à cette époque, il faut enfin rappeler qu'elle reste liée au merveilleux providentiel. Elle est elle-même signe de la volonté divine ou bien elle se combine avec des signes divins qui la dirigeront. Telle la désignation d'Adalran à Mâcon en 813. Un jeûne de trois jours avait été prescrit et "l'on chercherait ainsi la volonté de Dieu". La fin du jeûne étant arrivé, dans la nuit même qui précédait l'élection, un ange du Seigneur apparut à un clerc et l'avertit que l'on devait élire et préférer à tous Adalran... Le lendemain ce clerc fit part de son songe au clergé et au peuple, qui élevèrent Adalran au siège épiscopal⁶³. On pourrait donner bien d'autres exemples⁶⁴ de cette conjonction entre l'élection et les signes divins. Sans doute est-il difficile d'y distinguer la croyance profonde du chroniqueur dans la véracité des faits et le goût du merveilleux qui n'interdisait pas au narrateur d'embellir son récit pour accroître le prestige de son héros. Il n'en demeure pas moins que la fréquence de ces récits est à elle seule le témoignage d'une mentalité et d'un certain sens donné à l'élection. Il est d'ailleurs remarquable qu'un texte conciliaire, isolé il est vrai, ait formellement marqué le lien entre la procédure électorale et la désignation divine. Le concile de Barcelone de 599 c. 3 règle ainsi la désignation de l'évêque: "...des

---

60. *PL*. 126, 301. La formule finale reprend les expressions de la lettre de saint Léon à Anastase de Thessalonique, *Ep*. 14, 5 (infra n. 62).

61. Dom BOUQUET, *Recueil des Historiens des Gaules*, IX, 518.

62. *Ep*. 14, 5 (*PL*. 54, 673): «S'il arrive qu'une partie des votes se soit portée sur une autre personne, on préférera celui qui au jugement du métropolitain, aura le plus de zèle et de mérites».

63. *Gallia Christiana* IV, 1050.

64. Cf. les récits tardifs (VIII-IXè siècles), de caractère hagiographique, mais où s'expriment les idées de l'époque sur l'alliance de l'élection et des signes providentiels à propos de Grégoire le Grand (COLGRAVE, *The Earliest Life of Gregory the Great*, Univ. of Kansas, 1968, 84-87), de Solenne de Chartres (*MGH., Script. rer. merov.*, VII, 314-316), d'Eucher de Lyon (*Acta Sanctorum*, Jun. IV, p. 251), de Samson à Dol (R. FAWTIER, *La vie de saint Samson*, Paris 1912), d'Aignan d'Orléans (*Vie de S. Euverte d'Orléans*, éd. des Bollandistes), de Sévère de Ravenne (*MGH., Script. rer. longobardorum*, 285-286), de Lubin à Chartres (*MGH. AA.* IV, 2, 77-78), de Rémi à Reims (*MGH. Script. rer. meroving.* III, 263-264).

deux ou trois candidats que le clergé et le peuple par leur consentement auront choisis et présentés au jugement du métropolitain et de ses suffragants, celui-là seul recevra la bénédiction épiscopale que le tirage au sort auquel les évêques après avoir jeûné auront procédé, désignera comme le choix définitif du Christ Seigneur".

IV. La Chrétienté Médiévale (XI-XIVè siècle).

Cette période connut tour à tour l'apogée puis le déclin des élections épiscopales. Nous disposons pour l'étudier d'une information abondante et variée. Aux multiples récits d'élections épiscopales s'ajoutent des dispositions législatives, moins dans les canons conciliaires que dans les décrétales pontificales. Les XIIè et XIIIè siècles sont d'autre part l'époque des grandes compilations canoniques du Décret de Gratien (vers 1140 probablement) et des Décrétales de Grégoire IX (1234). Tous deux accordent à l'élection des évêques une place importante. Sur la base des textes ainsi rassemblés, Décrétistes et Décrétalistes construisent des exposés systématiques qui, des gloses et des Sommes, conduisent peu à peu à de véritables traités. Mais au moment même où les juristes lui prêtaient le plus d'attention, l'élection des évêques était battue en brèche d'abord par la substitution d'un corps électoral restreint à la large communauté du clergé et du peuple, puis ce collège étroit, trop souvent incapable de s'accorder sur un nom, se voyait peu à peu écarté par la nomination pontificale.

On ne peut d'autre part négliger les entorses que les princes séculiers apportèrent au régime électif. Depuis longtemps l'évêché était source de prestige, d'honneur et de profits. Dès l'époque mérovingienne cette confusion entre la mission pastorale et la gloire séculière avait réagi sur les modalités du choix aussi bien que sur la qualité des prélats. Dans le monde féodal, où la terre devient source de puissance, où l'évêque par ses domaines est pris dans le réseau vassalique, la pesanteur du temporel se fit encore plus lourde. Le suzerain entendit contrôler le choix de son vassal-évêque. Les grands voulurent profiter de la force politique que constituait le fief épiscopal. D'où d'innombrables interventions des empereurs, des rois ou des seigneurs qui contrôlent l'élection, veulent la diriger ou parfois même se substituent aux électeurs.

Aussi faut-il être prudent dans l'interprétation de certains témoignages. C'est ainsi qu'une lettre des évêques de la province de Reims, relatant l'élection au siège archiépiscopal de Gerbert, en 991, rappelle à plusieurs reprises le principe électif [65]. Mais si, avec Isaïe (66, 6) ils proclament que "la voix du peuple est la voix de Dieu", ils ajoutent aussitôt, empruntant aux *Capitula* de Martin de Braga (c. 1) une refonte des c. 12 et 13 de Laodicée, qu' "il n'est pas permis aux foules d'élire ceux qui sont promus au sacerdoce, mais que les évêques donnent leur avis...". C'est donc un corps électoral restreint et choisi qu'ils proposent. En réalité le débat dépassait de beaucoup cette détermination d'un corps électoral de qualité. L'élection de Gerbert marque le terme d'une grave crise où l'autorité de la jeune monarchie capétienne s'était

---

65. J. Havet, *Lettre de Gerbert* (Paris 1889), lettre 179.

trouvée en question. A la mort d'Adalbéron, Hugues Capet avait fait accéder au siège de Reims, l'évêque de Laon Arnoul, bien qu'il fut l'allié de Charles, duc de Basse-Lorraine, héritier des prétentions carolingiennes sur le royaume. Hugues espérait ainsi se concilier Arnoul. Mais le nouvel archevêque trahit cette confiance, ouvrit sa ville à Charles, menaçant le Capétien d'encerclement. Hugues Capet fit déposer Arnoul par le concile de Verzy (Juin 991) et c'est alors qu'eut lieu l'élection de Gerbert. La présence d'un dernier représentant de la dynastie carolingienne, du premier Capétien, du futur pape Silvestre II donne à cette affaire un relief tout spécial. Elle n'est cependant qu'un exemple des luttes politiques autour des évêchés. Sans doute ne furent-elles ni constantes ni toujours aussi graves. Mais cet arrière-plan pesa lourdement sur les choix épiscopaux.

Un chroniqueur rapporte de quelle façon se passait l'élection épiscopale dans l'Empire au début du XIIè s.: "A la mort d'un évêque ou d'un abbé d'un monastère, le prévôt, le doyen, l'écolâtre et avec eux les citoyens notables et de bon conseil ne tardaient pas à se rendre au Palais... Quand ils avaient discuté avec les évêques, le chancelier et les chapelains qui se trouvaient dans l'entourage de l'empereur, celui qui devait être soutenu était élu, d'après le bon plaisir et la faveur de l'empereur" [66].

Certes le principe de la liberté des élections est rappelé par les clercs. Faisant allusion aux interventions abusives de Robert "le Pieux", Fulbert de Chartres s'écrie: "Comment parler de l'élection, là où une personne est imposée par le prince, si bien que ni le clergé, ni le peuple, ni même les évêques ne peuvent envisager un autre candidat" [67]. Les réformateurs de l'époque grégorienne s'insurgent en voyant que "dans l'élection des évêques, les rois passent avant les primats et les métropolitains. Or... leur rôle devrait se borner à l'approbation du choix fait par le clergé, le peuple et les notables de chaque diocèse" [68]. Le principe de l'élection par le clergé et le peuple est formellement rappelé par la papauté [69] et par tous ceux qui dans l'Eglise luttaient contre l'investiture laïque [70]. L'un des objectifs essentiels de la "réforme grégorienne" et des accords qui, selon des modalités variables, mirent fin en Occident à la "Querelle des investitures", fut précisémment de garantir cette liberté des élections. On ne saurait dire que l'Eglise y parvint complètement.

D'autres dangers menaçaient le système électif, et le plus grave résidait dans les conflits auxquels trop souvent donnait lieu l'élection. Rivalités familiales, dissensions dans le corps électoral, compétition entre réguliers et séculiers, parfois entre clunysiens et cisterciens [71].

---

66. *Vie de Conrad*, archevêque de Salzbourg de 1106 à 1147 *(MGH. SS.* XI, 65).
67. Lettre de Fulbert de Chartres à Théodoric, évêque d'Orléans en 1016-1017 (Dom BOUQUET, *Rec. des Historiens des Gaules*, X, 453-454).
68. HUMBERT DE MOYENMOUTIERS, *Adversus simoniacos*, III, 5-6 *(PL.* 143, 1135).
69. Par exemple par Léon IX au concile de Reims de 1049 (c. 1) ou par Grégoire VII, au synode romain du 7 mars 1080 *(Registres*, éd. JAFFÉ, 1865, p. 400).

70. Cf. le ch. 37 du *Liber de honore ecclesiae* de Placide de Nonantola écrit vers 1111-1112 *(MGH, Libelli de Lite*, II, 585), la lettre de Geoffroy de Vendôme au cardinal Pierre Léon *(PL.* 157, 214-218) ou les protestations d'Ives de Chartres à propos de l'élection d'Etienne de Garlande à Beauvais en 1099 avec l'appui de Philippe I (A. BECKER, *Studien zum Investiturproblem im Frankreich, 1049-1119* [1955]).
71. L'affaire de Langres, pour laquelle saint Bernard intervint activement et fit finalement triompher son candidat, est demeurée célèbre. Nous la

Sans doute de tels débats n'accompagnaient pas toutes les élections. Il y en eut beaucoup de pacifiques et de régulières. Mais le calme dans lequel elles eurent lieu n'intéressa pas la chronique et ne provoqua aucune intervention d'instances supérieures. C'est dire qu'elles n'ont guère laissé de trace dans nos sources. Il est donc impossible de dire aujourd'hui quelle fut la proportion des choix difficiles.

Il n'en demeure pas moins que, lorsque les dissensions du collège prolongeaient la vacance et mettaient ainsi en péril la vie religieuse du diocèse, les instances supérieures furent appelées à intervenir. Tout en respectànt le principe de l'élection, Grégoire VII, dans une lettre au clergé et à la population d'Arles, laisse planer l'éventualité d'une nomination pontificale, au cas où les électeurs ne seraient pas capables de choisir un bon prélat [72]. De telles situations ne pouvaient que servir les tendances centralisatrices de la papauté médiévale et la politique autoritaire de certains pontifes. Elles contribuèrent grandement au déclin du régime électif.

Tandis que les élections épiscopales connaissaient dans la vie quotidienne bien des difficultés, les canonistes commencaient à y consacrer une partie de leur science. Sans doute des dispositions importantes, canons conciliaires ou décrétales pontificales, relatives à la participation de la communauté au choix de ses pasteurs avaient-elles au cours des siècles trouvé accueil dans les Collections canoniques. Mais c'est incontestablement la moisson de textes recueillis par Gratien qui fournit le point de départ de cette importante contribution doctrinale. Deux *Distinctiones* du Décret (62 et 63), groupant trente-neuf canons [73], réunissent les textes essentiels. Comme toujours dans un ordre qui nous déroute, et avec des interférences de questions multiples [74]. Aussi est-il malaisé de dégager la pensée de Gratien sur les modalités des choix épiscopaux.

On est cependant frappé par la netteté du *dictum* qui ouvre le D. 62: "aux clercs d'élire, au peuple de donner son consentement". C'est donc bien le maintien du vieux principe de l'élection, à laquelle est appelée toute la communauté. Une hiérarchie cependant s'affirme, dont on a vu les premières esquisses dès l'époque romaine. La prépondérance appartient aux clercs, qui "élisent" et jouissent donc de l'initiative dans le choix. Le peuple (laïc) "consent", ce qui évidemment lui réserve le droit de refuser l'élu. Cependant le *dictum* initial de la Distinction 63 se montre plus restrictif: "les laïcs ne doivent en aucune façon s'immiscer dans l'élection". A la vieille conception de la communauté chrétienne, qui n'excluait pas les différences, voire les hiérarchies, se substitue ici l'idée qui depuis longtemps cheminait et que consacrera la Chrétienté médiévale, celle des *duo genera christianorum* [75]. Aux clercs seuls de choisir les évêques.

connaissons par un abondant dossier épistolaire de saint Bernard et de Pierre le Vénérable (cf. M. PACAUT, *Louis VII et les élections épiscopales dans le royaume de France*, Paris 1957, 87-89).
72. *Reg. de Grégoire VII*, VII, VI, 21 (1 mars 1079).
73. Auxquels s'ajouteront par la suite deux *paleae*.

74. L'intervention des princes dans le choix des évêques et celle de l'empereur dans l'élection pontificale. Sans doute s'agit-il de «laïcs» dont le rôle doit être précisé. Mais le dualisme n'est pas ici entre clercs et laïcs, mais entre pouvoir politique et liberté de l'Eglise.
75. Sur cette évolution capitale, dont l'histoire reste à écrire, on pourra consulter les communica-

A regarder les *auctoritates* qui appuyent cette formule on est frappé de la pauvreté du bilan. Huit canons au total, mais deux (c. 1 et 2) qui sous des formes différentes rapportent le c. 22 du concile de Constantinople de 869/870 qui excluait de l'élection les laïcs; deux autres (c. 6 et 8), qui eux aussi reproduisent deux versions différentes (dyonisienne et hispanique) des exclusions du concile de Laodicée [76]. Les quatre autres canons concernent les interventions du pouvoir politique qui, bien que laïc, n'est pas écarté en cette qualité.

Dans une *IIa pars*, selon le balancement cher à la *Concordia*, Gratien réunit des *auctoritates* en sens contraire, celles qui devraient appuyer l'intervention du peuple. Ici encore se mêlent l'action des princes (c. 9, 15, 16, 17, 18, 21 à 23) et la participation populaire (c. 11 à 14 et moins nettement c. 10, 19, 20). Ce qui conduit Gratien à un *dictum* de conciliation (après le c. 25): "Que le peuple soit appelé à assister à l'élection n'implique pas qu'il soit convoqué pour faire cette élection. Il doit simplement donner son accord". Formule que veulent appuyer les c. 26 et 27. Les canons suivants (c. 28 à 34) reviennent aux interventions politiques, les deux derniers concernent la composition du corps électoral et le partage des voix.

Réservé, mais non pas farouchement hostile aux interventions princières, Gratien demeure donc adepte de l'élection épiscopale. Mais ce qui avait été l'affaire de tous, devient dans l'optique de son temps domaine réservé des clercs. Avec le concile de Latran de 1139 (c. 28), que le Décret reproduit au c. 34, il est d'ailleurs entendu que ce collège de clercs ne se limite pas aux seuls chanoines. Il doit inclure des "hommes religieux", expression vague qui embarassera les canonistes médiévaux, comme elle laisse perplexe les historiens modernes. Le *dictum* de c. 35 esquisse déjà une interprétation restrictive en substituant *clerici religiosi* à *viri religiosi*.

Dès les dernières décades du XIIè siècle les premières "Sommes" commentent ces canons [77]. Elles restent fidèles au principe électif, mais leurs subtiles analyses témoignent des difficultés que soulevait sa mise en application. Plus tard la publication des Décrétales de Grégoire IX, qui au L.I.T. VI *de electione* rassemble 60 textes [78], suscitera de nouveaux commentaires.

Tandis que les docteurs disputaient de l'élection, de ses modalités et de ses effets, du droit qu'elle conférait à l'élu et de ceux qui n'appartenaient qu'à l'évêque consacré, le régime électoral était au XIIIè siècle de plus en plus menacé. Les conflits électoraux, parfois scandaleux et quelques fois brutaux, les longues vacances qu'ils provoquaient contribuè-

---

tions présentées à la IIIè semaine internationale de la Mendola 1965, réunies sous le titre: *I laici nella «societas Christiana» dei secoli XI e XII* (Milano, 1968); voir aussi J. HERVADA, *Tres estudios sobre el uso del término laico* (Pamplona, 1973).

76. Supra.

77. *Summa «elegantia in iure divino»*, 3è Partie ch. 36-50, en 1169 (éd. G. FRANSEN, et S. KUTTNER, New York 1969, I, 130-138); HUGGUCIO, *Summa decretorum* sur le D. 23, c. 1 et 63 (entre 1188 et 1192);

RUFIN, *Summa decretorum* sur D. 23, c. 1; 60, pr.; 63, pr. (éd. SINGER, p. 52; 151-152, 155), entre 1157 et 1159; *Summa «imperatorie maiestati»*, sur D. 62 et 63 (entre 1175 et 1178), etc. On trouvera beaucoup de ces textes avec les remarques qu'ils appellent dans L. BENSON, *The Bishop elect* (Princeton 1968).

78. Les plus nombreux de beaucoup étant des décrétales d'Alexandre III (1159-1181) à Grégoire IX et quelques textes du IVè concile de Latran de 1215 (les c. 23, 24, 25, 26).

rent largement à ce discrédit. Le concile de Latran de 1215 (c. 23) prive de leur droit électoral les électeurs qui n'ont pu désigner un évêque dans les trois mois de la vacance. Par le jeu de la dévolution, l'autorité supérieure, métropolitain ou papauté, était invitée à se substituer aux électeurs défaillants. L'arbitrage des conflits fut cherché auprès du souverain Pontife. Les registres des papes, les Décrétales de Grégoire IX offriraient une ample moisson de ces textes où le pape décide lui-même ou plus souvent renvoie à des évêques ou des abbés qui auront pouvoir de trancher en son nom [79]. Indirectement on en venait ainsi à la nomination pontificale. L'esprit de centralisation des papes du XIIIè siècle ne pouvait que favoriser cette tendance. Des considérations politiques allaient dans le même sens. Dans le conflit qui opposa Frédéric II à Innocent IV le poids de l'épiscopat de l'Empire n'était pas négligeable. Le pape avait tout intérêt à s'assurer des partisans dans ses rangs.

Menacé de l'extérieur, le système électif se modifiait gravement dans ses structures internes. Le corps électoral progressivement se restreint. L'élimination pratique des laïcs, déjà presque acquise dans le Décret de Gratien au milieu du XIIè siècle [80] tenait autant à une conception dualiste de la société chrétienne [81] qu'à la lutte menée par les Grégoriens contre les interventions du pouvoir politique. Mais, dans le clergé même, le corps électoral se réduit progressivement au seul chapitre cathédral. La disposition du concile de Latran de 1139 (c. 28) sauvegardant les droits des *viri religiosi* était vague dans sa détermination, mais très ferme dans sa sanction. L'exclusion par les chanoines de ces "hommes religieux" entrainait la nullité de l'élection. Une quarantaine d'années plus tard, une lettre d'Alexandre III au chapitre de Brême signale que des irrégularités ont été commises dans la composition du collège électoral [82]. "Certains clercs et laïcs" s'y sont irrégulièrement introduits. Le pape rappelle solennellement le droit : "Si, dans l'élection de l'évêque l'acquiescement du prince doit être requis, les laïcs ne doivent pas être admis à l'élection. Celle-ci incombe aux chanoines de l'église cathédrale et aux personnes religieuses de la cité et du diocèse". Et le pape ajoute "Nous ne disons pas cela pour que les religieux s'opposent aux chanoines". Sans donc s'écarter de la composition prescrite en 1139, Alexandre III ne défend plus par la nullité les droits des religieux. Il les invite même discrètement à suivre les chanoines.

C'est à ce corps capitulaire que se réduit au XIIIè siècle le collège électoral. Le concile de Latran de 1215 fixe dans son c. 24 les procédures possibles [83] : élection par scrutin, avec décompte des votes, recueillis par écrit et en secret ; par compromis, le corps électoral s'en remettant au choix que feront quelques-uns de ses membres ; ou par inspiration dans une adhésion unanime. Il rappelle, pour le premier système, le principe majoritaire,

---

79. Voir par exemple X, 1, 6, 2 (1201); 19 (1200); 20 (1200); 21 (1200); 28 (1202); 32 (1208); 57 (1227 à 1234); *Registre de Grégoire IX*, 5è année, n.º 713 (21 Mai 1231).

80. Supra.

81. Qu'illustre magnifiquement la fresque de l'Eglise, due au pinceau d'Andrea di Buonaiuto dans la chapelle des Espagnols de Florence (v. 1366). Le symbolisme (qui sépare clercs et laïcs) en avait été dicté par le théologien des Dominicains, fratre Zenobio dei Guasconi.

82. Lettre du 29 Juin 1180 *(PL.* 200, 1271).

83. Ce canon a été reproduit dans les Décrétales de Grégoire IX, 1, 6, 42.

corrigé par la notion ambiguë de la *sanior pars*. Il ouvrait ainsi la voie aux conflits entre le nombre et la sagesse, la minorité ayant volontiers tendance à se dire plus sage pour imposer son choix. Les conflits entre *sanior* et *maior pars* ne contribueront pas peu au discrédit de l'élection.

Parallèlement à cette réglementation des procédures électorales, la papauté rappelait la nécessité de la confirmation de l'élu par le métropolitain ou par le Saint Siège (en particulier pour les évêchés exempts). Le IVè concile de Latran (1215) traite de la confirmation dans son c. 26[84]. Le contrôle qu'elle permet au métropolitain porte aussi bien sur la procédure électorale que sur les qualités de l'élu. De même, en cas d'élection contestée, le pape se substitue-t-il au collège électoral[85]. Au milieu du XIIIè siècle, sous le pontificat d'Innocent IV (1243-1254) les collations pontificales deviennent si fréquentes qu'on peut y voir une véritable concurrence aux élections capitulaires. Toutes ne furent pas parfaitement régulières. Une bulle du 23 Mai 1252 révoquait toutes les nominations extorquées à la chancellerie pontificale[86]. Mais bientôt d'autres textes fondent sur d'autres principes l'intervention romaine.

Clément IV par la décrétale *Licet ecclesiarum*, en 1265, introduit la première "réserve générale". Faisant valoir que, chef suprême de l'Eglise, le pape peut revendiquer la pleine disposition de tous les bénéfices, Clément IV se réservait la nomination à tous les bénéfices venant à vaquer *in curia*, c'est-à-dire dont le titulaire était promu à une plus haute dignité ou venait à décéder pendant son séjour en cour de Rome[87]. Le second concile de Lyon en 1274 (c. *Statutorum*) apportait quelques atténuations à ce principe[88]. Mais celui-ci était repris et développé par Boniface VIII dans la décrétale *Praesenti*[89]. En 1278 la décrétale *Cupientes*[90] assurait par droit de dévolution la nomination pontificale dans de nombreux cas. Ce qui permettait à Boniface VIII de déclarer dans la Bulle *Ausculta fili* que le pape avait une puissance souveraine sur tous les bénéfices vacants *in curia* ou *extra curiam*. Jean XXII, par la constitution *Ex debito* (15 sept. 1316), énumérait les cas où la collation du bénéfice revenait automatiquement au Saint Siège[91].

Sans doute le principe de l'élection demeurait, et il subsistera jusqu'en 1917. Mais en fait les chapitres étaient dépossédés. Des seize promotions épiscopales qui eurent lieu en France entre 1295 et 1301, une seule résulta de l'élection capitulaire. Avec la papauté avignonaise, le mouvement ne fit que s'amplifier. On a pu relever sous le pontificat de Benoît XII (1334-1342) quatre-vingt treize interventions pontificales pour des bénéfices majeurs en principe électifs. Pendant ce pontificat, les chapitres n'ont pu élire librement que neuf évêques sur cinquante-huit provisions[92].

La collation des bénéfices devint pour la papauté le moyen le plus simple de récompenser serviteurs, amis et familiers, voire de satisfaire aux demandes des princes. Des mé-

---

84. Reproduit aux Décrétales de Grégoire IX, 1, 6, 44.
85. Exemple à Noyon en 1243 *(Registre d'Innocent IV*, éd. E. BERGER, I, 1884, n.º 255).
86. *MGH., Epist. Saec. XIII*, t. III, 141.
87. *Sexte*, III, 4, 2.
88. *Ibid.*, c. 3.
89. *Ibid.*, c. 34.
90. *Sexte* I, 6, 16.
91. *Extav. co* I, 3, 4.
92. B. GUILLEMAIN, *La politique bénéficiale de Benoît XII* (Bibl. Ec. htes. études, 1952).

canismes financiers subtils firent en outre de ces provisions une source de revenus non négligeable pour un trésor avide et souvent besogneux [93]. Le passage de l'élection à la nomination ne se fit pas d'ailleurs brutalement, ni partout à la même date. Des raisons locales ont parfois assuré une brève survie à l'élection [94]. Mais, même en tenant compte de ces nuances, une page était tournée dès les premières décades du XIVè siècle.

---

93. G. MOLLAT, *La collation des bénéfices ecclésiastiques sous les papes d'Avignon (1305-1378)* (Paris 1921); L. CAILLET, *La politique bénéficiale du pape Jean XXII* (Thèse de droit, Paris 1967).

94. Cf. les différences entre Narbonnaise et Provence que révèlent les rapports de B. GUILLEMAIN et C. MARTIN d'une part, E. BARATIER de l'autre dans «*Les évêques, les clercs et le roi*», Cahiers de Fanjeaux 7 (1972), 91-145.

IX

Note sur la transmission des c. 12 et 13 du concile de Laodicée relatifs à la désignation des évêques

Deux canons du concile de Laodicée [1] concernent la « chirotonie » épiscopale, l'un (le c. 12) pour réserver aux métropolitains et aux évêques du voisinage l'instauration d'un nouvel évêque à la tête d'une église, et ce après que la preuve aura été faite de sa connaissance du dogme et de la moralité de sa vie, l'autre (le c. 13) pour écarter toute participation du peuple à cette instauration.

Comme pour tous les conciles orientaux antérieurs à 691 (concile Quinisexte ou *in Trullo*), le texte grec de ces canons ne nous est parvenu que par la recension qu'en fit le patriarche de Constantinople, Jean le Scholastique (565-577) dans sa Synagoga [2].

IB

10 Περὶ τῶν ἐπισκόπων χειροτονιῶν.

Περὶ τοῦ τοὺς ἐπισκόπους κρίσει τῶν μητροπολιτῶν καὶ τῶν πέριξ ἐπισκόπων καθίστασθαι εἰς τὴν ἐκκλησιαστικὴν ἀρχήν, ὄντας ἐκ
15 πολλοῦ δεδοκιμασμένους ἔν τε τῷ λόγῳ τῆς πίστεως καὶ τῇ τοῦ εὐήθους βίου πολιτείᾳ.

ΙΓ

Περὶ τοῦ μὴ κρίσει τοῦ πλήθους τὰς χειροτονίας ποιεῖσθαι.

Περὶ τοῦ μὴ τοῖς ὄχλοις ἐπιτρέπ-
5 ειν τὰς ἐκλογὰς ποιεῖσθαι τῶν μελλόντων καθίστασθαι εἰς ἱερωσύνην.

---

1. Nous ne rouvrons pas le débat sur le point de savoir s'il s'agit de canons décidés dans une réunion conciliaire ou d'une collection canonique orientale du milieu du IVe siècle qui s'abriterait sous une appellation conciliaire, ce qui sera plus tard le cas en Gaule du « second concile d'Arles » ou du « IVe concile de Carthage ». Le mystère qui plane sur la date du « concile du Laodicée » (vers 330-340) aussi bien que sur la réunion conciliaire elle-même laisse jusqu'à présent ses chances à l'hypothèse d'une collection.

2. Première édition vers 550-570, perdue ; deuxième édition vers 570, édition Vl. BENEŠEVIČ, *Johannis Scholastici Synagoga L. titulorum* Abh. der Bayer. Ak. der Wiss., Phil. hist. Kl. München 1937, reproduite par PP. JOANNOU, *Discipline générale antique*, t. I, 2 *Les canons des synodes particuliers*, Fonti ... per la redazione del codice di diritto canonico orientale, Grottaferrata, 1962, 135-138.

Ces textes, après une longue histoire qui leur valut quelques modifications, se retrouvent dans quatre passages du Décret de Gratien sous des formes différentes et pour servir à des fins multiples.

Le c. 12, repris D.24 c.4, est allégué comme *auctoritas* pour justifier l'*examinatio* à laquelle le candidat à l'épiscopat doit être soumis. On le retrouve, mais sous une autre forme, D. 61 c. 6 pour écarter de l'épiscopat les candidatures laïques. Le c. 13, à la D. 63. c. 6, rappelle que les laïcs ne doivent pas participer à l'élection de l'évêque et dans la même Distinction c. 8, une combinaison des c. 12 et 13 de Laodicée est utilisée à la même fin.

C'est au cheminement de ces textes jusqu'au Décret de Gratien que l'on consacrera ces quelques lignes de modeste hommage au Maître de l'Université de Louvain appelé à la lourde mission de réviser un code récent, mais déjà vieilli.

On ne suivra pas ici le sort de ces canons dans l'Église d'Orient. Seules nous importent les voies occidentales qui les conduisirent jusqu'à Gratien.

Un premier relai est celui de leur traduction latine dans la Collection de Denys le Petit qui, à l'époque de Symmaque (496-500) [3] ou quelques décades plus tard [4], donne dans la *Dionysiana* une forme latine aux conciles orientaux du IVe siècle [5].

Les deux canons s'y présentent dans les termes suivants :

XII

De episcopalibus ordinationibus

Ut episcopi iudicio metropolitanorum et eorum episcoporum, qui circumcirca sunt, provehantur ad ecclesiasticam potestatem, hi videlicet, qui plurimo tempore probantur tam verbo fidei quam rectae conversationis exemplo.

XIII

Quod non sit permittendum turbis.

Quod non sit permittendum turbis electionem eorum facere, qui sunt ad sacerdotium provehendi.

---

3. Selon l'hypothèse du P. Peitz.
4. Selon l'opinion la plus commune.
5. La *Dionysiana* complétée des actes complets du concile de Carthage de 419 et d'une collection de décrétales est reproduite dans la *Patrologie latine* T. 67. Adolf Strewe (*Die Kanonessammlung der Dionysius Exiguus in der resten Redaktion*, Berlin 1931) a édité le manuscrit Vat. Palat. lat. 577 (fin VIIIe s.), seul exemplaire conservé de la première forme de la *Dionysiana*. C'est ce texte qui est reproduit.

La discipline que prescrivent ces canons est conforme à celle qu'avaient déjà formulée en Orient les conciles de Nicée (325) et d'Antioche (341), encore qu'elle se montre plus explicite dans l'exclusion du peuple. Les conciles de Nicée (c. 4 et 6) et d'Antioche (c. 18 et 19) insistaient sur le rôle des comprovinciaux et du métropolitain. Ils ne parlaient pas du peuple. Ce silence pouvait être tenu pour une exclusion implicite. Le c. 13 de Laodicée est à cet égard plus net. Mais les récits qui nous sont parvenus d'élections épiscopales en Orient au IVe siècle attestent que le peuple participait, de façon plus ou moins effective selon la « dignité » de ses membres, au choix du prélat [6].

Reprenant le texte de la *Dionysiana*, des collections canoniques chronologiques des VI-VIIe s. firent figurer le concile de Laodicée, et donc nos deux canons dans leur série des conciles orientaux [7]. Mais ce cheminement ne présente pas pour nous un grand intérêt. Les canons de Laodicée étaient comme entraînés dans la série conciliaire orientale, sans que les auteurs de ces collections leur attachent un crédit particulier.

Les choses changèrent avec les collections méthodiques, qui extrairont des séries de canons conciliaires ou de décrétales les textes qui serviront leur argumentation.

C'est ainsi qu'en Afrique la *Breviatio canonum* du diacre de Carthage Fulgence Ferrand, première collection méthodique de l'église africaine (après 523 et avant 546) traite dans son ch. 4 de l'*ordinatio episcopi*. Elle allègue, parmi d'autres textes, le titre (*sic*) 12 du concile de Laodicée [8]. Plus tard [9], la collection de Cresconius, méthodique elle aussi, donne dans son c. 1 la version dionysienne du canon 12 de Laodicée [10].

En Gaule, la collection dite d'Angers [11], ou peut-être mieux la *Vetus Gallica* [12], la plus ancienne collection méthodique de la Gaule franque [13],

---

6. Cf. par exemple l'élection de Pierre II à Alexandrie, dans Théodoret, *Hist. ecclés.*, IV, 20 (éd. PARMENTIER, *Die griechischen christlichen Schriftsteller*, 1911, 246).

7. Par exemple la collection du manuscrit de saint Blaise (MAASSEN, *Geschichte der Quellen und der Literatur des canonischen Rechts im Abendlande*, I, Gratz, 1870, 106).

8. *PL.* 88, 818 et Ch. MUNIER, *Concilia Africae*, Corpus Christianorum CCIX (Turnhout, 1974) 287.

9. La date de cette collection est inconnue : VIe s. (von SCHUBERT) ou VIIe s. (MAASSEN).

10. *PL.*, 88, 830.

11. Sic MAASSEN (*Geschichte der Quellen*, 821-828) et G. LE BRAS, *Notes pour servir à l'histoire des Collections canoniques, II, Sur la date et la patrie de la collection dite d'Angers*, RHD, 1929, 767-780.

12. En ce sens H. MORDEK, *Sur la tendance, la date, la patrie et l'influence de la « Collectio Vetus Gallica »*, RHD, 1969, 441-453.

13. On date le plus souvent cette collection des années 670, mais H. MORDEK propose entre 585 et 626/627 (*op. cit.* 445) et l'attribue à un canoniste lyonnais (*ibid.*, 447-449).

donne les canons de Laodicée dans leurs formes dionysienne et isidorienne [14]. Cette collection servit aux canonistes de la fin de l'époque franque à composer deux collections [15]. Celle d'Hérouval (*Collectio Herovalliana*) reproduit les canons de Laodicée dans leur forme isidorienne [16], tandis que la collection de Bonneval I[a] [17] cite le c. 12 du concile de Laodicée, sous sa forme dionysienne, au ch. V *de episcopalibus ordinationibus*, 2 et au ch. XXVII, ...*qualiter ad sacros ordines venire possunt et non possunt*, 12 [18].

A côté de la tradition dionysienne, le concile de Laodicée fit l'objet d'une tradition hispanique. Les voies par lesquelles les conciles orientaux du IVe siècle pénètrèrent en Espagne, la date même de leur apparition demeurent fort incertaines [19]. Ils ne figurent largement dans les Collections canoniques [20] que vers 572/580 avec les *Capitula Martini* [21]. L'archevêque de Braga les traduisit probablement sur un original grec [22], la « *Syntagma canonum* » de l'Église d'Antioche qui avait été envoyée à Carthage pour le concile du 15 Mai 419 et qui de là avait rapidement été transmise à Rome.

Martin de Braga présente en effet ses *Capitula* comme des canons *ex orientalium antiquorum Patrum synodis... excerpti vel emendati* et l'auteur de la collection déclare qu'il corrige les traductions latines de ces textes. Ne se bornant pas à traduire. il en a donc « revu » et parfois « modifié » la forme première [23].

C'est ce qu'il a fait pour les c. 12 et 13 du concile de Laodicée qu'il réunit dans le c. 1 de ses *capitula* :

---

14. MAASSEN, *op. cit.*, 824 ; sur la forme isidorienne, cf. *infra*.
15. G. LE BRAS, *Histoire des collections canoniques*, I, 83.
16. La collection figure en particulier dans le manuscrit BN. latin 3848 f°s 70-180. Sur la présence des canons de Laodicée cf. MAASSEN, *op. cit.*, 832.
17. Hubert MORDEK, *Die Rechtssammlung der Handschrift von Bonneval*, Deutsches Archiv, XXIV, 1968, 339-434.
18. *Op. cit.*, 371 et 419.
19. Gonzalo MARTINEZ DIEZ, *El Epitome Hispanico*, Miscellanea Comillas XXXVI-XXXVII (1962) 77-81 ; *La coleccion canonica Hispana*, I (Madrid 1966) 280-281.
20. Le concile de Nicée est déjà allégué au Ier concile de Tolède de 400 et celui de Lérida (546) dans son c. 9 se réfère au même concile.
21. Sic G. MARTINEZ DIEZ, *op. cit.* La Collection du manuscrit de Novare (entre 546 et 589) utilise les conciles de Néocésarée et de Constantinople (381), mais pas celui de Laodicée (éd. G. MARTINEZ DIEZ dans l'Anuario de historia del derecho espanol 1963).
22. Sur la connaissance en Espagne de versions latines des conciles orientaux et l'usage que Martin aurait pu en faire cf. G. MARTINEZ DIEZ, (cité infra n. 5) 16.
23. Ed. BRUNS, *Canones apostolorum et conciliorum*..., II, 43-59, et BARLOW, *Martini episcopi Bracarensis opera omnia*, sur cette collection cf. Gonzalo MARTINEZ DIEZ, *La coleccion canonica de la iglesia sueva, los capitula Martini*, Bracara Augusta XXI (1968) ext. 24 pp.

1 : *De electione episcopi*

Non liceat populo electionem facere eorum qui ad sacerdotium promoventur sed iudicium sit episcoporum, ut ipsi eum qui ordinandus est probant, si in sermone et fide et in spirituali vita edoctus est.

La comparaison de ce texte avec les deux canons du concile de Laodicée dans la version qu'en avait donnée Denys le Petit suggère les remarques suivantes :

1) Martin a renversé l'ordre des deux canons, puisque son texte commence par l'interdiction faite au peuple de se mêler de l'élection, qui figurait au c. 13 de Laodicée.

2) Pour désigner ce peuple, Martin use du mot *populus*, qui désignait effectivement dans la Rome républicaine les citoyens, électeurs des magistrats, et non du mot *turbae*, nettement péjoratif, qu'avait adopté Denys le Petit. Si donc Martin écarte le peuple, ce n'est pas avec le dédain qui transparaît dans la version dionysienne [24].

3) La partie positive du c. 1 (à partir de *sed iudicium sit*) s'inspire du c. 12 de Laodicée. Dans les deux textes c'est au *iudicium* qu'il est fait appel, mais tandis que le concile de Laodicée faisait intervenir les métropolitains et les évêques du voisinage (du siège vacant), Martin ignore le métropolitain et cite seulement les évêques, sans précision et donc sans limites territoriales. Différences qu'explique celle qui existait dans les circonscriptions administratives entre les diocèses orientaux groupés autour d'une métropole et le territoire limité du royaume suève dont Braga était l'unique métropole.

4) Quant aux points sur lesquels portent l'examen, Martin cite *sermo, fides, spiritualis vita*. Les deux premiers termes répondent au λόγος τῆς πίστεως le troisième, moins rigoureusement, au τῇ τοῦ εὐήθους βίου πολιτείᾳ. Mais il est plus près du texte grec que le *tam verbo fidei quam rectae conversationis exemplo* de Denys.

Dans son sens général, par conséquent, et même souvent dans ses termes l'archevêque de Braga restait fidèle aux canons de Laodicée [25].

---

24. Le texte grec (mais est-il conforme à l'original ?) use dans l'intitulé du canon du mot τὸ πλῆθος, qui évoque le nombre, mais n'est pas toujours péjoratif (cependant il l'est parfois, lorsqu'il s'oppose au δῆμος) ; tandis que le canon lui-même a l'expression τοῖς ὄχλοις qui n'est pas elle non plus, nécessairement péjorative. Martin de Braga en employant *populus* est donc plus proche du texte grec.

25. Les *Capitula* de Martin reprenaient bien d'autres canons des conciles orientaux, 11 canons d'Ancyre (dont deux fois deux canons groupés dans un seul texte), 9 de Néocésarée (dont les c. 9 et 10 groupés dans le c. 25 des *Capitula*), 10 de Nicée c. 16 + 17 = c. 33), un de Gangres, 17 d'Antioche, 19 de Laodicée (dont c. 12 + 13 = c. 1 ; c. 32 + 33 = c. 70 ; c. 51 + 52 = c. 48), mais aucun de Sardique. Cette masse orientale est d'autant plus remarquable que les *Capitula* n'ont ni conciles africains, ni concile gaulois et fort peu de textes conciliaires espagnols. C'est le signe de l'isolement de Braga, où était cependant parvenue la série orientale.

On retrouve les conciles orientaux dans le royaume wisigothique avec l'*Epitome hispanica* [26]. Cette collection est postérieure au concile de Huesca (598), qu'elle cite, et antérieure au IVe concile de Tolède (633), dont elle ne fait pas état. Elle se borne à donner un sommaire des textes qu'elle allègue, mais ceux-ci sont nombreux. Après les *Capitula Martini* et le *Liber complutense* (527-561), l'*Epitome* fournit d'importantes références aux séries de conciles orientaux, africains, gaulois et espagnols, aux décrétales et quelques autres résumés de textes ecclésiastiques.

Cette composition hétéroclite explique que les c. 12 et 13 de Laodicée soient présents dans deux passages.

D'abord au ch. 1 de l'*excerptum* des *Capitula Martini*, où les deux canons sont réduits à cette brève mention : *ut populus non eligat episcopum, nisi sacerdotes qui eum ordinaturi sunt* [27]. La formule rappelle sans doute l'élimination du peuple, mais, non seulement elle omet de mentionner le rôle du métropolitain, mais surtout elle ne fait aucune référence à l'examen des mérites du candidat.

Les c. 12 et 13 se retrouvent au ch. VIII « *Ex Concilio Laodiciae Phrigiae* » sous la forme résumée suivante [28] :

c. 12 : *Episcopus non ordinetur absque metropolitani et reliquorum episcoporum consensu* ;

c. 13 : *Populus non eligat sacerdotem.*

Si cette dernière formule répond bien au c. 13 de Laodicée, le résumé du c. 12 en modifie assez profondément la signification. Sans doute il réintroduit le métropolitain, négligé par les *Capitula Martini*. Mais il donne une toute autre portée à son intervention et à celle des évêques. Plus de référence à une appréciation (*iudicium*) des qualités de science et de dignité de vie des candidats, confiée aux hommes d'expérience que sont le métropolitain et les autres évêques. C'est leur décision (*consensus*) qui seule est évoquée. Au jugement des sages se substitue l'autorité de la hiérarchie.

Beaucoup plus importante pour l'histoire ultérieure de ces deux textes devait être leur insertion dans la grande collection espagnole du milieu du VIIe siècle, l'*Hispana* [29].

---

26. Ed. G. Martinez-Diez, *El Epitome hispanica* dans les Miscellanea Comillas XXXVI-XXXVII (1962).

27. *Op. cit.*, 98.

28. *Op. cit.*, 121.

29. Le texte n'est accessible en imprimé que dans l'édition, très insuffisante, de Francisco Antonio Gonzalez (Madrid, 1808) reproduite dans la Patrologie latine, T. 84. Le Père Gonzalo Martinez Diez en prépare une nouvelle édition, appuyée sur l'étude et le classement de nombreux manuscrits, dont il a donné la description en 1966 : *la coleccion canonica Hispana*, I (où l'on trouvera la bibliographie antérieure).

Non seulement l'*Hispana* reprenait les *capitula* de Martin de Braga mais elle donnait, dans une masse de 67 conciles, la traduction latine de 12 conciles orientaux, dont celui de Laodicée.

Cette traduction est souvent désignée sous le terme d'*isidoriana* sur la base d'une traduction ancienne, mais discutée, qui attribue l'*Hispana* à Isidore de Séville [30].

En fait la *versio isidoriana* est bien antérieure à l'*Hispana* [31]. Elle était déjà connue de Martin de Braga [32] et avait reçu de bonne heure une ample diffusion en Afrique, en Italie et en Gaule [33]. On ignore quand et comment elle parvint en Espagne, mais ce fut certainement avant le milieu du VIIe s. [34].

Les c. 12 et 13 du concile de Laodicée prennent dans l'*Hispana* la forme suivante :

c. 12 *Episcopos non oportet praeter iudicium metropolitanorum et finitimorum episcoporum constitui ad ecclesiae principatum. Nec eligantur nisi hi quos multo ante probabilis vita commendat et nihilominus si in sermone fidei et recta ratione per suam conversationem fuerint comprobati.*

c. 13 *De eo quod non sit populis concedendum electionem facere eorum qui altaris ministeria sunt applicandi* [35].

Cette version présente avec le texte de la *Dionysiana* quelques différences qui ne sont pas sans intérêt.

Au lieu de lier, comme le faisait le texte grec et sa traduction dionysienne, la promotion du nouvel évêque au siège épiscopal à l'examen

---

30. Sur ce qualificatif, erroné, mais qu'il conserve parce que l'usage lui a conféré droit de cité, Fr. MAASSEN, *Geschichte der Quellen und den Literatur des canonischen Rechts in Abendlande*, I (Gratz, 1870) 73.

31. La version « *isidoriana* » ou « *hispana* » des conciles orientaux du IVe s. (ainsi dénommée parce qu'elle figure dans l'*Hispana* et qu'une tradition attribue cette collection à Isidore de Séville) est en réalité italienne et probablement romaine. On peut la dater entre 419 et 451 (A. STICKLER, *Historia iuris canonici latini* ; Historia fontium, 1950, 45). Elle est parvenue dans plusieurs recessions dont l'*Antiqua*, où figure le concile de Laodicée.

32. G. MARTINEZ DIEZ, *La coleccion canonica de la iglesia sueva* (cité supra) 16.

33. F. MAASSEN (*Geschichte der Quellen*, 71-86) signale la présence des canons du concile de Laodicée (parmi d'autres conciles orientaux) dès la fin du Ve s. dans les collections du manuscrit de Freising et la *Quesnelliana* (ibid. 499) puis aux VIe et VIIe s. dans les Collections des manuscrits de Würzbourg (*ibid*, 552) de Corbie (*ibid.*, 562), de *Saint Maur* (*ibid.* 615), et de Diessen. Les canons de Laodicée figurent également, mais sans lien avec les autres canons orientaux, dans les collections des manuscrits du Vatican, (MAASSEN, *op. cit.*, 517), de Bigot (*ibid.*, 612), d'Albi (*ibid.*, 602).

34. G. MARTINEZ DIEZ, *La coleccion canonica Hispana*, 280-282.

35. *PL* 84, 130-131.

que métropolitain et évêques devaient faire de ses mérites [36], le c. 12, dans sa version hispanique, dissocie en deux phrases l'institution par le métropolitain et les évêques et le contrôle de ses qualités. Différence qui n'est peut-être pas que formelle, car elle donne plus de relief à la « *constitutio* » par l'épiscopat. Cette attitude rejoint le résumé de l'«Epitome hispanique» qui lui ne mentionnait même plus l'examen des qualités. Sans aller jusque là, l'*Hispana* dissocie nomination et contrôle, ce qui ne pouvait manquer de mettre plus en relief le rôle de l'épiscopat dans le choix du nouveau pasteur. Quant à l'objet de ce contrôle, il reste (malgré la différence d'expression, qui se rapproche plus du texte grec que la forme dionysienne) ce qu'il était dans les textes antérieurs.

Pour le c. 13 on relève l'emploi de *populus* préféré à *turbae*, ainsi que l'avaient déjà fait Martin de Braga et l'«Epitome hispanique». On se trouve donc ici en présence d'une forme que l'on pourrait qualifier d'ibérique, en face de l'expression plus désobligeante de Denys le Petit.

A partir du milieu du IXe siècle, les canons des conciles orientaux passent dans les collections canoniques tantôt dans la forme dionysienne, tantôt dans la forme hispanique (*Hispana — Fausses Décrétales*) [37].

La différence que présentent parfois les deux versions aboutira dans certains cas à faire insérer le même canon, mais sous ses deux formes, dans une même collection.

Tel fut le sort des c. 12 et 13 de Laodicée.

La version dionysienne du c. 12 se retrouve dans la Collection *Anselmo Dedicata* (vers 882-896) II, 30 [38], dans le Décret de Burchard de Worms (1008-1012) I, 9 avec l'attribution erronée *ex concilio Aurelien, cap.* 12 [39] et dans celui d'Ives de Chartres (1093-1094) V, 63 [40] avant de parvenir dans celui de Gratien D. 24, c. 4. Cette Distinction, qui ne compte que sept canons (dont un *palea*), traite de l'*examinatio* à laquelle doit être soumis le candidat à l'épiscopat avant sa désignation. Les *auctoritates* réunies dans cette Distinction figuraient déjà dans de grandes collections des Xe-XIe s., mais aucune d'elles n'offre un groupement qui aurait pu être utilisé par Gratien. On ne peut donc proposer aucune hypothèse relative à la collection qu'il a ici utilisée [41].

---

36. Les deux textes n'ont qu'une seule phrase qui groupe désignation et examen.
37. *PL* 130, 288 et P. HINSCHIUS, *Decretales pseudo-isidorianae* (1836). La seconde partie des Fausses décrétales comprend essentiellement les canons des conciles de la première partie de l'*Hispana*, en particulier les séries orientales.
38. Cette collection, inédite, a utilisé la *Dionysia-Hadriana* pour ses canons conciliaires.
39. *PL* 140, 552.
40. *PL* 161, 348. Ives attribue également ce texte à un concile d'Orléans, c. 7.
41. Sauf à éliminer les Décrets de Burchard et d'Ives de Chartres qui donnaient une attribution erronée que Gratien n'a pas reproduite, et l'expression *ecclesiasticam potestatem* au lieu de *dignitatem*. *Potestatem* était dans la *Dionysiana* dont Gratien s'écarte ici.

NOTE SUR LA TRANSMISSION DES C. 12 ET 13

La version hispanique du canon 12 n'eut pas la même fortune. Sa présence dans la *Tripartita*, au milieu des canons conciliaires empruntés au Pseudo-Isidore [42], n'est pas significative.

Dans le Décret de Gratien la version hispanique du c. 12 figure D. 61, c. 6 dans une *I^a Pars* de la Distinction où Gratien se propose d'établir que *laïci non sunt in episcopum eligendi*. Sept *auctoritates* sont citées pour confirmer cette prise de position. On ne saurait dire que toutes soient concluantes. Plusieurs, comme le c. 12, se réfèrent aux qualités dont le candidat doit avoir fait preuve. Que l'orthodoxie de la doctrine et l'exemplarité de la vie aient plus d'occasion de se manifester chez des candidats déjà entrés dans les ordres est possible. Mais ces exigences ne suffiraient pas à écarter tout candidat laïc.

Peu importe ici la valeur de l'argumentation de Gratien. Seul nous intéresse l'usage du texte de Laodicée qui, sous sa forme hispanique, est utilisé à une toute autre fin que dans sa forme dionysienne, bien que les différences rédactionnelles soient de portée très limitée. Le rédacteur du Décret eut-il conscience d'utiliser deux versions du même texte à des fins si différentes ? Les inscriptions des textes ne permettent pas de croire à l'ignorance de leur grande parenté, car le c. 4 de la D. 24 porte, comme le c. 6 de la D. 61, *ex concilio Laudicensi*. On serait plus tenté de croire que lors de la rédaction de la D. 61 on n'avait pas en mémoire la composition de la D. 24 [43].

Le c. 13 ne figure au Décret de Gratien que sous forme dionysienne (D. 63, c. 6). On le trouvait, sous cette forme déjà dans le Décret de Burchard (II, 8), dans la *Collectio canonum* d'Anselme de Lucques (VI, 38), et dans celle du Cardinal Deusdedit (IV, 20 [18]) [44], le Décret d'Ives de Chartres (VI, 28) et le Polycarpus (II, 1, 29). Au décret de Gratien le c. 13 de Laodicée figure dans une série de huit canons qui doivent appuyer le *Dictum* initial : *Laici vero nullo modo se debent inserere electioni*. La forme dionysienne *non est permittendum turbis...* convenait parfaitement à cette démonstration [45].

Ce qui est surprenant c'est de trouver deux canons plus loin, au c. 8, le texte dans lequel Martin de Braga avait fusionné les c. 12 et 13 de Laodicée. Il est bien vrai que sous cette forme, il convenait parfaitement au propos de Gratien : *Non liceat populo facere electionem... sed in iudicio episcoporum sit...* Mais Gratien ignorait qu'il reprenait ici, dans une forme modifiée, le texte de Laodicée. Il attribue son c. 8 au *Concilium Martini papae*.

---

42. P. Fournier et G. Le Bras, *Hist des coll. canoniques en Occident*, II, 62.
43. Le texte de la D. 61 c. 6 ne présente que deux différences mineures avec celui de l'*Hispana* : *Episcopum* (qui était dans les Fausses décrétales) au lieu de *Episcopos* ; *multo ante nota probabilisque vita* (qui était également dans les Fausses décrétales) au lieu de *multo ante probabilis*.
44. Édition Wolf von Glanvell (1905), 410.
45. Gratien dit *non est permittendum* au lieu du *quod non sit* de la *Dionysiana*, conservé par Burchard, Anselme et Ives.

IX

Recueilli et vulgarisé avec les *Capitula* de Martin de Braga par l'*Hispana* [46], ce canon avait été repris par Burchard de Worms (I, 10), Anselme de Lucques (VI, 12), le Décret d'Ives (V, 64) et la *Tripartita* (II, 47, 1). On peut reprocher également à Burchard et à Ives de reproduire et les deux canons de Laodicée dans la version dionysienne et la fusion qu'en avait faite Martin de Braga dans ses *Capitula*. Mais, alors que Gratien met le c. 1 de Martin au voisinage du c. 13 de Laodicée, c'est avec le c. 12 que le font voisiner Burchard [47] et Ives [48].

On trouve dans d'autres passages du Décret le même rapprochement inconscient entre un canon de Laodicée et le *capitulum* de Martin de Braga qui le reproduisait. A la C. 33, q. 4, le c. 8 donne le c. 52 de Laodicée en l'attribuant avec exactitude au *concilium Laodicense*, tandis que le c. 9 « *ex concilio Martini papae* » reproduit le c. 48 des *Capitula*, dont la seconde partie reprenait le c. 52 de Laodicée. A la D. 44, le c. 10 donne le c. 55 de Laodicée et le c. 12, *ex concilio Martini papae*, réunissant les c. 61 et 65 des Capitula offre en son début, sous une autre forme, le c. 55 de Laodicée.

On pourrait s'étonner de ne pas trouver dans le Décret de Gratien, en plus de la version dionysienne du c. 13 de Laodicée, sa version hispanique. Il est vrai qu'elle n'aurait rien ajouté au texte fourni par les *Capitula Martini*, pas même le remplacement de *turbae* par *populus*, qui était déjà chez Martin. Ce doublet n'aurait eu que l'avantage de la symétrie avec le doublet du c. 12 qui figure dans le Décret de Gratien sous la forme dionysienne et sous la forme hispanique. Si ce dernier n'est pas le seul cas de doublet des conciles orientaux tenant à leur double transmission, et parfois à leur différence de rédaction, par la *Dionysiana* et par l'*Hispana* [49], c'est donc le seul doublet de texte du concile de Laodicée [50].

---

46. *PL* 84, 574.
47. I, 9 (= Laodicée c. 12) et 10 (= *Martini cap.* 1).
48. V, 63 (= Laodicée c. 12) et 64 (= *Martini cap.* 1).
49. On peut signaler les doublets suivants :
Concile de Gangres c. 1 dans D. 30, c. 12 et D. 31, c. 8.
Concile de Gangres c. 9 dans D. 30. c. 5 et D. 31, c. 9.
Concile de Chalcédoine c. 10 dans C. 21, q. 1, c. 2 et C. 21, q. 2, c. 3
»   »   c. 16 dans C. 27, q. 1, c. 12 et C. 27, q. 1, c. 22
»   »   c. 18 dans C. 11, q. 1, c. 21 et C. 11, q. 1, c. 23
»   »   c. 26 dans D. 89, c 4 et C. 16, q. 7, c. 21
Mais c'est à tort que Friedberg signale un doublet du c. 3 du concile de Gangres dans D. 30, c. 10 et c. 17, q. 4, c. 37 ; en réalité c'est le c. 5 qui figure D. 30, c. 10.
50. Friedberg signale un autre doublet celui du c. 30 qui figurerait au Décret de Gratien D. 81 c. 28 et C. 26 q. 5, c. 4. Mais en réalité c'est le c. 36 de Laodicée qui est reproduit C. 26, q. 5, c. 4.

Il faut enfin noter que sur les 27 canons du concile de Laodicée que reproduit le Décret de Gratien, 24 y figurent dans la version hispanique et quatre [51] seulement dans la version dionysienne [52]. Or la plupart de ces 24 textes se trouvaient déjà dans les grandes collections méthodiques depuis la fin du IXe s. (l'*Anselmo Dedicata*, le *Liber de synodalibus causis* de Reginon de Prüm, et surtout le Décret de Burchard, la Collection d'Anselme de Lucques et le Décret d'Ives). Mais ces collections avaient recueilli les canons de Laodicée dans leur forme dionysienne. Au contraire la *Tripartita*, dans sa série conciliaire, donne le texte du concile de Laodicée emprunté aux Fausses décrétales et, à travers celles-ci, à l'*Hispana*. C'est cette forme hispanique que l'on retrouve dans 24 canons du concile de Laodicée repris par Gratien. Il y a donc lieu de penser que celui-ci les a empruntés à la *Tripartita* II, 7, 1 à 29 [53] (à moins que ce ne soit à une Collection du même type aujourd'hui inconnu).

Si l'on retient ces hypothèses, on peut en tirer quelques enseignements sur la méthode suivie pour la composition du Décret de Gratien.

---

[51]. Le total de 28 s'explique par le fait que le c. 12 figure au Décret dans les deux versions.

[52]. Concile de Laodicée c. 2 (vers. hisp.) = C. 26, q. 7, c. 4
5 (») = D. 46, c. 9
11 (») = D. 32, c. 19
12 (») = D. 61, c. 6
12 (vers. dion.) = D. 24, c. 4
13 (») = D. 63, c. 6
20 (») = D. 93, c. 15
21 (vers. hisp.) = D. 23, c. 26
22 (») = D. 23, c. 27
23 (») = D. 23, c. 28
24 (») = D. 44, c. 2
25 (») = D. 93, c. 16
26 (») = D. 69, c. 2
27 (») = D. 42, c. 3
28 (») = D. 42, c. 4
30 (») = D. 81, c. 28
32 (») = C. 1, q. 1, c. 66
36 (vers. dion.) = C. 26, q. 5, c. 4
40 (vers. hisp.) = D. 18, c. 5
42 et 41 (») = D. 5 *de cons.*, c. 37
46 (») = D. 4 *de cons.*, c. 58
50 (») = D. 3 *de cons.*, c. 8
52 (») = C. 33, q. 4, c. 8
54 (») = D. 5, *de cons.*, c. 36
55 (») = D. 44, c. 10
56 (») = D. 95, c. 8
57 (») = D. 80, c. 5

[53]. Seule collection indiquée dans les notes de Friedberg à donner le texte dans sa version hispanique.

Son auteur ne se montre guère soucieux de la forme première des textes qu'il recueille. Il les prend dans les Collections, dont il disposait et les utilise pour étayer ses allégations, sans beaucoup se préoccuper de leur sens originaire. Il ne se refuse pas à reproduire le même texte dans plusieurs passages [54], en lui assignant du même coup des significations multiples. Il n'hésite pas davantage à faire voisiner deux fois le même texte, dès lors qu'il se présente sous deux formes un peu différentes et surtout qu'il est mis sous le patronnage d'autorités diverses (tantôt le concile de Laodicée, tantôt le « concile de Martin pape »). Tels nous apparaissent les résultats provisoires d'une enquête d'objet limité. Pour leur donner plus de certitude il serait nécessaire de soumettre à une recherche analogue d'autres séries de sources.

Paris

---

54. Cf. notre étude sur « *Les doublets dans le Décret de Gratien* », Atti del II Congresso intern. della società italiana di storia del diritto, Venezia 1967, éd. Firenze (1971) 269-290.

X

Note sur le symbolisme médiéval
Le mariage de l'évêque

Remettant au nouvel évêque l'anneau épiscopal, le consécrateur prononce ces paroles : « Recevez cet anneau, symbole de fidélité ; en gardant une foi sans tache, soyez parfaitement fidèle à l'Eglise qui est l'épouse de Dieu ».

Cette formule a une histoire plus que millénaire. En retracer les vicissitudes dépasserait le cadre de cette note et plusieurs de ses aspects sont d'ailleurs bien connus (1). On voudrait simplement attirer l'attention sur la place que prit au Moyen Age l'image du mariage entre l'évêque et son église.

Celle-ci semble ignorée à l'époque ancienne alors que, cependant, le lien indissoluble qui unit les pasteurs à leur communauté est souvent rappelé. L'isolement relatif de beaucoup d'entre elles, la pratique fréquente d'y choisir l'évêque, contribuaient largement à cette stabilité. Les transferts épiscopaux, mal vus par la législation canonique, restent exceptionnels (2).

---

(1) Joseph TRUMMER, *Mystisches im alten Kirchenrecht : Die Geistige Ehe zwischen Bischof und Diözese*, Osterreichisches Archiv für Kirchenrecht II (1951) 62-75.

(2) Jean GAUDEMET, *L'Eglise dans l'Empire romain, IVe-V^e* (Paris 1958), 356-363.

X

Le lien qui unit l'évêque à son siège est souvent évoqué. Les invasions barbares en fournirent l'occasion. Nombreux sont les textes qui rappellent à l'évêque son devoir : ne pas quitter sa ville, malgré l'envahisseur et le péril qu'il court (3). A Hippone, Augustin reste dans la ville assiègée (430).

C'est en analysant les devoirs de l'évêque, en rappelant les obligations du pasteur, en le qualifiant volontiers de *pater populi, civitatis, urbis*, que les auteurs des IVe et V^e justifient cette absolue fidélité.

Rares et imprécis sont à l'époque patristique les rapprochements entre le mariage et l'union de l'évêque à son église. Une allusion indirecte se trouverait peut-être dans le reproche d'« adultère » que Cyprien formule contre Novatien, parce que celui-ci veut occuper le siège romain, dont Corneille est le titulaire légitime (4). Contestant la régularité des transferts d'Eusèbe de Beyrouth à Nicomédie, puis à Constantinople, Athanase (5) allègue le précepte paulinien : « Es-tu lié à une femme ? Ne cherche pas à la quitter (6) ». Quelques autres textes s'engagent dans la même voie (7). Mais Jérôme qui fait allusion à ces rapprochements, ne semblent pas les approuver (8).

Lorsque dans l'Espagne wisigothique du VIIe siècle, Isidore de Séville mentionne l'anneau épiscopal, il le qualifie de *signum honoris* sans faire référence à l'anneau matrimonial (9).

Les *ordines* italiens antérieurs aux dernières décades du Xe siècle ne font pas état de la remise de l'anneau et de la crosse dans le rituel de l'*ordinatio* épiscopale (10).

---

(3) Maxime de Turin, *Sermo* 94 ; Lucifer de Cagliari, *De non parcendo in Deum delinquentibus* XI, (*CSEL*, 14, 232) ; Augustin. *Ep*. 228 (*CSEL* 57, 484), etc.

(4) *Ep*. 45, 2 (*adulterum et contrarium caput*), cf. *Ep*. 68, c. 2 § 1 (*profanum altare erigere et adulteram cathedram conlocare*). Mais dans la lettre 55, ch. 8, § 5, Cyprien ne fait nulle allusion au mariage pour défendre la position de Corneille.

(5) *Apol. contra arianos*, ch. 3 sq. (*PG*. 25, 260).

(6) *I Com*. 7, 27.

(7) Grégoire de Nysse, discours funèbre de Meletius en 381 (*PG* 46, 852), Grégoire de Naziance, *Oratio* 36 (*PG* 36, 273) ; Pierre Chrysologue, *Sermo* 175 (*PL*. 52, 657).

(8) *Ep*. 69, à Océanus, 5.

(9) *De ecclesiasticis officiis* II, 5 (*PL*. 83, 783) : *datur et annulus propter signum pontificalis honoris vel signaculum secretorum*. Le IVe concile de Tolède de 633 signale également la remise à l'évêque, lors de son ordination, de l'étole, de l'anneau et du bâton (c. 28, reproduit dans le Décret de Gratien, qui l'attribue à un concile de Mayence, C. 11, q. 3, c. 65). Mais le texte conciliaire est muet sur la signification de ces trois objets.

(10) Voir par exemple l'*ordo* XXXV, § 38-74, composé à Rome dans le premier quart du Xe siècle ou l'*ordo* XXXV A, qui date des années 960-970 (M. ANDRIEU, *Les Ordines Romani du Haut Moyen Age*, T. IV (Louvain 1956), 40-46 et 68 (« il [l'*ordo* XXXV A] laisse de côté la remise de la crosse et de l'anneau ; ces nouveautés n'avaient pas encore trouvé place dans la liturgie papale »).

Celle-ci était au contraire « traditionnelle » (11) en Gaule dès le milieu du IXe siècle. Après son retour à Reims, en décembre 840, l'Archevêque Ebbon, pour confirmer la désignation de trois des suffragants, consacrés pendant son exil, leur remet la crosse et l'anneau (12). Et, à propos de la même affaire, dans une lettre de 867 à Nicolas I, Charles le Chauve déclare qu'il s'agit d'un rite normal, conforme au *mos gallicarum ecclesiarum* (13). Le même usage est attesté en 866 pour la consécration d'Electranne de Rennes (14). Mais ce n'est que vers la fin du IXe siècle que les pontificaux francs commencent à décrire la remise de l'anneau (et du bâton). Celle-ci figure dans le pontifical d'Aurillac (vers 900). On la retrouve dans des pontificaux anglais, tels que ceux de Winchester (seconde moitié du Xe siècle) ou d'Egbert (vers 1000) (15). En Italie, la remise de l'anneau figure dans l'*ordo* XXXV B, qui date du dernier quart du Xe siècle (16).

Les formules prononcées lors de cette remise fournissent quelques indications sur sa signification symbolique. On en retiendra quatre :

Celle du pontifical d'Aurillac : *sub hoc anulo fidei commendamus tibi sponsam Christi, III ecclesiam ut eam sanctam et immaculatam custodias* (17).

Celle du pontifical de Sens : *accipe anulum sacre devotionis, quo insignitus sponsam Dei sinceriter custodias...* (18).

Celle de l'*ordo* XXXV B : *accipe anulum fidei scilicet signaculum quatinus sponsam Dei, sanctam videlicet ecclesiam, intemerata fide ornatus illibate custodias* (19).

Enfin plusieurs pontificaux anglais, dont celui de Winchester, ont une formule plus longue, dont seul le début importe ici : *accipe ergo anulum discretionis et honoris, fidei signum* (20).

---

(11) M. ANDRIEU, *op. cit.*, 89. On a retrouvé des anneaux dans des sépultures d'évêques du VIIe de Paris et de Meaux.

(12) *Narratio clericorum Rhemensium* (PL. 116, 20).

(13) PL. 124, 874, cf. M. ANDRIEU, *Le sacre épiscopal d'près Hincmar de Reims*, R.H.E., XLVIII (1953) 54-56.

(14) Cité par M. ANDRIEU, *op. cit.*, 55.

(15) M. ANDRIEU, *Les ordines...*, *op. cit.*, 89, note 1.

(16) Mgr M. Andrieu a montré qu'il s'agissait d'un pontifical d'influence germanique, composé à Rome vers le milieu du Xe siècle et transcrit aux environs de Rome peu après 1000.

(17) La bénédiction de l'anneau s'accompagnait de la formule : *accipe anulum ut sicut ipse ecclesiam suam sibi desponsavit sanguine...*, cf. V. LEROQUAIS, *Les Pontificaux manuscrits* (Paris 1937) I, 10.

(18) Citée par M. ANDRIEU, *Sacre épiscopal*, 57.

(19) M. ANDRIEU, *Ordines*, *op. cit.*, 108. On retrouve la même formule dans le pontifical romain du XIIe siècle (cf. M. ANDRIEU, *Le Pontifical romain au Moyen Age*, I, Cité du Vatican, 1938, 149.

(20) Cité par Verena LABHART, *Zur Rechts-symbolik des Bischofsrings* (Köln, 1963) 31.

X

Deux traits se dégagent du rapprochement de ces quatre formules :

1) Tout d'abord le changement de signification de l'anneau par rapport à la tradition wisigothique du XII° siècle. Alors qu'Isidore le tenait pour signe de la dignité épiscopale (*signum pontificali honoris*) et du mystère des fonctions sacrées (*signaculum secretorum*), la valeur honorifique de l'anneau n'est plus mise en avant. Trois formules l'ignorent et, si le Pontifical de Winchester parle encore de l'*anulum discretionis et honoris*, il en fait, comme les autres, un *signum fidei*.

On ne saurait méconnaître l'équivoque ou l'ambivalence du terme. *Fides* peut s'entendre de la foi chrétienne comme de la fidélité de l'évêque à sa mission. Cette dernière interprétation trouve appui dans la comparaison avec la formule qui accompagne la remise de l'anneau de mariage : *accipe anulum fidei et dilectionis signum atque coniugalis coniunctionis vinculum* (formule d'Hincmar pour le mariage de Judith en 856). L'anneau épiscopal comme l'anneau conjugal est signe de fidélité.

2) Or le second trait réside précisément dans l'évocation par ces formules d'un rapprochement entre sacre épiscopal et mariage. C'est le pontifical d'Aurillac qui confie au nouvel évêque la *sponsa Christi*, c'est-à-dire l'église dont il devient pasteur. De même celui de Sens et l'*ordo* XXXV B l'invitent à « veiller sur la *sponsa Dei*, c'est-à-dire la sainte église ».

On doit toutefois observer que l'*anulum fidei* dans ces pontificaux n'est pas présenté comme l'anneau d'un mariage entre l'évêque et son église. L'église est la *sponsa Christi/Dei*, non celle du prélat. Celui-ci doit « veiller » sur elle, mais « la garder sainte et immaculée ».

On retiendra donc des textes liturgiques des ix°-x° siècles qu'ils donnent de l'anneau épiscopal une interprétation nouvelle, mais ambiguë (*fides*) et qu'ils confient à l'évêque la garde de la *sponsa Christi*, ceci dans des formules inconnues à Rome avant la fin du x° siècle, dont l'origine franque est très généralement admise.

Si des rites liturgiques on passe aux textes canoniques de nouvelles précisions peuvent être dégagées.

C'est au milieu du ix° siècle, dans les Fausses Décrétales, que l'image du mariage entre l'évêque et son église revient avec insistance et cela pour justifier l'indissolubilité du lien qui attache le prélat à cette église. Poussant l'allégorie fort loin, les faussaires tiennent le passage d'un siège à un autre pour un adultère (21). Pour s'opposer au

---

(21) Cf. par exemple Pseudo-Evariste, Ep. 2 (*PL.* 130, 83) : *Sicut vir non debet adulterare uxorem suam, ita nec episcopus ecclesiam suam, id est, ut illam dimittat, ad quam sacratus est... Et sicut uxori non licet dimittere virum suum, ut alteri se, vivente eo, matrimonio societ aut eum adulteret, licet fornicatus sit eius vir, sed iuxta Apostolum aut suo viro reconciliari debet aut manere innupta, ita ecclesiae non licet dimittere episcopum suum aut ab ea segregare ut alterum, vivente eo, accipiat ;*

transfert, ils invoquent le texte paulinien : « La femme est liée par la loi à son mari tant que son mari est en vie ; après sa mort elle est déliée de la loi du mari » (22).

Comparée au symbolisme liturgique, l'allégorie du Pseudo-Isidore se montre plus insistante. Elle affirme nettement le mariage de l'évêque avec une église, qui n'est plus qualifiée de *sponsa Christi*, et elle tient pour adultère l'infidélité du prélat qui passe à une autre église. C'est le texte paulinien « liant la femme au mari » qui fournit l'argument scripturaire pour interdire les transferts.

Les raisons pratiques de ces hardiesses théoriques sont manifestes. Soucieux de fortifier l'épiscopat (23), les faussaires isidoriens doivent en garantir la stabilité. Celle-ci est menacée aussi bien par l'ambition des prélats que par l'hostilité du peuple, qui parfois chasse son évêque. Double péril, dont l'histoire offre bien des exemples et qu'évoquent les textes isidoriens (24). Avec insistance les Fausses Décrétales s'oppo-

---

sed aut ipsum habeat, aut innupta maneat, id est ne alterum episcopum, suo vivente, accipiat, ne fornicationis, aut adulterii sui crimen incurrat. Nam si adulterata fuerit, id est, si se alteri episcopo iunxerit aut super se alterum episcopum adduxerit, aut esse fecerit vel desideraverit, peracerrimam penitentiam aut suo reconcilietur episcopo, aut innupta permaneat. Pseudo-Callixte, *Ep.* 2 (*PL.* 130, 133-134) : *Sicut alterius uxor nec adulterari ab aliquo vel iudicari aut disponi, nisi a proprio viro eo vivente permittitur, sic nec uxor episcopi, que eius ecclesia vel parrochia indubitanter intelligitur, eo vivente, absque eius iudicio et voluntate alteri iudicari vel disponi, aut eius concubitu, id est ordinatione, frui nullatenus conceditur. Unde ait Apostolus :* « *Alligata est uxor legi quamdiu vir vivit, eo, vero defuncto soluta est a lege viri* ». *Similiter et sponsa episcopi (quia sponsa uxor eius dicitur ecclesia) illo vivente ei est alligata. Eo vero defuncto soluta est cui voluerit nubet... Si enim eo vivente alteri nupserit adultera iudicabitur. Similiter et ille, si alteram sponte duxerit, adulter estimabitur, et communione privabitur.*

(22) *I Corint.* 7, 39.

(23) H. FUHRMANN, *Einfluss und Verbreitung der pseudo-isidorischen Fälschungen* (1972) spécialement I, 146, a bien montré que c'était l'un des objectifs essentiels des Faux Isidoriens.

(24) Pseudo-Anterius, *Ep.* VII (*PL.* 130, 145) : *De mutacione episcoporum... scitote eam communi utilitate atque necessitate fieri licere, sed non libitu cuiusquam aut dominatione... Non enim transit de civitate ad civitatem, qui non suo libitur, aut ambitu hoc facit, sed utilitate quadam aut necessitate aliorum, hortatu et consilio potiorum transfertur. Non transfertur de minori civitate ad maiorem qui non ambitu, nec propria voluntate facit, sed aut vi a propria sede pulsus, aut necessitate coactus, aut utilitate loci, aut populi, non superbe, sed cum humilitate ab aliis translatus et intronizatus est... Nam sicut episcopi habent potestatem ordinare regulariter episcopos et reliquos sacerdotes, sic quoties utilitas aut necessitas expoposcerit supradicto modo et mutare et intronizare potestatem habent.*; Pélage, *Ep.* 2 (*PL.* 130, 1095) : *Scias, frater dilectissime, aliud esse causam necessitatis et utilitatis et aliud causam presumptionis et propriae voluntatis. Non ergo mutat sedem qui non mutat mentem, id est qui non causa avariciae, aut dominationis, aut propriae voluntatis vel suae electionis migrat de civitate ad civitatem, sed causa necessitatis aut utilitatis mutatur. Nam plurimorum utilitas unius utilitati vel voluntati preferenda est. Aliud est enim mutare, aliud mutari... Nam et aliud est coacte aut necessitate venire. Unde non isti mutant civitates, sed mutantur, quia non sponte, sed coacte hoc agunt... Non ergo bene intelligunt ecclesiasticas regulas, qui hoc negant causa utilitatis aut necessitatis*

sent aux transferts, ne les autorisant que s'ils sont justifiés par « l'utilité commune ou la nécessité » (25).

Le symbolisme matrimonial, largement utilisé par les réformateurs isidoriens au milieu du IXe siècle, répondait donc à une préoccupation précise, celle de mieux assurer l'action pastorale des évêques, en garantissant la stabilité de leur ministère, moins peut-être contre les ambitions (qui ne sont pas méconnues) que contre des pressions populaires qui contraignaient l'évêque à déserter son diocèse.

On voudrait savoir si les canonistes ont trouvé dans la symbolique de l'anneau l'idée de leur argumentation matrimoniale, ou, si, à l'inverse, les pontificaux reprennent dans leurs prières des thèmes canoniques. Notre information, d'un côté comme de l'autre, est trop imparfaite pour permettre une chronologie qui fixerait les antériorités et les emprunts. Plus que d'emprunt, ne s'agit-il pas d'ailleurs d'une idée courante, qui, reprenant et amplifiant les allusions modestes de quelques textes patristiques, s'était répandue parmi les hommes d'Eglise dans la Gaule du milieu du IXe siècle ?

Si les origines restent obscures, les développements ultérieurs furent éclatants. Quelques exemples suffiront à montrer la place que la doctrine canonique des XIIe et XIIIe siècles accorde au rapprochement mis en honneur par les faux isidoriens, comment elle en fait un argument majeur pour sauvegarder la stabilité des fonctions épiscopales et jusqu'où elle pousse le parallèle entre le mariage et « l'ordination » épiscopale.

Déjà, au début du XIIe siècle, dans son *Liber de anulo et baculo*, Rangier de Liège évoquait, à propos de l'anneau, le mariage de l'évêque : *Anulus ut sponsum se noverit et sibi inunctam Non sibi, sed Christo, diligat ecclesiam* (26). D'une façon beaucoup plus claire, Placide de Nonantola voit dans l'anneau le signe du *misterium sacratissimae coniunctionis, Christi videlicet et eius ecclesiae*. Union *quae in episcopo [celebratur], quia vice Christi ecclesiae sanctae coniungitur* (27). L'anneau épiscopal symbolise donc bien l'union matrimoniale, celle du Christ avec son église, mais aussi, plus concrètement, celle de l'évêque qui tient la place du Christ, avec l'église pour laquelle il est consacré. Plus réservé, Hugues de Saint Victor (mort en 1141) écrit dans son *De*

---

fieri posse, quoties communis necessitas aut utilitas persuaserit ; cf., ibid (*PL.* 130, 1097) : *Qui enim persequuntur Domini episcopos, eosque de civitatibus ad civitates transire compellunt, non eos tantum persequuntur, quantum Dominum nostrum Jesum Christum, cuius legatione fuguntur* ; cf. aussi le texte du pseudo-Callixte cité ci-dessus page 5, note 1.

(25) Le souci de stabilité et de la permanence des fonctions épiscopales apparaît dans les lettres pontificales de la même époque ; cf., par exemple, celles du pape Zacharie en 743 et 748, que reproduit le Décret de Gratien, C. 7, q. 1, c. 17.

(26) V. 861-862 (*MGH.LL.*, II, 527).

(27) *Liber de onore ecclesiae* 55 (MGH. LL, II, 590). Symbole (avec la crosse) de l'investiture, l'anneau tient une grande place dans la littérature de l'époque grégorienne (cf. l'index des *Libelli de Lite*, V° *anulus*).

sacramentis christinae fidei : annulus sacramentum fidei significat quo sponsa Christi ecclesia subarrata est, cuius custodes et pedagogi episcopi sunt (28). Ainsi le théologien se gardait de pousser trop avant le rapprochement. Pour lui, comme pour les *ordines* carolingiens, l'évêque était le « gardien de l'église », non son époux ; et celle-ci demeurait la *sponsa* du Christ et non de son évêque.

Vers le milieu du siècle, lorsque Gratien se demandait « si, du vivant d'un évêque, un autre peut être ordonné dans la même église » (29), il justifiait sa réponse négative en citant, parmi d'autres *auctoritates*, des fragments des lettres du Pseudo-Evariste (30) et du Pseudo-Calixte (31) et, pour s'opposer à des transferts que ne légitimeraient « ni l'utilité, ni la nécessité », il faisait appel au Pseudo-Isidore (32).

Sans doute ces textes n'avaient pas été ignorés des grandes collections du XIe siècle (33). Mais c'est le mérite du Décret de Gratien de les avoir regroupés pour fortifier sa défense de la stabilité épiscopale.

C'est en partant des textes ainsi rassemblés que les Décrétistes pousseront plus loin encore les parallélismes (34). La *Summa* « *Elegentia in iure divino* » (*Summa Coloniensis*), fixant la durée maximum de la vacance du siège épiscopal, parle du « veuvage de l'épouse » et déclare que « l'épouse du Christ ne peut pas supporter de pleurer (plus de trois ans) son veuvage » (35). Huguccio fut, semble-t-il, le premier à se référer à la théorie du mariage pour préciser la situation juridique de l'évêque élu (36). Il voit dans l'élection un lien « que par mutuel consentement contractent entre eux électeurs et élu ». D'où l'idée d'un « mariage spirituel contracté entre eux ». L'élu est « le fiancé de cette église ou de ses clercs et cette église est sa fiancée ». Ainsi de l'église,

---

(28) 2, 4, 15 (*PL.* 176, 438).
(29) C. 7, q. 1.
(30) C. 7, q. 1, c. 11 cf. le texte *supra*.
(31) C. 7, q. 1, c. 39 cf. le texte *supra*.
(32) Pseudo-Antérius = C. 7, q. 1, c. 34 et Pélage = C. 7, q. 1, c. 35.
(33) Burchard I, 76 (Pseudo-Evariste) ; I, 77 (Pseudo-Anterius) ; III, 19 (Pseudo-Calixte) ; Anselme de Lucques VI, 91 (Pseudo Anterius) VI, 97 (Pélage) ; VI. 102 (Pseudo-Evariste) et 103 (Pseudo-Calixte) ; Ives-de-Chartre, Décret V, 101 (Pseudo-Calixte) ; V, 182 (Pseudo-Evariste) ; V, 183 (Pseudo-Anterius) etc.
(34) Cf. Robert L. Benson, *The Bishop elect* (Princeton, 1968) 121-133. Il y aura cependant des réticences sur ces rapprochements. Un pontifical de l'abbaye de Lyre (diocèse d'Evreux) probablement du XIIe siècle, fait observer que l'épouse portant l'anneau à l'annulaire de la main gauche, l'évêque le porte à l'annulaire de la main droite *in signaculum integrae et plenae castitatis*. En fait, pour l'époux comme comme pour l'évêque, l'anneau était porté à la main droite ou à la main gauche (M. Andrieu, *Le sacre épiscopal, op. cit.* 60).
(35) 3e partie Ch. 36 (éd. Fransen et S. Kutter, New-York 1969). La *Summa*, l'un des premiers commentaires du Décret émanant de l'école des canonistes français fut rédigée en 1169.
(36) *Summa decretorum,* sur D. 63, c. 10 V° *subscripta relatio* (vers 1188- 1192).

sponsa Christi, on passe à l'église *sponsa episcopi*. Glissement déjà esquissé par les canonistes de l'âge carolingien (37), mais qui prend toute sa portée lorsqu'il est repris par des esprits rompus aux rigueurs de la logique juridique. Huguccio pousse en effet plus loin le parallélisme lorsqu'il écrit : *Sicut enim in matrimonio carnali precedit matrimonium in desponsatione per verba de praesenti et postea sequitur carnalis commixtio sic et hic in mutuo consensu praecedit matrimonium spirituale et postea sequitur quasi carnalis commixtio, cum iam ecclesiam disponit et ordinat* (38).

Dans son commentaire de la *Compilatio Ia*, Bernard de Pavie applique à l'élection épiscopale la terminologie matrimoniale qui tendait alors à s'imposer, distinguant le *matrimonium initiatum, ratum, consummatum* (39). Se demandant si une élection épiscopale peut être remise en question (de même que les canonistes s'étaient interrogés pour savoir à partir de quel moment le lien matrimonial était indissoluble), Bernard reprend les trois ' étapes ' du mariage canonique : « L'élection, dit-il, est commencée par la délibération, parfaite par la déclaration du résultat, consommée par la confirmation. Une élection commencée peut être modifiée, celle qui est parfaite ne le peut plus... Une élection consommée ne peut être ni modifiée ni cassée, sauf à la suite d'une plainte et par une procédure judiciaire... (40).

Ainsi le symbolisme du mariage mystique fait place à une complète analogie juridique. Les canonistes la tiennent pour si parfaite qu'ils en tirent argument pour fixer la situation et les droits d'un nouvel élu. Mais s'ils s'accordent pour tirer argument du droit matrimonial, ils ne sont pas unanimes sur les « équivalences ». Alors que Bernard de Pavie considère que la « consommation » résulte de la confirmation, Innocent III, reprenant en cela les vues des canonistes français (41),

---

(37) Placide de Nonantola en donne la justification : l'évêque est le représentant du Christ sur terre. Il s'unit à l'église *vice Christi* (cf. *supra* 7). La théologie médiévale gardera cette explication : *Episcopi... sunt sponsi ecclesiae, loco Christi*.

(38) *Ibid.* Un peu plus loin, à propos de l'évêque frappé de déposition ou de suspense, *qui habet ordinem sed non executionem eius*, Huguccio risque une comparaison plus osée : *Idem est in merito et uxore tempore menstrui vel partus vel dierum quadragesimalium*.

(39) La Summa « *Elegantius in iure divino* » s'était déjà engagée dans cette voie pour situer l'*electio* et la *consecratio* : *Sed quia spirituale matrimonium quod inter spiritualem sponsum et sponsam pontificum videlicet et ecclesiam electione initiatur, consecratione consummatur* (*Pars* III, 52, éd. FRANSEN-KUTTNER I, 138) Mais ce n'était là que formules de transition pour introduire les développements sur la consécration épiscopale.

(40) *Summa Decretalium*, 1, 4, 4-5 (éd. Lespeyres, Regensburg, 1870, 7). La *Compilatio Ia*, que commente cette Somme, date de 1190.

(41) *Sermones de Diversis*, 3 (PL. 217,663) ; cf. également dans la décrétale à l'évêque de Bamberg (*Compilatio* III, 1, 5, 4 et X, 1, 7, 4)... *spirituale foedus coniugii quod est inter episcopum et eius ecclesiam, quod in electione initiatum, ratum in confirmatione, et in consecratione intelligitur consummatum*.

la reporte jusqu'à la consécration. La confirmation de l'élection est alors mise en parallèle avec le *matrimonium ratum* (42).

Canoniste averti, formé à l'école d'Huguccio, Innocent III utilise à son tour la notion du mariage mystique pour fortifier le principe qui réservait au Saint-Siège les transferts épiscopaux. Dans une décrétale au chapitre d'Angers, que recueilleront la *Compilatio IIIa* (1, 5, 2) et les Décrétales de Grégoire IX (1, 7, 2), il mène longuement le parallèle entre le *carnale* et le *spirituale coniugium*. Tenant un lien spirituel pour plus solide qu'un lien charnel, il justifie la réserve pontificale des transferts par un argument a fortiori, tiré de l'indissolubilité du mariage : *Quum ergo fortius sit spirituale vinculum quam carnale, dubitari non debet, quin omnipotens Deus spirituale coniugium, quod est inter episcopum et ecclesiam, suo tantum illicio reservaverit disolvendum, qui dissolutionem etiam carnali coniugii, quod est inter virum et feminam suo tantum iudicio reservavit, praecipiens ut « quod Deus coniunxit homo non separet »*.

Lors d'un transfert (ou d'une déposition) prononcée par le Souverain Pontife, le « mariage spirituel est dissout » par le pouvoir de Dieu, plus que par celui de l'homme, car le pape agit alors comme « vicaire du Christ ».

Dans l'espèce, le transfert dont le pape contestait la régularité parce qu'il n'avait été décidé par lui, concernait un prélat élu et confirmé, mais non encore consacré, dans l'église qu'il quittait. Etait-ce la raison qui avait paru suffisante à l'archevêque de Tours pour décider du transfert à celui de Rouen pour l'approuver ? En tous cas, Innocent III dénonce cette violation de la réserve et précise qu'un évêque élu et confirmé, ne peut, sans l'assentiment du Saint-Siège abandonner son église, car *post electionem canonicam inter personnas eligentium et electi coniugium sit spirituale contractum*. Il est frappant de retrouver ainsi à l'aube du XIIIe siècle, le thème dont les premières orchestrations avaient été fournies au milieu du IXe par les Fausses Décrétales. Chez Innocent III, comme chez le Pseudo-Isidore, il est invoqué pour garantir la stabilité de l'épiscopat. Tous deux cependant y admettent des exceptions. Mais le premier les soumet au contrôle rationel de leur nécessité et de leur utilité. Innocent III (43) met en avant la réserve pontificale (44). Différence d'attitude où se marque la différence des temps. La

---

(42) Cf. *supra* 9 n. 5, les formules de la *Summa « Elegantius in iure divino »*.

(43) Il n'est pas le premier à réserver les transferts au Saint-Siège. Le principe figure déjà dans les *Dictatus papae* (N° 13, éd. CASPAR, *MGH Epistulae selectae*, II, 1, 204) et il est rappelé dans les collections grégoriennes (Coll. en 74 Titres, XXV ; Anselme de Lucques VI, 90 et 99 ; Deusdedit, *Coll. can.*, éd. Wolf von Glanvell 12 ; Bernold de Constance, *de exc.vit.*, *MGH.LL*, II, 137 etc.).

(44) Même doctrine affirmée dans deux autres décrétales concernant des transferts qui sont insérées dans X, 1, 7, 3 et 4. *Potestatem enim transferendi pontifices ita sibi retinuit Dominus et magister, quod soli Beato Petro vicario suo, et per ipsum successoribus suis et nobis ipsis qui locum eius licet indigni tenemus in terris speciali*

toute puissance du Vicaire du Christ est seule juge de l'opportunité des transferts (45).

Mais on notera aussi une profonde différence dans l'argumentation tirée de l'analogie matrimoniale. Au ixe siècle le symbolisme de l'union conjugale est net. L'anneau épiscopal en est le signe. La fidélité de l'évêque à son siège est celle des conjoints dans le mariage. Un passage à une autre église serait un adultère. Avec les Décrétistes, ses maîtres, Innocent III donne le pas aux analogies juridiques. L'analyse du lien matrimonial s'est en effet affinée depuis le milieu du xiie siècle. On distingue *matrimonium initiatum, ratum, consummatum*. D'autre part les canonistes ont bien marqué les trois moments de la désignation épiscopale : élection, confirmation, consécration. Les deux trilogies se répondent et c'est dans leur parallélisme (un peu forcé) que l'on cherche la solution des difficultés pratiques. Le symbolisme n'a sans doute pas totalement disparu. Mais il ne sert plus que d'argument à la subtilité des juristes.

privilegio tribuit et concessit... Non enim homo sed Deus separat, quos Romanus Pontifex, qui non puri hominis sed veri Dei vicem gerit in terris, ecclesiarum necessitate vel utilitate pensata, non humana sed divina potius auctoritate dissolvit (X, 1, 7, 3).
...spirituale fœdus coniugii quod est inter episcopum et eius ecclesiam... sine illius auctoritate solvi non potest qui successor est Petri et vicarius Iesu Christi (X, 1, 7, 4).

L'affirmation du droit du Saint-Siège d'autoriser les transferts figurait déjà dans l'adjonction à la Décrétale du Pseudo Antérius dans le Décret de Gratien C. 7, q. 1, c. 34 § 1 : *...non tamen sine sacrosanctae Romanae sedis auctoritate et licentia.*

(45) Cf. la décrétale X, 1, 7, 3 citée ci-dessus.

XI

Patristique et Pastorale
La contribution de Grégoire le Grand au « Miroir de l'Evêque » dans le Décret de Gratien

La réforme grégorienne s'était efforcée de libérer l'Eglise de l'emprise laïque, d'obtenir la restitution des terres et des dîmes usurpées, de soustraire le recrutement du clergé aux pressions seigneuriales, royales ou impériales. Du Siège de Saint Pierre aux humbles paroisses rurales, les réformateurs et, à leur suite, les juristes avaient voulu écarter les influences impures, rendre au clergé sa dignité, le rappeler à sa mission.

La tâche était longue et malaisée. Ni la vigueur des légats, ni les interdits des juristes ne pouvaient y suffire car il ne s'agissait pas simplement d'écarter les pressions suspectes. Il fallait reconstituer un clergé conscient de ses devoirs et stimuler son zèle apostolique. Il n'est pas besoin de rappeler les exhortations adressées au Souverain Pontife lui-même par saint Bernard (1). Peut-être la modestie des tâches du clergé paroissial a-t-elle empêché les contemporains d'en mesurer l'extrême importance. Les réformateurs du xiie siècle semblent moins soucieux de la formation, du recrutement et des conditions de vie du clergé local que ne le seront leurs émules du xve siècle. Mais entre le sommet et les cellules locales, l'épiscopat retint l'attention des théologiens, des moralistes et des juristes.

Une « théologie de l'épiscopat » s'élabore au xiie siècle (2). Elle suscite des débats auxquels participent Hugues de Saint-Victor (3) ou Pierre Lombard (4). Aux subtiles analyses des théologiens, qui discutent des relations entre le sacerdoce des prêtres et celui des évêques, s'ajoutent les exhortations des moralistes. Dans le *De moribus et officio episcoporum*, adressé à l'évêque de Sens, Henri (5), saint Bernard souligne les difficultés d'une charge qui requiert de

---

(1) *De consideratione Libri V ad Eugenium III* (*P.L.*, 182, 727 et s.).
(2) J. Lécuyer, *Le sacerdoce dans le mystère du Christ*, Coll. Lex orandi, 24 (Paris, 1957), 392.
(3) *De Sacramentis*, III, 12 (*P.L.*, 176, col. 428-430).
(4) *IV Sent.*, D. 24, qu. 9 (*P.L.*, 192, col. 904-905).
(5) *P.L.*, 182, col. 809-834.

grandes vertus. Il insiste tout spécialement sur celles de chasteté, de charité et d'humilité (6). Pierre de Blois (mort en 1200), dans son *De institutione episcopi* (ou *canon episcopatus*) (7) lui fait écho pour rappeler l'épiscopat à ses devoirs en évoquant l'exemple du Bon Pasteur.

Il eut été surprenant que la *Somme* que voulait constituer l'œuvre de Gratien restât étrangère à ces préoccupations. Déjà avant elle des canonistes avaient consacré une partie de leur collection à l'épiscopat. Burchard en traitait longuement au Livre I de son *Décret*, plus peut-être pour en dire les fonctions et les droits que pour en montrer les devoirs (8). Le Livre VI de la collection canonique d'Anselme de Lucques (9) ou le Livre V du *Décret* d'Ives de Chartres (10) réunissent un nombre important de textes concernant l'épiscopat. La chose était cependant assez nouvelle. C'est ainsi que la collection en Deux Livres —antérieure à Anselme de Lucques d'après son éditeur (11) et qu'il faudrait dater des environs de 1053 (12) — consacre son début, assez bien ordonné au Pontife romain, mais n'a sur l'épiscopat que des canons épars et fort insuffisants.

On ne saurait donc méconnaître l'originalité du *Décret* de Gratien qui traite amplement de l'épiscopat au cours de ce que l'on pourrait considérer comme une seconde section de la Première partie du *Décret* (les Distinctions 21 à 101).

On sait qu'après un traité des sources du droit (D. 1 à 20), on est ici en présence d'un traité de la hiérarchie (13). Son manque de rigueur dans l'exposition est manifeste et un *dictum Gratiani* l'avoue avec candeur : ... *Verum quia aliquantulum diffusius in his immorati sumus, precedentibus coherentia quedam sub epilogo ad memoriam subiciamus*. Et après ce *dictum* qui ouvre la Distinction 81, l'auteur revient longuement sur des questions déjà envisagées dans les Distinctions précédentes.

La hiérarchie et l'ordination, les conditions d'accès aux ordres et les qualités des clercs ordonnés, les dispositions propres à l'épiscopat et celles qui s'appliquent à tout clerc sont enchevêtrées d'une façon assez désordonnée. Mais un thème domine, dont de multiples canons de ces Distinctions ne sont que l'orchestration : celui des qualités de l'évêque, telles que les avait décrites saint Paul, dans les Epitres à Timothée (1, 3) et à Tite (1, 6-9). Ces textes sont déja évoqués dans

---

(6) W. Pitsch, *Das Bischofsideal des hl. Bernhard von Clairvaux* (1942).
(7) *P.L.*, 207, col. 1097-1112.
(8) *P.L.*, 140.
(9) Ed. Thaner.
(10) *P.L.*, 161.
(11) Jean Bernhard, *La Collection en Deux Livres* (Cod. Vat. lat. 3832), t. I (Strasbourg, 1962), 14.
(12) *Ibid.*, 594.
(13) Des questions relatives à la société cléricale et à la hiérarchie se retrouvent dans la seconde partie du *Décret* (*cf.* C. VII ; VIII ; IX ; XII ; XVIII ; XXI). Mais dans cette brève note on est contraint de se limiter à l'examen des *Distinctiones* de la première partie.

le *dictum* de la *IIIa. Pars* de la Distinction 25. On les retrouve au long des Distinctions, dont ils forment comme la trame.

Cet ébauche d'un plan, dans une œuvre dont l'ordonnancement rigoureux ne nous a jamais semblé la qualité maîtresse a déja été signalée par le Maître auquel nous offrons avec reconnaissance et respect cette modeste esquisse, en souvenir de lointaines années strasbourgeoises, où il décida de notre vocation romano-canonique.

* * *

Le soin apporté à longuement préciser les vertus du prélat constituerait déjà une originalité de Gratien, où l'on serait tenté de trouver un écho des œuvres des théologiens et des moralistes de son temps. Ses prédécesseurs avaient mis l'accent sur les conditions juridiques de la promotion à l'épiscopat, souvent pour écarter les interventions laïques ou les soupçons de simonie, plutôt que d'insister sur les qualités requises du candidat et dont l'évêque aurait à faire preuve au cours de son pontificat. Et la charge épiscopale était décrite dans ses prérogatives juridiques plus que dans un souci pastoral.

L'utilisation du schéma paulinien, pour exposer les vertus épiscopales constitue une autre innovation de Gratien ; Burchard n'y faisait pas allusion. Le *De moribus et officio episcoporum* de saint Bernard, qui cependant invoque largement l'autorité de l'Apôtre, n'utilise pas ces textes. Et, si le *Décret* d'Ives de Chartres contient certains canons, décrétales ou textes conciliaires, qui font référence aux deux Epitres (14), il n'eut pas l'idée de grouper les textes relatifs aux vertus de l'évêque autour des qualificatifs utilisés par saint Paul.

La Distinction 25, dans le *dictum* de la *IIIa. Pars* cite au premier rang la qualité que saint Paul faisait lui aussi figurer en tête de son énumération : *Oportet episcopum esse inreprehensibilem* (*cf. Tim.* 1, 3, 2) ou *sine crimine* (*Tite*, 1, 6). Et le *Dictum* qui ouvre la Distinction 26 enchaîne : *Sequitur in utraque epistola* « *unius uxoris vir* » (*Tim.* I, 3, 2 et *Tite*, 1, 6). Le *dictum* initial de la Distinction 35 reprend ; *Sequitur in descriptione illa apostolica : ut sit sobrius, non violentus* (*Tim.* I, 3, 2 ; *Tite*, 1, 7). La Distinction 36 se réfère à la qualité de *prudens*, ce qu'il faut entendre d'après les textes réunis sous ce terme, d'un homme instruit (*cf. Tim.* 1, 3, 2, et *Tite*, 1, 9). L'évêque doit aussi être habile en affaires (*dictum* initial de la Distinction 39 ; *cf. Tim.* 1, 3, 4), prompt à offrir l'hospitalité (*dictum* initial de la Distinction 42 ; *cf. Tim.* 1, 3,2, et *Tite* 1, 8). La Distinction 43, dans son *dictum* initial met en avant la qualité de *pudicus*. Ici, par exception, les deux épitres pauliniennes ne semblent pas fournir de modèle direct. Mais le développement ultérieur du *dictum* et les *auctoritates* qui l'appuyent précisent en quel sens, très particulier, il faut entendre le terme de *pudicus*. L'évêque doit être « discret » dans

---

(14) Par ex., L. V, c. 71, 72 ; *cf.* également le c. 68, qui se réfère formellement à l'Epître à Tite.

son enseignement et sa prédication : *Debet etiam gratiam docendi habere,* dit le *dictum.* On retrouve alors le modèle paulinien, car la première épitre à Timothée exigeait de l'évêque qu'il fut apte à l'enseignement (3, 2 ; *cf. Tite,* 1, 9). Puis viennent des recommandations relatives à la modération dans l'usage du vin et de la nourriture : *cum autem vinolentus esse prohibetur, gulae intemperentiam nequaquam habere permittitur* (15). La verdeur du style de ce *dictum* trahit-elle une grande liberté de langage ou doit-on l'attribuer à quelque exemple dont Gratien aurait conservé le fâcheux souvenir ? On ne saurait le dire. *Sequitur « non percussor »,* annonce le *dictum* initial de la Distinction 45 (*cf. Tim,* 1. 3, 3 et *Tite,* 1, 7) ; puis « *non litigiosum* » (*dictum* initial de la Distinction 46 ; *cf. Tim.* 1, 3, 3).

A ces qualités morales s'ajoute une exigence que l'on pourrait dire statutaire. L'évêque ne doit pas être un converti de fraîche date (*neophitus* dit le *dictum* initial de la Distinction 48 ; *cf. Tim.* I, 3, 6).

A partir de la Distinction 81, Gratien revient sur les qualités des clercs et tout spécialement des évêques. Il insiste à nouveau sur la nécessité pour le candidat à « l'ordination dans l'épiscopat » d'être *sine crimine* (D. 81), hospitalier (D. 85), « docteur » (D. 86, c 1 à 6), *non percussor* (D. 86, c. 23-24), bon administrateur de ses propres affaires afin de bien gérer celles de son église (D. 89), exempt de tout esprit processif (D. 90). Le détachement de l'argent, sur lequel la première série des distinctions consacrées aux vertus épiscopales n'avait pas particulièrement attiré l'attention (si ce n'est par la prohibition du prêt à intérêt, à la Distinction 47), est rappelé à la Distinction 91, sous forme d'une réprobation du *lucrum turpe* et de l'*inhonestum negocium* (*cf. Tim.* 1, 3, 3, et *Tite* 1, 7).

Aux prescriptions apostoliques, qui constituent ainsi l'essentiel de ce « miroir de l'évêque », s'ajoutent dans le Décret de Gratien d'autres exigences, formulées peu à peu par le droit de l'Eglise ancienne, telles que celles de la liberté juridique du candidat aux ordres, de l'exclusion des pénitents et de ceux qui sont impliqués dans les affaires du siècle. Sur les préceptes pauliniens eux-mêmes se greffent bien des variations. Nous ne nous arrêterons pas ici à en suivre le détail. Le tableau ci-joint en donnera une vue générale :

D. 25, *IIIa Pars* : *sine crimine*
D. 26 et 27 : *unius uxoris vir* (16)
D. 35 : *sobrius*
D. 36 : *prudens*

---

(15) *Dictum* initial de la Distinction 44 ; *cf. Tim.,* I, 3, 2-3, et *Tite,* I, 7.

(16) Sur ce précepte se greffent de longs développements relatifs à la continence des clercs en général (D. 28). Le *dictum post,* c. 13, § 4, de la D. 28 introduit des distinctions dans l'interprétation des textes, *ex tempore vel ex loco.* D'où la Distinction 29, consacrée à l'interprétation des canons *ex causa,* et *loco et tempore.* La Distinction 30 fait application des notions de *causa* et de *tempus,* la Distinction 31 se réfère à celle de *tempus* en matière de textes sur la continence des clercs. La Distinction 32 revient à la continence des clercs majeurs ; la Distinction 33 traite des concubines et la Distinction 34 met en garde contre la *familiaritas* avec les femmes de la maison épiscopale.

d'où D. 37 : l'étude des lettres profanes
D. 38 : dangers de l'ignorance
D. 39 : Habileté aux affaires séculières
D. 40 : *ornatus et hospitalis*
D. 41 : *Temperentia ciborum et vestium*
D. 42 : *hospitalis*
D. 43 : *pudicus*
D. 44 : *non vinolentus*
D. 45 : *non percussor*
D. 46 : *non litigiosus*
D. 47 : prohibition de l'usure
D. 48 : *non neophitus*
D. 49 : qualités du prêtre en général

Le *dictum* initial de la Distinction 50 déclare que jusqu'ici furent envisagés les *varia crimina* qui écartent des ordres ; maintenant on envisagera le cas des pénitents :

D. 50 : les pénitents
D. 51 : nouvelles exigences que le *dictum* initial dit formulées par « la sainte mère l'Eglise »
  exclusion des *curiales*
    aut post baptisma militantes
    aut in foro decertantes
(D. 52 : les interstices)
D. 53 : *curiales*
D. 54 : *servi*
D. 55 : *corpore vitiati*
D. 56 : fils de prêtres
D. 57 : baptisés pendant une maladie
D. 58 : moines
D. 59 : formation nécessaire aux clercs et délais d'ordination.

Puis les D. 60-80 concernent l'ordination.

Avec la Distinction 81, le Décret revient aux qualités et vertus cléricales :

D. 81 : *sine crimine* (cf. D. 25)
D. 82-83 : questions diverses sur les vertus des clercs
D. 84 : charité envers les pauvres
D. 85 : *hospitalis* (cf. D. 42)
D. 86 : *doctor* (cf. D. 36-38)
D. 86, c. 22 et 23 : *non percussor* (cf. D. 45)
D. 87 : assistance des veuves et orphelins
D. 88 : interdiction de s'adonner par cupidité aux *negocia*
  d'où D. 89 : l'administration du patrimoine épiscopal
D. 90 : *non litigiosus* (cf. D. 46)
D. 91 : ne pas être attaché à la fortune (cf. D. 47)

La fin de la *Ia Pars* est consacrée à d'autres questions que celle des vertus cléricales.

Le cadre étant posé en ses éléments principaux, on voudrait souligner combien la patristique, et tout spécialement l'œuvre de Grégoire le Grand, fut mise à contribution pour expliquer et justifier ces prescriptions (17).

1. L'importance quantitative de l'apport grégorien pour les seules Distinctions envisagées ci-dessus (18) résulte du tableau suivant (19) :

D. 25, *IIIa Pars*, 3 canons, tous d'origine patristique, dont le
   (*sine crimine*)   c. 4 = Grég., *Dial.* IV, c. 9
D. 26 (*unius uxoris vir*), 5 canons, aucun de Grégoire, mais sur la même question :
   D. 27, c. 4 = Grég. *Ep.* X, 62
   D. 33, c. 7 = Grég. *Ep.* III, 45
D. 35 (*sobrius*), aucun canon de Grégoire, mais sur les 9 canons, 7 viennent d'Ambroise ou de Jérôme.
D. 36 (*prudens*), 3 canons, aucun de Grégoire,
D. 39 (apte aux affaires séculières), 1 seul canon, Grég. *Ep.* X, 62.
D. 40 (*ornatum virtutibus*), 12 canons :
   c. 3 attribué à Grégoire (mais *caput incertum*)
   c. 4 = Grég., *Ep.* VII, 32
   c. 10 = Grég., *Ep.* VII, 4
   c. 11, d'après une Homélie de Grégoire.
D. 42 (*hospitalis*), 5 canons, aucun de Grégoire.
D. 43 (*pudicus*), cinq canons :
   c. 1 = long texte de Grégoire, *Lib. Regul. Pastoralis*
   c. 4 = Grég., *Ep.*, I, 34
D. 44 (*non violentus*), neuf canons :
   c. 5 = Grég., *Ep.* II, 18
   c. 6 = Grég., *Ep.* II, 52
   le *Dictum* final renvoie aux *Moralia* de Grégoire.
D. 45 (*non percusor*), dix-huit canons :
   c. 1 = Grég., *Ep.* III, 2
   c. 3 = Grég., *Ep.* XIII, 12

---

(17) Grégoire le Grand est à la fois Pontife et Père de l'Eglise et l'on a pu tenter, selon les œuvres, de dissocier le Docteur du Pasteur (*cf. infra*, n. 47). Or il est évident que le même souci anime les lettres et les traités et l'on ne saurait diviser la pensée du pape. Mais si, comme on le verra plus loin, Gratien a emprunté nombre des textes de Grégoire le Grand à la *Tripartite*, on doit rappeler que celle-ci les faisait figurer dans la série des décrétales.

Nous avons autrefois indiqué l'ampleur de l'apport augustinien à la doctrine du mariage dans le *Décret* (*Studia Gratiana*, II, 1954, 51-71).

(18) Ces Distinctions n'épuisent pas la liste des vertus que Gratien requiert d'un bon prélat. Nous n'avons retenu que celles qu'inspirent la Première Epître à Timothée et l'Epître à Tite. Si l'on y ajoutait les vertus envisagées dans d'autres Distinctions, l'apport de Grégoire le Grand se révélerait plus important encore.

(19) On a supprimé du décompte des canons de chaque Distinction les *Paleae*.

c. 4 = Grég. (en réalité Grégoire IV)
c. 9 = Grég., *Moralia*
c. 10 = Grég. (en fait Isidore)
c. 14 = Grég., *Moralia*
c. 15 = Grég., Homélies.
D. 46 (*non litigiosus*), dix canons :
    c. 1 = Grég., *Moralia*
    c. 2 = *Idem*.
D. 47 (*non usurarius*), dix canons :
    c. 3 = Grég., *Moralia*
    c. 4 = Grég., *Ep*. X, 62
    c. 7 = Grég., *Ep*. IX, 106.

A ces vingt-six canons de Grégoire le Grand (ou que Gratien croyait devoir lui attribuer) s'en ajoutent d'autres dans les « reprises », à partir de la Distinction 81.

D. 81 (*sine crimine*), trente-deux canons :
    c. 23 = Grég. (en fait Zacharie, en 743)
    c. 24 = Grég., *Ep*. I, 52
    c. 25 = Grég., *Ep*. IX, 60
    c. 29 = Grég., *Ep*. IV, 26
D. 85 (*hospitalis*), un seul canon = Grég., *Ep*. XIV, 11.
D. 86 c. 1-6 (*doctor*), c. 5 = Grég., *Ep*. XI, 54.
D. 86, c. 23-24 (*non percussor*) :
    c. 23 = Grég., *Ep*. XII, 44
    c. 24 = Grég., *Ep*. IX, 1.
D. 89 (*domui suae bene prepositus*) :
    c. 1 = Grég. (en fait, Jean Diacre dans sa vie de Grégoire)
    c. 2 = Grég., *Ep*. XI, 71
    c. 3 = Grég., *Ep*. I, 11
    c. 5 = Grég., *Ep*., IX, 65.
D. 90 (*non litigiosus*), douze canons, aucun de Grégoire.
D. 91 (détaché de la fortune), quatre canons, aucun de Grégoire.

Ce sont donc, au total, 38 canons de Grégoire le Grand ou qui lui étaient attribués qui ont été utilisés dans l'exposé des qualités que saint Paul requérait de l'évêque.

2. Un relevé numérique ne donne qu'une vue partielle de l'apport grégorien. Que disent, en effet, ces textes et quelle est leur portée ? Appréciation qualitative, pourrait-on dire, après la mesure quantitative. Elle ne saurait être faite avec rigueur que dans une analyse détaillée de chacun des textes, ce qui excéderait le cadre de cette note. Certaines observations d'ordre général nous semblent cependant se dégager d'un examen de ces fragments.

Tout d'abord la fragilité du lien qui rattache plusieurs d'entre eux à la vertu épiscopale que commente Gratien. Certains, en effet ont une portée très générale. Ils concernent l'ensemble des clercs et non l'évêque en particulier (20). D'autres ne se rapportent même pas à la vertu envisagée dans la Distinction (21).

Par contre, lorsqu'ils traitent des vertus que saint Paul exigeait de l'évêque, les textes empruntés à saint Grégoire sont de deux types.

Parfois il s'agit d'exhortations et d'une sorte d'instruction pastorale. Il en va ainsi tout naturellement des passages empruntés aux *Moralia*, par exemple des textes tendant à préciser les relations de la discipline et de la miséricorde (22), de ceux mettant en garde contre un mauvais usage de l'autorité dans l'enseignement de la doctrine (23) ou rappelant l'incompatibilité entre la recherche de la fortune terrestre et celle des béatitudes éternelles (24). Et l'on pourrait en dire autant des passages tirés du *Liber regulae Pastoralis* (25) ou des Homélies (26).

Mais l'essentiel de l'apport grégorien est fourni par la correspondance (27). Ces textes épistolaires sont beaucoup plus concrets, encore que certains fragments, détachés de leur contexte, prennent au Décret de Gratien valeur générale (28).

La plupart des textes empruntés à la correspondance de saint Grégoire sont des applications pratiques des prescriptions apostoliques relatives aux évêques. Tantôt le pape écarte de l'épiscopat un candidat indigne (29) ou incapable (30), ou prescrit de vérifier les qualités de divers candidats (31). Tantôt il rappelle à ses devoirs un prélat négligent (32) ou prétentieux (33). Dans d'autres lettres Grégoire invite un évêque à intervenir pour que ses ouailles ne s'opposent pas sans raison aux cérémonies religieuses d'une communauté juive (34), ou prescrit aux chrétiens de Naples d'enquêter sur les soupçons d'usure qui pèsent sur leur pasteur (35). Un évêque est chargé de vérifier la valeur d'allégations fâcheuses propagées

---

(20) Par exemple, D. 81, c. 23 et 24, interdisant au clerc de vivre avec une femme ; ou D. 81, c. 29 qui concerne un archidiacre et non un évêque.
(21) V. par exemple : D. 25, c. 4, où il s'agit d'un développement sur les fautes légères, à propos de *sine crimine* ; ou D. 89, c. 1, qui formule le principe de l'attribution d'un seul office ecclésiastique à chaque clerc ; D. 89, c. 2 et 3, concernant le *vice dominus* de l'évêque ; D. 89, c. 5 écartant les laïcs de l'administration des biens ecclésiastiques ; *cf.* également D. 40, c. 3, 4, 10, 11 ; D. 45, c. 9, 10, 14, 15.
(22) D. 45, c. 9 et 14.
(23) D. 46, c. 1.
(24) D. 47, c. 3.
(25) D. 43, c. 1.
(26) D. 45, c. 15.
(27) Vingt-deux textes sur les trente-huit envisagés ici.
(28) Par exemple : D. 40, c. 4 et 10 ; D. 45, c. 1 ; D. 47, c. 7 ; D. 48, c. 2 ; D. 81, c. 24 et 25.
(29) D. 28, c. 4 ; *cf.* D. 33, c. 7.
(30) D. 39, c. 1.
(31) D. 85, c. 1.
(32) D. 44, c. 5 et 6.
(33) D. 86, c. 5.
(34) D. 45, c. 3.
(35) D. 47, c. 4.

sur un de ses clercs, en s'entourant de toutes les garanties nécessaires (36). Un autre se voit sévèrement réprimandé parce qu'il n'avait pas craint d'encadrer les solennités de l'office dominical par de rudes travaux agricoles (37).

Les interventions de Grégoire le Grand que révèlent ces textes sont donc d'une extrême diversité. De l'exhortation générale à la réprimande particulière, les formes les plus variées de la pastorale sont ici réunies. Le choix ainsi offert par Gratien ne pouvait que servir ses lecteurs. On aimerait savoir s'ils lui en devaient quelque gratitude ?

3. Il est toujours difficile de déterminer les sources auxquelles Gratien a puisé. Il disposait de collections canoniques nombreuses, d'ampleur, d'âge et de tendances diverses, mais où se trouvaient bon nombre des textes qui figurent au Décret. Si c'est à elles qu'il a emprunté la presque totalité de ses canons, il est en général impossible de dire à quelle collection fut fait tel emprunt précis. Du moins sait-on qu'Ives de Chartres lui a fourni la majorité de ses *auctoritates* (38).

Quelles constatations peut-on faire dans le secteur très limité auquel nous nous sommes attachés ici ?

Tout d'abord, et comme toujours, rares sont les textes pour lesquels Friedberg ne donne pas de références à des collections antérieures. L'absence de ces références ne signifierait d'ailleurs pas de façon certaine que Gratien ne les a pas empruntés à une collection canonique mineure, dont les Tables de Friedberg ne font pas état. Nous avons relevé 8 textes (sur 38) pour lesquels ne figure aucune mention de référence à une collection antérieure (39), soit une proportion de 21 % ; ce qui, sans être considérable, est cependant supérieur à l'ordinaire. Cette supériorité apparaît non seulement si l'on se réfère aux emprunts faits par Gratien aux diverses catégories d'*auctoritates* (décrétales, canons conciliaires, patristique, etc.), mais même si l'on compare les emprunts faits à Grégoire le Grand dans ce « miroir de l'évêque » à ceux faits à Ambroise, Jérôme et Augustin dans les *Causae* consacrées au mariage (40). On serait donc tenté de reconnaître à Gratien une certaine originalité dans les Distinctions qui nous occupent ici (41).

Pour le reste, et ici encore ces Distinctions restent fidèles à la structure géérale du Décret, Ives de Chartres apparaît comme la

(36) D. 86, c. 33.
(37) D. 86, c. 24.
(38) J. RAMBAUD-BUHOT, *Le Décret de Gratien et le droit romain ; influence d'Yves de Chartres*, R.H.D., 1957, 290 et s.
(39) Ce sont les D. 43, c. 1 ; D. 45, c. 9, 14 et 15 ; D. 46, c. 1 et 2 ; D. 47, c. 3 ; D. 85, c. 1.
(40) *Cf.* les tableaux joints à notre étude citée *supra*, n. 17.
(41) L'utilisation de Grégoire le Grand est très exceptionnelle dans le L. I du *Décret* de Burchard, où il est question de l'évêque. Elle reste rare chez Yves de Chartres à propos du même sujet.

source essentielle. Sans doute on ne saurait ignorer le recours à la *Collectio canonum* d'Anselme de Lucques (v. 1083), dont le Livre VI traitait de l'épiscopat (42). Mais la collection qui semble avoir le plus fourni à Gratien est sans conteste la *Tripartita*.

On sait que sous ce terme sont réunies en fait deux collections l'une chronologique, comprenant d'abord des décrétales, puis des canons conciliaires et un dossier patristique (Collection A de Paul Fournier), l'autre, méthodique, qui n'est qu'un abrégé du *Décret* d'Ives de Chartres (Collection B de Paul Fournier) (43).

La série des décrétales de la Collection A donnait 112 fragments de saint Grégoire (ou attribués à tort à ce pape) sur les 670 fragments de textes de pape de saint Clément à Urbain II. Grégoire occupait donc une place de choix. Or, si Paul Fournier a pu déterminer l'origine de nombreux fragments dans la série des décrétales, il n'a « réussi à rattacher (les textes placés sous le nom de Saint Grégoire) à aucun recueil connu » (44).

L'abondance des textes grégoriens, l'absence de tout ordre logique, dans leur présentation, l'attribution à Grégoire le Grand de passages d'autres papes de même nom, voire d'apocryphes, d'autres erreurs enfin montrent que le recueil des textes grégoriens fut fait « sans soin ni précision » (45).

Par contre, Grégoire le Grand est absent des *Sententiae... Patrum* qui figurent, après la série conciliaire, à la fin de la Collection A (46). C'est dire que pour la *Tripartita*, Grégoire est envisagé comme pontife non comme docteur (47).

C'est, semble-t-il à la masse des textes de Grégoire le Grand réunis dans la Première Partie de la Collection A, que Gratien a emprunté

(42) *Cf.* ANSELME, VI, 9 = *Décret*, D. 47, c. 4
VI, 13 = D. 28, c. 4
id. = D. 39, c. unique
VI, 145 = D. 89, c. 2
VI, 146 = D. 89, c. 5
VII, 77 = D. 89, c. 3
VII, 146 = D. 81, c. 29
XI, 159 = D. 25, c. 4

Nous omettons volontairement dans ce relevé les textes qui se trouvent à la fois chez Anselme et chez Ives, sans que l'on puisse cependant toujours affirmer que c'est Ives qui les a fournis.

(43) Paul FOURNIER, *Les collections canoniques attribuées à Yves de Chartres*, extrait de la Bibl. de l'Ecole des Chartes, 1896-1897, Paris, 1897.

(44) *Op. cit.*, 18, *cf.* P. FOURNIER et G. LE BRAS, *Histoire des collections canoniques en Occident*, II (Paris, 1932), 61.

(45) P. FOURNIER, *Les collections canoniques attribuées à Yves de Chartres*, 19.

(46) *Ibid.*, 222-223.

(47) Dans les indications des sources auxquelles Gratien a emprunté ses *auctoritates*, FRIEDBERG (*Corpus Juris Canonici*, I, Lipsiae, 1879) a, au contraire, dissocié le pape (dont il mentionne les lettres parmi les décrétales, col. XXVIII-XXX) et le Père de l'Eglise (dont il cite le *Lib. reg. Past.*, les Homélies, les *Moralia* et les Dialogues, col. XXXVI-XXXVII).

XI

un nombre important des passages grégoriens relatifs aux vertus épiscopales, ainsi qu'il résulte du tableau ci-dessous (48) :

D. 33, c. 7	1, 55, 81	BN., *ms lat.* 3858, f° 89 r°
D. 40, c. 4	109	f° 93 r°
c. 10	4	f° 95 r°
c. 11	28	f° 79 v^e
D. 43, c. 4	59	84 v°
D. 44, c. 5	97	90 v°
6	98	90 v°
D. 45, c. 3	16	98 v°
4 (49)	107	92 r°
D. 47, c. 7	5	
D. 48, c. 2		91 v° (50)
D. 81, c. 23		83 v°
24	61	84 v°
25	53	84 r°
D. 86, c. 5	1, 63, 8	
D. 86, c. 23	1, 55, 15	98 v° (51)
24	17	99 (52)
D. 89, c. 1	80	88 v°

Ce sont donc 18 textes (sur 38) qui figurent et dans la *Tripartita* et dans le *Décret* de Gratien. Certes, on ne saurait affirmer que tous furent pris dans cette collection. Cependant certaines communautés de séquences (53) aussi bien que la commune erreur d'attribution de D. 45, c. 4 et *Tripartita* 1, 55, 107 permettent de supposer avec vraisemblance l'utilisation du recueil chartrain.

Mais le recours à la *Tripartita* ne fut pas servile. Les textes qui lui furent empruntés ne sont pas groupés au Décret. On les trouve dispersés dans une dizaine de Distinctions. Un groupement relatif n'apparaît que dans les D. 40, 44, 45, 81, 86. D'autre part de nombreux textes de Grégoire, qui figuraient dans la Collection A ont été utilisés par Gratien dans les *Causae*. La dispersion est donc considérable. Elle marque l'initiative de Gratien.

Ainsi, tant dans le plan que dans l'usage des textes, le *Décret* se révélait ici novateur. Mais, par cette fidélité à la tradition qui marque aussi bien les Collections canoniques que la vie même de l'Eglise, il innovait en revenant à saint Paul et en faisant plus largement appel à l'autorité des pères.

(48) Nous donnons dans la seconde colonne les références fournies par Frieberg d'après le ms. de Berlin, *lat.* 104 et nous ajoutons les références au ms. B.N. *lat.* 3858 (xiie siècle). On remarquera que deux textes qui figurent dans ce manuscrit ne sont pas signalés par Frieberg comme étant dans la *Tripartita*.
(49) L'erreur d'attribution reproduite par Gratien était déjà dans la *Tripartita*.
(50) Texte un peu différent.
(51) Texte plus long.
(52) Texte plus long.
(53) D. 44, c. 5 et 6, et *Tripartita*, I, 55, 97 et 98 ; D. 86, c. 23 et 24, et *Tripartita*, I, 55, 15 et 17.

XII

EVÊQUES ET CHAPITRES
(législation et doctrine à l'âge classique)

On sait les débats qui, au cours des âges et à travers toute la Chrétienté, mirent souvent aux prises les évêques et leurs chapitres. Conflits de procédure ou affrontements violents au nom des grands principes de l'autorité épiscopale ou des droits du chapitre, mais aussi bien souvent pour la défense d'intérêts matériels immédiats. Ils éclatent dès qu'au cours du XIIe siècle l'autonomie et l'autorité du corps capitulaire s'affirment ([1]) et, pour nous imposer cette limite chronologique, ils jalonnent l'histoire des diocèses aux XIIIe et XIVe siècles. Autorité suprême dans le diocèse, l'évêque entend souvent se comporter en maître. Le chapitre, corps puissant où figurent parfois des membres de la noblesse locale et des officiers des princes, à qui revient en principe la désignation du prélat et qui le choisit volontiers dans son sein, entend participer activement à l'administration, voire au gouvernement du diocèse.

Les prétentions capitulaires ne furent ni partout ni toujours aussi vives, ni défendues avec la même ardeur. En Angleterre ([2]), les relations des évêques avec leurs chapitres souvent difficiles aux XIIe et XIIIe siècles, s'améliorent au XIVe. Juristes, les chanoines préfèrent négociations et compromis aux éclats d'un affrontement. En Germanie, des chapitres souvent très aristocratiques contraignent les candidats à l'épiscopat à des « Wahlkapitulationen » qui garantissent leurs privilèges. La France occuperait une position moyenne.

Si les rapports pacifiques ont laissé peu de traces, les conflits, parfois violents, ne manquent pas. Aux portes du Royaume, l'archevêque de Lyon a, au long du XIII⁰ siècle, de telles difficultés avec son chapitre qu'il doit le frapper d'excommunication ([3]). En 1274 une bulle pontificale accorde aux chanoines une part des droits comtaux sur la ville ([4]). A Agde ([5]) et à Maguelonne ([6]), conflits parfois violents. A Reims, l'archevêque est contraint de transiger en 1201. En 1278, c'est le cardinal Simon qui arbitre le différend et en 1296 le pape lui-même intervient ([7]). A Thérouanne, au milieu du XIII⁰ siècle, un chanoine se livre à des violences envers l'official et menace l'évêque de mort ([8]).

Notre propos n'est pas de dresser le long catalogue de tels incidents ([9]) mais de rechercher par quelles voies les juristes tentèrent d'en restreindre la fréquence et l'ampleur. Le scandale qu'ils causaient ne pouvait être ignoré du législateur ni des collections canoniques. De leur côté, les docteurs, par d'habiles distinctions, s'efforcent de mieux délimiter les compétences. A analyser la loi et ses gloses, on mesurera mieux les limites de leur efficacité.

I

Ce n'est, comme on l'a déjà dit, qu'à partir du milieu du XII⁰ siècle que la puissance capitulaire pose à l'épiscopat de sérieux problèmes. Aussi ne saurait-on trouver dans le Décret de Gratien les premières esquisses d'une détermination des rôles et des compétences.

Il faut cependant signaler la présence au Décret de textes d'époque ancienne qui envisageaient la collaboration de l'évêque avec son *presbyterium*. Il s'agit surtout de textes gaulois qui, peu favorables à la monarchie épiscopale, imposaient à l'évêque le concours de ses prêtres ([10]). Ils serviront parfois de « support » aux décrétistes pour exposer leurs vues sur la collaboration entre évêque et chapitre et c'est à ce titre qu'il fallait les signaler ici. Mais dès le règne d'Alexandre III (1159-1181), les interventions pontificales, provoquées par des conflits locaux, se multiplient. Ici, comme en d'autres domaines ([11]), ce pape canoniste marque une date importante dans l'élaboration du droit classique. Un peu plus tard les décrétales d'Innocent III (1198-1216) proposent les solutions sur lesquelles la doctrine classique construira ses systèmes.

Recueillies dans les *Compilationes antiquae*, plusieurs de ces décrétales se retrouvent aux Décrétales de Grégoire IX, prenant ainsi valeur de loi générale. C'est ce moment de la législation, qui va d'Alexandre III à 1234, qu'il faut ici analyser.

Les Décrétales d'Alexandre III cherchent à rétablir la paix du diocèse en instaurant une collaboration favorable aux prétentions capitulaires.

Dans une décrétale à l'évêque de Worcester, le pape rappelait, tout en prenant en considération la situation de fait, que « selon la rigueur du droit » une aliénation faite par un évêque n'était valable que si le chapitre la ratifiait par la suite (12). Plus importante est une décrétale de 1168 adressée au patriarche de Jérusalem, dont les Décrétales de Grégoire IX conservent deux fragments (13). Le pape y reproche au prélat d'avoir fait certains actes (institutions et destitutions de clercs, concessions, confirmations) sans avoir demandé le *concilium* de ses « frères », les chanoines. Omission d'autant plus choquante que le patriarche ne s'est pas privé de requérir le *concilium* de clercs et de laïcs de son entourage, mais qui ne sont pas *de corpore ecclesiae ipsius* (14).

C'est en effet par l'appel à la notion de *corpus* qu'Alexandre III justifie la nécessité d'une collaboration entre l'évêque et son chapitre : *Tu et fratres tui unum corpus sitis, ita quidem, quod tu caput et illi membra esse probantur. Unde non decet te omissis membris aliorum consilio in ecclesiae tuae negotiis uti.*

Cette justification mérite attention. La prohibition, formulée par le pape, d'agir sans avoir pris l'avis du chapitre, la nullité dont il frappe les actes passés dans de telles conditions ne se fondent pas sur un argument juridique. C'est l'image, chère à la philosophie médiévale et dont l'ecclésiologie faisait si large usage, du corps composé d'une tête et de membres, qui reparaît ici (15). Le pape ne cherche pas à préciser les relations juridiques entre évêque et chapitre, les zones de compétences propres et celles qui requièrent une collaboration. Il n'invoque pas davantage l'intérêt d'un tel accord pour un meilleur gouvernement du diocèse. Sa décision se fonde sur l'allégorie de la tête et des membres, si fréquemment alléguée par la philosophie sociale de son temps.

Une trentaine d'années plus tard, avec Innocent III, si le désir d'accord reste aussi vif et s'il conduit toujours à exiger la collaboration de l'évêque et du chapitre, ses justifications sont d'un autre ordre. L'autorité de textes anciens, l'analyse juridique et les distinctions qu'elle suggère remplacent les comparaisons avec le corps humain.

Dans une décrétale à l'archiprêtre de Bourges (16) le pape envisage la validité d'une donation de dîmes faite par un chevalier à un monastère et confirmée par le *consensus* de l'archevêque de Bourges. Les moines bien évidemment affirmaient cette validité et invoquaient en sa faveur un texte que le Décret de Gratien attribuait à saint Jérôme ([17]). Mais leurs adversaires objectaient que l'assentiment de l'évêque sans celui du clergé ne suffisait pas et ils faisaient à leur tour appel à un texte de saint Léon, qui figurait lui aussi au Décret de Gratien ([18]) . Le pape y interdisait toute aliénation de biens d'église par l'évêque, s'il n'avait pas l'accord de son clergé reconnaissant que l'opération était avantageuse.

Désigné comme arbitre, mais ne sachant quelle solution adopter, l'archiprêtre de Bourges s'était tourné vers Rome. Le pape se prononce en faveur de la validité de la restitution de la dîme laïque au monastère, bien qu'elle n'ait été approuvée que par l'archevêque seul. Il écarte habilement l'objection tirée du texte de saint Léon, en déclarant que les deux textes allégués donnent des solutions différentes, mais non contradictoires (*diversae... non tamen adversae*). Car autre chose est d'aliéner des biens d'église et pour cela il faut exiger, avec saint Léon, le consentement de l'évêque et de son clergé ; autre chose de rendre à l'Eglise ce que détenait indûment un laïc —, et il suffit alors de l'assentiment de l'évêque, comme le demandait saint Jérôme. Sans doute, les deux textes, et Innocent III avec eux, parlaient des « clercs » et non des chanoines, inconnus de leur temps. Mais il était clair qu'en cette fin du XIIe siècle c'était le *consensus canonicorum* qui était en question.

Si le pape ne l'exige pas dans l'affaire qui lui était soumise, c'est qu'il s'agissait non d'aliénation mais de récupération de biens ecclésiastiques. Pour tenter d'apaiser les conflits entre des chapitres et l'épiscopat il s'engageait, en juriste, dans la voie des distinctions et il se référait ici à la nature de l'acte passé par l'évêque. Si la récupération de dîmes n'exigeait pas l'assentiment du chapitre, l'aliénation de biens d'église ne pouvait s'en passer.

C'est ce qu'il confirmait trois ans plus tard dans une lettre à l'archidiacre de Meaux ([19]). Rappelant à nouveau le texte de saint Léon, le pape déclarait nulle toute donation, vente ou échange de biens ecclésiatiques fait par l'évêque *absque conniventia* ([20]) *et subscriptione clericorum* ([21]). Dans l'affaire qui lui avait été soumise, l'évêque avait attribué à perpétuité des églises baptismales vacantes sans l'accord du chapitre. Le pape, assimilant ces collations à des aliénations, reconnaissait implicitement leur nullité.

Le principe de la collaboration et les limites qu'il fallait lui assigner étant posé ([22]), restait à déterminer les modalités de sa mise en œuvre.

La collaboration en effet impliquait des rencontres et des discussions menées en commun. Or, selon les traditions locales, les rapports officiels entre évêques et chapitres se présentaient très différemment. Chartres refuse à l'évêque l'accès de la maison capitulaire et York ne l'admet pas au chapitre. A Utrecht, il peut y être invité par le doyen, mais ne dispose pas d'une voix délibérative. A Salisbury, l'évêque a une place au chapitre mais ne le préside pas et la voix du prélat ne compte pas plus que celle du plus modeste chanoine. Rouen et Bayeux lui accordent au contraire la présidence du chapitre. A Lincoln, les chanoines ne peuvent en son absence discuter de questions qui l'intéressent ([23]). Dans l'Empire, il est rare que l'évêque soit membre du chapitre ([24]).

Une telle diversité interdisait de fixer par un droit général les modalités de la collaboration et c'est sans doute ce qui conduisit Innocent III à poser une nouvelle distinction, appelée à connaître une grande fortune auprès des Décrétalistes, selon que l'évêque intervient *ut praelatus ou ut canonicus*. Aux distinctions fondées sur la nature de l'acte s'ajoutaient désormais celles qui tenaient compte de la qualité en vertu de laquelle le prélat faisait valoir son opinion.

Cette distinction nouvelle se rencontre dans une décrétale de 1212 au chapitre d'Embrun ([25]). A propos de l'attribution de prébendes qui devait être faites conjointement par le chapitre et l'archevêque, le pape distingue selon que ce dernier intervient *ut praelatus* ou *ut canonicus* ([26]).

II

Telles étaient les mesures législatives essentielles que recueillirent d'abord les *Quinque Compilationes antiquae*, puis les Décrétales de Grégoire IX, en y ajoutant parfois quelques textes qui en confirmaient l'économie, mais qui ne concernaient pas directement la collaboration entre l'évêque et son chapitre. Autant que les textes recueillis, c'est le groupement qui en fut fait qui permet d'apprécier l'attention portée à cette question par les compilateurs.

Vers 1190 Bernard de Pvavie dans la *Compilatio I*ᵃ consacre un titre *de hiis quae fiunt a praelato sine consensu capituli* (3,9). Sur cinq des constitutions, quatre sont empruntées à Alexandre III ([27]). Mais la première constitution du titre, qui se dit tirée *ex concilio apud Valentiam*, reproduit en réalité le canon 50 des *Statuta ecclesiae antiqua* , déclarant nulle toute donation, vente ou échange de biens ecclésiastiques faite par l'évêque sans l'accord de son clergé. Cette disposition faisait partie de la législation ecclésiastique qui dans la Gaule de la fin du Vᵉ et du début du VIᵉ siècle s'était opposée à une toute-puissance de l'épiscopat ([28]). Ce texte avait été repris par Burchard (III, 170) et par Ives de Chartres (Décret III, 231 et Panormie II, 86) Bernard de Pavie l'a sans doute trouvé. Gratien en effet ne l'individualisait pas. Il le rattachait (C. 12 q. 2 c. 52) à une lettre de saint Léon qui formulait la même règle ([29]).

Un titre *de hiis que conceduntur ab episcopo sine consensu capituli* se retrouve dans la *Compilatio III*^{a} (IV, 11), première collection officielle de décrétales faite à la demande d'Innocent III (1209). Il ajoute trois décrétales d'Innocent III de 1198, 1201 et 1204 ([30]) à celles d'Alexandre III qu'avait recueillies la *Compilatio I*^{a}.

La *Compilatio II*^{a} (1210-1212) ne recueille qu'un seul texte dans son titre *de hiis que fiunt a prelatis sine consensu capituli* (III, 8). Il s'agit d'une décrétale de Célestin III (1191-1198) à l'archevêque de Rouen, relative au droit de présentation aux bénéfices dépendant d'une collégiale ([31]). Le pape rappelle à l'archevêque que, sauf coutume locale contraire, il ne peut instituer le bénéficier qu'avec l'assentiment du chapitre (ou au moins de sa *maior et sanior pars*). Si le principe de la collaboration trouve ici une nouvelle application, celle-ci concerne les rapports de l'évêque avec les collégiales et non avec le chapitre cathédral.

La *Compilatio IV*^{a} de Jean le Teutonique (1216) ne contient plus de titre consacré spécialement à « ce que l'évêque peut faire sans le concours de son chapitre ». Mais, sous d'autres rubriques, figurent deux décrétales d'Innocent III relatives à cette question. L'une, adressée à l'archevêque de Rouen en 1198 (3,4, *de hiis que fiunt a maiori parte capituli*,   précise que l'attribution de deniers pour des réparations nécessaires à la fabrique de la cathédrale est faite valablement dès lors que l'archevêque a eu l'accord de la *maior et sanior pars* du chapitre ([32]). L'autre, de 1212, concerne la concession de prébendes et distingue selon que l'évêque intervient comme prélat ou comme chanoine ([33]). Jean le Teutonique l'insère dans le titre *de concessione prebendae* (3, 3, 2).

Enfin dans la *Compilatio V*^{a} (1226) Tancrède réserve un titre *de his que fiunt vel conceduntur a prelatis sine consensu capituli* (3,8). On y trouve trois décrétales d'Honorius III (1216-1227). La première, à l'archevêque de Sens et à ses suffragants ([34]) , fait état de doléances des chapitres cathédraux de la province dont les procureurs n'auraient pas été admis au concile provincial par l'archevêque et ses suffragants. Attitude que condamne le pape. Les chapitres doivent participer au concile provincial, surtout lorsque l'on traite de questions les intéressant. Les deux autres décrétales ([35]) ne concernaient pas la collaboration entre évêque et chapitre. Aussi n'ont-elles pas été reprises par les Décrétales de Grégoire IX.

Ainsi quatre des cinq *Compilationes antiquae* avaient consacré un titre à « ce que l'évêque peut faire sans l'assentiment du chapitre ». Et si la *Compilatio IV*^{a} ne retenait pas cette rubrique, elle avait cependant recueilli deux décrétales d'Innocent III sur cette question. Il n'est donc pas surprenant que Raymond de Pennafort ait, à son tour, inséré dans les Décrétales de Grégoire IX un titre *de his que fiunt a praelato sine consensu capituli* (3, 10). Ses dix constitutions sont empruntées aux collections antérieures.

c.1	SEA	Compilatio I, 3, 9,	1
2		"	2
3	Alexandre III	"	3
4		"	4
5		"	5
6	Célestin III	Compilatio IIa, 3, 8,	un.
7		Compilatio IIIa, 3, 11,	1
8	Innocent III	"	2
9		"	3
10		Compilatio Va, 3, 8,	1

La compilation de 1234 reprenait donc l'intégralité des textes qui figuraient dans des titres des *Compilationes* I^a, II^a (une seule constitution) et III^a et, dans la *Compilatio V*^{a}, la seule constitution d'Honorius III relative aux rapports entre évêque et chapitre. Mais c'est hors de ce titre, et comme l'avait déjà fait la *Compilatio IV* (3, 3, 2), que l'on trouve sous la rubrique *de concessione praebendae et ecclesiae non vacantis* (3, 8) la décrétale d'Innocent III qui faisait la distinction des interventions épiscopales *ut praelatus* ou *ut canonicus* (c. 15).

Cette fidélité de Raymond de Pennafort aux V *Compilationes antiquae* n'est pas pour surprendre. On doit cependant noter l'étrangeté du titre sous laquelle, dans les Décrétales de Grégoire IX comme dans les Collections antérieures, ces constitutions ont été placées. Alors que le titre annonce « ce que peut faire l'évêque sans l'assentiment du chapitre », ce ne sont que décrétales qui rappellent aux prélats la nécessité de cet assentiment pour de nombreux actes. Illogisme qui remonte à Bernard de Pavie dans la *Compilatio I*^{a}, dont l'intitulé fut repris par les compilations ultérieures. Voulait-il par là marquer les limites apportées par la législation pontificale à l'autonomie épiscopale ? Il est difficile de le dire. La discordance mérite cependant d'être relevée.

III

C'est en commentant ces textes que les Décrétalistes proposeront des voies de solution pour tenter de pacifier les relations entre évêques et chapitres. Ils le feront en utilisant la double distinction que leur offrait la législation pontificale, celle de la qualité en vertu de laquelle l'évêque intervient et celle de la nature de l'acte accompli ([36]).

Johannes Teutonicus, dans sa glose de la *Compilatio III*, avait suggéré de distinguer selon que l'évêque était « du chapitre » ou « hors du chapitre » ([37]). A quoi Bernard de Parme objecte que l'évêque est toujours « du chapitre ». Aussi dans la Glose ordinaire des Décrétales (v. 1241 mais remaniée jusqu'à sa mort en 1266) préfère-t-il adopter la distinction proposée par Innocent III et que reprenait la rubrique sous laquelle figurait le texte d'Innocent III dans les Décrétales de Grégoire IX ([38]), selon que l'évêque intervient « comme prélat » ou « comme chanoine ». La coutume sur ce point, fait-il observer, varie selon les églises ([39]).

Vincent d'Espagne (mort en 1248) témoigne des hésitations de la doctrine. Dans sa glose sur la *Compilatio I*, 3, 9, 4, il allègue des textes de droit romain relatifs aux pouvoirs du tuteur pour soutenir que l'évêque peut agir en justice sans l'assentiment de son chapitre. Il lui dénie cependant la *libera administratio*, lorsqu'il n'a pas obtenu cet accord ([40]). Si les deux attitudes ne sont pas inconciliables, elles témoignent cependant d'une doctrine incertaine. Ce n'était pas elle qui pouvait fournir la solution des conflits.

C'est avec la *Lectura* d'Hostiensis, au milieu du XIIIe s. qu'on trouve les éléments d'une construction d'ensemble, tenant compte à la fois du titre en vertu duquel intervenait le prélat et de l'acte qu'il entendait accomplir.

L'évêque siège-t-il *ut canonicus*, « sa voix ne vaut pas plus que celle d'un chanoine ». Dans ce cas, le chapitre est « seulement celui des chanoines, non un chapitre commun à l'évêque et aux chanoines ». Au contraire, lorsque l'évêque siège *ut praelatus*, sa voix à elle seule vaut autant que toutes celles des chanoines réunis. S'il y a partage, la voix de l'évêque l'emporte ([41]). Or l'évêque intervient *ut praelatus* « de droit commun, dès lors qu'il s'agit de questions intéressant à la fois le prélat et son chapitre » ([42]). Et par là Hostiensis soulignait déjà l'importance de l'autre distinction.

Celle-ci se réfère à la nature de l'acte à accomplir. S'il s'agit de collation de bénéfices, l'évêque, agissant *ut praelatus*, l'emporte dès lors qu'il trouve l'appui d'un ou de deux chanoines. Car sa voix comptant pour la moitié du total des voix, il suffit qu'un chanoine se prononce comme lui pour que la majorité soit atteinte ([43]). S'il s'agit au contraire « d'aliénations ou de choses analogues », il est nécessaire d'obtenir l'assentiment de tout le chapitre ou du moins de sa *maior et sanior pars* ([44]). Hostiensis estime même que l'aliénation de biens épiscopaux requière l'assentiment des chanoines;

car, dit-il, ceux-ci ont intérêt à la conservation du patrimoine de l'évêché et d'autre part « évêques et chanoines ne font qu'un seul corps » [45]. Ainsi apparaissait une nouvelle donnée à prendre en considération. L'acte ne devait pas être envisagé seulement dans sa spécificité juridique (vente, donation, élection, institution, déposition, etc.). Il fallait également rechercher qui en tirait profit.

D'où de nouvelles distinctions, toujours dans la doctrine d'Henri de Suse. Si l'affaire concerne principalement l'évêque, elle sera décidée *ab ipso praelato de consensu capituli;* si elle intéresse surtout le chapitre, elle sera conclue *ab ipso capitulo, de auctoritate praelati.* Reste le cas où elle est d'intérêt commun. Alors *praelatus de consensu capituli constituit syndicum* [46].

On ne peut qu'admirer la finesse de ces analyses. Sur la base de décrétales données pour des cas d'espèce et n'apportant par conséquent que des solutions particulières, les Décrétalistes élaborent un système qui, par ses distinctions, devait répondre à tout. L'histoire cependant montre que ces sages suggestions, élaborées dans le calme du cabinet, n'ont pas suffi à ramener la paix dans les cloîtres.

NOTES

(1) Le terme même de capitulum, signalé dès 953, n'est d'usage courant qu'avec Alexandre III (G. LE BRAS, *Institutions ecclésiastiques de la Chrétienté médiévale* II,(Paris, 1964 , 378, n. 5.)

(2) Kathleen EDWARDS, *The English secular Cathedrals in the Middle Age*, (Manchester, 1959), 97-135.

(3) *Cartulaire lyonnais* (éd. GUIGUE) II, n° 348.

(4) *Cartulaire municipal de Lyon* (Lyon 1876) n° IX.

(5) A. CASTALDO, *L'Eglise d'Agde (X-XIIIe s.)* Paris, 1970, 5-56.

(6) H. VIDAL, dans *Le diocèse de Montpellier* (Hist. des dioc. de France, n° 4) 49-50.

(7) VARIN, *Arch. adm. de la ville de Reims* I, 2, pp. 438, 936, 1099, 1102.

(8) Cf. la lettre d'Innocent IV du 5 mai 1253 (*Registre d'Innocent IV*, n° 6532).

(9) Pour Paris, ample moisson sans l'article de P.Cl. TIMBAL et J. METMAN, *Evêque de Paris et chapitre de Notre-Dame*, R.H.E.F., LV (1964) 54-72.

(10) Par exemples D. 24 c. 6 (= SEA, c. 10), exigeant ce concours pour les ordinations; C. 15 q. 7 c. 6 (= SEA, c. 14), interdisant à l'évêque de rendre la justice en l'absence de ses clercs; C. 10 q. 2 c. 1 (concile d'Agde de 506, c. 7) et C. 12 q. 2 c. 53 (ibid. c. 45), exigeant l'assentiment du clergé aux aliénations.

(11) J. Dauvillier, à qui ces pages sont dédiées en témoignage d'une amitié presque cinquantenaire, l'a excellemment montré pour le mariage dans une thèse qui fit époque (*Le mariage dans le droit classique de l'Eglise depuis le Décret de Gratien jusqu'à la mort de Clément V*, Paris 1933). C'est au même pape, d'abord dans sa *Summa* (sur C. 16 q. 7 c. 31) alors qu'il n'était que Roland Bandinelli, puis dans ses décrétales (X, 3, 38, 3 à 22) que l'on doit une théorie du *ius patronatus* appelée à une longue histoire.

(12) X, 3, 10, 3 *Quum nos iam pridem* (1163-1174).

(13) *Ibid.* c. 4 *Novit* et 5 *Quanto*.

(14) Il est également reproché au patriarche d'avoir, dans certains cas, fait figurer dans les actes, pour leur donner plus de poids, la souscription de chanoines absents, comme s'ils avaient été présents.

(15) On la retrouve dans des canons de Lincoln au début du XIVe siècle : « Il y a en vertu du droit dans chaque église cathédrale un seul évêque qui avec le chapitre ne forme qu'un seul corps dont l'évêque est la tête et le chapitre les membres » (cité par K. EDWARDS, *op. cit.* 97).

(16) *PL.* 214, 272 (1198) = X, 3, 10, 7 *Quum apostolica sedes.*

(17) C. 16 q. 1 c. 68 § 1. Ce texte (d'origine inconnu) déclarait qu'il fallait reconnaître une validité sans limite à l'attribution faite par des laïcs de biens d'église détenus par eux à tort, lorsque l'évêque y avait donné son accord.

(18) C. 12 q. 2 c. 52, pr. (= Ep. 17; 447).

(19) X, 3, 10, 8 *Tua nuper.*

(20) *Consensu,* dans certains manuscrits; *consensu vel conniventia* dans d'autres.

(21) L'expression est emprunté à la fin du c. 52 qui provenait des SEA, c. 15 et 50 (éd. Munier). Ce dernier canon donnait *conniventia* (ou *convenientia*) *et subscriptione...*

(22) Il trouve une nouvelle application dans une lettre à l'évêque d'Ely de 1204 (*PL.* 215, 482; X, 3, 10, 9) à propos de concession d'églises paroissiales ou de leurs revenus à des monastères.

(23) K. Edward, *op. cit.* 108-113.

(24) P. Hinschius, *Kirchenrecht,* II, 127.

(25) X, 3, 8, 15 *Postulastis.*

(26) La décrétale décide qu' en cas de non attribution du bénéfice dans le délai statutaire de six mois à partir de la vacance, il n'y a pas dévolution du droit de collation du chapitre à l'archevêque si celui-ci devait intervenir pour la collation conjointe *ut praelatus.* Au cas où il aurait dû siéger *ut canonicus,* la dévolution joue à son profit.

(27) C.2 à 5 = X, 3, 10, 2 à 5.

(28) *Supra,* 308.

(29) *Supra,* 310.

(30) Cf. *supra* 309-310, les textes se retrouvent X, 3, 10, 7, 8 et 9.

(31) Le texte figure X, 3, 10, 6.

(32) Le texte est repris X, 3, 11, 4.

(33) X, 3, 8, 15, *supra* 311.

(34) Reprise dans X, 3, 10, 10.

(35) A. Friedberg, *Quinque compilationes antiquae* (Lipsiae 1882) 171.

(36) En outre les canonistes se sont efforcés de préciser ce qu'il fallait entendre par *consensus* et ils ont à cet égard distingué *consensus* et *consilium.* Hostiensis rappelle que certains ne font aucune différence entre les deux termes; mais lui-même les distingue nettement : le *consensus* s'entend d'un assentiment exigé pour la validité de l'acte, le *consilium* n'est qu'un avis qui ne lie pas celui à qui il est donné (*Summa, de his quae fiunt ab episcopo* : *...Ubi consensus requiritur non valet quod agitur nisi consensus habeatur... ubi vero consilium exigitur potest sequi concilium si vult is qui ipsum requirit, si non vult, non habet necesses.*

(37) Sur I, 13, 1 citée par Brian Tierney, *Foundations of the conciliar Theory,* 113, n. 1.

(38) X, 3, 8, 15 *Postulasti.*

(39) Glose sur X, 1, 3, 13 : *et est specialis consuetudo in quibusdam ecclesiis, in quibus episcopus retinet ius canonice et praeter redditus suos, percipit aliquid de capitulo, et tunc est in electionibus tanquam canonicus.*

(40) Cité par B. Tierney, *op. cit.* 121, n. 2 et 3.

(41) *Lectura ad* X, 3, 8, 15 *Postulastis* et 5, 31, 1 *Pervenit ad audientiam nostram* (cités par B. Tierney, *op. cit.* 114, n. 2 et 115 n. 1).

(42) *Lectura ad.* X, 3, 8, 15 (cité *ibid.* 115).

(43) Rapportant cette opinion dans la Glose du Sexte (II, 15, 2) Johannes Andreae note cependant : *communis opinio doctorum est in contrarium* (cité *ibid.* 115, n. 3).

(44) *Lectura ad* X, 3, 18, 15 (cité par Tierney, *op. cit.* 116).

(45) *Lectura ad.* X, 3, 10, 4 *Novit*. On retrouve ici l'image de l'unité du « corps » qui avait servi d'argument à Alexandre III. Mais Hostiensis tient plus à l'argument tiré de l'intérêt que les chanoines ont à la non-aliénation des biens. La référence à l'*unum corpus* est attribuée à un tiers : *Tu dicas quod illa est ratio quare in alienatione rei episcopatus consensus canonicorum requiritur, quia episcopus et canonici unum corpus constituunt.*

(46) Glose *ad* X, 1, 3, 21.

XIII

LES ORIGINES DE LA RÉGALE RÉCIPROQUE ENTRE LYON ET AUTUN

On désigne couramment sous le terme de régale réciproque entre l'église de Lyon et celle d'Autun, le droit qu'eurent les archevêques de Lyon d'administrer l'évêché d'Autun, lorsqu'il était privé de titulaire, et le droit correspondant des évêques d'Autun à l'égard du siège lyonnais. Cette terminologie est d'ailleurs peu exacte et, pour l'époque ancienne facheusement anachronique, l'expression de « régale » n'apparaissant qu'aux dernières années du XIIIe siècle.

Cette pratique nous est signalée pour la première fois à la fin du XIIe siècle et subsistera, non sans vicissitudes, jusqu'à la fin de l'ancien régime. Elle constitue, dans l'organisation ancienne de l'Église de France, un exemple unique, et l'on peut s'étonner que son étude n'ait tenté aucun historien [1]. Sans vouloir en tenter ici un examen d'ensemble, nous nous proposons simplement d'en rechercher, à l'aide

---

1. La meilleure étude reste, malgré sa partialité, celle du P. MÉNESTRIER, *Histoire civile ou consulaire de la ville de Lyon*, 1696, p. 299-316. Les livres de G.-J. PHILLIPS, *Das Regalienreht in Frankreich*, 1873, p. 50-52 ; HUFFER, *Die Stadt Lyon und die Westhälfte des Erzbisthums, in ihren politischen Beziehungen zum deutschen Reiche*, 1878, et de BONNASSIEUX, *Du rattachement de Lyon à la France*, 1875, ne l'envisagent que très accessoirement. De même en est-il de livre de Fritz KERN, *Die Anfänge der französischen Ausdehnungspolitik*, 1910, qui retrace les phases de l'annexion sous Philippe III et Philippe IV (p. 96-111, 150-156, 227-238, 264-278). Nous n'avons pu consulter l'article de MILLARD, *Le sceau de la régale de l'évêché d'Autun* (*Mém. Soc. hist. et archéol. de Chalon-s.-Saône*, II, 1850).

des sources lyonnaises [1] et autunoises [2], ainsi que des archives royales du Trésor des Chartes [3], les premières manifestations. Signalée pour la première fois en 1189, constante au XIIIe siècle, non sans opposition du chapitre de Lyon, cette coutume change d'aspect, au profit de la royauté, lors du rattachement du Lyonnais à la France. Enfin on peut noter, au XVIIe siècle, une nouvelle tentative royale pour étendre la régale sur Autun.

D'où vient cette pratique exceptionnelle et quelle en fût la forme première ? Pourquoi et comment se transforma-t-elle à l'avantage de la royauté, à partir du XIVe siècle ? Telles sont les deux questions, dont l'examen présente, en dehors d'un intérêt purement local, quelque valeur pour l'étude des origines de la régale et des rapports de la royauté avec l'épiscopat.

I

Que l'archevêque de Lyon ait eu l'administration d'un diocèse suffragant privé de titulaire, c'est là un fait qui, pour être exceptionnel, ne semble pas cependant inexplicable. L'église soumise à cette apparente servitude y trouvait une protection avantageuse contre les pillages qui suivaient souvent le décès d'un évêque. C'est là, sous une forme originale, un exemple des mesures, si fréquentes à cette époque, tendant à soustraire les évêchés vacants aux emprises des seigneurs voisins et tout spécialement au droit de dépouille [4].

---

1. La plupart des textes sont réunis dans les deux volumes du *Cartulaire lyonnais* de GUIGUE.
2. En dehors des textes publiés par dom PLANCHER, *Histoire de Bourgogne*, 1739, t. I, preuves, p. 65-81, et par A. de CHARMASSE, *Cartulaire de l'évêché d'Autun*, 1880, nous avons utilisé la très riche collection des archives de l'évêché, Arch. dép. de Saône-et-Loire, G. spécialement n° 474, 658-661, 666, 671, 677, 678, 680.
3. A.N., J. 262, 263, 265, 268, 269.
4. Cf. les actes rassemblés par de SAINT-PALAIS D'AUSSAC, *Le droit de dépouille* (th. droit canonique, Strasbourg, 1930, p. 70-86). L'auteur signale (p. 71) que pour assurer la garde et l'administration des biens on songea à des clercs élus, à un économe ou au chapitre. Le recours à un prélat voisin répond à la même préoccupation.

Mais que l'évêque d'Autun ait eu une prérogative identique à l'égard de l'église de Lyon peut paraître plus surprenant. L'archevêque, et surtout son chapitre, y furent plusieurs fois rebelles et, à la fin du xviie siècle, ce droit faisait encore l'objet de conflits et de procédures [1]. Les mémoires et consultations rédigés à cette époque en faveur d'Autun sont unanimes à invoquer comme plus ancien titre le privilège d'Innocent II pour Autun, du 21 janvier 1140 [2], confirmé par Lucius II, le 21 mars 1143 [3], par Eugène III, le 19 février 1150 [4], et par Alexandre III, le 1er décembre 1161 [5]. Or, ces quatre textes sont identiques dans leur silence à l'égard du droit d'administration du siège lyonnais par l'évêque d'Autun [6]. Innocent II, dont les expressions seront reproduites textuellement par ses successeurs, confirme *vicariam et dignitatem... in Lugdunensi ecclesia*, reconnue déjà, dit-il, par ses prédécesseurs. Mais il s'oppose aux interventions de l'archevêque de Lyon dans les affaires du diocèse, en même temps qu'à celles des laïcs, pendant la vacance du siège : *Nullus ergo primas sive metropolitanus in episcopatu tuo preter tuum et comprovincialium*

---

1. Arch. dép. Saône-et-Loire, G. 658, pièce 3 : « *Mémoire contenant les actes qui justifient la possession dans laquelle sont les archevesques de Lion de régir le spirituel du diocèse d'Autun pendant sa vacance et les eveques d'Autun d'administrer le spirituel et le temporel de l'archevesché de Lion pendant la vacance de ce siège* » (sans indication d'auteur ni de date ; l'acte le plus récent, qui y soit cité, est un arrêt du Parlement de Paris du 1er août 1667) ; — G. 678, cahier rédigé de la même main contenant plusieurs dissertations : 1º *Sur le droit qu'ont les évêques d'Autun de conférer les bénéfices, qui sont de la collation de l'archevesque de Lyon, le siège vacant*. 2º *Sur le droit qu'ont les eveques d'Autun d'administrer le spirituel de Lyon*. 3º *Table des titres les plus importants, qui sont rapportés dans l'inventaire des Archives de l'évêché d'Autun, sur la régale de Lyon* (contenant des actes jusqu'en 1654). *Eod.* : *Mémoire sur le droit qu'ont les évêques d'Autun d'administrer le temporel de l'archevêché de Lyon, pendant la vacance du siège*. Enfin G. 677 contient plusieurs inventaires des titres de la régale d'Autun sur Lyon, remontant au xviie siècle, dont le plus important fut « fait en 1686 par les soins et ordres de Mgr Gabriel de Roquette, évêque d'Autun ».
2. *Cart. év. Autun*, p. 13.
3. *Eod.*, p. 9.
4. *Eod.*, p. 11.
5. *Eod.*, p. 246.
6. La concession du *pallium* par Grégoire le Grand, à l'évêque d'Autun Syagrius n'y faisait pas davantage allusion (*Gallia Christiana*, IV, *Instr.* col. 40)

tuorum assensum aliquid de his que ad tuam parrochiam spectant diffinere presumat ; et plus loin : *Decedente vero te... nullus prepositus, nullus laicus domos episcopales invadere aut aliquid de bonis episcopalibus occupare presumat, sed omnia succedenti episcopo integre conserventur.* Si la papauté se montrait soucieuse d'assurer la protection des biens épiscopaux pendant la vacance, ce n'était aucunement en en confiant la garde à l'archevêque de Lyon [1].

Est-ce donc la *vicaria* et la *dignitas* reconnues à l'Église d'Autun, qui lui donnaient ce droit exceptionnel à l'égard du siège lyonnais ? Il n'en est certes pas la conséquence nécessaire et normale. Mais c'est bien dans cette situation exceptionnelle du siège d'Autun, le plus ancien de la province, dont l'évêque est le premier suffragant, vicaire de l'église de Lyon, honoré du *pallium*, qu'il faut voir l'origine de cette nouvelle prérogative [2]. Et c'est en ce sens, indirectement mais réellement, qu'on peut invoquer en sa faveur les privilèges pontificaux du xiie siècle. C'est un droit nouveau justifié par la prééminence d'Autun dans la province et qui vient encore ajouter au prestige de ce siège.

Cette interprétation n'est pas seulement celle des mémoires autunnois du xviie siècle. Elle était déjà celle de la papauté au xiiie.

Trois actes de concessions du *pallium* à l'évêque d'Autun nous sont parvenus : ceux d'Honorius III, le 7 avril 1225, d'Alexandre IV, le 4 juin 1255, et de Nicolas IV, le 13 juin 1288 [3]. Les deux premiers le définissent *insigne pontificalis*

---

1. BONNASSIEUX signale (*op. cit.*, p. 41, n. 2) une confirmation de la régale sur Lyon, faite au profit de l'évêque d'Autun par Innocent II. En réalité, le texte invoqué (Arch du Rhône, 10 G, 1384, f° 1 r° = Armoire Cham., vol. 9, n° 1), dont nous devons la copie à l'obligeance de notre collègue à la Faculté de droit de Lyon, M. Richardot, n'est autre que le privilège du 21 janvier 1140, analysé ci-dessus, qui ne fait aucune mention du terme de régale ni même de l'administration par Autun du siège lyonnais.

2. Sur l'ancienneté de cette place éminente d'Autun, cf. A. de CHARMASSE, *op. cit.*, Introduction, p. xxix-xxxiv.

3. *Cart. év. Autun*, p. 261, 268, 326.

officii et ne lui attachent aucun droit propre. Le troisième, au contraire, énumérant les privilèges de l'évêque d'Autun, qui s'ajoutent au port du *pallium*, signale le droit d'exercer *ea que ad officium archiepiscole spectant* au cas de vacance du siège lyonnais. Il réunit ainsi les diverses prérogatives de l'évêque d'Autun, qu'il déclare fondées *tam ex privilegio apostolico quam de antiqua et approbata consuetudine*. Le lien en est ainsi fortement marqué tant par l'identité d'origine (coutume et privilège apostolique) que par leur réunion dans un même texte pontifical.

C'est une charte de Philippe-Auguste (1189), qui, pour la première fois, signale cette pratique, dont nous venons d'expliquer l'origine. Le roi reconnaît avoir par ignorance occupé les *regalia* de l'évêché d'Autun, après le décès de l'évêque Étienne et il les restitue à l'archevêque de Lyon, Jean. La même charte reconnaît de façon expresse le droit réciproque des deux églises.

Legittimorum hominum testimonio Lugdunensis ecclesie jus esse didicimus ut quociens Eduensis sedes vacaverit, tociens Lugdunensis archiepiscopus et regalia nostra Eduensia et alia que ad episcopatum Eduensem pertinent in manu sua habeat, et versa vice quociens Lugdunensem sedem vacare contigerit, tociens episcopus Eduensis in manu sua habeat et custodiat universa ad archiepiscopatum Lugdunensem pertinentia [1].

L'occupation des *regalia* d'Autun par Philippe-Auguste ne paraît pas avoir été, comme le ferait croire ce diplôme, une simple erreur, car elle n'est pas un fait isolé dans le règne de ce prince. En 1202, le roi obtiendra la reconnaissance du droit de régale à Mâcon. En 1205-1207, il cherchera à introduire la régale spirituelle à Troyes, mais devra céder

---

1. A.N., J. 262 (*vidimus*) ; Arch. dép. Saône-et-Loire, G. 658 ; Rhône, Arm. Cham., vol. 8, n° 1 et 1 joint. *Cart. év. Autun*, p. 224 ; 236 (*vidimus* fait en mars 1222, à Autun) ; 225 (renouvellement de la concession en 1222, par Philippe-Auguste à Renaud, archevêque de Lyon, l'évêché d'Autun étant vacant par renonciation de l'évêque Gauthier).

devant les protestations du nouvel évêque et le résultat d'une enquête, défavorable à la monarchie. En 1208, une tentative analogue échouera à Amiens, tandis qu'à la même époque elle réussissait à Laon [1]. Ces tentatives répétées ne sont-elles pas le signe d'une première et timide « poussée » du droit de régale, qui, dans le cadre modeste de la jeune royauté capétienne, fait déjà songer à ce que sera l'offensive de grande envergure de la monarchie absolue du XVIIe siècle [2] ?

Au point de vue juridique, le texte apporte un témoignage important pour la notion même de régale. Il parle des *regalia* d'Autun, dont il rapproche « les autres choses qui appartiennent à l'évêché », faisant peut-être par là allusion aux demeures et meubles épiscopaux, objets habituels du droit de dépouille [3]. Le droit corrélatif, reconnu à Autun à l'égard de Lyon, porte sur « toutes les choses qui appartiennent à l'archevêché ». *Regalia* désigne donc, ici, comme dans tous les textes de cette époque, certains biens qui font partie du patrimoine épiscopal et sur lesquels le roi se reconnaît un droit (*regalia nostra*). C'est ce que l'on pourrait appeler le sens passif du terme, dans lequel il désigne des objets de droit. Mais on ne l'emploie pas au sens actif, pour désigner le droit exercé sur ces biens (*jus regaliarum* ou *jus regale* des textes de l'époque postérieure). On utilise dans ce cas la périphrase *jus quod habet in regalibus* [4]. Parler pour cette époque de régale ou de droit de régale est donc absolument anachronique.

---

1. Cf. notre étude sur *La collation des bénéfices vacants en régale des origines à la fin du* XIVe *siècle*, Bibl. Éc. des Hautes Études, sc. religieuses, vol. LI, p. 14, n. 2 et p. 22-24.
2. Cette extension des droits de la monarchie à l'égard des églises sous le règne de Philippe-Auguste apparaît également dans la multiplication des concessions de garde spéciale (Didier, *La garde des églises*, p. 175).
3. A Mâcon, l'année suivante, le roi abandonna le droit de dépouille, mais non la régale, qui subsistera jusqu'en 1209 (Saint-Palais d'Aussac, *op. cit.*, p. 82). En 1212, Innocent III fera une distinction analogue dans une lettre à Philippe-Auguste (P. L. 216, 571) à propos des demeures et du mobilier épiscopal *quæ inter regalia numerari non debent*.
4. Par ex. pour la régale de Mâcon, en 1202 (*Mém. du Clergé*, XI, col. 881).

Le sens nouveau du terme apparaît, pour la première fois, dans une charte du duc de Bourgogne de 1266, reconnaissant au roi *suum regale*, dans l'évêché de Chalon [1], puis vers 1275, dans le commentaire des décrets du Concile de Lyon (1274) rédigé par Guillaume Durand : *regalia vocantur iura regi... competentia* [2] et plus nettement encore chez Jean Lemoine, qui oppose bien les deux sens du mot et le définit, au sens actif, *regalia accipiuntur pro juribus quae habet princeps in aliquibus ecclesiis, videlicet quod, vacante aliqua ecclesia, rex percipiat fructus et ecclesiam conferat* [3].

Aucun des très nombreux textes du XIIIe siècle, qui concernent les rapports d'Autun et de Lyon, n'use de ce terme de régale ou même de l'expression *jus in regalibus*. Aussi ne doit-on pas ici parler de régale. La formule habituelle est celle de *gerere administrationem episcopatus, ipsius sede vacante, in spiritualibus et temporalibus* [4], qui définit très exactement en quoi consiste, à cette époque, le droit réciproque des deux sièges.

C'est essentiellement un pouvoir d'administrer, qui appartient au prélat pendant la vacance du siège voisin. Sans doute est-ce là une prérogative, entraînant certains profits pour son bénéficiaire. Mais c'est aussi une charge, qui lui impose parfois de lourds tracas. De nombreux actes permettent de suivre le détail de cette administration au cours du XIIIe siècle. Nous n'en retiendrons que ce qui est nécessaire à en faire saisir le mécanisme pratique.

Au temporel, le prélat gère les domaines de l'évêché vacant. Il donne à bail les biens de l'*episcopatus* [5], fait cultiver

---

1. Arch. dép. Côte-d'Or, B. 11627.
2. *In sacrosanctum Lugdun. Conc... commentarius*, éd. Lyon, 1559, p. 40.
3. *Apparatus in Sextum*, glose sur I, 6, 13 V° *regalia*.
4. Par ex. Arch. dép. Saône-et-Loire, G. 658, pièce 5 ; *Cart. év. Autun*, p. 271, 275, 284, 306, 315, 337 ; *Cart. lyonnais*, II, p. 482, n° 786 ; 491, n° 792 ; 529, n° 812, et les textes cités *infra*, p. 23.
5. *Cart. év. Autun*, p. 285, bail du château de Saint-André au Mont-d'Or *pro domino episcopo eduensi, gerente administrationem archiepiscopatus lugdunensis, ipsius sede vacante* (1271).

les terres, en perçoit les revenus et fait les fruits siens [1]. Il ratifie les acquisitions immobilières faites pour l'évêque ou par tel chapitre local [2]. Il reçoit l'hommage des vassaux [3]. C'est lui qui exerce la juridiction temporelle, qui tient le sceau de la justice [4], le registre des testaments [5]. Il occupe les

---

1. Ord. d'Aymar, archevêque de Lyon, ordonnant de reconnaître la juridiction de l'évêque d'Autun, pendant la vacance de l'archevêché, déc. 1282 (*cart. év. Autun*, p. 225) : *cum... constet, vacante sede metropolitanea Lugnunensi, episcopum eduensem... debere, de antiqua et approbata consuetudine, dictam sedem metropolitanam tenere et omnem administrationem tam in temporalibus quam in spiritualibus habere et omnia castra et fortalicia, villas et domus... tenere et fructus levare et suos integre facere, sicut econtra idem jus... archiepiscopus lugdunensis..., sede eduensi vacante, obtinet in predictis... Iccirco... vobis precipiendo mandamus... vos officialis et judices... omnem jurisdictionem predictam spiritualem et temporalem episcopo eduensi... deliberetis... et sigilla ad dictam jurisdictionem spiritualem et temporalem pertinentia eidem episcopo vel suis tradatis. Et vos castellani... omnia castra, fortalicia, villas et domus ad dictam metropolitanam sedem pertinentia vel pertinentes episcopo eduensi... traditis et deliberetis...* — Cf. l'ordre donné par Jacques de La Roche, évêque d'Autun, de restituer à l'archevêque *administrationem archiepiscopatus lugdunensis, domos, castra, fortalicia, sigilla et omnia et singula spectantia ad administrationem predictam* (*eod.*, p. 323 ; 26 juill. 1284); et le procès-verbal de cette remise (*eod.*, p. 324, et *Cart. lyonnais*, II, p. 494, n° 793 ; 24 juill. 1284); — l'accord entre les églises d'Autun et de Lyon de mars 1286 (*Cart. év. Autun*, p. 227, n° 211), concédant au cas de vacance *administrationem in temporalibus et spiritualibus civitatis et diocesis... sigilla curie..., castraque et fortalicia*. Il est en outre spécifié que l'administrateur, *durantibus ipsis administrationibus, jura archiepiscopatus vel episcopatus pro posse defendat, domos et tecta in bono statu tenebit, terras, vineas excoli faciet et omnia alia que fuerint facienda*. Enfin on précise l'étendue des profits qu'il pourra réaliser : *Fructus autem receptos, durante administratione, suos faciet et illos quos a solo levaverit sine fraude. Nemora vendere non poterit nisi esset silva, nec pisces stagnorum capere, vendere seu alibi transferre nisi solum pro hospicio suo ad usum ipsius et familie sue. Et si... aliquid stagnum esset quod piscatum non fuisset per triennium, pisces illius stagni... possit vendere in fine triennii vel clauso triennio, si de sua processit voluntate.* Cf. encore la remise de l'administration du siège de Lyon, le 10 avril 1287 (*Cart. lyonnais*, II, p. 529, n° 812), la prise de possession par l'évêque Hugues d'Arcy, le 13 août 1295 (*Cart. év. Autun*, p. 339), la remise par le bailli de Mâcon, le 20 août 1295 (*eod.*, p. 340), etc.
2. Arch. dép. Saône-et-Loire, G. 658, pièce 5. *Cart. lyonnais*, I, p. 267, n° 206 (1224).
3. *Cart. év. Autun*, p. 314 (5 déc. 1283), l'évêque Jacques de La Roche, *gerens administrationem ecclesie lugdunensis*, donne procuration pour recevoir l'hommage de Gaudemar, seigneur de Jareys.
4. *Supra*, n. 1.
5. *Cart. év. Autun*, p. 281 (16 janv. 1270), l'abbé de Saint-Denis demande à l'évêque d'Autun, *gerenti administrationem archiepiscopatus lugdunensis, sede vacante*, de produire le registre des testaments de Lyon.

forteresses épiscopales ¹, surveille péages et marchés et en perçoit les taxes ².

Il exerce également la juridiction spirituelle, prononce excommunication ou interdit, ainsi que le fit l'évêque d'Autun, lorsque les bourgeois lyonnais se révoltèrent et formèrent une commune (1269-1271) ³. Dans ce conflit, les chanoines de Lyon se montrèrent partisans de l'évêque d'Autun, qui défendait leurs intérêts. Ils avaient accepté le 10 avril 1269, de comparaître devant lui, *gerente administrationem archiepiscopatus Lugdunensis, ipsius sede vacante, ...tanquam coram ordinario nostro, ratione dicte administrationis*, pour plaider contre les bourgeois ⁴. Ils le soutinrent ⁵, lorsque ceux-ci voulurent faire lever l'excommunication et l'interdit dont ils avaient été frappés et se déclarèrent prêts à l'indemniser de tout préjudice que pourrait lui causer cette affaire, spécialement au cas de procès en cour de Rome ou devant les juridictions laïques ⁶.

On peut résumer les nombreuses prérogatives qui appartenaient ainsi au prélat administrateur par la très large formule, dont se servit, en 1281, l'archevêque Aymar, en prenant possession de l'administration d'Autun : *possessionem omnium bonorum quondam episcopi... et omnium jurium ad episcopatum... pertinentium* ⁷.

Par le jeu de cette administration réciproque, le prélat

---

1. *Supra*, p. 24, n. 1.
2. Cf. les plaintes de l'évêque d'Autun, contre les bourgeois de Lyon, *Cart. év. Autun*, p. 275 et suiv. (20 juill. 1269).
3. Sur cette révolte, cf. le *Tractatus de Bellis et Judiciis...*, fait par un chanoine de Saint-Just et publié par MÉNESTRIER, *op. cit.*, comme pièce justificative. BONNASSIEUX, *op. cit.*, p. 33-37.
4. *Cart. év. Autun*, p. 222.
5. L'évêque avait déjà obtenu l'approbation des évêques de la province (Vienne, Le Puy, Mâcon, Chalon, l'évêque de Langres étant excusé) pour son attitude à l'égard des bourgeois, le 23 novembre 1269 (*eod.*, p. 277-278).
6. *Eod.*, p. 279-280 (août 1270). L'interdit, qui avait été temporairement levé, lors du passage du corps de saint Louis à Lyon (*eod.*, p. 284, 30 avril 1271), le fut définitivement, ainsi que les excommunications prononcées contre les bourgeois, après une médiation organisée par le roi (17-18 juill. 1271, *eod.*, p. 230 et 286).
7. *Eod.*, p. 236 (9 déc. 1281).

exerçait, dans l'évêché vacant, des prérogatives qui auraient pu revenir au chapitre cathédral. Celui-ci supportait parfois cette intervention et nous avons même vu le chapitre lyonnais faire cause commune avec l'évêque d'Autun contre les bourgeois de Lyon.

Mais il n'en fut pas toujours ainsi et ce même chapitre mit souvent un sérieux obstacle à l'exercice du privilège de l'évêque d'Autun. En 1257, Hugues, comte de Vienne, avait déjà obligé le Doyen et les chanoines de Lyon au respect des droits de son cousin l'évêque Girard, en les déclarant immémoriaux [1]. Connaissant les dispositions de son chapitre, l'archevêque Aymar prit soin, en décembre 1282, d'ordonner le respect de la coutume « ancienne et approuvée ». Il en signalait le caractère de réciprocité et rappelait l'usage qu'il en avait vu faire par l'évêque Girard d'Autun et qu'il en avait fait lui-même au décès de ce dernier. Aussi enjoignait-il à l'official et aux juges, exerçant la juridiction temporelle ou spirituelle dans la cité et ses dépendances, de remettre à l'évêque, au cas de vacance de l'archevêché, cette double juridiction. Le même acte obligeait les châtelains et gardiens des forteresses archiépiscopales à en mettre l'évêque en possession dans les mêmes conditions [2].

Malgré ces recommandations, l'évêque Jacques de La Roche allait l'année suivante se heurter à de graves difficultés dans l'administration du siège lyonnais, vacant par le décès d'Aymar.

Dès octobre 1283, le chapitre de Lyon obligeait l'évêque à reconnaître que c'était de lui, chapitre, qu'il tenait l'administration du siège et que c'était à lui qu'il devait la restituer, lorsqu'un archevêque serait désigné, le chapitre se chargeant de la remettre lui-même au nouveau prélat [3].

---

1. Arch. dép. Saône-et-Loire, G. 658, et *Cart. év. Autun*, p. 271 (3 juill. 1257).
2. Dom PLANCHER, *op. cit.*, I, preuve, CXXVI, p. LXIX, reproduit dans le *Cart. év. Autun*, p. 225 ; *supra*, p. 23, n. 1.
3. *Cart. lyonnais*, II, p. 483, n° 787 (16 oct. 1283). L'évêque *confessus fuit et recognovit se habuisse et recepisse administrationem archiepiscopatus lugdu-*

On sent, derrière cette procédure, le chapitre soucieux de faire respecter ses droits.

Mais ce ne fut pas seulement un débat théorique sur les droits de chacun que le chapitre engagea avec l'évêque. Un conflit violent éclata, à la suite de l'élection comme archevêque du préchantre de Lyon, celle-ci ayant été contestée par certains chanoines. Le chapitre soutint *quod ab illa die qua dominus Durgellus, lugdunensis canonicus et precentor, fuit electus in archiepiscopatum lugdunensem per nos capitulum... administratio archiepiscopatus... non ad dictum dominum episcopum pertinebat.* L'évêque au contraire voulut la conserver, la désignation de l'archevêque n'était pas certaine, *quod contra dictam electionem... per quosdam canonicos dicti capituli extitit appellatum* [1]. L'opposition du chapitre trouvait dans ces circonstances une occasion particulièrement favorable pour se manifester. A la discussion sur le principe même des prétentions autunoises, s'ajoutait un litige purement juridique sur la détermination des conditions requises pour que l'on puisse tenir l'élection d'un prélat comme parfaite et faisant par suite cesser la vacance du siège [2].

Le 8 novembre, le procureur de l'évêque d'Autun en appelait au Saint-Siège des empêchements mis par les chanoines à l'administration du siège lyonnais [3]. Le même jour l'abbé d'Ainay, choisi comme arbitre, ne pouvait rendre sa sentence, l'affaire lui semblant délicate en droit, et réclamait un délai pour l'examiner. Il proposait de proroger le compromis intervenu entre les deux partis, jusqu'à une

---

nensis predicti a capitulo lugdunensi et eandem administrationem debere reddere, deliberare, restituere et tradere dicto capitulo lugdunensi, nomine et ad opus electi qui preerit in ecclesia lugdunensi predicta.
1. *Cart. év. Autun*, p. 232.
2. La restitution de l'archevêché par l'évêque d'Autun en 1301 exige de même que l'élection et la confirmation du nouveau métropolitain aient été faites canoniquement (Arch. dép. Saône-et-Loire, G. 660).
3. *Cart. év. Autun*, p. 306.

solution juridique du litige [1]. Mais le procureur de l'évêque s'élevait contre cette proposition contraire, disait-il, à la procédure prévue par ce compromis [2].

Un mois plus tard, il proposait de soumettre le droit de l'évêque au jugement du pape, de cardinaux, des évêques de la province, des abbés de Cluny, Cîteaux et Saint-Martin d'Autun ou de deux chanoines lyonnais, désignés par l'évêque. Mais à cette offre les chanoines avaient quitté la salle du chapitre [3].

Le 14 décembre, le conflit persistant, l'évêque avait recours à une grave mesure. Il mettait la fraction du temporel de l'archevêché située en France sous la protection du roi et reconnaissait qu'« il tenait cette administration de Lyon du roi de France » [4]. Formule et demande imprudentes, qui invitaient la royauté à s'immiscer dans cette administration réciproque. Elle n'eut garde de refuser et nous verrons bientôt le parti qu'elle en sut tirer.

L'évêque faisait, en même temps, appel au Saint-Siège, se mettant lui, les siens et son droit sous la protection du Souverain Pontife [5]. Le chapitre de Lyon ne lui était d'ailleurs pas unanimement hostile. Trois chanoines protestèrent officiellement contre l'attitude de leurs confrères, refusant de s'associer au chapitre dans son opposition à l'administration épiscopale [6].

---

1. *Eod.*, p. 307.
2. *Eod.*, p. 311 ; le compromis avait été fait pour une période de huit jours, à partir de la Toussaint. On avait espéré pouvoir apporter dans ce délai une solution *de jure* au conflit, la question devant être tranchée par deux arbitres choisis par les adversaires et par l'abbé d'Ainay, si les arbitres ne pouvaient se mettre d'accord.
3. *Eod.*, p. 315.
4. *Eod.*, p. 318 : ...*cum dominus episcopus eduensis dictam administrationem in temporalibus et ratione temporalium que consistunt in regno Francie teneat et tenere debeat a serenissimo et excellentissimo domino rege Francie, ego... sigillifer curie lugdunensis, vice et nomine dicti domini episcopi et pro ipso, dictam administrationem in temporalibus et in quantum tangit temporalia, que in ipso regno consistunt, suppono protectioni dicti domini regis...*
5. *Eod.*, p. 319 (14 déc. 1283).
6. *Eod.*, p. 320 (même date).

En mai 1284, les chanoines se décidèrent à accepter l'arbitrage pontifical [1], et au mois de juillet, après divers incidents, l'archevêque Raoul de la Torrette se faisait restituer l'administration de l'archevêché [2]. L'acte de remise précisait que celle-ci avait d'abord été faite par l'évêque au chapitre et par celui-ci au nouvel archevêque. C'était la procédure prévue par l'acte d'octobre 1283, par laquelle le chapitre sauvegardait ses droits. Il fit en même temps spécifier qu'au cas de vacance du siège de Lyon, ce serait à lui que l'administration de l'archevêché devrait être confiée [3]. Il ne pouvait marquer plus nettement son opposition à l'intervention autunoise. Si l'administration réciproque était admise par les deux prélats, pour qui elle était avantageuse, le chapitre lyonnais y était profondément hostile.

A la suite de ce grave litige, en mars 1286, un accord entre les deux prélats, Raoul de la Torrette et Hugues d'Arcy, et les deux chapitres intéressés, fixa, pour l'avenir, les conditions de l'administration [4]. L'acte précise les droits du prélat administrateur, *salvo jure capitulorum*, l'oblige à maintenir les propriétés en bon état et lui interdit de mettre les domaines en coupe réglée sous prétexte d'administration [5]. Il spécifie, en outre, que si les deux sièges venaient à vaquer en même temps, ils seraient administrés par des procureurs du chapitre local, qui feraient inventaire des fruits

---

1. *Cart. lyonnais*, II, p. 491, n° 792.
2. *Cart. év. Autun*, p. 323 (26 juill.) et 324 (31 juill.) et *Cart. lyonnais*, II, p. 494, n° 793.
3. L'administration fut remise *sub hac tamen protestatione et conventione... quod dictum castrum et omnis alia administratio sedis archiepiscopalis lugdunensis capitulo lugdunensi... reddatur, restituatur et deliberatur a domino electo... quandocumque casus acciderit sedem lugdunensem vacare per mortem vel per aliam promotionem dicti electi, prout consuetum est fieri a predecessoribus dicti domini electi...* (*Cart. lyonnais*, cité supra n. 2). En 1287, Hugues d'Arcy recevra du chapitre de Lyon l'administration de l'archevêché vacant et promettra de la lui rendre, lorsqu'un archevêque serait désigné (*Cart. lyonnais*, II, p. 529, n° 812 ; 10 avril 1287).
4. A.N., J. 262, n° 7 ; Dom PLANCHER, *op. cit.*, I, preuve CXXIX, p. LXXI ; *Cart. év. Autun*, p. 227, n° 211.
5. *Supra*, p. 23, n. 1.

et les réserveraient au premier prélat élu à l'un des deux sièges [1].

Le même acte fixe dans tous ses détails le sort des meubles du prélat défunt. Si ce dernier en a disposé par testament, ses volontés devront être respectées. S'il est mort intestat, le chapitre nommera des procureurs pour procéder à la liquidation. Après paiement des dettes, une partie de l'actif sera employé à faire des *satisfactiones* aux familiers du défunt. Le reste, dont il sera fait inventaire, sera géré par les procureurs pour être remis au nouveau prélat. Les procureurs seront responsables de leur gestion devant le chapitre, qui, en cas de mauvaise administration, les privera de leurs bénéfices. Les ornements sacrés seront attribués au nouvel évêque. De même les ustensiles de cuisine, dont un inventaire sera conservé par le chapitre de l'église vacante. Toute atteinte portée par le prélat administrateur à cette répartition du mobilier entraînera contre lui, après une triple monition, l'excommunication *ipso facto*.

La minutie de ces prescriptions autant que la gravité des sanctions prévues montrent quelles étaient les craintes de l'évêque pour son patrimoine, après son décès. L'accord des deux prélats apparaît ainsi comme une mesure de protection contre tout exercice du droit de dépouille et le pillage de l'évêché vacant. Et le rapprochement dans le même acte des clauses relatives aux meubles et de celles qui concernent l'administration du diocèse confirme le sens profond que nous avait déjà paru présenter cette administration réciproque. C'était, dans sa forme première, une mesure de sauvegarde de l'évêché vacant, obligeant l'évêque voisin à défendre contre toute spoliation le patrimoine ecclésiastique, temporairement privé de son habituel défenseur.

Malgré la conclusion de cet accord, l'évêque d'Autun ne se sentait peut-être pas encore pleinement à l'abri des

---

1. Cette double vacance se produisit en 1308 (BONNASSIEUX, *op. cit.*, p. 110).

conflits. La reconnaissance de son droit par le chapitre risquait d'être remise en question à une nouvelle vacance de l'archevêché. Aussi est-ce sans doute pour en obtenir un confirmation solennelle qu'Hugues d'Arcy en fit faire mention expresse par le pape dans la concession du *pallium*, le 12 juin de la même année 1286 [1]. Cette clause, inconnue des actes antérieurs, fournissait une reconnaissance officielle des droits de l'évêque, que le chapitre de Lyon venait de contester si énergiquement.

Mais le pape, sollicité ainsi par l'évêque, cherchait à modifier à son profit le droit qu'il confirmait. S'il le dit fondé *de antiqua et approbata consuetudine*, il le qualifie également de privilège apostolique. C'était, théoriquement du moins, intervenir dans une pratique purement locale, à laquelle la papauté était restée jusqu'alors étrangère. La royauté, appelée elle aussi à l'aide par les adversaires, allait, et beaucoup plus effectivement, tirer profit de leur querelle.

II

Dès 1272, le serment prêté à Philippe III par l'archevêque Pierre de Tarentaise, le futur Innocent V, signalait une nouvelle prétention royale. Le roi ne reconnaissait pas à l'archevêque le droit de prendre l'administration de son temporel, situé en deçà de la Saône, avant prestation du serment de fidélité. L'archevêque avait invoqué l'usage contraire, suivi traditionnellement par ses prédécesseurs. La question paraissant douteuse, on en avait réservé la solution et le serment avait été prêté *ita tamen quod istud nec in possessione nec in proprietate acquireret nobis jus et salvo jure suo* [2].

---

1. *Cart. év. Autun*, p. 326 : *qui* (l'évêque d'Autun) *etiam dum lugdunensem ecclesiam metropolitanam suam pastore vacare contingit, in civitate, diocesi et provincia lugdunensi, tam ex simili privilegio quam de antiqua et approbata consuetudine... ea que ad officium archiepiscopale spectant exercet.*
2. A.N., J. 262, pièce 5 ; *Cart. év. Autun*, p. 223.

36   LES ORIGINES DE LA RÉGALE RÉCIPROQUE

La prétention royale impliquait un droit sur la fraction du temporel archiépiscopal située dans le royaume. Si l'archevêque n'y avait droit qu'après serment de fidélité, jusqu'à ce moment le roi pouvait y prétendre. Une nouvelle régale royale se trouvait ainsi sous-entendue dans la revendication de Philippe III.

Ces controverses théoriques accompagnaient d'ailleurs une pénétration effective de la royauté dans le Lyonnais. Dès 1274, à l'occasion du concile de Lyon et sous prétexte d'en assurer la paisible tenue, Philippe le Hardi avait laissé des troupes à Lyon. Dans le dernier quart du XIIIe siècle, à la faveur des luttes entre les bourgeois et l'évêque, le roi allait intervenir de façon de plus en plus directe dans les affaires de la cité [1]. En 1271 les bourgeois avaient obtenu d'être mis sous la garde royale; en 1292 ils se reconnaissaient du ressort et de la souveraineté du roi [2].

L'archevêque cependant résistait, mais sans résultat [3]. En août 1295 ce sera des gens du roi qu'Hugues d'Arcy recevra délivrance de la justice et des forteresses de l'archevêché tenues en main royale [4]. Le 24 février 1299, l'archevêque dut reconnaître la supériorité royale. Il avait cependant spécifié ne prêter serment que pour les régales d'Autun et de Savigny [5]. Le traité des Philippines (septembre 1307), puis, après un dernier essai malheureux d'émancipation de l'archevêque en 1310, celui du 10 avril 1312 devaient consacrer le rattachement [6].

---

1. BONNASSIEUX, *op. cit.*, p. 51 et suiv.; P. FOURNIER, *Royaume d'Arles*, p. 221, 264-268, 332-334, 361-362; G. DIGARD, *Philippe le Bel et le Saint-Siège*, 1936, I, p. 81-84, 114-115, 227, 344; II, p. 140.
2. BONNASSIEUX, *op. cit.*, p. 70; KERN, *Die Anfänge der französischen Ausdehnungspolitik*, p. 100-101, 154.
3. En 1301, il refusera encore de députer des docteurs en théologie et des maîtres *in utroque*, *infra terminos regni Francie constitutos*, ainsi que le demandait la Bulle *ante promotionem*, sous prétexte qu'il n'était pas du royaume et que l'appel pontifical ne le concernait pas (Arch. dép. Saône-et-Loire, G. 660).
4. *Cart. év. Autun*, p. 339-340 (13 et 20 août 1295).
5. MÉNESTRIER, *op. cit.*, preuve, p. XLII-XLIII; BONNASSIEUX, *op. cit.*, p. 76; KERN, *op. cit.*, p. 235.
6. Cf. Sur ces événements jusqu'en 1308, KERN, *op. cit.*, p. 264-278.

Or c'est à son occasion et pour le justifier, que les légistes royaux donneront de l'administration réciproque des deux sièges une interprétation toute nouvelle, fournissant un précieux appui à la thèse royale.

La présence au Trésor des Chartes d'un *vidimus* d'octobre 1295, reproduisant l'acte de Philippe-Auguste de 1222, prouverait déjà l'intérêt qu'on attacha alors à cette pratique locale [1].

Mais celui-ci est attesté de façon plus certaine par trois mémoires conservés aux Archives Nationales et qui font connaître l'argumentation des légistes. L'un d'eux contient les raisons fournies par les bourgeois de Lyon à Me Clément, clerc du roi, pour établir que Lyon est *in regno francie et infra fines regni* ; un autre, en latin (dont une pièce distincte contient un résumé en français) était adressé au pape pour qu'il réglât en faveur du roi l'affaire de Lyon [2]. Le troisième émane de Me Thomas de Pouilly, procureur du roi au bailliage de Mâcon, et fut fait à la demande de l'évêque d'Orléans, pour l'édification du roi et de son conseil [3].

Ces textes, non datés, seraient, pour Bonnassieux, de 1311-1312, et se rattacheraient à la préparation du traité de 1312. Mais ils sont, semble-t-il, plus anciens [4]. On peut les tenir pour contemporains des premières mesures d'occupation du Lyonnais, à la fin du XIIIe siècle (vers 1290). Digard [5] a pu dater le mémoire de Thomas de Pouilly des années 1289-1290, en faisant observer que le seul évêque d'Orléans, conseiller du roi, fut Pierre de Mornay, qui n'oc-

---

1. A.N., J. 262, pièce 8.
2. A.N., J. 269, n° 72 (trois pièces). L'analyse qu'en donne Bonnassieux, *op. cit.*, p. 148-150, n'insiste pas sur la question de la régale. Cf. *infra* pièces justificatives I-III.
3. A.N., J. 269, n° 76, analysé par Bonnassieux, *op. cit.*, p. 142-145. Cf. *infra* pièce justificative IV.
4. En ce sens, Kern, *op. cit.*, p. 231.
5. *Op. cit.*, I, p. 85, n. 1. Cf. encore p. 97, n. 1, l'argument fourni par la comparaison de ce mémoire avec un mémoire de septembre 1289 probablement, relatif au conflit de juridiction avec le chapitre de Chartres.

cupa le siège d'Orléans que de décembre 1288 à mai 1291, date de son transfert à Auxerre. Il est, par ailleurs, vraisemblable que ces mémoires furent rédigés lorsque la question de l'annexion commença à occuper la royauté et non pas tout à la fin de la lutte, après que le traité de 1307 eut déjà opéré une première fois la réunion. On retrouve les arguments qu'ils tirent de l'administration de Lyon par Autun dans les négociations de ce traité. C'est donc que les juristes les avaient élaborés auparavant. Et ceux-ci figurent en forme définitive, après les ébauches que constituent ces mémoires ratturés et surchargés, dans les articles remis le 23 juin 1310 à Clément V par Nogaret et Plaisian [1].

La date de ces documents importe, car ce sont eux qui, pour la première fois, qualifient de régale le droit qui, pendant tout le XIIIe siècle, avait été appelé simplement administration. Ce changement fut-il le fruit de l'assimilation inconsciente d'une pratique purement locale à la régale que les légistes voyaient fonctionner dans le domaine royal ou fut-il intentionnel ? La terminologie nouvelle fournissant un précieux argument aux prétentions françaises sur le Lyonnais, cette dernière hypothèse ne saurait être exclue.

Le mémoire au pape déclare que le roi avait eu autrefois la régale de Lyon pendant la vacance du siège et qu'il faisait siens les fruits de l'*episcopatus*. « D'où il résulte avec évidence que Lyon est dans le royaume, car les rois n'ont jamais eu la régale hors des frontières du royaume et l'on ne pourrait parler de *regalia*, s'il ne s'agissait de choses appartenant au roi, à l'intérieur du royaume » [2].

Ainsi par sa seule consonance, le terme que l'on appliquait pour la première fois à l'administration des deux sièges offrait une arme aux légistes.

Une histoire quelque peu incertaine devait leur fournir

---

1. *Infra*, pièce justificative n° V.
2. *Infra*, pièce n° II, § 2 ; III, § 2.

un second argument. Les mémoires, en effet, rappellent que le roi avait eu autrefois la régale à Autun. Mais, considérant la pauvreté des deux églises, suite des guerres et d'autres infortunes, un roi, dont le nom n'est pas précisé, leur avait concédé, à une date également incertaine, la régale réciproque. Le roi avait simplement exigé que chaque prélat lui fît serment de fidélité et hommage, lorsqu'il prendrait la régale de l'évêché voisin, *in signum juris antiqui, quod fuerat ipsorum regum Francie* [1]. En dehors de ces documents, trop intéressés pour ne pas être suspects, aucun acte ne fait allusion à cette ancienne régale sur les deux évêchés ni à sa concession aux deux prélats. Me Thomas rapporte que l'évêque d'Autun lui avait dit qu'il y avait à Autun des lettres l'attestant. Mais malgré tous ses efforts il n'avait pu les voir. Il espérait d'ailleurs en avoir prochainement communication et les enverrait alors au conseil du roi [2].

Les mémoires affirment que les évêques d'Autun, et particulièrement l'évêque actuel, ont prêté ce serment, lorsqu'ils prenaient possession de la régale de Lyon. Si donc l'évêque d'Autun se reconnaît vassal du roi pour le temporel de Lyon, lorsqu'il en a la régale, comment penser que l'archevêque ne serait pas lui aussi vassal du roi à raison de ce même temporel ? Refuser cette interprétation aboutirait à une conséquence absurde : Lyon serait du royaume, lorsque l'évêque y exerce la régale, et hors du royaume, lorsque le siège est pourvu d'un titulaire [3].

Enfin l'on invoque un fait que nous avons relevé plus haut. L'évêque d'Autun, empêché par le chapitre d'exercer la régale, appela à son aide le roi de France. Cette intervention fournit un nouvel argument aux prétentions royales,

---

1. *Infra*, pièces n° II, § 3 ; III, § 3 ; IV, § 7.
2. *Infra*, pièce n° IV, § 7.
3. *Infra*, pièces I, § 10 ; II, § 4.

car elle fait présumer que l'évêque n'exerçait la régale qu'au nom du roi [1].

La thèse que développent longuement ces mémoires fut reprise lors des négociations du traité de 1307. Le roi rappelle qu'il a concédé la régale de Lyon à l'évêque d'Autun et que celui-ci l'exerce en son nom. C'est la preuve évidente des droits du roi sur le temporel de l'archevêché [2].

Le roi restituait d'ailleurs à l'archevêque, en même temps que son temporel, la régale sur l'église d'Autun et le monastère de Savigny, mais en spécifiant qu'elles étaient *a domo nostra regia movencia ab antiquo* [3].

Les articles remis à Clément V par les envoyés royaux, le 23 mai 1310, reprenaient encore la même argumentation. L'article 16, en particulier, déclare que le roi a fondé et doté les deux églises et remis les *regalia* en fief à l'évêque sur Lyon et à l'archevêque sur Autun, exigeant en recon-

---

1. *Infra*, pièces I, § 7 ; II, § 13.
2. A.N., J. 263, n° 21 G, H, J, (les trois pièces reproduisent, sous des formes un peu différentes la même argumentation), publié d'après G. par KERN, *Acta Imperii, Angliæ et Franciæ*, 1911, n° 285. D'après 21 J, les Lyonnais savaient que le roi avait droit au serment de fidélité : *ex eo quod sede lugdunensi vacante, eduensis episcopus... a regibus nostris predecessoribus regaliam recipiat tocius temporalitatis lugdunensis archiepiscopatus, temporalitatis eiusdem suos fructus faciens, sicut nos jure regalium fecissemus, si regaliam dicte ecclesie lugdunensis nostri predecessores reges eduensibus episcopis minime concessissent et sicut fructus temporalitatum aliarum ecclesiarum regni nostri, in quibus ius habemus regalium, sedibus ipsarum ecclesiarum vacantibus, ad nos pertinere noscuntur, quod ius regalium lugdunensis ecclesie prefatus episcopus eduensis a nobis tenet notorie seque tenere cognoscit, sicut e converso lugdunenses archiepiscopi regalia recipiunt eduensis ecclesie, cum sedes eius vacat, quod ius similiter a nobis recognoscunt. Videant igitur docti prudentes intelligant, qui veritatem scire desiderant, diligenter advertant si clare lique manifeste probatur ecclesiam lugdunensem nobis in temporalibus esse subjectam, cum per alium fidelem nostrum causam et ius habentem a nobis, sede lugdunensi vacante, ius regalium in eius temporalibus obtinemus.* Cf. 21 G : *...reges... sibi retinuerunt fidelitatem et homagium... necnon iura regalium, ut in aliis ecclesiis gallicanis, in quibus reges Francie similia jura obtinuisse noscuntur. Cumque reges ipsi Deo fundassent similiter eduensem ecclesiam suffraganeam dicte lugdunensis ecclesie, iura regalium predictorum lugdunensis ecclesie in feudum concesserunt eduensibus episcopis, qui esset pro tempore, necnon similiter iura regalium eduensis ecclesie concesserunt in feodum archiepiscopis lugdunensibus... Tamque lugdunensis quam eduensis presules regalium ipsa iura a nobis et nostris predecessoribus semper tenuerunt... nobisque fidelitatem propter hoc eciam... prestiterunt.*
3. A.N., J. 265, n° 30.

naissance de cette concession du temporel, le serment de fidélité [1].

Des discussions, auxquelles avait donné lieu le rattachement de Lyon, l'ancienne pratique de l'administration réciproque sortait profondément modifiée. Au lieu d'une coutume locale, sans analogie dans les autres diocèses, c'était désormais une simple modalité du système assez commun de la régale. La seule anomalie résidait dans la concession qu'en faisait le roi aux deux évêques voisins, au lieu de l'exercer lui-même. Le fondement du droit était lui aussi transformé. Ce n'était plus l'ancienne coutume aux origines mal définies, mais une concession du pouvoir royal. Enfin le droit d'administration, dont le contenu assez vague avait soulevé au XIIIe siècle bien des contestations, sans que l'on parvienne à le préciser de façon complète, faisait place désormais à la notion plus nette de régale.

Un dernier changement devait survenir quelques années plus tard. Le 4 avril 1320, un accord entre Philippe le Long et l'archevêque conférait à ce dernier toute justice sur Lyon, tenue en fief du roi. En compensation l'archevêque cédait divers droits au roi et parmi eux « toute la régale d'Autun » sous réserve de « l'exercice et des émoluments des cours spirituelles de l'évêché d'Autun ». L'acte précisait que le roi jouirait de la régale d'Autun dans les mêmes conditions qu'il en jouissait à Paris, ce qui marque nettement l'assimilation de la pratique locale au système général de la régale. Enfin on prévoyait que l'archevêque et son chapitre s'efforceraient de favoriser, si le roi venait à le souhaiter, le transfert à la royauté de la régale d'Autun sur Lyon [2]. L'accord de

---
1. *Infra*, pièce justificative n° V.
2. A.N., J. 268, pièce 65 (six doubles) ; Dom Plancher, *op. cit.*, I, pr. CXXXI, p. LXXIII (d'après une copie du 26 avril 1553) : ...et avecques ce nous Archevesques dessusdit pour la cause de la dite permutation et dudit échange et en recompensation des choses que nous avons du roy notre seigneur dessusdit lui baillons et delaissons et transportons pour nous et pour nos successeurs en lui et ès siens, toute la régale, le droit, emolumenz et profiz de regale, que nous tenions et avions en l'eglise, la cité, l'eveschié et la diocèse d'Otun, dont nos

1320 marquait ainsi la fin du régime ancien d'administration réciproque.

Le clergé d'Autun ne gagna sans doute pas à passer sous la régale du roi. Par un acte de 1324 le chapitre d'Autun consentait à ce que l'évêque s'efforce d'obtenir du roi l'abandon de la régale. L'évêque était autorisé à lui offrir en compensation l'administration temporelle de l'église de Lyon pendant les vacances de l'archevêché, en ne gardant pour lui que l'administration du spirituel [1].

Ce projet n'eut pas de suite. L'évêque continua à jouir de la régale de Lyon, tandis que l'archevêque n'avait plus, pendant les vacances du siège d'Autun, que la régale spirituelle [2]. Ce système subsista jusqu'à la fin de l'Ancien Régime [3] et le mémoire sur l'administration de Lyon par

---

devanciers avoient usé et nous usons, vacant icelle eglise d'Otun, exceptez l'exercice et les emolumenz des cours espirituels dudit eveschié, de laquelle regale ils useront et debvront user tout en la maniere que ses devanciers ont usé et ils usent de regale en l'eglise cathedrale de Paris, quand elle est vacant... Encore nous consentons nous des maintenant tous ensemble nous arcevesque doien et chapitre pour nous, nos successeurs et nostre dite eglises que toutefois que ledit notre sires li rois ou ses successeurs pourront pourchacier qu'ils aient la regale de l'eglise et de l'archeveschié de Lyon pour celle d'Otun, laquele nous avons deja transportée audit notre seigneur le roi... ou par autre maniere ils l'aient, tiengnent et en usent en la maniere que dessus est devisé, et a pourchacier cest eschange nous aiderons en bonne foy audit notre seigneur le roi et a ses successeurs toutesfois que nous en seront requis. Et se cest eschange ne se faisoit, si ne se defferoit pas l'acort des autres choses dessus devisées. ains demorroit en sa vertu...

1. Arch. dép. Saône-et-Loire, G. 660 (samedy après la Saint Nicolas [8 déc.] 1324). Le roi devait abandonner toute régale sur Autun *nichil juris regalie custodie seu administrationis in nostra eduensi ecclesia retinendo. Et in recompensatione hujus... episcopus jus quod sibi et ejus ecclesie in administratione custodia sive regalia bonorum temporalium ecclesie lugdunensis predicte ipsa vacante competit in predictum dominum regem et successores suos perpetuo tranferret, administratione spiritualium archiepiscopatus ejusdem prefato domino eduensi episcopo... totaliter et in perpetuum reservata.* On notera l'hésitation du document autunnois à utiliser la nouvelle terminologie et à qualifier, avec les légistes, le droit de l'évêque de régale. Le mot ne figure que comme synonyme, à côté d'autres termes et il voisine avec la formule traditionnelle *jus quod... in administratione... bonorum temporalium ecclesie lugdunensis, ipsa vacante, competit.*

2. Celle-ci lui était accordée par la réserve, faite en 1320, de « l'exercice et les emolumenz des cours spirituels ». Il est remarquable qu'en 1324 le chapitre d'Autun ait prévu une réserve analogue dans son projet d'échange avec la royauté, marquant ainsi son opposition à la régale spirituelle.

3. Cf. par ex., le donation de la régale temporelle sur Autun par Louis XII à François Rollin, en 1500 ; Arch. dép. Côte-d'Or, B 11625, et Dom PLANCHER, *op. cit*, I, pr. CXXXIII-CXXXV, p. LXXX-LXXXI.

les évêques d'Autun signale encore, au XVIIe siècle, « une différence... depuis plusieurs siècles entre les deux églises, dont l'une, scavoir l'archevesché, n'a plus que le spirituel sur l'autre, et l'autre, sçavoir l'evesché d'Autun, conserve le temporel avec le spirituel » [1]. Les différends et les procès que ce régime provoqua nécessiteraient une autre étude. Nous ne signalerons ici qu'une nouvelle tentative royale pour le modifier à nouveau à son profit. La royauté prétendit, au XVIIe siècle, exercer à Autun la régale spirituelle, en plus de la temporelle que lui avait reconnue l'accord de 1320. Elle voulut disposer, pendant la vacance du siège, des bénéfices vacants, à la collation de l'évêque. Le candidat royal se heurta alors à celui de l'archevêque, en possession de la régale spirituelle depuis des siècles. Un arrêt du Parlement de Paris du 20 juillet 1626, à propos d'un canonicat de Saulieu, un autre du 1er août 1667, pour un canonicat d'Avallon, déboutèrent le candidat royal : « La Cour... dit qu'il n'y a lieu à la régale » [2]. Ces deux tentatives, à quarante ans de distance, doivent être rapprochées de l'essai de généralisation de la régale au XVIIe siècle. Elles furent formellement condamnées par le Parlement [3] et l'on en resta au système mal équilibré qui s'était instauré au début du XIVe siècle. Image déformée de l'administration des deux sièges l'un par l'autre, il résulte de l'assimilation forcée, faite par les légistes de Philippe le Bel, de cette coutume locale à la régale du roi.

---

1. *Supra*, p. 18, n. 1.
2. Arch. dép. Saône-et-Loire, G. 658, pièce 3, et *Mémoires du clergé*, t. XI, 1770, col. 388-389.
3. Un arrêt du Parlement de Paris du 11 mai 1630 avait également condamné une tentative royale de conférer les bénéfices durant la vacance de l'archevêché de Lyon. La cour « maintient et garde l'évêque d'Autun en la possession d'avoir l'administration et disposition du spirituel et temporel de l'archevêché de Lyon, le siège archiépiscopal étant vacant, pour jouir... tant des fruits et revenus dudit archevêché que de la collation des bénéfices en dépendant... (*Mémoires du clergé*, t. XI, col. 330-333).

PIECES JUSTIFICATIVES [1]

I. — A.N., J 269, n° 72. Mémoire contenant les raisons fournies a Me Clément, clerc du roi, par les bourgeois de Lyon (avec des adjonctions d'une autre main) [2].

§ 7. *Ajouté d'une seconde main* : Item multociens accidit quod vacante sede lugdunensi, episcopus eduensis habere volebat regaliam lugdunensem et quod capitulum ponebat brigam et ad requisitionem episcopi eduensis gentes regis tollebant brigam, compellando ad hoc capitulum tanquam superiores ipsorum, capiendo bona eorum temporalia quousque cessarent ab impedimentis predictis.

§ 10 : Item quod vacante lugdunensi ecclesia, administratio archiepiscopatus de consuetudine pertinet ad dominum eduensem episcopum et dictus dominus eduensis episcopus, ante quam exerceat juridictionem temporalem in civitate lugdunensi, tenetur adire dictum dominum nostrum regem Francie et eidem regalia jura dicte civitatis recognoscere et fidelitatem prestare.

De l'autre main : Quomodo ergo esse posset quod, sede lugdunensi vacante, episcopus tanquam vassalus domini regis francie faceret fidelitatem et homagium pro temporali lugdunensi, et archiepiscopus lugdunensis dictum temporale, cum ad eum pertinet, non teneret a rege. Absit istud ne res eadem tam diverso iure censeretur nec sic dicere caderet in corde alicuius sapientis.

§ 11 : Item quocienscumque contingit lugdunensem ecclesiam esse pastoris solacio desolatam, archiepiscopus futurus tenetur recognoscere regalia et fidelitatem dicto domino nostro regi prestare et in possessione seu gardia (?) predictorum est dictus dominus rex et sui predecessores fuerunt predictis temporibus et tanto tempore quod memoria in contrarium non existit.

---

1. Nous ne publions ici que les paragraphes (numérotés par nous), qui invoquent à l'appui de la prétention royale la « régale » réciproque. Nous y ajoutons ceux des articles remis à Clément V, qui reproduisent la même argumentation.

2. Ce mémoire paraît antérieur à ceux que nous publions sous les n°s II et III. En effet, les surcharges qu'il porte et qui se présentent comme les conclusions juridiques suggérées par sa lecture, sont reproduites, en termes à peu près identiques, mais un peu plus développés, dans la pièce II (§ 13 et 4, qui reprend en particulier le même argument par l'absurde). D'autre part, les annotations semblent être de la même écriture que la pièce II.

II. — *Eod.* Mémoire au pape pour établir la *superioritas* et le ressort du roi a Lyon (publié par F. Kern, *Acta Imperii, Angliae et Franciae*, 1911, n° 274 [1]).

Iste sunt rationes per quas ostendi posset, si opus esset, superioritatem et resortum civitatis Ludgunensis pertinere et pertinuisse ad illustrem regem francie et ad suos predecessores ipsosque esse et fuisse in possessione vel quasi resorti et superioritatis in civitate predicte...

§ 2 : Item ad declarandum, fortificandum et confortandum predicta invenitur in scripturis fidem facientibus quod olim, sede lugdunensi vacante, reges Francie, qui erant pro tempore, in omnibus temporalibus ipsius archiepiscopatus habebant regaliam, quamdiu vacabat, et sine aliqua restitutione faciebant fructus suos, sicut adhuc facit rex in multis partibus regni sui. Ex quibus liquet quod Lugdunum est in et de regno suo, quoniam reges Francie nunquam habuerunt nec habere consueverunt regalias extra fines regni sui, nec proprie diceretur regalia, nisi ad regem pertineret infra fines regni sui.

§ 3 : Item invenitur quod reges Francie solebant et consueverant habere regaliam in episcopatu eduensi dum vacabat et sede eduensi vacante faciebant iure regalie fructus suos. Accidit quod quidam rex Francie, considerans paupertatem et inopiam ipsius episcopatus et archiepiscopatus, que eis obvenerant tam propter guerram quam propter alia infortunia, volensque utrique ipsorum providere et graciam facere specialem, concessit, ordinavit et decrevit quod vacante archiepiscopatu lugdunensi, episcopus eduensis haberet ibi regaliam et faceret fructus suos et econtra, sede eduensi vacante, archiepiscopus Lugdunensis haberet ibi regaliam et faceret fructus suos, et quod uterque pro illa largitione seu concessione faceret regibus Francie fidelitatem et homagium quociens opus esset in signum juris antiqui, quod fuerat ipsorum regum Francie. Nec voluit ipse rex qui ipsam largitionem fecit, remittere utriusque ecclesie regaliam, quam in utraque ecclesia habebat ne lapsu temporis periret memoria de hoc, sed, ut dictum est, voluit ordinare ut in perpetuum esset memoria juris regalis antiqui.

§ 4 : Item invenitur et verum est, quod episcopi eduenses, qui pro tempore fuerunt, post predictam donationem, fecerunt homagium et fidelitatem regibus Francie pro dicta regalia lugdunensi, quociens

---

1. Kern croit ce mémoire antérieur au mois d'août 1297, la mention de Louis IX (au § 9) ne faisant pas état de la canonisation du roi. Au contraire le mémoire en français serait postérieur à cette date, le roi y étant appelé « li sains roys Loys ».

opus fuit, et potissime episcopus qui nunc est fecit istud. Et de predictis extant multe littere. Si ergo episcopus eduensis, cum recipit regaliam pro temporali facit homagium et fidelitatem domino regi Francie ex debito et recognoscit regem Francie pro dicto temporali dominum suum et se ipsum vassallum et superiorem suum regem Francie, quomodo erit istud, quod archiepiscopus lugdunensis, quando tenebit illud idem temporale sui archiepiscopatus, non habebit nec recognoscet regem Francie superiorem in resorto ; absurdum enim videretur, quod eadem res tam diverso jure censeretur. Et ex isto errore sequeretur talis error quod quandoque Lugdunum esset de regno, scilicet quando episcopus eduensis ibi haberet regaliam, et quandoque esset extra regnum, scilicet quando archiepiscopus ibi esset et sedes non vacaret, quod in mentem hominis sani non caderet.

§ 5 : Item invenitur quod archiepiscopi lugdunensis, qui pro tempore fuerunt, tanquam subditi regibus Francie in temporalibus fecerunt fidelitatem regibus Francie de temporali suo simpliciter, sine aliqua specificacione vel declaracione per quemquam ipsorum facta.

§ 13 : Item invenitur quod multociens, sede lugdunensi vacante, gentes episcopi eduensis venientes lugdunum pro regalia lugdunensia recipiebant impedimenta per decanum et capitulum lugdunenses, quominus possent in pace levare regaliam et gaudere ipsa regalia et aliquando erat inter eos briga que res deberent venire in regaliam et quod non ; propter que dirimenda et tollenda impedimenta gentes episcopi eduensis trahebant ad regales qui faciebant tolli dicta impedimenta...

III. — *Eod.* Mémoire en français, a peu près identique, mais plus bref.

Li rois de france maintient que toute la cites de lyons est dedens sen royaume et de sen resort par les raisons qui sensivent et par moulte d'autres en lieu et en tans a dire et a faire savoir :

§ 2 : Apres on trueve que jadis li roy de france i soloient avoir le regale quant il ni avoit puint d'archevesque et faisoient tous les fruis leur. Donc apert-il que lyons est du royaume de france, car li rois nent onques regale hors de sen royaume.

§ 3 : Apres on trueve que li roy avoient le regale a ostun quant il n'i avoit puint de evesque et que uns rois piecha pour aumone et pour le pourete des dites eglises vanst et ordena que quant il n'aroit archevesque a lyons li vesques d'ostun i aroit le regale et quant il n'aroit evesque a ostun que li archevesques de lyons i aroit le regale. Et les tenroient du roy par fealte et par hommage.

§ 7 : Apres li vesques d'ostun fait hommage et fealte del regale de lyons quant il le tient ; comment donc seroit che que li archevesques ne le feroit quant il l'aroit.

(*Dernier alinéa*) : Item li rois a moulte d'esploys, moulte de registres, moulte de lettres... desquels maintenant on ne puet mie tout dire ne raconter, lequel en lieu et en tens seront proposé devant les amis commis s'il plait a notre pere le pape, en dedens relaxe l'entredit mis a lyons.

IV. — A.N., J 269, n° 76. Extrait du mémoire de Me Thomas de Pouilly.

§ 7 : Item sit vobis certum et certo certius quod antiquitus in ecclesia lugdunensi rex regalium in ecclesia eduensi habebat et donec provisum erat ecclesie de pastore ad manum suam prout regalium parisiense ita tenebat. Motus quidem pietate ad preces cuiusdam sancti viri archiepiscopi lugdunensis et cuiusdam alii episcopi eduensis ...ius regalii concessit ita cum mortuo archiepiscopo lugdunensi episcopus eduensis regalium lugdunense percipit ; hoc eodem mortuo episcopo eduensi, archiepiscopus lugdunensis in episcopatum eduensem percipit, et propter hoc uterque eorum pro huius modi temporali ecclesiarum suarum domino regi ad homagium et fidelitatem prestandam teneretur ; littere quidem super hoc facte apud Eduam sunt, prout per reverendum patrem dominum episcopum eduensem intellexi, eas nundum habere potui, licet multum laborem propter hoc habuerim, sed in brevi debeo habere et quumcicius habere potero vobis mittam.

V. — Extrait des articles présentés a Clément V, le 23 mai 1310, par Guillaume de Nogaret et Guillaume de Plaisian (publié dans les *Preuves des libertés de l'église gallicane*, t. I, p. 114, éd. 1731).

XV : Item certum, notorium et indubitatum existit, quod cum civitas Lugdunensis, tempore primitive ecclesie, fuisset ad fidem catholicam prima conversa, et postea in manu infidelium devenisset, rex Francie qui tunc erat, vi armorum, et sanguine rutilante suorum, conquisivit dictam civitatem lugdunensem cum omnibus juribus suis et pertinentiis ad fidem catholicam et cultum divinum civitatem ipsam redegit, jurisdictione sua regia ; et ibidem fundavit lugdunensem ecclesiam catholicam ; et quia civitas ipsa tempore infidelium precedenti archiflamines habuerat, et pristinis temporibus prima sedes fuerat Galliarum, ut moneta lugdunensis testatur, dictus rex sedem ipsam archiepiscopalem erexit et erigi fecit cum jure primatie super ecclesias Galliarum ; quo jure primatie archiepiscopi lugdunenses longis temporibus usi fuerunt.

XVI : Item certum et indubitatum existit, quod rex predictus, fundator ecclesie lugdunensis, castris, villis, terris et possessionibus, quas nostris temporibus obtinuit dicta ecclesia lugdunensis, eam dotavit et jura regalia (que regalia in singulari appellantur) in feudum dedit et concessit episcopo et ecclesie eduensi ; et e converso regalia dicte eduensis ecclesie dedit et concessit in feudum archiepiscopo et ecclesie lugdunensi ; quam similiter eduensem ecclesiam fundavit et dotavit rex predictus, fidelitate ab utroque eorumque successoribus sibi suisque successoribus prestanda pro temporalitatibus predictis retenta [1].

XVII : Item certum, notorium et indubitatum existit, quod archiepiscopi lugdunenses, qui fuerunt pro tempore, quociens vacavit ecclesia eduensis, et vicissim eduenses episcopi, quociens vacavit ecclesia lugdunensis, usi sunt ad invicem et vicissim dictis regalibus temporalitatum ipsarum.

XX : Item certum, notorium et indubitatum existit, quod pro temporalibus ecclesiarum suarum archiepiscopil ugdunenses et episcopi eduenses, qui fuerunt pro tempore, prestiterunt et prestare consueverunt fidelitatem regibus Francie qui similiter fuerunt pro tempore, cum ad administrationem suorum episcopatuum veniebant, usque ad tempus archiepiscopi lugdunensis, qui nunc est, qui malo ductus consilio in suis temporalibus rebellis fuit domino regi predicto, propter quod oportuit dominum regem ad coercendum rebellionem hujusmodi et ad juris sui conservationem, exercitum suum ad partes mittere lugdunenses.

XXI : (Les rois ont toujours eu la souveraineté à Lyon) ...maxime cum semper in possessione fuerint et saisina juris regii et superioritatis predicte in temporalibus ejusdem ecclesie lugdunensis tam recipiendo fidelitatem a singulis archiepiscopis supradictis, quam, sede lugdunensi vacante, capiendi et exercendi predicta regalia per fideles suos episcopos eduenses : cum is possidet, cujus nomine possidetur [2], dominusque fidei possidet per vassalum.

---

1. Sur la façon très large dont on entendait la notion de fondation et spécialement de fondation royale, cf. les exemples donnés par M. Didier, *La garde des églises*, th. Grenoble, 1927, p. 69 et 84.

2. Dig. 41, 2, 18, pr. On retrouve ici le droit romain au service des thèses des légistes.

LES LIEUX DE CULTE

XIV

HISTOIRE D'UN TEXTE
LES CHAPITRES 4 ET 27
DE LA DÉCRÉTALE DU PAPE GÉLASE
DU 11 MARS 494

Dans sa décrétale du 11 mars 494 adressée aux évêques de Lucanie, Bruttium et Sicile[1], le pape Gélase Ier (492-496) réglait, parmi d'autres questions d'administration ecclésiastique, la procédure à suivre pour l'érection de nouveaux lieux de culte. Le sort que connurent les deux chapitres de la décrétale relatifs à cette procédure offre un bon exemple de cette « histoire des textes » qui contribue souvent à mieux faire comprendre celle des institutions.

On rappellera d'abord la mesure prise par Gélase et sa portée première, avant d'envisager la valeur qu'elle prit dans les collections canoniques et chez les docteurs médiévaux.

[1]

A propos des consécrations d'églises nouvelles, la décrétale stipulait :
Chapitre 4 : *Basilicas noviter institutas, non petitis ex more praeceptionibus, dedicare non audeant*...
Chapitre 25 : *De locorum consecratione Sanctorum quamvis superius strictim fuerit comprehensum nobis quoque patefactum est, quod absque praecepto sedis apostolicae nonnulli factas ecclesias vel oratoria sacrare praesumant : Hoc sumus tamen indicio detestabiliore permoti, quod in quocumque nomine defunctorum et, quantum dicitur, nec omnino fidelium, constructiones aedificatas sacris processionibus audacter instituere memorantur*...

Cette prescription était formulée en cette fin du ve siècle, où, malgré les désordres provoqués par l'effondrement de l'empire en Occident et l'occupation de l'Italie par les bandes de Théodoric[2], la diffusion du

---

1. THIEL, *Epistolae Romanorum Pontificum*, I, 360 sq.
2. Le préambule de la décrétale rappelle l'état lamentable dans lequel se trouvait l'Italie et l'objet général de cette décrétale est de prendre les mesures nécessaires pour assurer un exercice décent du culte.

christianisme s'étendait en Italie des villes aux campagnes[1]. Elle gagne les grands domaines où les *potentes* règnent presque en maîtres. Ceux d'entre eux, de plus en plus nombreux, qui ont adopté la religion chrétienne favorisent l'exercice de son culte, parfois incitent leurs hommes à se convertir. Procédé d'évangélisation que ne réprouvait pas l'autorité ecclésiastique[2] mais qui n'allait pas sans dangers. Sans doute la construction de nouveaux lieux de culte ne pouvait que servir la religion nouvelle et peut-être contribuer à sa diffusion[3], mais le maître, habitué à tenir pour sien tout ce qui se trouvait dans son domaine, était enclin à étendre cette maîtrise à l'église construite sur son sol, à ses frais, pour lui et pour ses gens[4]. La tentation était grande de s'y réserver une place de choix, ou même d'en choisir le desservant, pris parfois parmi d'anciens esclaves affranchis, d'en gérer arbitrairement les biens, de s'approprier les ressources cultuelles, de mettre l'église nouvelle sous un patronage que ne reconnaissait pas l'autorité ecclésiastique. Pour parer à ces dangers, la papauté instaura une procédure, à laquelle la décrétale de Gélase fait référence et qui nous est bien connue tant par les formules du *Liber Diurnus* que par les documents des archives romaines.

Tout fondateur d'église devrait adresser au pape une demande *(petitio)* avant de faire consacrer le nouveau lieu de culte[5]. L'autorité romaine, si elle le jugeait opportun, autorisait, par une *praeceptio*, l'évêque du lieu à consacrer l'église[6].

Petitio et *praeceptio* spécifiaient la renonciation du fondateur à toute prérogative spéciale ou à tout droit sur la nouvelle église. Seul lui était reconnu, comme à tout autre fidèle, l'accès à l'église pour participer aux cérémonies du culte[7]. La renonciation formulée dans la *petitio* était renouvelée solennellement, à la requête de l'évêque, lors de la consécration. Le pape pouvait en outre exiger du fondateur une dotation pour

---

1. De moins de cent diocèses au IVe siècle on passera à plus de deux cent cinquante à la fin du VIe siècle (Fr. LANZONI, *Le diocesi d'Italia dalle origini al principio del secolo VII*, Roma, 1927).

2. Concile d'Elvire c. 41 (BRUNS, *Canones Apostolorum*, II, 7).

3. Saint JEAN CHRYSOSTOME y incite les grands propriétaires (*Hom. in act. Apost.*, 18, 4 et 5).

4. Ainsi se trouve posé le problème de l'appropriation des églises étudié tout spécialement par STUTZ (*Die Eigenkirche als Element des mittelalterliche-germanischen Kirchenrechts*, 1884 : *Geschichte des kirchlichen Benefizialwesens...*, I, Berlin, 1895) et par ses disciples. La thèse de l'origine germanique de l' « église privée « a été fortement attaquée par P. FOURNIER, IMBART DE LA TOUR, GÉNESTAL, et en Allemagne même par THÜMMEL et par STEINWENTER, qui en montrait l'existence dans l'Egypte byzantine (*ZSS. K.A.*, 1930). Sur ces débats anciens on pourra consulter M. TORRÈS, La doctrina de las « Eglesias proprias » (*Ann. hist. derecho espanol*, II, 1925, 402-461) et El origen del systema de « Iglesias proprias » (*ibid.*, V, 83-218). Notre propos n'est pas de reprendre ici cette question.

5. Le formulaire figure au *Liber Diurnus*, n° 10 (éd. SECKEL).

6. On trouve un modèle de *praeceptio* dans le *Liber Diurnus* (n° 11). De nombreuses *praeceptiones* nous sont connues (JAFFÉ-WATTENBACH, *Regesta Pontificum romanorum*, 2e éd., t. I, 1885, n°s 630, 679, 680, 959, 1124, 1158, 1223, 1264, 1365, 1402, 1430, 1583 1596, 1707, 1882, 1889, etc.).

7. *Promitto pariter nihil de eodem loco ulterius vindicandum, nisi processionis gratia, quae Christianis omnibus in communi debentur* (*Liber Diurnus*, n° 10).

XIV

TEXTE DE LA DÉCRÉTALE DU PAPE GÉLASE

la nouvelle église. Mais, craignant que le fondateur ne veuille tirer profit de sa fondation, il lui interdisait, à lui et à ses descendants, de se réserver l'usufruit de ce patrimoine. Enfin, il veillait à ce que l'église ne soit pas consacrée à un saint dont les mérites restaient suspects ou même à un parent d'une piété douteuse[1].

Cet examen sérieux, effectué par l'autorité romaine, moins soumise aux pressions locales que n'aurait pu l'être l'évêque diocésain, permettait un contrôle des fondations nouvelles et l'engagement exigé des fondateurs privait de toute efficacité l'hypothétique droit de propriété qu'ils auraient pu faire valoir sur l'église[2].

Une telle procédure supposait qu'il fût possible, sans trop de gêne ni de délai, de saisir Rome du projet de consécration et d'obtenir son autorisation. La situation générale de l'époque ne facilitait pas les relations entre la papauté et des diocèses lointains. Les moyens fort modestes dont disposait la chancellerie pontificale ne lui auraient d'ailleurs pas permis d'opérer au loin enquêtes et contrôles qu'impliquait cette procédure.

Il est possible de déterminer avec quelque précision le territoire qui lui fut effectivement soumis. Lucanie, Bruttium et Sicile, d'abord, puisque c'est aux évêques de ces provinces que la décrétale était adressée ; mais aussi, comme l'attestent les *praeceptiones* pontificales qui nous sont parvenues, plus largement l'Italie du Sud, du Centre et la Corse[3].

D'application territoriale très limitée, la procédure instaurée par Gélase fut, d'autre part, assez vite abandonnée. Dès la fin du VIe siècle, les *praeceptiones* se font rares. Les dernières qui nous soient parvenues datent des premières années du VIIe siècle[4].

La procédure prévue par la décrétale de 494 ne fut donc en vigueur que pendant une centaine d'années et seulement dans l'Italie du Centre et du Sud. Hors de cet « îlot », la consécration des églises obéissait aux prescriptions du c. 4 du concile de Chalcédoine (451) : *Nullum usquam aedificare aut constituere monasterium vel oratorii domum, praeter conscientiam ipsius civitatis episcopi.* Cette compétence épiscopale avait déjà été reconnue en Gaule par le concile d'Orange de 441 (c. 10). Elle est à nouveau rappelée par les conciles gaulois et les conciles espagnols des VIe et VIIe siècles[5]. La lettre du pape Zacharie à Pépin (747) traite également dans son chapitre 15 de l'édification d'église dans les domaines des grands propriétaires. Elle garde peut-être quelque souvenir de la légis-

---

1. C'est pourquoi la *praeceptio* spécifie souvent le nom du saint auquel l'église sera consacrée (JAFFÉ-WATTENBACH, nos 630, 678, 680, 1158, 1223, 1430, 1583, 1596, 1707, 1822).
2. On discute du point de savoir si le fondateur gardait la propriété de l'église (cf. STUTZ, *Benefizialwesen*, 63 et 102 ; P. THOMAS, *Le droit de propriété des laïques sur les églises*, Paris, 1906, 18).
3. JAFFÉ-WETTENBACH, no 630, Larino ; 680, Potenza ; 1124, Palerme ; 1658, Messine ; 1264 et 1365, Naples ; 1402, Corse ; 1583, 1596, 1882, Fermo ; 1707, Tyndari en Sicile ; 1889, Tarente.
4. JAFFÉ-WETTENBACH, no 1882 (nov. 602) ; 1889 (603).
5. Voir par exemple les conciles d'Orléans de 511, c. 17, et de 541, c. 7, 26, 33 ; de Braga de 572, c. 6 ; de Tolède (633), c. 33.

lation gélasienne, mais c'est à l'évêque du lieu que le fondateur doit adresser sa *petitio*. Il n'est nullement question de faire intervenir le lointain évêque de Rome[1].

[2]

Si la procédure instaurée par Gélase disparut assez vite de la pratique, son souvenir persista dans les collections canoniques[2]. Par elles le texte gélasien devait connaître une longue fortune, mais chargé alors d'une valeur nouvelle.

La décrétale aux évêques de Lucanie, Bruttium et Sicile fut insérée intégralement dans les plus importantes des collections de la « renaissance gélasienne »[3] : la *Dionysiana* (composée probablement sous Symmaque, 498-514), la *Quesnelliana*[4], les collections de Freising, du manuscrit de Saint-Blaise, du ms. Vat. 1342, du ms. de Chieti[5].

On retrouve le texte dans la collection du ms. de Colbert, plus probablement romaine[6] que gauloise[7], qui utilisait le ms. de Saint-Blaise et des fragments de la *Quesnelliana*. C'est également parce qu'elle reproduit la collection de Freising que la collection du ms. de Diessen, collection bavaroise de la fin du VIIIe ou du début du IXe siècle, a conservé la décrétale de 494. Et c'est par emprunt à la *Dionysiana* que l'*Hadriana*[8] et la *Dionysiana* de Bobbio[9] donnent aussi ce texte.

Si l'on fait exception pour la *Dionysiana*, qui conserve l'inscription : *Fratribus universis episcopis par Lucaniam et Bruttios et Siciliam constitutis*, toutes ces collections généralisent la portée de la décrétale en la présentant comme adressée à « tous les évêques »[10]. On pourrait donner bien d'autres exemples de semblables généralisations[11]. Sans doute

---

1. Une « réponse » de Nicolas Ier à l'évêque de Besançon, vers 865, fait encore référence à l'intervention du pape ; mais il s'agit plus du rappel d'un principe pour étayer une argumentation que de la revendication de l'exercice effectif d'une prérogative : *Quomodo autem chorepiscopi posse dicimus ecclesias consecrare, quas nulli episcoporum licet sine nostra praecepta secundum sanctas regulas dedicare !* (cité par Thomas, *Droit de propriété des laïques*, 53, n. 2).
2. F. Maassen, *Geschichte der Quellen u. der Literatur des canonischen Rechts*, I (Gratz, 1870), 281.
3. Sur celle-ci et le travail canonique qui a marqué à Rome la fin du Ve et le début du VIe siècle, cf. G. Le Bras, La renaissance gélasienne, *R.H.D.*, 1930, 506-518.
4. En faveur de ses origines romaines, G. Le Bras, *op. cit.*, 513.
5. Sur ces collections, P. Fournier et G. Le Bras, *Hist. des collections canoniques en Occident*, I, 25-27.
6. P. Fournier et G. Le Bras, *op. cit.*, 26, n. 4.
7. C'était l'opinion de Maassen, *op. cit.*, 541.
8. Envoyée en 774 par Hadrien Ier au futur Charlemagne.
9. Collection italienne du début du IXe siècle.
10. Maassen, *Geschichte der Quellen*, 281 : *Universis episcopis per unamquamque provinciam constitutis* (Saint-Blaise, Vatican 1342, Colbert, Diessen) ; *Statuta Sancti Gelasii episcopi ad episcopos per universas provincias constitutos* (Chieti) ; *Universis episcopis* (Quesnelliana, Freising) ; *papae Gelasii generale decretum ad omnes episcopos de institutis ecclesiasticis moderate pro temporis qualitate dispositis* (Hadriana) ; *Generale decretum papae Gelasii ad omnes episcopos constitutum a synodo Sedis Apostolicae* (Dionysiana de Bobbio).
11. La lettre de saint Léon (Jaffé, no 402) adressée « *omnibus episcopis per Campaniam, Picenum et Tusciam* », où certaines collections ont ajouté : « *et universas pro-*

n'étaient-elles pas involontaires[1]. S'efforçant de favoriser une application générale de dispositions de portée limitée, cette politique s'insère bien dans les tendances des « Collections gélasiennes » dont on sait la volonté d'exalter l'autorité romaine et de donner à ses prescriptions valeur universelle[2].

Par la *Dionysiana*, la décrétale de 494 passa dans l'*Hispana*[3]. C'est la seule décrétale de Gélase conservée dans les deux collections[4]. Et, à part une différence dans la numérotation des chapitres[5], les deux recueils donnent un texte identique. La réception de la décrétale dans l'*Hispana* devait assurer sa fortune. C'est à elle que, vers 850, l'emprunte l'auteur des Fausses Décrétales[6].

Mais à partir de la seconde moitié du IXe siècle, avec le triomphe des collections méthodiques, le sort fait aux deux chapitres qui nous intéressent change. Jusqu'alors, pris dans l'ensemble de la décrétale, ils figuraient dans la partie des collections canoniques réservée à la législation romaine. Au contraire, les collections nouvelles détachent dans chaque texte législatif les canons qui leur semblent mériter attention. Ceux-ci prennent alors une valeur propre et, selon la portée qui leur est attribuée, leur destin varie.

Le chapitre 4 *Basilicas* du texte de Gélase se retrouve dans l'*Anselmo Dedicata* (v. 885) au livre X (chap. 48) consacré aux églises et aux biens ecclésiastiques[7].

Le chapitre 25 (27), *De locorum consecratione* figure dans une collection de l'Allemagne du Sud, la *Collectio XII Partium* (IV, 27), vers 1020-1050. On ne peut affirmer avec certitude que l'auteur de cette compilation l'ait repris à l'*Hispana*[8]. Mais il est plus important pour nous de noter la

---

vincias constitutis » ; celle de Sirice (Jaffé, n° 258) adressée d'abord aux évêques d'Italie suburbicaine, serait ensuite passée à ceux d'Afrique : « *Dilectissimis fratribus et coepiscopis per Africam* », etc.

1. L'hypothèse d'une faute du copiste, induit en erreur par les mots *universis episcopis*, sans voir que leur portée était limitée par la mention des trois provinces italiennes qui les suivait, est difficile à admettre lorsque toutes les collections font la même généralisation, et ce en des termes différents.
2. G. Le Bras, La renaissance gélasienne, *R.H.D.*, 1930, 506-518 ; P. Fournier et G. Le Bras, *Histoire des collections canoniques*, I, sp. 7-8.
3. Un abrégé de la décrétale de Gélase fut inséré dans l'*Epitome hispanique* qui réduit à 21 les 30 chapitres du texte original. Le chap. 4 est omis et sous le n° 18 figure la règle : *Sine romano episcopo nullus ecclesiam faciat vel consacret* (G. Martinez Diez, *El Epitome hispanico* [Camillas, 1962], 52 et 218). Cette collection fut composée entre 598 et 633.
4. Bien que la série des décrétales soit beaucoup plus riche dans l'*Hispana* que dans son modèle romain (P. Fournier et G. Le Bras, *op. cit.*, I, 68 et n. 4).
5. Pour les deux chapitres qui nous intéressent ici : 4 et 25 dans la *Dionysiana* ; 6 et 27 dans l'*Hispana* qui a subdivisé les chap. 2 et 3 de la *Dionysiana* en 2, 3, 4, 5.
6. P. Hinschius, *Decretales pseudo-isidorianae* (1863), 650.
7. Sur les emprunts de l'*Anselmo Dedicata* à l'*Hispana*, P. Fournier, L'origine de la Collection Anselmo dedicata, *Mél. Girard* (Paris, 1912), II, 485, et Fournier-Le Bras, *op. cit.*, I, 236-237.
8. Les sources de la *Collectio XII Partium* ont été étudiées par Krause (*Neues Archiv*, XIX, 1894, 87-138) et par P. Fournier (La Collection canonique dite Collectio XII Partium, *Rev. hist. ecclés.*, XVII, 1921, 21-61 ; 224-259). Ce dernier a relevé qu'au livre IV les chap. 26 et 29 étaient empruntés à l'*Hispana* par l'intermédiaire

rubrique qui précède ce chapitre dans la collection allemande : *Praecepto Apostolicae Sedis ecclesiae fiant.* C'est donc moins la procédure imaginée par Gélase que la marque de l'autorité romaine qui avait frappé l'auteur de la collection, ou, du moins, est-ce dans ce sens qu'il voulait que l'on entende le canon. Le système de la *petitio* et de la *praeceptio* était en effet sans intérêt, et sans doute inconnu, dans un monastère de l'Allemagne du Sud au milieu du xie siècle. On n'en veut comme preuve que le silence gardé sur cette législation par la grande collection canonique germanique composée une vingtaine d'années plus tôt par Burchard de Worms. Lorsqu'il traite, au début du livre III, de la fondation des églises, le Décret de Burchard ignore la législation de Gélase. Le c. 7 (citant un concile de Worms) affirme au contraire la compétence de l'évêque en ce domaine, restant ainsi fidèle à la tradition du concile de Chalcédoine et des législations mérovingiennes ou wisigothiques.

Ainsi, lorsque des collections méthodiques accueillent les deux chapitres de la décrétale de Gélase, ce n'est plus pour rappeler une procédure de consécration des églises, qui n'avait jamais eu une très grande diffusion, mais parce qu'ils y voyaient un témoignage de l'autorité universelle de Rome.

Une telle interprétation, déjà plus que probable pour l'*Anselmo dedicata* ou la *Collectio XII Partium*, est encore beaucoup plus évidente lorsqu'il s'agit des collections de l'époque grégorienne. La « Collection en deux Livres » contenait dans son livre I un chapitre 74 qui, d'après la *capitulatio* des rubriques[1], prévoyait *ut oratorium non consecretur absque auctoritate Sedis Apostolicae*. Le texte même de ce chapitre ne nous est malheureusement pas conservé dans le ms. Vat. lat. 3822[2]. Mais il y a tout lieu de penser qu'il s'agissait de l'un ou l'autre des deux chapitres gélasiens. Or le chapitre 74 figure dans la centaine de canons qui, au début du livre I, affirment avec éclat la primauté romaine[3].

La Collection d'Anselme de Lucques (v. 1083) insère les deux chapitres au livre V, chapitres 4 et 89. Elle ajoute au chapitre 4 les chapitres 8 et 9 de la même décrétale, qui concernent la primauté romaine[4]. La rubrique sous laquelle figure le texte ne contient plus le terme de *praeceptio*, qui désignait l'autorisation de consacrer, donnée par le pape à l'évêque, mais celui, beaucoup plus vague, d'*auctoritas*[5]. Pour l'auteur de la rubrique, *praeceptio* n'évoquait donc plus une procédure depuis longtemps abandonnée. Et, s'il lui préfère *auctoritas*, c'est que ce terme convenait mieux à l' « autorité romaine » qu'il entendait servir.

Quelques décennies plus tard, une autre collection italienne, le *Poly-*

---

de la « Collection en 77 Titres ». Le chap. 25, qui nous occupe, aurait-il la même origine ? Seule une étude des manuscrits de la « Collection en 77 Titres » permettrait de le dire. Le seul, assez médiocre, que nous ayons pu consulter *(B.N. lat. 3878)* ne contient pas la décrétale de Gélase.

1. J. BERNHARD, *La Collection en deux Livres* (Strasbourg, 1962), 27.
2. Où manquent quelque 150 canons du Livre I.
3. La date de cette collection est discutée. L'opinion traditionnelle la situe sous le pontificat de Grégoire VII. J. Bernhard la fait remonter jusque vers 1053.
4. C'est à ce titre que ces deux chapitres figuraient déjà au Livre I, chap. 31 (cf. THANER, *Anselmi episcopi Lucensis Collectio*, Innsbruck, 1900-1915).
5. *Ut novae basilicae non consecrantus absque auctoritate sedis apostolicae.*

carpus[1], insère le chapitre *Basilicas* dans son livre III, titre 3, relatif à la consécration des églises. Il modifie le texte pour y insérer une référence à l'autorité pontificale. *Basilicas noviter constitutas*[2] *non petitis ex more* ⟨*Sedis Apostolicae*⟩ *praeceptionibus*...[3]. Que ce soit cette référence à l'autorité romaine plus que la description d'une procédure oubliée qui importe à l'auteur du *Polycarpus* est confirmé par la présence au livre I, parmi des textes relatifs à la primauté pontificale, de trois lettres des papes Gélase, Nicolas et Grégoire se référant à la procédure de consécration[4]. C'est donc bien que l'on voit dans cet ensemble de textes moins le rappel d'une procédure que le témoignage du pouvoir universel du pontife romain.

On retrouve le chapitre 25 de la décrétale de Gélase dans une collection en trois livres du ms. Vat. 3831. La collection, d'origine italienne, emprunte beaucoup au *Polycarpus*. Elle date probablement des années 1112-1120[5]. Au livre 1, titre 15, *De novis ecclesiis auctoritate Sedis Apostolicae consecrandis*, le chapitre 11 reproduit le chapitre *De locorum consecratione*[6]. Comme chez Anselme, le terme technique de *praeceptio* a fait place à celui d'*auctoritas*. Des formes procédurales, on est passé à la doctrine de la Primauté.

Ce sont d'ailleurs des « collections grégoriennes »[7], soucieuses avant tout de servir cette doctrine, qui seules ont conservé deux textes dont l'intérêt pratique était nul. Pas plus que Burchard, Ives de Chartres n'en fait mention. Lorsqu'il traite de la consécration des églises, il fait appel aux canons conciliaires qui affirmaient la compétence épiscopale[8].

[3]

Négligés par Burchard et par Ives, recueillis par les collections grégoriennes, parce qu'elles y trouvaient une illustration de l'autorité romaine, les deux chapitres de la décrétale gélasienne reprennent au Décret de Gratien leur valeur ancienne.

Ils figurent au *De consecratione*, D. I, c. 4 *(De locorum consecratione)* et 6 *(Basilicas)*. Il n'est guère possible de dire à quelle collection le *De consecratione* les a empruntés. Tout au plus peut-on noter que le c. 6

---

1. Vers 1109-1113 ; 2ᵉ éd. vers 1130-1140.
2. Au lieu d'*institutas*.
3. *B.N. lat. 3882*, f⁰ 34, v⁰. Dans le ms. *B.N. lat. 3881* (f⁰ 49) le titre *De consecratione ecclesiarum* est le quatrième du livre III. La décrétale de Gélase y figure avec la même adjonction.
4. *B.N. lat. 3882*, f⁰ 9 v⁰ (l. I, t. 14). Le ms. *B.N. lat. 3881* ne contient à ce titre que les lettres de Gélase et de Grégoire.
5. P. FOURNIER, Une collection italienne du commencement du XIIᵉ siècle (*Ann. enseign. sup. de Grenoble*, VI, 1894), 343-438.
6. *Ibid.*, 350.
7. Mais non pas *toutes* ces collections. C'est ainsi que nos textes ne figurent pas dans le *Liber de vita christiana* de BONIZO DE SUTRI (v. 1089-1095).
8. Comme Burchard, il cite dans le Décret III, 8 et 9, les conciles d'Orléans et de Worms (*P.L.* 161, 201-202). Lorsque la Panormie traite *de consecratione ecclesiarum* (II 10-24), elle ne signale pas davantage la législation de Gélase (*P.L.* 161, 1085-1088).

n'a pas les deux modifications apportées par le *Polycarpus*[1]. S'il faut exclure l'emprunt au *Polycarpus*, on pourrait songer à une filiation de la Collection d'Anselme. En effet, le c. 6 du *De consecratione* ajoute les c. 8 et 9 de la décrétale de Gélase, comme l'avait fait Anselme. D'autre part, les c. 5 et 7 reproduisent les lettres de Gélase qu'Anselme avait lui aussi jointes au canon *Basilicas* (V, 5 et 7).

Quoi qu'il en soit de ces filiations incertaines, du moins la place de ces textes au Décret permet-elle de préciser la valeur qui leur est désormais attribuée. A la différence des collections italiennes de la réforme grégorienne, le Décret n'en fait pas un argument en faveur de l'autorité pontificale, car ce n'est pas à propos de celle-ci[2] qu'il les cite. Il ne les utilise pas davantage pour condamner les appropriations d'églises par les laïques, car ils ne figurent pas à la C. 16, qu. 7, où sont réunis les textes contre cette pratique. Il est curieux de remarquer que deux *praeceptiones* de Gélase, faisant application de la procédure établie en 494, sont reproduites dans cette C. 16, qu. 7 (c. 26 et 27)[3], alors que la disposition législative figure au *De consecratione*. Ainsi le Décret séparait assez curieusement la législation de textes de nature administrative, qui en faisaient application[4]. Et paradoxalement, les deux chapitres de la décrétale de 494 trouvent au Décret la place qu'ils n'auraient jamais dû perdre (mais que leur avaient toujours refusée les collections systématiques) : ils sont mentionnés à propos de la fondation des églises et des conditions de leur consécration.

Ramenés ainsi à leur portée première, ces textes n'étaient plus que les témoins d'une procédure depuis longtemps abandonnée. C'est dans ce sens que les interpréteront les décrétistes. Mais, plus soucieux des problèmes d'actualité que des témoignages d'un lointain passé, ils ne s'arrêteront pas longtemps à les commenter[5].

Rufin et Etienne de Tournai ont bien aperçu l'archaïsme de cette législation. Ils semblent gênés de trouver ces phrases inutiles, qui rappellent une procédure depuis longtemps hors d'usage : tous deux, Etienne avec plus d'ampleur, s'efforcent de se tirer d'embarras par des distinctions.

La *Summa* de Rufin (v. 1157-1159) souligne le caractère contingent de la procédure gélasienne. L'exigence d'un *praeceptum* pontifical s'expliquait *ex tempore et ex causa*. L'époque était celle du premier âge de l'Eglise, où, bénéficiant d'une paix nouvelle, la communauté chrétienne se développait largement. La *causa* qui justifiait cette procédure tenait au

---

1. *Constitutas* au lieu d'*institutas* et l'adjonction *Apostolicae Sedis*.
2. A qui sont consacrées les D. 21 et 22.
3. Déjà DEUSDEDIT (*Libellus contra invasores* IV, 5 MGH LL. II, 358) avait cité le texte d'une *praeceptio* de Gélase (*Gelasius, Senecioni episcopo*, qui deviendra le c. 26 du *De cons.* I) pour condamner les appropriations d'églises par leurs fondateurs. Mais il ne faisait pas état du texte législatif de base, la décrétale de 494.
4. Anomalie qui n'étonne pas quand on la rapproche de tant d'autres qui émaillent la « composition » du Décret et que le rattachement tardif du *De consecratione* au Décret rend encore moins surprenante.
5. Alors que, reprenant la séparation faite par le Décret lui-même, ils verront dans les *praeceptiones* de C. 16, qu. 7, un argument contre les abus persistants des fondateurs (cf. par exemple Roland BANDINELLI, *Summa*, éd. THANER sur C. 16, qu. 7, ou RUFIN, *Summa*, éd. SCHULTE, sur C. 16, qu. 7, c. 26).

nombre encore réduit des constructions d'églises. Depuis la piété des fidèles a multiplié ces fondations. Il serait trop lourd pour le Saint-Siège de les contrôler toutes. Aussi la coutume s'est-elle établie de laisser chaque évêque consacrer les églises dans son diocèse « sans autorisation spéciale du patriarche supérieur »[1].

Etienne de Tournai[2] reprend, dans des termes parfois identiques, la même argumentation. Il y ajoute, à titre d'hypothèses, quelques explications de cette intervention pontificale : se prémunir contre les initiatives d'hérétiques qui alors pullulaient ; ou bien, lorsque les limites des diocèses étaient encore incertaines, parer à la cupidité *(avaritia)* d'évêques, qui se laissaient aller à consacrer des églises pour les fidèles relevant d'un autre prélat. Etienne émet également l'hypothèse d'une limitation de cette procédure au « patrimoine de Saint-Pierre ». Il tient en tout cas cette disposition pour abrogée par « le consentement général contraire des usagers » et cette abrogation d'une décrétale pontificale par la coutume ne lui semble nullement inadmissible[3]. Il conclut en effet : *cui auctoritati ita penitus derogatum, ac si nunquam dicta esset vel scripta*.

La *Summa* d'Huguccio (entre 1188-1190) se borne ici à reprendre l'essentiel des développements d'Etienne de Tournai. Avec lui, elle admet que l'extension de la Chrétienté a rendu caduque la législation de Gélase sur la consécration d'église[4]. Il ne lui reconnaît encore une certaine portée que pour les consécrations d'églises cathédrales. Car, de même que l'on ne peut créer un évêché sans intervention du pape, de même doit-il en être pour la consécration d'une église cathédrale.

Ainsi la séparation opérée par le Décret de Gratien entre les dispositions législatives de la décrétale et les *praeceptiones* qui en faisaient application valut à ces deux séries de textes des fortunes diverses.

Les *praeceptiones* (C. 16, qu. 7, c. 26 et 27), parce qu'elles faisaient mention des renonciations des fondateurs, continuèrent à être commentées. Roland Bandinelli y avait vu un argument pour l'édification de sa théorie du droit de patronat, qui venait remplacer l'abusive propriété laïque. Son exemple sera suivi par les Gloses du Décret. C'est à propos du c. 26 *(Piae mentis)* que Johannes Faventinus fait la théorie du patronat (entre 1170 et 1180). Les deux textes du *De consecratione* sont au contraire à peu près négligés. On n'en tient pas plus compte que s'ils n'avaient « jamais été formulés ou écrits ».

Guy de Baysio dans son *Rosarium Decretorum* rapporte la Glose de Johannes Faventinus sur le c. 4 *(De locorum)* du *De consecratione* D. I : *Superius hic incipit III Pars in qua probatur per V c. quod ecclesia sine licencia pape consecrari non debet ; quod hodie non tenet*. La Glose ordinaire elle aussi reproduit la Glose de Johannes Faventinus. Elle y ajoute

---

1. *III Pars*, D. 1, c. 4.
2. *Summa* (av. 1160), *III Pars*, c. 4 (éd. SCHULTE, 263-264).
3. Elle pouvait se prévaloir de divers textes et en particulier d'un *dictum* de Gratien sur le D. 4, c. 3, que cite Etienne. Au XIIIe siècle, les Décrétales de Grégoire IX et leurs commentateurs affirmeront au contraire la supériorité de la loi sur la coutume (cf. les textes cités par WEHRLÉ, *De la Coutume dans le droit canonique*, 1928, p. 92, 109, 112-118).
4. *B.N. lat. 15397*, f° 111.

quelques notations, empruntées aux *Summae* de Rufin et d'Etienne de Tournai[1], mais sans marquer beaucoup d'intérêt pour un texte qui relatait une procédure désuète.

Recueillis tout d'abord par les collections « gélasiennes » avec l'ensemble de la décrétale de 494, les chapitres 4 et 25 devaient par la suite cheminer seuls à travers les collections canoniques. Ils fournissent au xie siècle un appui aux théoriciens de l'autorité romaine qui, indifférents à l'histoire, ne voient en eux qu'une affirmation des prérogatives du siège apostolique sans relever qu'en l'espèce cette prérogative, qui fut toujours de portée territoriale limitée, a depuis longtemps disparu. Certaines collections grégoriennes, mais non pas toutes, accueilleront ce témoignage.

Mais lorsqu'au Décret de Gratien, le *De consecratione*, ramène les deux chapitres à leur domaine originaire, celui de la procédure des consécrations d'église, il les condamne à n'être plus qu'un souvenir d'un lointain passé. Bons observateurs de leur temps, plus qu'historiens scrupuleux, les décrétistes n'accordèrent qu'un commentaire historique douteux à une disposition « *quod hodie non tenet* ».

---

1. Sur le c. *De locorum* : ... Quod dicitur in his V c. intelligitur de episcopali ecclesia vel olim obtinuit, cum rarae erant ecclesiae et Papa bene poterat consuli ; vel de ea intelligitur quod sit in episcopatu alterius ; vel cum populus ad fidem convertitur.

LA VIE JUDICIAIRE

XV

ORDALIE DE L'EAU ET ORDALIE DU FER ROUGE

In nomine loco dnationis et benedicet anima mea dno. Ds in adiutorium meum intende. Dne ad adiuuandum me festi.

Benedictio ferri igne.

Extrait de ZEUMER, *Formulae*, pp. 672-673, M.G.H.

XV

LES ORDALIES AU MOYEN AGE : DOCTRINE, LEGISLATION ET PRATIQUE CANONIQUES[*]

Dans la détermination des indices qui serviront au juge pour étayer sa décision deux systèmes se sont opposés au cours des siècles et des civilisations.

1) La preuve peut être considérée comme un ensemble de données de fait, sur lesquelles s'appuie le raisonnement pour conclure à l'innocence ou à la culpabilité, au bon droit ou à la prétention abusive de l'une des parties. La preuve fait alors appel à la raison; plus son évidence sera grande, plus elle permettra une conclusion ferme et rapide. C'est le système que l'on qualifie habituellement (mais peut-être pour partie abusivement) de régime des preuves rationnelles. Il fait crédit à l'homme et à son esprit raisonneur.

2) Ou bien, conscient de sa faiblesse et de son ignorance,

---

[*] GRELEWSKI, *La réaction contre les ordalies en France depuis le IXe siècle jusqu'au Décret de Gratien*, Th. de la Fac. de Théologie catholique de l'Université de Strasbourg, 1924; P. FOURNIER, « Quelques observations sur l'histoire des ordalies au Moyen Age », *Mélanges Glotz*, I, 367-376; VON SCHWERIN, « Rituale für Gottesurteile », *Sitzungsberichte der Heidelberger Akademie der Wissenschaft*, 1932; H. NOTTARP, *Gottesurteil*, Bamberg 1949 ; Ch. LEITMAIER, *Die Kirche u. die Gottesurteile*, Vienne, 1953, cf. le c. r. d'H. NOTTARP, ZSS., Kan. Abt. XL (1954), pp. 249-257; H. FISCHER, *Die offene Kreuzhaltung im Rechtsrituale*, Festschrift Steinwenter, 1958, 9 et suiv.; A. GIULIANI, *Il concetto di prova*, Milan, 1961; H. LEVY-BRUHL, *La preuve judiciaire*, Paris, 1963.

incapable par manque de formation, par paresse ou par suite de l'insuffisance de l'organisation judiciaire, de se prononcer en un sens ou dans l'autre, le juge fait appel à des forces supérieures à qui il demande de le guider d'un signe. Il s'agit de puissances mystérieuses, naturelles ou divines, souvent l'une et l'autre à la fois. C'est alors la preuve par l'épreuve, l'ordalie.

L'antinomie des deux systèmes est évidente. Non seulement parce que l'un fait appel à la raison et l'autre à la confiance ou parce que l'un laisse au juge la possibilité d'apprécier la valeur de la preuve qui lui est apportée tandis que le second, par son appel à des forces supérieures, le lie (l'irrationnel est décisif, car il ne saurait être discuté); mais peut-être plus encore parce qu'ils répondent à deux mentalités très différentes, l'une logique et raisonneuse, l'autre pré- ou paralogique et religieuse. Et aussi parce qu'au fond les questions à résoudre sont dans les deux cas très différentes. Au premier cas, il s'agit d'établir un fait, crime, achat, testament, etc. Au second, il s'agit de dire si tel homme est ou non digne de confiance, si l'on doit s'en remettre à ce qu'il dit. C'est que, en dernière analyse, le problème dans les deux conceptions de la preuve n'est pas le même. Au premier cas il s'agit de Vérité, au second de Pureté.

Ces quelques observations soulignent assez l'originalité du mode de preuve qui sera envisagé ici, l'ordalie.

Ce mode n'est d'ailleurs nullement propre à la société médiévale. Il existe dans de nombreuses civilisations. L'ordalie de l'eau est connue dans l'antique Babylonie. L'ordalie a existé chez les Hébreux (1), en Grèce (2) et

---

(1) C'est l'ordalie des « eaux amères » pour la femme soupçonnée d'adultère (Nomb., V, 11-31); cf. J. MORGENSTERN, « Trial by ordeal among the Semites a. ancient Israël », *Hebrew Union College, Annual Jubilee Volume*, pp. 113-143; R. PRESS, « Das Ordal im alten Israël », *Zeitschrift f. die alttestem. Wiss. u. die Kunde des nachbiblischen Judentums*, LI, pp. 121-140.

(2) G. GLOTZ, *L'ordalie dans la Grèce primitive*, Thèse Lettres, Paris, 1904.

peut-être dans la Rome des origines (1). On la retrouve chez des peuplades d'Afrique ou de Polynésie. Elle n'est nullement un fait spécifiquement chrétien.

L'ordalie revêt des formes multiples. Ce peut être une ordalie simple, dans laquelle une seule des parties est soumise à l'épreuve. C'est l'ordalie au sens strict du terme. Mais ce peut être aussi l'ordalie double, où les deux adversaires sont engagés. C'est alors le duel judiciaire.

Le duel a d'abord été décision du litige, car il aboutissait à la disparition (par mort) de l'un des adversaires. Il est justifié, dans une mentalité « primitive » par la croyance au secours que les forces supérieures apporteront au combattant qui a le bon droit pour lui. Peu à peu, avec les progrès d'une mentalité laïque et raisonneuse, cet aspect s'estompera plus ou moins; le duel judiciaire marquera alors également le triomphe de la force ou de l'habileté aux armes.

Avec la régression progressive de la vengeance privée, le duel perd son caractère de « règlement » du litige pour n'être plus envisagé que comme mode de preuve.

L'ordalie au sens strict fait appel elle aussi à des forces supérieures. D'abord aux éléments (eau, fer, terre) qui ne sauraient favoriser le coupable ou celui qui réclame à tort. Une sorte de solidarité, d'équilibre de l'ordre naturel s'opposerait à cette union du bien et du mal. Les éléments purs rejetteront le coupable. Plus tard apparaît l'idée religieuse, qui fait tenir pour impossible que les dieux soutiennent un indigne. Mais l'ordalie marque aussi parfois

---

(1) R. Düll, « Zur Frage des Gottesurteils im vorgeschichtlichen römischen Zivilstreit », *Zeit. der Savigny-Stiftung, Rom. Abt.* 1938, pp. 17-35; P. Frezza, « Ordalia e legis actio sacramento ». *Arch. giurid.* 142, 1952, pp. 83-89 et *St. classici e orientali*, II, 1953, pp. 63-68; J. Ph. Lévy, « Le problème des ordalies en droit romain », *St. de Francisci*, II, 1955, pp. 409-434; cf. également, C. Gioffredi, *Diritto e processo*, Rome, 1955, pp. 110 et suiv.; G. Broggini, « La prova nel processo romano classico », *Jus*, 1960, pp. 357 et suiv.; H. Levy-Bruhl, *Recherches sur les actions de la loi*, Paris, 1960; G. Pugliese, *Il processo civile romano*, I, Rome, 1962, pp. 55-59.

la soumission volontaire de celui qui s'estime outragé à l'épreuve des forces de la nature. C'est alors une sorte de prise à témoin des forces naturelles ou à travers elles de la Divinité.

En dehors de ces deux formes principales, la mentalité qui explique la confiance dans l'ordalie, se retrouve également à l'origine du serment purgatoire, qui comme l'ordalie est religieux et ne cherche pas à établir l'évidence d'un fait. L'oracle ou les présages sont également signes des Dieux. Mais ils n'engagent pas le patient dans le rite.

On se limitera ici aux ordalies et au duel judiciaire pour en suivre, à travers l'époque médiévale, les premières manifestations, l'apogée et le déclin et par là même pour en déterminer les promoteurs, les formes et les adversaires.

I. LE HAUT MOYEN AGE

K. von Amira voyait dans l'ordalie médiévale un apport du christianisme et faisait observer qu'il n'y avait dans Tacite aucune allusion à l'ordalie chez les Germains. A quoi l'on a objecté (1) que Velleius Paterculus écrivait dans son Histoire romaine à propos des Germains que tandis qu'ils avaient pour coutume « armis decerni », Rome leur apprenait à régler leurs conflits par le droit (2).

L'argument que l'on veut tirer de ce texte n'est peut-être pas très évident. Velleius y oppose la violence et le droit, non pas deux modes de preuves en justice. Il est d'ailleurs difficile de savoir ce qu'étaient les usages germaniques avant que les Germains n'aient été soumis à l'influence romaine et à la pénétration du christianisme. Les seuls textes qui nous soient parvenus sont postérieurs à ces deux événements.

---

(1) NOTTARP, *Gottesurteile*, pp. 22-23.
(2) II, p. 118.

Aussi, sans prétendre ici régler un débat incertain, nous prendrons les ordalies et le duel lorsqu'ils apparaissent dans les textes avec les lois barbares.

Les témoignages sont alors multiples. L'ordalie est attestée chez les Celtes d'Irlande et en Bretagne. Si les lois anciennes n'en font pas état chez les Wisigoths, l'épreuve de l'eau bouillante figure dans un texte du VIIIe siècle ajouté à la Loi des Wisigoths, VI, 1, 2 (1). Les Ostrogoths connaissent le duel judiciaire. De même les Burgondes pour qui l'épreuve de l'eau est signalée à Arles au VIe siècle par Grégoire de Tours. *Judicium Dei* apparaît dans la loi des Burgondes (VIII, 2) : A défaut de serment purgatoire, on aura recours au combat singulier : *ad nos diriguntur Dei iudicio committendi*. Le « combat de Dieu » est également mentionné par Grégoire de Tours (*Hist.*, VI, 31 et VII, 16) (2), Frédégaire (*Chron.*, IV, 51) (3), l'Edit de Rotharis de 643, c. 198 (4), etc.

Cette terminologie marque déjà une évolution dans la conception de l'ordalie et de son fondement. L'idée archaïque de la solidarité des forces de la nature, qui rejetteraient le coupable ou le menteur, fait place à celle plus évoluée, mais non pas proprement chrétienne (car on la trouve chez les païens et elle semble, chez les Chrétiens, plus païenne que chrétienne), selon laquelle Dieu, tout puissant et omniscient, sachant le vrai et le juste, s'exprime par des signes et par les éléments. Peut-être aussi, en ce qui concerne le duel judiciaire, la conviction que celui qui sait avoir le bon droit pour lui, n'hésitera pas à combattre.

---

(1) *Per examen caldarie* (M.G. *Legum*, Sect. I, 1, p. 250, éd. Zeumer). On notera le terme d'*examen* qui se retrouve dans de nombreux textes du haut Moyen Age, spécialement dans la lettre d'Etienne V (*infra*, 107).

(2) M.G., *Script. rer. merov.*, I, Pars. I, fasc. II (1942), pp. 300 et 329.

(3) M.G., *Fredeg. Chron.*, 1888, p. 146.

(4) M.G., *Legum*, t. IV, Hanovre 1868, éd. Bluhme, p. 48.

Et cette confiance en lui assurera sa victoire (1). Ainsi le combat, comme le serment prend valeur religieuse. Une sorte de hiérarchie des preuves s'établit. Si le serment ou le combat sont impossibles, on aura recours aux éléments (eau, fer, terre). C'est l'ordalie.

Duel et ordalie se rencontrent également chez les Saliens ou les Lombards, chez les Alamans, les Bavarois, les Thuringiens, les Frisons, les Saxons ou les Chamaves. On peut donc considérer, sans prendre parti sur les mystères des origines, qu'ils sont répandus dans tout l'Occident après les Invasions.

C'est ce qui a permis à Paul Fournier (2) de conclure que les ordalies, introduites par les Germains, s'étaient substituées aux preuves romaines dans les Etats barbares, par suite de l'incapacité des juges barbares d'utiliser le système plus savant des preuves romaines, écrits, témoignages ou expertises.

Peut-être faudrait-il nuancer quelque peu ce jugement. Il n'est pas certain qu'au Ve siècle les juges des provinces romaines aient été très habiles; les doléances des empereurs contre une magistrature incapable n'étaient sans doute pas sans fondement. Il est d'autre part certain que les Germains n'ont pas été totalement inaptes à recueillir des éléments de l'héritage juridique de Rome et il est bien connu que le droit romain a laissé au moins jusqu'au milieu du VIIIe siècle des traces profondes dans la législation et la pratique des monarchies barbares (3).

L'introduction des ordalies n'est donc pas seulement

---

(1) Cf. *Lex Burgundionum* XLV: *Justum est si quis veritatem rei incunctanter scire se dixerit... pugnare non dubitet.* Dieu jugera : *Deo iudicante confliglat*. La loi des Bavarois (II, 1) souligne aussi l'intervention de Dieu dans le duel : *Dei accipiant iudicium et exeant in campo et cui Deus dedit victoriam, illi credite*.

(2) *Mélanges Glotz*, I, p. 368.

(3) Nous nous permettons de renvoyer à notre étude sur cette question parue dans la *Tijdschrift voor Rechtsgeschiedenis*, t. XXIII, 1955, pp. 149-206.

signe de décadence et de facilité. Elle tient aussi à un changement de mentalité, à la confiance accordée aux preuves fournies par la Divinité, c'est-à-dire à la reconnaissance de la supériorité de Dieu sur la raison humaine.

Si le succès fut grand et la généralisation rapide, il faut cependant noter que des hésitations et des résistances se firent jour. Chez les Saliens la loi interdisait le duel judiciaire, mais le peuple y avait recours. Chez les Lombards, l'édit de Liutprand de 731 tient le duel pour une vieille coutume à laquelle le peuple croit, mais dont le roi met en cause la valeur probante (1).

Malgré ces réserves isolées, le duel judiciaire connut un succès grandissant. Au IXe siècle on le préfère au serment qui trop souvent conduit au parjure. Il devient la preuve normale pour les hommes libres. Il est employé par des clercs, ou du moins par leurs champions.

Quant à l'ordalie, évêques et synodes la prévoient dans des textes multiples. Le concile de Mayence de 847 (c. 24) prescrit au cas de meurtre d'un prêtre la *purgatio* par douze socs (portés au rouge) à l'égard d'un serf et le serment avec douze cojureurs pour un libre (2). Le concile de Tribur de 895 (c. 22) impose la *purgatio vulgaris* au libre qui, accusé dans un synode, ne peut être cru sur son seul serment (3). L'ordalie est également mentionnée par le concile de Seligenstadt, en 1023 (c. 7) (4). Dans ses *Statuta* l'évêque Haito de Bâle (807-823) y recourt pour établir les empêchements de parenté de mariage (5).

---

(1) § 118 (M.G., Legum t. IV, p. 156) : *quia incerti sumus de iudicio Dei et multos audivimus per pugnam sine iustitia causam suam perdere : sed propter consuetudinem gentis nostrae Langobardorum legem ipsam vetare non possumus.*
(2) Mansi, XIV, p. 910. Texte que reprendront Réginon, II, 43; Burchard, VI, 17; Yves, Décret, X, 36; Gratien, C. 17, qu. 4, c. 24.
(3) Mansi, XVIII, p. 143; cf. Réginon, II, 302; Burchard, XVI, 19; Décret de Gratien, C. 2, qu. 5, c. 15 (Palea).
(4) Hefele-Leclercq, *Hist. des Conciles*, t. IV, 2, p. 923.
(5) C. 21, éd. Boretius, Capitul. Reg. Franc., I, Hanovre, 1883, p. 365.

L'ordalie est appliquée par les tribunaux ecclésiastiques, à l'égard de laïcs et de clercs. L'Eglise christianise cet acte, religieux par nature, mais qui lui était antérieur, soit qu'elle entoure d'une liturgie chrétienne des formes d'origine païenne (ordalie de l'eau bouillante, du fer rouge, de l'immersion), soit qu'elle crée des ordalies nouvelles, chrétiennes au moins par leur forme ou leur matière.

C'est ainsi que l'ordalie de la croix apparaît au « concile de Verberie » de 757 (1), pour établir l'impuissance du mari (2). En 779, Charles l'ordonne dans le capitulaire d'Héristal dans d'autres cas (3). Louis le Pieux la substitue au duel à l'égard de ceux qui ne peuvent pas combattre. L'ordalie de l'hostie est prévue par le concile de Worms de 868 pour les prêtres et les évêques accusés de crime et pour les moines en cas de vol commis dans le couvent (c. 10 et 15) (4).

C'est aussi des VIIIe et IXe siècles que l'on peut, semble-t-il, dater les rituels religieux d'ordalies. Les manuscrits qui nous en sont parvenus remontent pour les plus anciens au IXe siècle (5).

Des rituels des XIe, XIIe, XIIIe siècles, en France, en Allemagne, en Italie, font allusion, à propos de l'épreuve de l'eau, à son emploi par Charlemagne et Léon III, puis

---

(1) Sur la nature de ce document, J. FLEURY, *Rech. historiques sur les empêchements de parenté...*, thèse Paris, 1933, pp. 194-195, et DE CLERCQ, *La législation religieuse franque de Clovis à Charlemagne*, Louvain, 1936, pp. 140-142.

(2) C. 17... *exeant ad crucem*, HEFELE-LECLERCQ, t. III, 2, pp. 919-920.

(3) *Ibid.*, t. III, 2, p. 979, c. 10.

(4) HEFELE-LECLERCQ, *op. cit.*, t. IV, 1, p. 463.

(5) On en trouvera de multiples exemples dans le *Recueil des Formules* de ROZIÈRE, t. II, p. 770-884, sous les n°s 581 à 624, et en appendice aux *Formulae* de ZEUMER, M.G., 1886, pp. 601-722. Beaucoup se ressemblent de fort près et les plus nombreux sont relatifs à l'ordalie de l'eau froide. Mais on y trouve aussi le rituel des ordalies par le fer chaud, l'eau bouillante, l'hostie, le fromage ou le pain, le psautier. Sur ces rituels, et leur filiation, cf. après von Schwerin, NOTTARP, *op. cit.*, pp. 147 et suiv.

par Louis le Pieux et Eugène II à Rome pour retrouver le trésor de St-Pierre. S'agit-il d'une pure légende: Zeumer, Brunner, von Schwerin en ont douté et pensaient que sous une part d'affabulation se cachaient peut-être certaines données historiques (1).

Si l'ordalie put ainsi s'imposer à la pratique ecclésiastique et faire l'objet d'une véritable liturgie, c'est qu'elle trouvait certains appuis dans la doctrine chrétienne. D'abord, parce que, faisant appel à Dieu, elle constitue une preuve qui ne saurait tromper, alors que la raison humaine est faible. Attitude qui rejoint celle de saint Cyprien, reconnaissant une valeur absolue à l'*examen divinae cognitionis*. Mais c'est aussi parce que la tradition biblique montre l'épreuve imposée par Dieu pour faire éclater la vérité. *Igne examinasti me et non in me est iniquitas*, déclare le Psalmiste. Et ces conceptions bibliques avaient trouvé leur prolongement dans les écoles rabbiniques (2).

La terminologie confirme ces relations. L'ordalie fut normalement désignée pendant longtemps sous le terme d'*examinatio*. Celui-ci apparaît dans la loi des Wisigoths (6, 1, 2) (3). On le retrouve, dans un capitulaire de 813 (4), dans la lettre d'Etienne V à Hubert de Mayence, ou encore, beaucoup plus tard dans des *dicta* (5) ou des sommaires (6) du Décret de Gratien. Dans ces derniers textes *examinatio* a d'ailleurs perdu son sens technique d'ordalie. C'est qu'un autre mot s'est progressivement introduit, qui lui aussi évoque des préoccupations morales, celui de *purgatio*. Chez Tertullien et les Pères de l'Eglise latine, ce terme

---

(1) Cf. sur cette question, NOTTARP, *op. cit.*, pp. 226-234.
(2) Sur tous ces points nous renvoyons au rapport présenté ici même par le R.P. JAEGER.
(3) ZEUMER, *M.G., Leg., Sect.* I, p. 250.
(4) Ed. WERMINGHOFF, *M.G. Leges, Sectio* III, 2, p. 289.
(5) C. II, qu. 1, dict. de la *IIIa Pars* et de la *Va Pars*.
(6) C. II, qu. 7, c. 49.

désignait la purification de l'âme et plus tard la réconciliation du pécheur après pénitence. Il désigne l'ordalie à partir du milieu du IXᵉ siècle (1) et les expressions de *purgatio canonica* pour le serment et de *purgatio vulgaris* pour l'ordalie deviendront courantes (2).

L'attitude de la doctrine est moins unanime que celle de la législation ou de la pratique canoniques. Dès le IXᵉ siècle les ordalies ont des adversaires.

Peut-être déjà les réticences de Théodoric ou de Gondebaud à l'égard du duel s'expliquaient-elles par l'influence de Cassiodore sur le premier et d'Avitus de Vienne sur le second. Mais l'opposition et la critique se font plus fermes avec Agobard (816-840). Venu d'Espagne et de formation encore classique, il est hostile aux pratiques germaniques, qu'il s'agisse de la personnalité des lois, de la magie ou des ordalies. En 817 il adresse à Louis le Pieux son fameux pamphlet *Adversus legem Gundobadi et impia certamina quae per eam geruntur* (3). Le ch. 45 de la loi Burgonde autorisait en effet le duel judiciaire. L'ordalie, déclare Agobard, est sans valeur, car elle n'est pas divine, mais purement humaine. L'écho de cette condamnation se retrouve dans l'interdiction du duel par le concile de Valence de 855 qui groupait des évêques des provinces ecclésiastiques de Vienne, de Lyon et d'Arles. Les duels judiciaires y sont qualifiés de *tam iniqua et christianae paci inimica pugna*. Y recourir expose le vainqueur à l'excommunication pour meurtre ou au moins pour mutilation et le vaincu au refus de sépulture religieuse pour suicide (4).

---

(1) *Vita Ludow. Pii*, 46 (Ed. Pertz, MG. Script. II, p. 634).

(2) Nous devons ces indications terminologiques au R.P. Jaeger, à qui nous adressons ici nos remerciements.

(3) P.L., 104, pp. 113-126.

(4) C.J. Hefele-Leclercq, *op. cit.*, t. IV, 1, p. 207.

Le duel n'est pas seul à être réprouvé par Agobard. Ce n'est donc pas seulement en raison de son caractère meurtrier qu'il l'interdit. Après 817, l'archevêque de Vienne avait également rédigé un *Liber... contra damnabilem opinionem putantium divini iudicii veritatem igne vel aquis, vel conflictu armorum patefieri* (1). Des considérations religieuses et non un simple motif d'humanité sont donc à l'origine d'une condamnation des ordalies sous toutes leurs formes.

Mais c'est plus encore à l'occasion du divorce de Lothaire II que la légitimité de l'ordalie sera mise en question (2). La reine Teutberge ayant été accusée d'adultère et d'inceste, son « vicaire » fut soumis à l'ordalie de l'eau bouillante; celle-ci avait tourné à l'avantage de la reine. Aussi, Hincmar approuve-t-il l'ordalie dans son *De divortio Lotharii* (3). Ce qui la justifie à ses yeux c'est précisément son caractère irrationnel et la confiance qu'elle implique en la science infinie de Dieu : « *Sed sciendum nobis est, ut beatus dicit Gregorius, quod divina operatio, si ratione comprehenditur, non est admirabilis, nec fides habet meritum cui humana ratio praebet experimentum* » (4). Peu de formules traduisent aussi bien la mentalité qu'implique la pratique des ordalies, une confiance absolue dans les signes donnés par Dieu, et au contraire la méfiance envers la raison humaine.

A l'argument doctrinal, s'ajoutent des autorités tirées de la Bible, les exemples de Sodome détruite par le feu du ciel ou des Egyptiens engloutis dans la Mer Rouge.

Mais l'affaire du divorce de Lothaire ne fut pas seulement l'occasion de l'apologie des ordalies par Hincmar. Après

---

(1) P.L. 104, pp. 249-268.
(2) Sur cette affaire : cf. P. Daudet, *Etudes sur l'histoire de la juridiction matrimoniale*, Thèse de droit, Paris, 1933, pp. 94-122.
(3) *Interrogatio*, VI; P.L. 125, pp. 659 et suiv.
(4) P.L. 125, p. 665 C.

l'ordalie favorable à Teutberge, Lothaire avait réclamé le duel judiciaire. En 867, Nicolas Ier l'interdit en le déclarant contraire à la loi de Dieu (1).

L'hostilité à l'égard des ordalies est plus nette quelques années plus tard, chez Etienne V (885-891). Consulté par l'évêque de Mayence à propos de poursuites contre des parents accusés d'avoir étouffé leurs enfants en dormant avec eux, le pape repousse le recours à l'ordalie : « *Nam ferri candentis vel aquae ferventis examinatione confessionem extorqueri a quolibet sacri non censent canones... Spontanea enim confessione vel testium approbatione publicata delicta... commissa sunt regimini nostro iudicare* (2).

Prenant argument du terme *extorqueri*, on a soutenu (3) que le pape confondait ordalie et torture et que sa condamnation portait sur cette dernière. Le rescrit aux Bulgares confirmerait cette interprétation. Mais s'il est bien vrai que les rigueurs de certaines ordalies pouvaient les rapprocher de la torture et si les distinctions qui nous semblent nécessaires ne sont pas toujours faites à cette époque (4), il paraît difficile de soutenir qu'Etienne V ait eut en vue ici la torture, car le terme d'*examinatio* est l'expression normale à cette époque pour désigner l'ordalie. Aussi croyons-nous plus exacte la doctrine traditionnelle, selon laquelle Etienne V aurait formellement condamné toute forme d'ordalie.

Son hostilité à l'ordalie ne semble donc pas devoir être mise en cause. Et c'est l'explication que depuis le Moyen Age on a donnée de ce texte (5). Mais peut-être faut-il

---

(1) PL. 119, 1143 ; cf. Décret de Gratien, C. 2, qu. 5, c. 22.
(2) Décret de Gratien, c. 2, qu. 5, c. 20.
(3) Nottarp, *op. cit.*, pp. 224-225.
(4) Cf. la confusion de la preuve et du jugement de condamnation.
(5) Voir par exemple P. Fournier, article cité *supra*.

préciser davantage la pensée du pontife. *Extorqueri* s'oppose à *spontanea*. Ce que le pape réprouve surtout c'est l'ordalie imposée au patient. S'il s'y offrait volontairement, elle serait moins choquante, sinon plus probante. C'est également une ordalie à laquelle le patient s'était lui-même offert qu'Ives de Chartres tolérera (1).

Ce courant favorable aux preuves romaines (aveu ou témoignage) plutôt qu'aux usages répandus depuis les Invasions trouve un autre défenseur, en Italie encore, chez Atton de Verceil (924-961). S'il tolère le duel ce n'est qu'entre laïcs et encore le voit-il sans faveur : « *istud iudicium quorumdam laicorum solummodo est, quod nec ipsis etiam omnino adprobatur. Nam saepe innocentes victi nocentes vero victores in tali iudicio esse videntur* (2). » Cette mention des erreurs judiciaires dont les ordalies sont responsables reprend l'argument déjà invoqué par Liutprand. Par la suite l'objection deviendra fréquente. Mais à cette observation d'expérience s'ajoute l'argument doctrinal : l'ordalie est tenter Dieu.

Ce courant « romain » explique que l'on ne trouve aucun des textes francs favorables aux ordalies dans les collections canoniques d'influence ou d'inspiration romaine (3). L'efficacité pratique de cette position doctrinale semble d'ailleurs, même en Italie, des plus limitée. En 967 les grands de Lombardie demandent à Otton Ier le rétablissement du duel judiciaire et en 998/999, le duel est utilisé comme preuve à Rome dans un procès devant Otton III et Grégoire V (4).

Les recueils canoniques germaniques restent au contraire favorables aux ordalies. On a signalé plus haut que les

---

(1) Ep. 252, *infra*, 124, n. 3.
(2) *De pressuris ecclesiasticis*, I, P.L. 134, 58 B.
(3) Par exemple dans les *Fausses Décrétales* ou dans l'*Anselmo dedicata*.
(4) Cités par NOTTARP, *op. cit.*, p. 241.

textes conciliaires autorisant l'ordalie avaient été accueillis dans les Collections de Réginon ou de Burchard de Worms. Toutefois, si ce dernier autorise le duel, ce n'est que devant les cours séculières et pour éviter le risque de parjure.

Une curieuse affaire rapportée par Adrevald de Fleury (vers 814 - mort en 878 ou 879) dans ses *Miracula Sancti Benedicti* (1) montre comment se heurtaient dans la pratique judiciaire les tendances favorables et hostiles aux ordalies. Il s'agissait d'une revendication de serfs de l'abbaye de Fleury par les moines de Saint-Denis. La cause avait été portée en 834 devant deux envoyés du roi, Jonas, évêque d'Orléans et le Comte de Melun. Chacune des deux parties s'était entourée de *legum magistri*. L'affaire n'ayant pu être réglée, elle fut portée à Orléans où *aderant namque legum doctores tam ex Aurelianensi quam ex Wastinensi* (Gatinais) *provincia*. Mais la solution n'apparaissait toujours pas. Aussi proposa-t-on le recours à des champions qui se battraient au bâton. Cette solution reçut une approbation quasi générale. Seul fit opposition *quidam Wastinensis regionis legis doctor cui, quodam praesagio, Bestiale nomen pro humano indictum erat*. Il déclarait que des *ecclesiasticas res sub romana constitutas lege* ne pouvaient être tranchées par cette preuve : *Non esse rectum ut bello propter res ecclesiasticas testes decernerent*. Le juge se rangea à cet avis et partagea les serfs litigieux entre les deux abbayes. Adrevald, qui est moine de Fleury, marque sa désapprobation de cette solution. Et il ajoute que saint Benoit punit le juriste qui avait fait écarter le duel. Aussitôt le partage opéré, *ille* (le juriste) *iusto Dei iudicio ita percussus est ut nullo modo aliquid loqui posset, evacuato totius linguae officio*. Ainsi le *iudicium Dei*, qu'il avait voulu écarter, se retournait contre lui et condamnait ceux qui préféraient la tradition romaine aux usages germaniques.

---

(1) I, 25, Ed. de Certain, Société de l'Histoire de France, Paris, 1858.

II. DU XIe AU XIIIe SIECLES

I. *La pratique.*

Au Xe et au XIe siècles, duels et ordalies sont largement pratiqués dans tout le monde chrétien. On les rencontre en France, en Espagne, en Italie, en Allemagne, en Angleterre, chez les Slaves, les Normands de Sicile, en Orient même, où ils sont introduits par les croisés. Les pays scandinaves y recourent peut-être moins fréquemment que la Germanie.

En France, le concile de Lillebone de 1080 punit le clerc qui a accepté le duel judiciaire sans y avoir été autorisé par son évêque. Mais il ne l'interdit pas absolument (1). Le duel judiciaire est bien connu de Chrétien de Troyes, qui en décrit les formalités (2).

Peut-être la valeur probatoire de ces moyens n'est-elle pas toujours bien comprise et leur rigueur tend à les faire confondre avec les peines. C'est ainsi qu'au concile de Narbonne de 1054, l'ordalie de l'eau froide sanctionne la rupture de la Trêve de Dieu (3).

a) *Le duel.* — Le duel judiciaire est largement pratiqué. Des textes en prescrivent l'emploi ou en décrivent les formes, telle la *Summa de Pugna* de Roffredus de Bénévent (4). Le «Sachsenspiegel» (première moitié du XIIIe siècle), dont la diffusion ne se limitera pas aux seules régions de l'Allemagne, mais gagne la Pologne, la Bohême, les Pays-Bas, les dispositions de Frédéric II pour la Sicile, plus tard une ordonnance de Philippe le Bel de 1306 (5)

---
(1) Mansi, XX, p. 555.
(2) Cf. *Rev. hist. de droit*, 1931, pp. 793 et suiv.
(3) *Infra* 117, n. 2.
(4) Ed. Patetta.
(5) Isambert, *Recueil général des anciennes lois françaises*, t. II, pp. 831-845. L'ordonnance déclare être obligée de revenir sur la défense antérieure de recourir au duel car, faute de preuve, des criminels échappent aux châtiments. Mais le duel n'est autorisé que sous certaines conditions : poursuite pour crime punissable de mort, « excepte larrecin »; impossibilité d'autre preuve ; évidence de l'infraction.

en prévoient l'emploi, soit en justice, soit même parfois en dehors de tout procès. Il semble au contraire que les prohibitions ecclésiastiques aient été entendues plus tôt en Islande et en Norvège.

Le duel s'accompagne d'un rituel religieux, veillée d'armes avec des compagnons à l'église, messe, communion, bénédiction des armes avant le combat. Le prêtre remet aux adversaires l'épée et le bouclier. Une réglementation minutieuse en fixe les lieux, les heures, les conditions, les armes (1).

La représentation est prévue pour ceux qui ne peuvent se battre, femmes, malades, vieillards. Pour les femmes, la loi des Thuringiens avait déjà décidé à l'égard d'une femme soupçonnée d'avoir attenté aux jours de son mari, « *proximus mulieris campo eam innocentem efficiat* » (2). Mais certaines veulent combattre elles-mêmes. La loi des Bavarois les y autorisait : *si (femina) pugnare voluerit per audatiam cordis sui sicut vir* (3). Au XIVe siècle l'*ordo iudicii terrae Boemiae* ou les Statuts de l'évêque de Lausanne font également droit à ce désir. On trouve chez les chroniqueurs des exemples de combats entre femmes ou même de femme contre un homme. Dans ce dernier cas, l'homme est à demi entravé pour que les conditions de la lutte soient moins inégales.

Pour les clercs et les juifs la représentation est obligatoire. Le représentant est en général choisi parmi des parents; à défaut on s'adresse à un tiers, voire à des salariés. La représentation gagne ainsi du terrain. Et certains qui auraient pu combattre personnellement préfèrent s'en

---

(1) Voir sur tous ces points Nottarp, *op. cit.*, pp. 193-203.

(2) § 55. Le texte ajoute : *si campionem non habuerit, ipsa ad VIII vomeres ignitos examinanda mittatur*. (*M.G., Legum*, t. V, p. 140).

(3) IV, 29.

remettre à un champion. Au XIIIe siècle les villes allemandes ont leur champion attitré.

Le recours à ces tiers, souvent salariés, parfois à gages réguliers, se concilie difficilement avec l'idée première qui avait justifié le duel, l'aide donnée par Dieu à celui qui a le bon droit pour lui. Comment ce tiers salarié pourrait-il encore passer pour l'instrument de la volonté divine? L'organisation de la preuve atteste qu'elle a perdu son sens religieux originel pour devenir purement laïque.

De bonne heure le duel avait été interdit aux clercs, mais la prohibition fut mal observée. Vers 1107-1110 un combat singulier oppose un clerc de Saintes et un moine de Verdun. Ils sont punis, car *romanorum decreta pontificum... inter ecclesiasticos viros monomachiam penitus inhibent* (1). L'interdiction sera renouvelée au troisième concile de Latran (c. 20) et à celui de 1215 (2), mais il faudra encore qu'Innocent IV la rappelle à l'archevêque de Sens et à l'évêque de Troyes en 1253 (3). Cette prohibition est d'ailleurs parfois gênante. Dans plusieurs régions françaises, en particulier en Champagne, le duel est le mode de preuve imposé par la coutume au serf qui se prétend libre. D'où des difficultés lorsque les établissements ecclésiastiques réclament leurs serfs. Les religieux en réfèrent à plusieurs reprises à Grégoire IX, Innocent IV, Alexandre IV. Mais la papauté resta ferme dans sa prohibition (4).

b) *L'ordalie*. — Autant que le duel, l'ordalie est largement

---

(1) Cité par Nottarp, p. 75.

(2) C. 18, i.f., *Salvis nihilominus prohibitionibus de monomachiis sive duellis antea promulgatis.*

(3) Varin, *Arch. adm. de la ville de Reims*, I, 2, p. 733.

(4) P. Fournier, *Mél. Glotz*, I, p. 375, citant des actes des cartulaires de N.D. de Chartres, II, 126 en 1235, et de N.D. de Paris, II, 393, en 1255; P. Petot, « La preuve du servage en Champagne », *Rev. hist. de droit*, 1934, pp. 466-467.

répandue dans toute la Chrétienté. La législation la prévoit, qu'il s'agisse de statuts urbains, comme ceux de Strasbourg de 1129, de Worms et de Spire au XIIe siècle, de Fribourg en 1275, de Colmar en 1293; des statuts municipaux italiens du XIIIe siècle (Gênes, Milan, Come, Novarre, Parme, Brescia, Vérone, Bologne, Pise, Sienne), ou des Coutumiers du XIIIe siècle comme le « Sachsenspiegel », le « Schwabenspiegel », les « Landrechte » d'Autriche ou de Styrie. En Espagne l'ordalie est prévue dans les Fueros des XIe, XIIe, XIIIe siècles. Le fueros général de Navarre, œuvre privée du XIIIe siècle, cite à côté du duel et du fer chaud la « bataylla a candelas », exemple unique en Europe, mais qui se retrouve au Siam ou à Bornéo.

L'ordalie est normalement employée à l'égard de ceux qui ne peuvent recourir au duel (femme) ou au serment purgatoire (indignes, condamnés antérieurement, etc.), d'où le nom sous lequel elle est généralement désignée à cette époque, la *purgatio vulgaris*.

Mais elle est également accessible à l'homme libre qui peut la demander au lieu du duel ou du serment. La fréquence des faux serments, rançon d'une foi moins vive, lui fait gagner du terrain.

Si les statuts urbains l'accueillent en général libéralement, certains s'y montrent moins favorables et cherchent à l'éviter aux bourgeois. Les Statuts d'Ypres de 1116, ceux de Saint-Omer de 1127 interdisent duel et ordalie aux bourgeois. En Hollande, en Flandre, en Rhénanie, en Espagne, en Italie, en Angleterre de multiples privilèges dispensent les bourgeois du duel et de l'ordalie (1).

La législation conciliaire, malgré l'opposition croissante de l'Eglise, ne répugne pas encore totalement à ce mode

---

(1) Cf. Nottarp, pp. 127-128.

de preuve. Le décret de Calixte II, publié au concile de Reims de 1119 et le concile tenu dans cette même ville en 1157 (c. 1) prévoient l'ordalie pour infraction à la Trêve de Dieu ou contre les suspects de catharisme (1).

L'opinion populaire confond d'ailleurs parfois la preuve par l'ordalie et un jugement de condamnation par Dieu. Déjà le récit d'Adrevald de Fleury montrait Dieu, punissant par son *judicium*, le juriste qui avait fait écarter le duel et le concile de Narbonne de 1054 en faisait une sanction de la rupture de la Trêve de Dieu (2). Un texte de 1130 relatif à la Bohême témoigne des mêmes confusions : « *ad iudicium destinati Pragae per ferrum incesserunt et sic ab omnipotenti Deo damnati veraciter rei reperti sunt* ».

L'ordalie est employée aussi bien devant les cours d'Eglise que devant les tribunaux séculiers (3) et son usage est toléré par la papauté. En présence de Léon IX au synode de Mayence de 1049, l'évêque de Spire accusé d'adultère prouve son innocence par l'ordalie de l'hostie (4).

En 1074, Grégoire VII autorise l'archevêque de Gênes à recourir aux ordalies pour prouver l'innocence d'une femme accusée d'adultère. On pourrait multiplier ces exemples. Moins qu'une adhésion à ce mode de preuve, ils marquent une tolérance pour un usage profondément entré dans les mœurs et que la papauté ne pouvait faire cesser brutalement.

La pratique des ordalies est spécialement bien connue

---

(1) Mansi, t. XXI, pp. 237 et 843.
(2) Mansi, t. XIX, p. 829, c. 6 : *Si quis autem aliter alicui aliquam iniuriam fecerit, aut damnum, in judicio proprii episcopi, aut clericorum eiusdem, quibus idem episcopus commiserit, secundum modum culpae directionem faciat per iudicium aquae frigidae aut per exilium, sicut statutum est.*
(3) Charte de Saint Victor de Marseille de 1045 (Martène et Durand, *Amplissima Coll.* I, 411), de Saint Wandrille de 1082 publiée par Lot, Bibl. ec. htes. Etudes, sc. hist., fasc. 204, 1913, p. 87.
(4) Mansi, t. XIX, p. 749.

pour la ville, alors hongroise, de Varad (1), dont on a conservé un *Ritus explorandae veritatis seu iudicium ferri candentis*. Il s'agit d'un relevé des procès jugés devant cette juridiction entre 1208 et 1235. L'ordalie est prescrite par le tribunal séculier mais le rôle des clercs dans l'administration de la preuve est prévu par l'autorité laïque elle-même. L'ordalie a lieu hors du tribunal et les juges sont informés de son résultat par un auxiliaire de justice qu'ils députent à cet effet pour assister à l'épreuve. L'épreuve du fer rouge y est toujours unilatérale, le fer est saisi par une partie seulement, l'autre ne faisant qu'assister à l'épreuve. Lorsqu'il y a plusieurs demandeurs ou plusieurs défendeurs, tous peuvent être soumis à l'ordalie et les résultats pourront naturellement varier selon les individus. Cela entraînera l'acquittement des uns et la condamnation des autres. Dans certains cas, un seul porte le fer pour tous.

Comme pour le duel, la représentation est possible. Elle a lieu surtout lorsque l'ordalie est imposée à des femmes ou à des malades. Les clercs également se font souvent représenter. C'était là d'ailleurs un usage ancien et général. Dès 775 l'évêque de Paris et l'abbé de Saint-Denis en conflit se faisaient représenter pour l'ordalie par des hommes de leur terre. Souvent la représentation est abandonnée à un serf, dépendant de l'inculpé.

Le registre de Varad montre que l'ordalie était employée pour les questions les plus diverses : vol, homicide, coups et blessures, empoisonnement, mais aussi pour des procès portant sur une revendication immobilière, le paiement de dettes, le statut des personnes.

Sa fréquence est considérable. Sur les 389 notices composant le registre, 217 signalent que l'épreuve fut subie. Dans 120 autres cas, elle avait été prévue, mais n'a pas eu

---

(1) ZAJTAY, « Le registre judiciaire de Varad », *Rev. hist. de droit*, 1954, pp. 527 et suiv.

lieu soit que le demandeur se soit désisté, soit qu'il y ait eu aveu ou transaction. Ce n'est donc que dans 52 cas (environ un sur quatre) que l'ordalie du fer rouge ne fut pas ordonnée. Le serment est au contraire beaucoup moins fréquent. Très rare au pénal, il semble employé surtout pour les procès de vol, de revendication de serf ou les litiges immobiliers.

L'usage de l'ordalie ne se limite pas aux causes judiciaires. Elle est employée fréquemment pour trancher une question qui n'avait pas à être soumise aux tribunaux. Déjà en 848 Gottschalk de Fulda, qui soutenait la double prédestination de l'homme (pour la mort éternelle comme pour la vie éternelle) (1) avait proposé de prouver sa doctrine par une triple ordalie : *petendo ut sibi tria dolia parentur, unum videlicet dolium plenum ferventi adipe et aliud plenum ferventi oleo et tertium plenum bullienti pice, et cum vicissim in unumquodque dolium usque ad collum intrans de illis tribus doliis illaesus exierit, credatur ab omnibus assertio illius esse verissima* (2). La proposition, même à l'époque avait paru surprenante et elle ne fut pas agréée. Mais au Danemark au IXe siècle, le prêtre Poppo avait porté le fer rouge pour attester la supériorité du Christ sur les dieux païens et en 1498 Savonarole se proposera encore à l'épreuve du feu pour prouver le bien-fondé de sa prédication (3).

Les théologiens ne sont pas seuls à recourir aux ordalies. En 938, Othon utilisait le duel pour trancher un débat politique (4). Dans d'autres cas l'ordalie décide de l'authenticité de reliques ou de revendications familiales à l'égard

---

(1) Sur sa doctrine, cf. HEFELE-LECLERCQ, *Hist. des Conciles*, t. IV, 1, pp. 456 et suiv. C'est contre cette doctrine qu'est dirigé le *de praedestinatione* d'Hincmar (PL., 125).

(2) Cité par NOTTARP, p. 61.

(3) *Ibid.*

(4) Cité par NOTTARP, *op. cit.*, p. 138.

de biens donnés à une abbaye (1). En 942, Othon I recourt au duel judiciaire pour savoir s'il faut admettre la représentation successorale (2).

La diffusion des rituels d'ordalies du XIe au XIIIe siècles atteste également l'importance de cette pratique. Les formes auxquelles ils se réfèrent le plus souvent sont l'ordalie de l'eau froide, où le patient est jeté ligoté dans l'eau, qui, élément pur, rejette le coupable à la surface; celle par le fer chaud, barre de fer que le patient doit porter quelques instants, ou socs de charrue portés au rouge sur lesquels il doit marcher, ou l'ordalie de l'eau bouillante. Dans ces derniers cas, le membre brûlé est enfermé dans des linges. Après quelques jours le pansement est défait et selon l'état de la plaie on décide de l'innocence ou de la culpabilité. Plus rares sont les ordalies par l'hostie, le pain ou le fromage, que le patient coupable ne peut avaler.

Sans insister ici sur des descriptions bien souvent répétées (3), on dégagera seulement l'esprit de ces procédures. Des survivances païennes dans les rituels chrétiens ne sont pas impossibles La nudité totale à laquelle était obligé le patient dans les rites primitifs est remplacée par l'imposition de vêtements religieux, qui doivent écarter les protections magiques qu'auraient pu dissimuler les vêtements habituels, mais aussi éviter des fraudes.

Ce qui frappe surtout c'est le caractère progressif et dramatique de ces procédures. Le développement du rituel donne en effet à plusieurs reprises l'occasion de l'aveu à celui qui y est soumis. Au cours des cérémonies religieuses, des prières ou de la messe qui en général précèdent l'ordalie,

---

(1) *Ibid.*, p. 72.
(2) Widukind, *Res Gestae Saxonicae*, II, 10, t. I, M.G., Script., III, p. 440.
(3) Voir en particulier celles de Tanon, *Hist. des tribunaux de l'Inquisition*, pp. 208-312.

il est à plusieurs reprises interrogé par les prêtres et invité à avouer

La question est posée à des moments toujours plus solennels (au cours de la messe, avant la communion, etc.). On espère par cette pression religieuse obtenir l'aveu sans qu'il soit nécessaire d'aller jusqu'à l'ordalie elle-même.

Quant à l'aspect dramatique, il a été souligné par Fehr. L'Eglise a fait de l'ordalie un « spectacle » impressionnant auquel la foule est conviée. Ainsi que le dit un chroniqueur à propos d'une ordalie à Angers en 1066 : *pene totius plebs civitatis... ad illud iudicium quasi ad spectaculum confluxit.* La majesté des formules liturgiques, l'ampleur des chants, des psaumes et des litanies, tout concourt à exercer sur le patient une pression psychologique.

En principe l'ordalie a lieu en présence de clercs, mais hors de l'église. Cependant aux XIe et XIIe siècles, en Allemagne, en Angleterre, en France, il arrive que l'on fasse chauffer l'eau bouillante ou rougir le fer à l'église (1). Ou bien la cuve d'eau froide dans laquelle est plongé le patient est dans l'église. A partir du XIIIe siècle, les conciles (Paris, 1212 et Rouen, 1214) (2) interdisent ces pratiques.

Semblable mise en scène ne va pas sans frais, et il fallut en assurer le remboursement. La taxe se dégagea peu à peu d'une offrande spontanée, que faisait le patient lors de la messe qui précédait l'ordalie. Progressivement on en vint à une *mercedis solutio*, qui devait indemniser le clergé de sa participation à l'enquête. La détermination de l'église compétente pour organiser l'ordalie, et donc pour percevoir la taxe, fit alors l'objet de discussions, que des conciles eurent à arbitrer. Si le plus souvent ils reconnurent le droit

---

(1) Ex. dans NOTTARP, *op. cit.*, pp. 163-166.
(2) Sect. IV, c. 15, HEFELE-LECLERCQ, *op. cit.*, t. V, 2, pp. 1315 et 1316.

de l'église paroissiale, ils firent parfois de l'ordalie un monopole de l'église cathédrale.

L'historien n'a pas à débattre de l'efficacité réelle d'un mode de preuve dont l'explication relève de la psychologie. Mais il peut interroger les textes pour leur demander l'opinion des contemporains sur la valeur des ordalies. Celles-ci étaient souvent l'occasion de fraudes que les textes dénoncent : protéger la main avant de saisir le fer brûlant, en y glissant l'hostie de la communion (1), ou bien ouvrir le sac avant le moment fixé, etc.

Aussi l'ordalie n'est-elle pas toujours probante. Les textes médiévaux le déclarent eux-mêmes. Par exemple l'ordalie innocente celui qui en confession avait reconnu son crime (2). Tanon (3) a fait d'autre part observer qu'à côté de fraudes caractérisées, il faut tenir compte des conditions dans lesquelles l'ordalie est réalisée. Le fer peut être plus ou moins brûlant. La façon d'immerger le patient, de le lier avant son immersion ont aussi une influence sur le déroulement de l'épreuve. L'interprétation de l'épreuve laisse place à l'appréciation individuelle. Lorsqu'il s'agit d'apprécier la brûlure, de dire si le patient flotte ou s'enfonce plus ou moins vite et plus ou moins complètement, les autorités qui participent à l'ordalie peuvent intervenir de façon efficace. Et l'expérience montre que cette preuve qui semblait rejeter toute intervention humaine, laisse en réalité une grande place à l'appréciation subjective. C'était au fond une preuve fort imprécise.

II. *La réaction contre le duel et les ordalies.*

L'Eglise on l'a vu, avait largement utilisé le duel et les ordalies. Elle s'était efforcée de les christianiser. Mais dès

---

(1) Exemple dans ZAJTAY, *R.H.D.*, 1954, p. 547.
(2) Cf. NOTTARP, *op. cit.*, 186-187.
(3) *Hist. des tribunaux de l'Inquisition*, pp. 314-324.

le IXe siècle, certains docteurs et des législateurs avaient formulé à leur égard des réserves et même des condamnations. Cette hostilité ira sans cesse croissante dans les milieux ecclésiastiques.

Les raisons de l'opposition sont multiples. A l'égard du duel c'est d'abord l'effusion du sang, que l'Eglise a toujours condamnée. Pour toute forme d'ordalie c'est la « superstition » qu'elle recèle. Les théologiens répètent avec de plus en plus de force, à partir du IXe siècle, qu'il ne faut pas tenter Dieu, en cherchant à provoquer des signes. Les formes grossières que revêtent parfois les ordalies sont un autre motif de les condamner. A ces raisons dogmatiques ou morales s'ajoute la persistance, peut-être partiellement inconsciente, de la tradition romaine des preuves « rationnelles ». Celles-ci en tous cas reprennent plus de force et de précision avec la renaissance du droit romain à partir du XIIe siècle.

Aussi l'hostilité à l'égard des ordalies s'affirme plus largement. Elle est plus vive et plus prompte à l'égard du duel qui entraîne la mort. Elle est plus forte aussi dans les cadres dirigeants de l'Eglise, papes ou docteurs, que parmi les juges locaux. Mais peu à peu elle gagne les conciles et par eux l'opinion générale. Finalement elle se fait sentir même sur la législation séculière.

C'est de ce mouvement qu'il faut marquer quelques moments importants.

Déjà en 1063, dans une réponse à l'évêque de Come, Alexandre II interdisait l'ordalie, usage populaire que n'appuie aucune loi ecclésiastique. Le pape veut que l'on y substitue le serment avec des cojureurs (1).

---

(1) PL. 146, 1406 : *Vulgarem denique legem a nulla canonica sanctione fultam ferventis scilicet sive frigidae aquae ignitique ferri contactum aut cuiuslibet popularis inventionis (quia fabricante haec sunt omnino facta invidia) nec ipsum exhibere nec aliquo modo te volumus postulare, imo apostolica auctoritate prohibemus firmissime.*

La décrétale d'Alexandre II fut reproduite par Ives de Chartres (1) qui en tant que docteur était hostile aux ordalies. Il cite à côté d'elle, les décisions de Nicolas I et d'Etienne V. Mais dans ses lettres il est contraint à plus de nuances. Il discute la valeur de cette procédure. Par exemple, dans une lettre à l'archevêque de Reims où il s'oppose à l'emploi du fer rouge pour établir la paternité d'un enfant que le mari conteste. Le procédé ne lui paraît nullement probant et surtout il est condamnable parce que c'est tenter Dieu (2).

Mais Ives est parfois contraint de tolérer cette pratique bien établie dans les mœurs, au moins comme preuve subsidiaire : *ad divina aliquando recurrendum sit testimonia quando, praecedente ordinaria accusatione, omnino desunt humana testimonia* (3). Il faut aussi tenir compte de la mentalité populaire : « *non quod lex hoc instituerit divina, sed quod exigat incredulitas humana* » (4). Ainsi la nécessité, qu'impose l'absence d'un système de preuves bien élaboré, oblige à faire céder les principes (5). Et il est piquant de voir qualifier d'*incredulitas*, par cet homme d'Eglise acquis au droit romain, une marque de confiance aveugle dans le signe divin.

---

(1) Pars, X, ch. 15. (PL. 161, 695).

(2) *Cum per examinationem ferri candentis occulto Dei iudicio multos videamus nocentes liberatos, multos innocentes saepe damnatos; praeterea cum talis examinatio sit in Deum tentatio, non est mirum si divino auxilio deseritur, cum incaute et sine judiciali sententia ab aliquo suscipitur* (cité par Nottarp, p. 75).

(3) Il s'agissait en l'espèce d'une accusation d'adultère portée par un mari; la femme s'était proposée à l'ordalie du fer rouge et les juges ecclésiastiques étaient divisés sur la possibilité d'admettre ce mode de preuve. Faute d'autres moyens de preuve, Ives se prononce pour son admission (Ep. 252). Dans une autre affaire (Ep. 280), de même objet, Ives invoque les lois romaines et les décrétales de Nicolas I et d'Etienne V pour conclure au rejet de l'ordalie. La lettre 232 tient pour valable la preuve fournie par l'ordalie (PL. 162, 257, 281, et 235).

(4) Ep. 252.

(5) P. Fournier, *Mél. Glotz*, I, p. 374.

Au cours du XIIe siècle la papauté se montre de plus en plus hostile. En 1132 Innocent II interdit aux religieuses de Fontrevault de recourir aux ordalies pour établir leur droit de propriété. Qu'elles fournissent des témoins. En 1169 Alexandre III, dans une lettre à l'archevêque de Nidaros et à ses suffragants norvégiens, édicte une prohibition générale du fer rouge. En 1171-1172, le même pape, écrivant à l'évêque d'Upsala, prohibe le fer rouge, l'eau bouillante, le duel (1). On pourrait multiplier ces exemples (2) qui témoignent de l'influence du droit romain retrouvé et du progrès d'une pensée rationnelle.

En fait le XIIe siècle marque en notre domaine un tournant, donc une période d'incertitude où se heurtent deux traditions opposées, celle du Haut Moyen Age favorable aux ordalies, et celle du droit romano-canonique qui les condamne. Cette incertitude se traduit dans les faits (3), mais aussi dans la doctrine canonique elle-même.

Au Décret de Gratien on retrouve les deux dispositions en faveur des ordalies des conciles de Tribur (C. 2, qu. 5, c. 15) et de Mayence (C. 17, qu. 4, c. 24). Toutes deux sont d'ailleurs des *Paleae*, reprises à Réginon (II, 302, et 43) et à Burchard (XVI, 19 et VI, 17). En face, la prohibition d'Etienne V (C. 2, qu. 5, c. 20). Gratien tend à en minimiser la portée. Le *Dictum* qui l'accompagne ajoute en effet qu'elle doit s'entendre des seuls cas expressément visés par le texte, le fer rouge et l'eau bouillante. Quant à la condamnation du duel par Nicolas I, on la retrouve C. 2, qu. 5, c. 22.

Devant l'imprécision du Maître, les premiers Décrétistes se trouvent dans l'embarras et leur doctrine manque

---

(1) Ep. 29, PL. 200, p. 859.
(2) Voir NOTTARP, *op. cit.*, pp. 246 et suiv.
(3) Exemples dans NOTTARP, pp. 269 et suiv.

de fermeté. Un commentateur anonyme français, écrivant vers 1165, signale, à propos de C.2, qu. 5, c. 22, que les avis sont partagés, les uns étant pour l'extension de la prohibition, d'autres pour le respect des usages existants (1). D'après Rufin l'ordalie ne serait possible que contre les serfs ou du moins ceux supposés tels. A l'égard de l'homme libre prévaut la *purgatio canonica* (2). Etienne de Tournai admet au contraire qu'en cas de crime manifeste, que le coupable s'entête à nier, le recours au fer rouge, aux socs de charrues, à l'eau est légitime quelle que soit la qualité du patient (3). Vers 1180 dans son *Speculum iuris canonici*, Pierre de Blois enseigne qu'il y a péril pour l'âme à tenter Dieu par l'ordalie. Sicard de Crémone, tout en « louant » les juges qui ne recourent pas aux ordalies, ne les prohibe pas formellement.

Cette condamnation formelle se trouve au contraire dans le *Verbum abbreviatum* de Pierre le Chantre, professeur à l'école épiscopale de Paris (mort en 1197). L'ordalie est un péché grave, car c'est tenter Dieu. C'est un moyen « diabolique ». Elle permet des fraudes (dont Pierre le Chantre donne des exemples) (4) et aboutit parfois à la condamnation d'innocents (5).

Avec Huguccio, la prohibition devient absolue. L'ordalie est interdite sous toutes ses formes et devant toute juri-

---

(1) Cf. NOTTARP, p. 260. Faut-il rattacher à ces hésitations des canonistes français, l'art. 3 des Lettres de Louis VII de 1168, relatives à la région d'Orléans qui interdisent le recours au duel pour des contestations d'une valeur inférieure à 5 sols (Ord. du Louvre, I, 16)?

(2) Ed. SCHULTE, p. 218.

(3) Ed. SCHULTE, p. 170, sur C. 2, qu. 5, c. 7.

(4) Ch. 78, L'ordalie *est iniusta, ex dolo et cautela quae in ea exercetur, ut in ligando corpus humanum in naviculam, vesiculam vel pilam* (en forme de nef, de cloche ou de boule); *in demittendo, in spiritum retinendo, quo retento corpus supernatat...* Ou encore dans le choix du champion : *Exemplum de eo qui praeparans unum de filiis suis ad iudicium aquae, sex supernatantibus, septimum aquae imposuit qui statim fundum petiit. Iste, inquit, mihi necessarius est, et post per illum evicit.*

(5) Cf. les textes dans TANON, *Hist. des tribunaux de l'Inquisition*, pp. 305-306.

diction ecclésiastique, qu'il s'agisse de clerc ou de laïc, de libre ou de serf. Et le canoniste déclare « abrogées » les autorités qui pourraient faire conclure en sens différent (il cite les canons de Gratien rapportant des décisions des conciles de Tribur et de Mayence) (1).

Des incertitudes analogues se retrouvent chez les premiers Décrétalistes. Si dans la *Summa Decretalium* Bernard de Pavie est hostile à l'ordalie qu'il n'admet *in nullo casu vel negotio*, il lui consacre le T. XXX de la *Compilatio Prima*. Alanus l'admet pour les serfs (2).

Il devait revenir à Innocent III de formuler les prohibitions générales par voie législative. Il le fit d'abord dans plusieurs décrétales. En 1202 une lettre à l'archevêque de Besançon lui prescrit d'interdire les ordalies dans son diocèse. Des lettres de 1206 et 1211 (3) déclarent que si l'eau froide, le fer rouge ou le duel sont employés devant les cours séculières, l'Eglise n'admet pas ces *tria iudicia*. Une nouvelle lettre à l'archevêque de Besançon en 1208 interdit l'eau bouillante non seulement dans les causes matrimoniales, mais pour toute cause ecclésiastique.

C'est que de plus en plus il apparaît que l'ordalie conduit à des sentences injustes. Une lettre de 1203 au prieur de Saint-Serge de Spolète signale que le duel, utilisé dans une affaire de vol, a abouti à la condamnation d'un innocent (4).

Aussi en 1212-1213, les légats pontificaux font-ils prohiber par le concile de Paris duel et ordalies dans les églises ou au cimetière avec participation du clergé (5). Et finalement le concile de Latran de 1215 (c. 18) interdit d'assortir

---

(1) BN. ms. lat. 3892, sur C. 2, qu. 5, princ. — cité par Tanon, *Hist. des Tribunaux de l'Inquisition*, pp. 301, n° 1.
(2) Voir les textes dans Tanon, *op. cit.*, p. 301.
(3) XI, 46 et XIV, 138.
(4) Reproduit dans X, V, 35, 2.
(5) IV. Section, c. 15, Hefele-Leclercq, *op. cit.*, V, 2, 1315.

d'aucune cérémonie religieuse les ordalies par l'eau ou le fer (1). Le même texte rappelle aux clercs que le duel leur a déjà été défendu par le c. 20 du troisième concile de Latran. Cette double défense figurait dans un canon interdisant aux clercs toute participation à une sentence du sang ainsi qu'à l'exercice de la chirurgie. Il ne s'agissait donc pas d'une réglementation générale du droit des preuves.

Quel fut l'effet des condamnations canoniques ? C'est ce qui reste à examiner.

III. REGRESSION ET FORMES TARDIVES

Les prohibitions religieuses furent lentes à modifier les usages, non seulement dans les cours séculières, mais même devant les instances ecclésiastiques.

Pratique et doctrine ecclésiastiques. — L'interdiction faite aux clercs de recourir au duel judiciaire les mettait parfois dans une situation difficile. Ils ne peuvent répondre à qui les provoque. Aussi s'explique-t-on que le duel n'ait pas disparu d'un seul coup. On en cite encore un exemple en 1222 à l'abbaye de Saint-Germain-des-Prés, pour un vol dont le coupable n'avait pas été pris sur le fait. La cause se déroulait *in curia episcopi*. En 1240 un duel a lieu devant l'abbé de Jumièges. En 1262 un règlement entre le comte de Nevers et l'évêque d'Auxerre prévoit le duel. En 1269 la juridiction du chapitre de Notre-Dame de Paris admet le duel judiciaire. Et l'on pourrait multiplier les exemples de duels judiciaires entre clercs au XIIIe siècle (2).

Devant ces résistances, papes et conciles locaux doivent

---

(1) *Nec quisquam purgationi aquae ferventis vel frigidae, seu ferri candentis ritum cuiuslibet benedictionis aut consecrationis impendat.* Reproduit dans X, III, 50, 9. cf. J.W. BALDWIN, *The intellectual Preparation for the Canon of 1215 against Ordeals*, Speculum 36 (1961), 613-663.

(2) Cf. NOTTARP, 80; 119-123.

multiplier les rappels de la législation de 1215. En 1235 le synode de Rouen, en 1300 celui de Bayeux et bien d'autres conciles même encore aux XIVᵉ (1) et XVᵉ siècles (Riga) rappellent que duel et ordalies sont interdits.

Les papes font de même. En 1222 Honorius III interdit « totalement » l'ordalie pour la Livonie. Sa lettre rapporte les plaintes de chrétiens de Livonie affirmant que des Templiers, des avocats et des juges imposent l'ordalie du fer rouge, ce qui est un scandale pour les nouveaux convertis et pour les incroyants (2). Cette interdiction doit être renouvellée par Grégoire IX en 1232 (3).

Dans les Décrétales de Grégoire IX un Titre (V, 35, *de purgatione vulgari*) est consacré à cette question. Il commence par ce sommaire : « *Duella et aliae purgationes vulgares prohibitae sunt, quia per eos multoties condemnatur absolvendus et Deus tentari videtur* ». L'ordalie est donc à la fois une preuve fallacieuse et une faute religieuse. En 1257, Alexandre IV s'adressant aux habitants de Hambourg formule une prohibition générale : « *penitus interdictum* .

C'est au cours du XIIIᵉ siècle que les rituels d'ordalies, qui avaient fixé les modalités de la participation de l'Eglise à cette procédure, disparaissent (4). De leur côté les théologiens condamnent ordalie et duel. Alexandre de Halès (mort en 1245) considère comme péché grave le duel judiciaire et le seul fait d'en bénir les armes.

Attitude séculière. — La législation séculière vient appuyer ce mouvement.

---

(1) Concile de Padoue de 1350, c. 3 (Hefele-Leclercq, VI, 2, p. 912).
(2) Cette décrétale est reproduite dans la *Compilatio* Va., V, 5, 13 1 et dans X, V, 35, 3.
(3) Cf. Friedberg sous X. V, 35, 3.
(4) Manuscrit du XIIIᵉ pour l'ordre teutonique en Pologne, Zeumer, *op. cit.*, M.G., p. 21 ; manuscrit du XIVᵉ s. de la région rhénance (*ibid.*, 687).

Déjà au début du XIIIe siècle, lorsque Philippe-Auguste règle, à l'avantage des étudiants, le conflit qui les avait opposés au prévôt, et qui fut à l'origine de l'Université parisienne, l'ordalie apparaît menacée (1). Le roi laisse à son prévôt, préalablement incarcéré, la possibilité, s'il le veut, de *Parisius publice aque subire iudicium*; mais il ajoute que, même si l'épreuve lui est favorable, il n'en sera pas moins chassé des terres du roi. Et il préfère s'en remettre à une « bonne et légitime enquête », faite par deux de ses fidèles. Pour les autres adversaires des écoliers, non moins placés en état d'arrestation, il envisage que « *iudicium aque subire maluerint et innocentiam suam Deo teste purgare.* » Si l'épreuve tourne mal pour eux, « *habebimus eos pro dampnatis nisi forte aliqui ex eis per bonam inquisitionem innocentes inventi vel in culpa leviore per intercessionem scolarium a captione per nos fuerint liberati* ». Ici encore l'ordalie est laissée à la discrétion de ceux qui y seraient soumis; elle est mise en parallèle avec une « bonne enquête » et peut-être même le texte veut-il dire qu'après avoir échoué dans l'ordalie, les prévenus pourront être innocentés par cette enquête.

Une ordonnance célèbre de Saint-Louis interdit en 1260 le duel judiciaire (2). Mais le roi ne peut formuler cette défense que pour le domaine royal (3). Et en 1293 un arrêt de la cour du roi prescrit le duel entre les comtes de Foix et d'Armagnac en conflit pour une succession (4). Dans le panégyrique du roi prononcé en 1325 le dominicain Pierre de la Palu signale encore des infractions à cette défense(5). L'interdiction du duel fut renouvelée par Philippe le Bel

---

(1) BRUNET, DELABORDE, PETIT-DUTAILLIS et MONICAT, *Recueil des actes de Philippe Auguste*, t. II, Paris, 1943, n° 644, juillet (?) 1200.
(2) ISAMBERT, *Rec. général des anciennes lois françaises*, I, pp. 283 et suiv.
(3) BEAUMANOIR, *Coutumes de Beauvaisis*, n° 1722. Tout le chapitre LXI de Beaumanoir montre que le duel reste fréquent à son époque.
(4) ISAMBERT, *op. cit.*, II, p. 694.
(5) Cité par FOURNIER, *Mélanges Glotz*, p. 376, n° 1.

en 1296, 1303, 1306, 1314 (cette dernière fois sous peine de mort et de confiscation) (1). Mais lors des mouvements insurrectionnels de 1315, les Bourguignons (2) et les Champenois (3) réclamèrent son rétablissement. Et l'on cite des duels judiciaires à Paris en 1352 et 1386. Ce dernier eut lieu devant Charles VI entre deux chevaliers pour une affaire d'adultère, près de Saint-Martin-des-Champs (4). Le vaincu refusa cependant de reconnaître sa culpabilité. Il n'en fut pas moins pendu. Plus tard le vrai coupable fut retrouvé. Et la Chronique de Saint Denis conclut : « *sic mater erroris, noverca concilii, repentina credulitas iniustissimum duellum excitavit* ».

Il n'est donc pas surprenant que les livres de procédure fassent encore état du duel judiciaire au XIVe siècle. Vers 1330 le *Stylus Curiae Parlementi* le cite. Vers 1388 Jacques d'Ableiges, dans le « Grand Coutumier », parle encore des « gages de bataille ».

D'autres cas de duel sont signalés en 1430 à Arras, en 1482 à Nancy, en 1549 à Sedan, etc... Le dernier exemple de duel judiciaire en France date de 1547 (4 bis).

En Angleterre le duel, considéré comme un moyen de preuve, tombe en décadence dès la fin du XIIIe siècle, sans qu'il ait fait l'objet d'une prohibition officielle. Toutefois on en cite encore un exemple en 1818 dans un procès pour meurtre et l'interdiction définitive ne fut prononcée que par Georges III en 1819. Quant aux ordalies, fréquentes encore au cours du XIIIe siècle, elles deviennent plus rares dès la fin de ce siècle (5).

---

(1) Isambert, *Rec. général des anciennes lois françaises*, t. II, pp. 702, 807, 832 et t. III, p. 40.
(2) E. Champeaux, *Ord. des ducs de Bourgogne*, Dijon, 1908, p. LI.
(3) Première charte aux Champenois, de mai 1315, art. 13 (Ord. I, 575).
(4) Cf. Isambert, *op. cit.*, p. 831, n° 1.
(4bis) H. Morel, « La fin du duel judiciaire en France », *Rev. hist. dr. fr.*, 1964, 574-639.
(5) Nottarp, *op. cit.*, p. 129.

Dans l'Empire, Rodolphe de Habsbourg s'efforça de limiter le recours au duel. Il voulait y substituer le serment purgatoire, sauf au cas de trahison. Mais en 1288 on cite encore un cas de duel entre un homme et une femme à Berne.

A partir du XIVe siècle, le duel n'est plus autorisé que devant certaines hautes juridictions, celle de l'empereur, et, par privilège, celles de quelques princes. C'est ainsi qu'il est encore pratiqué, en dehors du Hofgericht de Vienne, à Nuremberg, Wurtzbourg, Halle, Louvain, Breslau, La Haye (1). Au XVe siècle le duel persiste dans vingt villes relevant de la juridiction des évêques de Constance, Augsbourg, Spire, Wurtzbourg. En 1426 et 1428 Martin V prescrit aux officiaux de sévir contre les juges séculiers qui y ont recours. Car, déclare le pape, même si le duel est conforme à la coutume et à des privilèges impériaux, il est contraire au droit canon.

Les « Weistümer, » des XIV et XVe siècles signalent duel et ordalies. Mais cela ne suffit pas à prouver leur emploi habituel. Le texte a pu conserver la mention d'un usage ancien mais quelque peu délaissé. D'après les chroniqueurs le duel, sans avoir disparu dans l'Empire aux XIV et XVe siècles, serait devenu rare. Quant aux ordalies, il semble qu'elles aient persisté de façon plus durable dans les milieux ruraux. Dans les villes, le serment l'emporte.

En Hongrie le duel ne fut plus pratiqué qu'à la cour royale depuis 1468.

Il faut d'ailleurs tenir compte d'une évolution qui se produit à cette époque dans la conception même du duel. De preuve judiciaire, le duel tend à devenir un combat d'honneur entre gentilshommes. Et il est souvent difficile de déterminer s'il s'agit encore d'une preuve imposée par

---

(1) Nottarp, pp. 131-132.

le juge ou d'une sorte de défi pour régler une question d'honneur, qui peut en même temps constituer une affaire criminelle. Le prestige de la force ou l'habileté aux armes expliquent la persistance du duel dans certains milieux ou chez certains peuples. C'est ainsi que, bien que Frédéric II, prince d'esprit moderne et peu enclin à croire aux miracles, ait interdit le duel en Sicile (1), on en trouve des exemples en Italie du Sud et en Sicile jusqu'au XVe siècle. En Lombardie, les statuts d'Alexandrie de 1547 l'admettent encore. En Aragon le code de Huesca de 1247 prohibe l'ordalie, mais tolère le duel judiciaire.

En Italie l'ordalie est prévue dans les statuts municipaux du XIVe siècle. Si ceux de San Giminiano la signalent en matière civile au XIIIe siècle, elle ne subsiste au XIVe qu'en matière pénale (2). Mais ici encore il faudrait distinguer la tradition que peuvent conserver des textes juridiques et la pratique effectivement suivie. A ce dernier point de vue on peut dire que l'ordalie à partir du XIVe siècle devient exceptionnelle. Les progrès de la technique juridique, l'influence du droit romain et de l'esprit laïc, la meilleure formation professionnelle des juges expliquent ce déclin.

Survivances tardives. — L'ordalie persista cependant beaucoup plus longtemps dans un domaine très particulier, celui des poursuites contre les sorciers.

Elle avait trouvé déjà un domaine d'élection dans la recherche des hérétiques. A la suite du concile de Vérone de 1184, Lucius III dans la décrétale *ad abolendam* prescrit que la preuve de l'innocence sera faite *congrua purgatione* devant le tribunal épiscopal. Et par là il fallait entendre l'ordalie (3). Déjà le concile de Reims de 1157 (4) avait prescrit : *si quis vero de hac impurissima secta infamis fuerit*

---
(1) *Ibid.*, pp. 28 et suiv.
(2) San Giminiano, 1314; Modène, 1327; Rimini, 1334; Trieste, 1350; etc.
(3) X, V, 7, 9.
(4) Mansi, XXI, 843.

et quasi innocens purgare se voluerit, igniti ferri judicio se purgabit. L'hérétique pour cette raison était dit *calido ferro signatus.* L'épreuve de l'eau froide avait également été employée à Soissons en 1114 et à Vézelay en 1167. En 1172 le fer chaud était employé contre un clerc suspect d'hérésie à Arras. On peut citer d'autres exemples en Alsace au début du XIIIe siècle (1).

Peut-être est-ce cet emploi privilégié de l'ordalie contre les suspects d'hérésie qui explique son usage contre les sorciers, du XVe au XVIIe siècles. Les auteurs du XVIe siècle qui traitent de la poursuite de la sorcellerie en approuvent l'emploi (2). En France encore en 1694 à Dintaville, des époux accusés d'empoisonnement et de sorcellerie sont jetés dans l'Aube pour subir l'épreuve. Le Parlement fut saisi de l'affaire. Il interdit l'ordalie pour l'avenir. Mais le juge local l'avait déclarée traditionnelle en Champagne ainsi que dans l'Anjou et le Maine. Un autre exemple est signalé en 1696 près d'Auxerre (3). Par contre on n'en trouve pas de trace dans les procès de sorcellerie engagés à la fin du XVIe siècle et dans les premières années du XVIIe devant les juges laïcs de Saint-Claude, bien que la question ait été employée (4). Un « Hexenbad » est encore signalé en Hollande en 1823 et en Poméranie en 1836 (5).

---

(1) Exemples cités par TANON, *Hist. des tribunaux de l'Inquisition*, pp. 303 et suiv.

(2) Voir en particulier Ad. SCRIBONIUS, *De examinatione et purgatione sagarum per aquam frigidam;* RICKIUS, *Defensio aquae frigidae* (Cologne, 1597); Johan EWICH, *De sagarum natura, arte, vicibus et factis* (Brême, 1584); J.C. GODELMANNI, *Tractatus de magis, veneficiis et lamiis recte cognoscendis et puriendis* (Nuremberg, 1676).

(3) TANON, *op. cit.*, 321.

(4) F. BAVOUX, « Les procès inédits de Boguet en matière de sorcellerie dans la grande judicature de Saint-Claude », *Mém. de la soc. d'Hist. du droit des pays bourguignons...*, XVIII (1956), 155-242.

(5) NOTTARP, *op. cit.*, 138.

On pourrait être tenté de conclure que malgré les condamnations des théologiens et des canonistes, les procès qui mettaient en cause des problèmes religieux s'avèrent le dernier refuge des ordalies en Occident. Mais plus qu'à l'objet du litige il faut probablement attribuer une importance décisive aux sentiments qu'il mettait en cause. La terreur et par suite la haine qu'inspiraient les sorcières sont sans doute la véritable raison de la persistance, imposée par l'opinion populaire, des ordalies à leur égard. N'est-ce pas la même réaction assez frustre et cette confiance persistante dans les forces de la nature qui expliquent l'épreuve du fer rouge à laquelle fut soumis, en 1904, à Odessa, un Bulgare soupçonné de vol par des mineurs ukrainiens ou celle du sabre porté au rouge et appliqué sur la langue, à la suite d'un meurtre, en Transjordanie, en 1932 (1)?

---

(1) *Ibid.*

XVI

NOTE SUR LES FORMES ANCIENNES DE L'EXCOMMUNICATION

Les pages que Paul Hinschius consacrait, il y a plus de soixante ans, au difficile problème des formes anciennes de l'excommunication (1) restent encore aujourd'hui d'une densité inégalée (2). On y retrouve cette richesse de documentation et cette puissance dans la construction juridique qui ont fait la renommée de son « System ». Mais précisément, la belle ordonnance, où se complaît l'esprit classificateur et doctrinaire du juriste trouve-t-elle dans les textes un appui certain ? Telle est la question que nous voudrions tenter de résoudre dans la mesure où le permettent les sources.

On sait la trilogie autour de laquelle Hinschius a su grouper les textes des IVe et Ve siècles, relatifs à l'excommunication. L'Eglise, dit-il, a usé à l'égard des laïcs (nous laisserons de côté le problème de l'excommunication des clercs, qui soulève encore d'autres difficultés complémentaires (3)) de trois sanctions : l'exclusion de la communauté, pour toujours, jusqu'au décès, ou à temps — ce qui correspondrait à la future excommunication majeure —; la simple exclusion de la communion au corps du

---

(1) *System des katholischen Kirchenrechts*, t. IV, 1886, p. 699-715.
(2) Löning (*Kirchenrecht*, I, 1878, p. 266-267) était beaucoup plus sommaire. Dans l'article « Excommunication » du *Dictionnaire de Théologie catholique* (1913), Valton s'est borné à rapporter les 7 règles-recettes, proposés par Bernardi (*Examen confessorii et parochii*, Pavie 1897) pour fixer le sens et la portée de l'excommunication dans les canons anciens. Leur complexité les rend peu maniables et le problème historique n'est pas pour autant serré de plus près.
(3) Cf. par ex., à propos de c. 1 et 2 de Sardique, Heckrodt, *Kanones von Sardika*, 1917, p. 39 sq.

Christ et des actes cultuels réservés aux fidèles — c'est la future excommunication mineure —; enfin, la suspension de la participation aux droits du chrétien en tant que membre de l'Eglise. Autour de cette triple sanction viennent se grouper les nombreux textes que la prodigieuse érudition d'Hinschius mettait à son service.

Une telle construction ne peut que séduire. Sans doute, Hinschius lui-même ne cachait-il pas la difficulté de l'interprétation des textes en présence d'une terminologie très floue (1). Avec prudence, mais non sans fermeté, il les guidait vers les trois compartiments qu'il leur avait préparés.

Cette imprécision du vocabulaire ne doit-elle pas mettre en garde contre une classification trop rigoureuse ? Et surtout, n'est-il pas imprudent de tenir le droit canonique des IVe et Ve siècles comme un tout, de rapprocher et d'interpréter les unes par les autres les décisions d'autorités et de régions diverses, en conférant ainsi à chacune d'entre elles cette valeur universelle qu'elles n'auront indiscutablement que par leur réception dans les grandes collections de l'Eglise romaine ?

Si, sans mettre en doute l'unité encore très réelle de l'Occident pendant ces deux siècles, on ne se laisse pas aller à anticiper quelque peu le mouvement de centralisation de l'Eglise, on peut distinguer cinq régions dans l'Occident chrétien: l'Afrique, l'Espagne, l'Italie, la Gaule et les Iles. Historiens, canonistes, liturgistes, linguistes peut-être pourraient, chacun en son domaine, donner de cette division des preuves et des raisons.

C'est en tenant compte de ces nuances provinciales que nous rechercherons le sens et la portée de l'excommunication dans les textes du IVe et Ve siècle (2). Cette première enquête se limitera au droit de l'Occident et aux textes législatifs (décrétales ou canons conciliaires), remettant à plus tard l'analyse de la doctrine des Pères sur ce point.

Nous exposerons d'abord sommairement le bilan de l'enquête. Une brève conclusion tentera d'en dégager quelques enseignements.

I. — *Le groupe espagnol.* — C'est lui qui nous offre le témoignage le plus ancien, avec les 81 canons du concile d'Elvire, tenu dans les premières années du IVe siècle, très probablement un peu

---

(1) *Op. cit.*, p. 708-709.
(2) Ce qui ne veut pas dire que l'on méconnaisse les liens très réels, qui existent entre certains conciles, pas ex. ceux d'Elvire et d'Arles (314).

avant la paix de l'Eglise (1). L'excommunication y tient une place de premier plan (58 mentions). La terminologie en est variée, mais il n'est pas impossible, à travers ses fluctuations, de retrouver la réalité de l'institution. Sans doute ne peut-on rien apprendre de quelques textes trop vagues (2). D'autres, 4 au plus, peuvent s'entendre d'une exclusion de la communauté (3). Quant aux plus nombreux de beaucoup, ils ne concernent que la sanction purement religieuse de la privation de la communion. Ils ont pour désigner la réception ou la privation de l'Eucharistie une grande variété d'expressions, qui atteste qu'à cette époque, il n'y avait pas encore en cette matière un rigoureux vocabulaire technique (4). Mais cette multiplicité de termes se réfère toujours au même objet, car divers canons, à propos de la même mesure, passent indifféremment d'une expression à une autre (5).

Sans doute, Hinschius a-t-il entendu nombre de ces textes comme prescrivant l'exclusion du groupe chrétien (ce qui naturellement emporte également la privation des sacrements) en appuyant sa démonstration sur deux arguments principaux (6).

(1) La date du concile d'Elvire reste très controversée, cf. en dernier lieu : Thouvenot, *La province romaine de Bétique*, Bibl. Ecole fr. de Rome, 1940, p. 235-238, qui propose la période 309-312.

(2) *Communione reconciliari* (c. 62, 79) ; *qui non communicat* (c. 28).

(3) *Alieni ab Ecclesia haberi* (c. 41) ; *ab Ecclesia esse projiciendum* (c. 20, 62) ; *ab Ecclesia abjiciatur* (c. 49).

(4) *Communionem accipere* (c. 1, 2, 3, 5, 8, 9, 12, 13, 18, 46, 55, 64, 65, 70, 72, 73, 76) *recipere* (c. 53), *impertiere* (c. 6) *habere* (c. 7) ; *communio prestari* (c. 22 ou *communionem prestare,* c. 32) ; *dare communionem* (c. 3, 10, 13, 17, 37, 47, 63, 64, 66, 69, 70, 71, 72, 75) ; *ad communionem admitti* (c. 5, 14, 31, 53) ou, à l'inverse,*abstineri a communione* (c. 37, 50, 61) ou *abstineri* tout court (c. 16, 20, 21, 53, 54, 57, 74, 79) ou encore *privari communione* (c. 53). Hinschius (*op. cit.*, p. 710, n) croit que le canon 53 concerne l'exclusion de la communauté, car c'est cette peine que le concile de Nicée avait en vue dans son canon 5, dont l'objet est identique. Un tel argument ne suffit pas à convaincre. Il postule une universalité de la réglementation et de ses sanctions, dès le début du IVe siècle, qui n'est nullement prouvée.

(5) que *prestare* ou *dare communionem* désigne le sacrement de l'Eucharistie, résulte en particulier de la finale du c. 3 : *non esse dandam communionem ne illusisse de dominica communione videantur.* D'autre part *accipere* et *dare* sont synonymes (c. 3, 64, 70, 72), de même *accipere* et *admitti* (c. 5), *recipere* et *admitti* (c. 53). Pour quelques expressions la correspondance n'est pas aussi clairement établie, mais elle est très probable : *arceri ab ecclesiae communione* (c. 34) ou *a communione* (c. 40, 67, 78 où l'on trouve également *dominicae sociari communioni*) ou *non ludere eum de communione pacis* (c. 47).

(6) *op. cit.*, p. 699, n. 1 et 2.

Tout d'abord d'autres textes conciliaires sanctionneraient les mêmes fautes par l'exclusion de la communauté. Tel, par exemple, le concile d'Arles pour les apostats (c. 22). Mais ce dernier texte refuse simplement de *dare communionem*, de même que les canons correspondants du concile d'Elvire interdisent de *communionem accipere*. Ces formules à elles seules ne suffisent pas à établir l'exclusion de la communauté. Sans doute dans le cas particulier de l'apostat, cette exclusion s'est opérée par le fait même du coupable et cette séparation est précisément sa faute. Mais les deux conciles n'envisagent que l'éventualité de son repentir final et sa demande de la *communio*. Rigoureuse, la discipline espagnole lui refuse cette suprême consolation, tandis que celle de Provence fait bon accueil à son repentir, s'il a été accompagné de pénitence. Bien évidemment, l'attribution de ce viatique suppose, ou pour le moins opère, la réintégration du pécheur dans l'Eglise. Mais ce n'est point sur celle-ci que porte la décision conciliaire. Elle n'envisage que la question concrète et pratique : est-il possible ou non de donner le viatique au moribond.

L'autre argument est tiré de la nature même des fautes. Immoralité, homicide, hérésie entraînaient traditionnellement la mise au ban de la communauté et cette sanction est confirmée pour le IVe siècle par le concile de Saragosse (380) ou un concile de Rome à l'époque de Sirice. Mais, ici encore, la comparaison des textes n'emporte pas la conviction. Le concile de Saragosse, dirigé contre les pratiques priscillianistes, sanctionne bien l'hérésie. Mais les deux canons invoqués par Hinschius (c. 3 et 4) promulguent l'anathème. Quant au Synode romain, s'il exclut à perpétuité de l'Eglise les hérétiques Jovinien et Auxence (1), on ne peut conclure de ce cas aux canons d'Elvire qui diffèrent par leur objet, leur date et leur lieu.

Si l'on veut s'abstenir de généralisations dangereuses (2), on doit donc reconnaître que le concile d'Elvire — sans prendre parti le plus souvent sur la question de savoir si le coupable reste dans la communion ecclésiastique ou en est exclu — se borne à inter-

(1) *in perpetuum damnati extra ecclesiam remaneant* (Sirice, lettre n° 7, *optarem*, ch. 4, *P. L.* 13, col. 1171).
(2) Cf. une série de textes de sens discutable, où Hinschius (*op. cit.*, p. 708, n. 2) entend l'exclusion de la *communio* comme une mise au ban de l'Eglise, en se prévalant de décisions de conciles d'autres régions qui, pour le même cas, édictent cette peine. Même si son interprétation est admissible dans plusieurs cas, elle n'en repose pas moins sur une méthode dangereuse.

dire son admission à la communion, soit pour toujours, soit jusqu'au péril de mort, soit même à temps (1).

Les conciles de Saragosse (380) et de Tolède (400) font à la privation de la communion une place plus modeste. Dans ses 8 canons, le concile de Saragosse ne la mentionne qu'une seule fois (c. 5) alors qu'à deux reprises au moins (2) il signale l'exclusion de l'Eglise (c. 5 et 6). Au concile de Tolède (11 mentions pour 20 canons dont le sens exact n'apparaît pas toujours clairement), cinq cas au moins envisagent l'exclusion du groupe (c. 14, 15, 16, 17, 18), alors qu'un seul (c. 19) se réfère nettement à la simple privation de la communion (3). Il y a lieu d'autre part de noter dans ce concile l'apparition du terme *d'excommunicatus* (*principium*, c. 11, 12) et le fait qu'*abstineri*, qui, dans les canons d'Elvire désignait la privation de l'Eucharistie, marque désormais l'exclusion du groupe (c. 15).

II. — *Les Conciles gaulois.* — L'activité conciliaire semble avoir été en Gaule plus grande qu'en Espagne. Les canons de 10 conciles au moins nous sont parvenus, qui s'échelonnent entre 314 et 463. Il faut y ajouter la collection canonique qualifiée de deuxième concile d'Arles et les *Statuta Ecclesiae Antiqua* (4).

Les 22 canons du concile d'Arles de 314 (plus les c. 24—29 ajoutés par la suite) se réfèrent dix fois à l'excommunication (5). Ici encore, la terminologie est imprécise et la sanction peut s'entendre de la privation du sacrement ou de l'exclusion du groupe. Seul est net, et en faveur de ce second sens, le canon 24, ajouté aux canons conciliaires.

Des quatre canons du concile de Valence (374), seul le canon 2 édicte la sanction *communio differatur* à l'égard de vierges vouées à Dieu, qui ont contracté mariage. L'ajournement de cette *communio* à une époque postérieure à l'octroi de la pénitence, laisse

---

(1) Nous n'insisterons pas dans cette note sur cette distinction bien connue et le plus souvent clairement énoncée par les textes. La durée de l'excommunication est sans importance pour notre recherche.
(2) Sans compter les c. 1 à 4, qui sanctionnent leurs prescriptions par l'anathème.
(3) *Contra* Hinschius (p. 709, n. 3) qui invoque la sanction du c. 13 d'Elvire. Mais les deux textes ne parlent pas d'autre chose que du simple refus de l'Eucharistie.
(4) Sur ce « Deuxième concile d'Arles » et les *Statuta*, cf. Fournier et Le Bras, *Histoire des Collections Canoniques*, t. I, p. 20, n. 1.
(5) *a communione abstineri* (c. 3 et 12), *separari* (c. 4, 5, 11) *excluderi* (c. 7), *non communicare* (c. 14 et 16), *dare communionem* (c. 22), *alienum esse a catholica communione* (c. 24).

présumer que le concile entendait n'autoriser la réception de l'eucharistie qu'un certain temps après que l'accomplissement de la pénitence aurait réintroduit le coupable dans la communauté.

Le concile de Nîmes de 394—396 n'envisage l'excommunication que comme l'exclusion de la communauté (1).

Trois textes de concile de Turin [398] (2) concernent notre propos. Si le premier (c. 5) édicte la privation de l'eucharistie (*dominica communione privatus*), les deux autres (c. 6 et 7) prononcent l'exclusion de la communauté. C'est elle, et elle seule, que prévoient les quatre canons du concile de Riez (439), qui font état de l'« excommunication » (c. 1, 3, 4, 9) ainsi que le seul canon du 1er concile d'Orange (441), qui en fasse mention (c. 11). Dans le c. 9 du concile de Riez apparaît pour la première fois dans la législation conciliaire gauloise le terme d'*excommunicatus*, employé dès 400 par le concile de Tolède et, nous le verrons, plus tôt encore en Afrique. Enfin, le concile de Vaison (442), dont aucun canon n'est sanctionné par l'excommunication, l'entend également au sens d'exclusion de la communauté dans les canons où il y fait allusion (c. 1, 4, 8).

Dans la collection dite deuxième concile d'Arles, l'excommunication apparaît 18 fois (3). Elle signifie le plus souvent l'exclusion du groupe (c. 8, 9, 13, 19, 24, 25, 30, 49), dans quelques cas refus de l'eucharistie (c. 3, 10, 11, 25, 28) (4).

Les Conciles d'Angers (435), de Tours I (460) et de Vannes (463), comme leurs prédécesseurs, connaissent les deux formes et il est souvent impossible de préciser celle qu'ils ont en vue (5). Mais, plus intéressante que cette continuité dans le dualisme, est la nette distinction qu'ils font entre les deux sanctions, en indiquant d'ail-

(1) c. 3 et c. final, Hefele-Leclercq, *Histoire des Conciles*, II, 1, p. 92 sq.
(2) Sur cette date cf. Palanque, *Les dissensions des églises de Gaule*, *Rev. hist. Egl. de France*, 1935, que suit Griffe, *La Gaule chrétienne*, p. 252, n. 12.
(3) Il n'y a en effet pas lieu de tenir compte des canons qui ne font que reproduire des décisions conciliaires connues directement.
(4) D'autres textes sont imprécis.
(5) Angers, c. 6, 8 et 10 (sens douteux) ; Tours, c. 3, 5, 6, 11 (sens douteux) ; c. 2 (privation de l'eucharistie) ; c. 7, 8 et 9 (exclusion de la communauté) ; Vannes, c. 1, 2, 4, 5, 9, 13, 14 (sens douteux ; Hinschius, *op .cit.*, p. 709, n. 2, entend le c. 9 comme appliquant l'exclusion de la communauté) ; c. 3 (privation de l'eucharistie) ; c. 3 et 16 (exclusion de la communauté).

leurs que la plus grave entraîne nécessairement l'exclusion du sacrement. Le canon 4 du Concile d'Angers déclare en effet : *non solum a communione habeantur alieni sed nec conviviorum quidem admittantur esse participes*. Le Concile de Vannes (c. 3) a une formule analogue : ... *non solum a communione dominicorum sacramentorum sed etiam a conviviis fidelium submovendos*. Celle du c. 8 du concile de Tours est moins nette : *a communione ecclesiae vel a convivio fidelium extraneus habcantur*. *Vel* pourrait faire penser que le « banquet des fidèles » n'est pas autre chose que le repas eucharistique. Mais 1° l'exclusion du *convivium* désigne la mise à l'écart de la communauté et non pas la privation de la communion (cf. Collection dite Deuxième concile d'Arles, c. 49) ; 2° le canon 8 du concile de Tours traite de la même faute que le c. 3 du concile de Vannes : celle du pénitent qui abandonne son état pour retourner à la vie du monde et à ses habitudes coupables. Or, les liens entre ces deux conciles, aussi voisins dans le temps que dans l'espace, sont manifestes. A Tours comme à Vannes, on dut édicter la même sanction, la plus sévère, l'exclusion de la communauté. *Vel* ici, comme dans d'autres textes, désigne donc, non une identité, mais une gradation (et même) (1). La dualité de sanction, qui jusque là s'exprimait de façon imprécise et demandait pour son interprétation une certaine exégèse, est désormais clairement indiquée.

Dans les *Statuta Ecclesiae Antiqua* d'origine presque certainement arlésienne, mais de date discutée (deuxième moitié du ve siècle ou époque de Césaire), l'évolution paraît achevée. Sans doute, l'excommunication n'a-t-elle qu'une place assez mince dans ce « bréviaire de l'évêque et du clerc ». Mais les neuf mentions, qui en sont faites(pour 105 canons), sont pleines d'enseignement.

La terminologie est beaucoup plus ferme que dans les conciles antérieurs. *Excommunicare* triomphe (2) au dépens des périphrases variées employées jusque là (on ne les rencontre plus que dans les canons 79 et 104) (3). A cet égard, les *Statuta* marquent un indéniable progrès de la technique juridique, dont il ne nous appartient pas ici de dire s'il est le fait de leur auteur, de leur pays ou de leur date.

---

(1) Hinschius, *op. cit.*, p. 708, n. 2 l'entend au sens de *et*.
(2) c. 24, 54, 61, 73, 87, 88, 95.
(3) Même précision terminologique pour la communion des mourants: *viaticum* (c. 77), *viaticum eucharistiae* (c. 78).

XVI

Quant au sens de cette excommunication, elle est incontestablement une exclusion de la communauté et toute « communion » avec l'excommunié entraîne une peine semblable (c. 73, cf. c. 79 et 104).

III. — *Les Conciles Africains*. — Considérable au IVe siècle, l'activité conciliaire en Afrique sera de bonne heure paralysée par l'invasion Vandale. C'est pour la période, qui va du milieu du IVe siècle aux environs de 420, que nous pouvons suivre l'évolution des sanctions et de leur terminologie (1). Il semble d'ailleurs que les conciles africains aient eu moins, et surtout plus tardivement, que ceux de Gaule et d'Espagne le souci répressif. Alors que les canons d'Elvire se signalent par l'abondance et la sévérité des sanctions, les conciles de Carthage de 348 ou de 390 sont plus préoccupés de poser des normes que d'édicter des peines. La sanction de leur violation n'est formulée que dans un canon final, appliquant à toutes les fautes la même pénalité. Cette uniformité de la répression autant que sa place dans un ultime canon semblent attester le peu d'intérêt qu'elle présentait pour le législateur.

Aussi les mentions de l'« excommunication », dans ces deux conciles, sont-elles exceptionnelles. *A communione separari* (c. 3) ou *communione privari* (c. 14), dans celui de 348, peuvent s'entendre de l'une ou de l'autre de ses formes, encore que la nature des fautes invite plutôt à l'appliquer à l'exclusion de la communauté (2). Quant au concile de 390, qui, pour la première fois donne l'exemple dans la langue conciliaire africaine, de l'emploi d'*excommunicatus* (c. 3) (3), il ne fait aucune allusion certaine à la privation de la communion et ce qu'envisagent les c. 7 et 8 ou la sanction finale, qu'édicte le c. 13, c'est l'exclusion de la communauté.

L'examen des canons de 397 conduit à la même conclusion. Les quatre canons, qui mentionnent l'excommunication, l'enten-

---

(1) Sur les conciles africains du IVe et du début du Ve siècle cf. Monceaux, *Hist. litt. de l'Af. chrét.*, III (1905), p. 205-228 et IV, (1912), p. 321 sq.

(2) sic Hinschius, *op. cit.*, p. 709, n. 3.

(3) Il est aussi dans Augustin, par ex. *Sermo* 164, n. 11 (Décret de Gratien, C. 23, qu. 4, c. 11, *i. f.*). L'Orient, de bonne heure, a le terme un peu différent dans sa structure de ἀκοινώνητος (Nicée, c. 5 ; Sardique, c. 13, etc.).

dent comme une exclusion de la communauté (1). De privation de la communion, considérée comme une sanction indépendante (car elle est incluse bien évidemment dans la mise au ban de l'Eglise), pas de trace (2).

Le code de l'Eglise d'Afrique, publié en 419, n'accorde pas une place très considérable à notre sanction. On ne peut connaître la portée réelle de certains textes imprécis (3). Mais, tandis qu'aucun ne fait clairement état de la privation de la communion, plusieurs édictent de façon nette l'exclusion de la communauté (4).

IV. — *La discipline romaine.* — Là encore, conciles ou décisions pontificales confirment le sens prépondérant d'*excommunicatio*, sans que la sanction strictement religieuse ait pour autant disparu.

Nous n'avons le texte que de rares conciles de Rome ou d'Italie pour cette période (5). Le concile romain de 402 ne signale l'excommunication qu'une fois dans ses 16 canons. Il s'agit alors de l'exclusion de l'église (6). Celui de 487-488 mentionne plusieurs fois la privation de la communion (7).

Mais la législation pontificale permet de préciser l'état du droit dans cette région. Le c. 15 de la lettre *ad Gallos episcopos* (8), reprenant un passage de saint Paul (Ier Timoth., V, 22) se réfère

---

(1) c. 7-8, où l'exclusion de la communauté apparaît comme un moyen de contrainte en matière judiciaire; c. 9, où elle sanctionne la violation du privilège du for par le clerc; c. 42, où elle réprime le mépris des droits de l'évêque sur ses clercs. — Le Bréviaire d'Hippone, pour ce qui nous occupe, ne fait que reproduire les dispositions du Concile de Carthage de 397.

(2) Quant aux manifestations pratiques de cette mise à l'écart de la communauté, il suffit de rappeler l'excommunication de Maximianus et de ses partisans par le concile de Bagaï, le 24 avril 394 (cf. Monceaux, *op. cit.*, IV, p. 363).

(3) c. 29, 79, 106, 128, 134.

(4) *in communionem suscipi* ou *excipere* (c. 138); — exclusion de la communion africaine (c. 28, 105, 125); — à propos du Donatisme (c. 69, 92, 117); — limitation de la communauté à une seule église (c. 76, 80); — interdiction de communiquer en général (c. 122, 123, 124, 132, 133).

(5) Les conciles romains de 386 (Hefele-Leclercq, *op. cit.* II, 1, p. 68 sq.) et de 465 (Bruns, *Canones*, II, 1839, p. 1282 sq.) ne contiennent aucune mention de l'excommunication.

(6) c. 16, Hefele-Leclercq, *op. cit.*, II, 1, p. 137.

(7) *Ibid.*, II, 2, p. 137.

(8) Auteur et date restent discutés, Sirice ou Damase ? En tous cas dernier quart du IVe siècle, cf. Palanque, dans *Hist. de l'Eglise* de Fliche et Martin, III, p. 482-483.

à l'exclusion du groupe (1). Dans sa lettre de 392 (*Optarem*, n. 7, ch. 4) Sirice, à propos de Jovinien et de ses partisans, décrit l'excommunication sans prononcer le mot : « *nostro judicio in perpetuum damnatis extra ecclesiam remanerent* » (2). Par contre, l'assouplissement de la discipline à l'égard des pénitents tardifs, introduit par Innocent I dans sa lettre à Exuperius de Toulouse (405), prouve que la privation de la communion reste une sanction autonome (3).

Sans pouvoir faire ici le relevé de tous les textes pontificaux relatifs à notre sanction (4), nous demanderons à quelques fragments gélasiens quelle est à la fin du Ve siècle la notion de l'excommunication.

Dans les écrits de Gélase, la mention de l'excommunication est fréquente (5). Elle s'entend d'une mise à l'écart de la communauté. Deux fragments, dont l'authenticité n'est malheureusement pas à l'abri de tout soupçon, en déterminent plus clairement la nature et l'effet : le fragment 49 (6), où Gélase expose le statut du catéchumène, du pénitent et de l'excommunié et le fragment 37 (7), concernant les effets et la cessation de l'excommunication. Dans ces deux textes fondamentaux, l'excommunication est envisagée comme une exclusion de l'Eglise. Dans le fragment 49, Gélase précise en quel sens il faut entendre cette exclusion : *ut ejiciatur a communione, id est consortio aliorum fidelium qui intra ecclesiam stant tempore orationis et laudis Dei...* L'excommunié est d'abord

---

(1) C'est très prabablement le même sens qu'il faut donner aux expressions *a communione suspendi* (c. 2) ou *secludi* (c. 16).
(2) *P. L.*, XIII, col. 1171.
(3) ch. 2, *P. L.*, XX, col. 495.
(4) Le c. 5 de la décrétale de Sirice à Himère (*P. L.* XIII, col. 1137), allégué par Hinschius (*op. cit.*, p. 700, note, 2e colonne) règle la condition du pécheur, qui, après pénitence, retombe dans le péché; il ne concerne pas l'excommunication. De même, ne doit-on pas faire état de la lettre de Félix III (Thiel, *Epistolae romanorum pontificum*, I, 1868, p. 263), invoquée *ibid.*, n. 2. Les lettres célèbres d'Innocent I à Victricius, en 404, (*P. L.*, XX, col. 469) et de Léon le Grand à Rusticus de Narbonne (*Ep.* 167, *P. L.*, LIV, col. 1499 sq.) ne font pas mention de l'excommunication. Mais voir, Léon, *Ep. ad Nicet. Aquil.*, c. 4 (*P.*^{e}*L.*, LIV, col. 1137) : *ecclesiastica communione privetur*.
(5) par ex., à propos de l'excommunication d'Acace, cf. *Ep.* 12,8; 18,5; 26; 27,3; (494-495) et déjà les lettres de Simplice en 476 à Acace (Thiel, *op. cit.*, p. 177) et en 477 (*ibid.*, p. 191) ou encore le Procès-verbal de la réintégration dans l'Eglise de Misenus (*Ep.* 30; 495).
(6) Thiel, p. 510.
(7) *Ibid.*, p. 502, reproduit en partie au Décret de Gratien, C. 11, qu. 3, c. 37 et 38.

rejeté *extra ecclesiam inter audientes, id est catechumenos* ; puis, après un certain temps, il aura accès *in ecclesiam, in communionem, id est consortium orationis cum penitentibus* ; enfin, après un nouveau temps de pénitence, il est admis *plenius ad communionem, id est consortium ceterorum fidelium et perceptionis sacri corporis et sanguinis Christi.* Ici réapparaît la participation à l'eucharistie, dont l'excommunié était exclu. Mais cette privation du sacrement n'était pas la sanction principale, mais simplement la conséquence nécessaire de l'exclusion de l'Eglise.

Quant au fragment 37, qui invoque l'autorité de saint **Léon** (1), il concerne essentiellement l'interdiction de « communiquer » avec l'excommunié et par là met encore l'accent sur sa mise à l'écart. Il frappe le fidèle, qui, au mépris de cette défense, aurait rapport avec un excommunié, de la privation de l'eucharistie. Ce serait déjà, si le texte n'était suspect et cette sanction peu conforme à l'ensemble de la discipline de l'excommunication à cette époque (2), le régime classique de l'excommunication mineure sanctionnant les rapports avec un excommunié.

Si l'exclusion de la communauté joue dans la législation gélasienne le premier rôle, la privation de l'eucharistie n'en subsiste pas moins. A plusieurs reprises, le pape la signale expressément (3). Peut-être, dans quelques cas, veut-il simplement mentionner l'un des effets essentiels de l'exclusion de la communauté (4), comme le faisait Sirice dans le ch. 3 de la décrétale à Himère (5).

(1) Il s'agit d'une référence à l'ep. à Rusticus, 167, qu. 8 (*P. L.* LIV, col. 1205-1206).

(2) cf. après Thiel et Friedberg, Hinschius, *op. cit.*, IV, p. 710, n. 5.

(3) L'*Ep. ad Philipp.* (Thiel, *op. cit.*, p. 452) est imprécise (*interdicta communio est*) et la gravité du crime invite à penser, avec Hinschius, (*op. cit.*, IV, p. 710, n. 5), qu'il s'agit de l'exclusion de l'Eglise. Mais il n'en va pas de même pour des formules comme *divini muneris sunt participatione privandi; sacrae communionis arceantur accessu* (*Ep. ad Majoric.*, Thiel, p. 453) ; *indignos... sacra communione* (*Ep. ad Victor.*, *ibid.*, p. 504); *sacra communione privari* (*Ep; ad episc. Lucan.*, 494, c. 6; *ibid.*, p. 962) ; *a sacra communione detrudi* (*ibid.*, c. 2, où la possibilité du viatique aux mourants prouve qu'il s'agit de l'eucharistie).

(4) Cf. la sanction contre les violateurs de l'asile, frag. XL, (Thiel, *op. cit.*, p. 504).

(5) *P.L.* XIII, col. 1136. Le pape prescrit l'exclusion des apostats *a Christi corpore et sanguine*. Mais la pénitence perpétuelle, imposée à ceux qui se repentent, prouve que la peine était plus grave que la simple privation de la communion. Si le pape désigne l'exclusion de la communauté par son effet religieux majeur, c'est qu'il tient l'apostasie pour une offense toute spéciale à la personne même du Rédempteur.

Mais on ne saurait leur donner globalement ce sens large (1) et affirmer que Gélase ne connaissait que cette forme d'excommunication.

V. — *Les conciles irlandais*. — Vers le milieu du Ve siècle, la lointaine église irlandaise, évangélisée et organisée par saint Patrick, connaissait en matière d'excommunication, une discipline analogue. Les influences romaines et gauloises subies par son Apôtre suffiraient à l'expliquer. Toutefois, le premier concile tenu par Patrick fait un usage beaucoup plus marqué de l'excommunication que les conciles gaulois de la même période (18 mentions pour 34 canons). L'excommunié ne peut être accueilli par les chrétiens (c. 11), entrer dans l'église, même la nuit de Pâques (c. 18). On ne doit pas accepter son offrande (c. 12). Le clerc excommunié ne peut prier avec les autres clercs, ni offrir le Saint Sacrifice (c. 28). Il est vraiment exclu de l'Eglise (2). Il devient un étranger (3).

Dans les canons attribués à un second concile tenu par saint Patrick, et qui sont peut-être des *responsa* à des questions de discipline, l'excommunication reparaît, mais beaucoup moins souvent, Si le c. 24 employe *communicare* dans un sens discutable, et si le c. 22 lui donne le sens de communier (il ne s'agit d'ailleurs pas là de notre sanction), le c. 4 précise bien l'effet de l'excommunication : « *repelles excommunicatum a communione et mensa et missa et pace* ».

Tel est le bilan de l'enquête. Que faut-il en conclure pour l'histoire ancienne de l'excommunication ?

Hinschius (4) estimait que la simple exclusion de l'eucharistie ne se rencontrait presque jamais dans les canons de notre période et que — loin de constituer, comme l'avaient cru certains canonistes, une forme archaïque — elle réalisait un adoucissement de la sanction première. Il croyait, d'autre part, pouvoir en distinguer une privation temporaire des droits de membre de la communauté, ayant ses effets propres et se caractérisant, en particulier, par la réadmission automatique du pécheur à la totalité de la vie religieuse, après écoulement du délai imposé.

(1) Contra, Hinschius, *loc. cit.*
(2) *Extra ecclesiam computetur* (c. 8) ; *ab ecclesia excluderi* (c. 10) ; *exclaudari* (c. 22) ; *separari* (c. 6).
(3) *Alienus haberi* (c. 7) ou *esse* (c. 21 et 24).
(4) *op. cit*, p. 109, 112, 114.

Les sources ne permettent pas d'isoler une telle forme. Les quelques textes conciliaires allégués par Hinschius (1) ne sont nullement probants et seule une exégèse laborieuse permet de les ranger dans cette catégorie, au demeurant assz brumeuse.

Par contre, l'interdiction de la communion n'a pas été réduite à la place modeste que lui assignait l'illustre canoniste et elle n'est pas aussi tardive qu'il le pensait.

Elle occupe, dans le plus ancien concile du IVe siècle, celui d'Elvire, la première place, sans que pour autant l'exclusion du groupe chrétien y soit totalement inconnue. L'évolution générale, au cours des IVe et Ve siècles, renversera ces proportions. Sur ce plan, on peut en effet parler de tendances générales dans l'église d'Occident. Plus ou moins vite, et au gré d'une information pleine de lacunes, les diverses églises donnent la première place à l'exclusion de la communauté (2). Certains conciles semblent même ne connaître qu'elle. Mais, ainsi qu'en témoigne la législation de Gélase à la fin du Ve siècle, la simple privation de la communion n'est pas oubliée.

L'Orient permettrait sans doute des observations analogues. Le concile d'Ancyre en 314, signale déjà, à propos de ceux qui avaient cédé plus ou moins gravement pendant la persécution, l'exclusion de l'Eglise, qu'il condamne en principe (c. 3), ou la privation de

---

(1) Essentiellement concile d'Elvire, c. 21 et 56, et par « analogie » avec ces textes, d'autres beaucoup plus douteux (Elvire, c. 40, 54, 55, 57 ; Arles, c. 11 ; Vannes, c. 13 et 14).

(2) Dans les constitutions des IVe et Ve siècles, conservées au C. Th., *communio* désigne toujours une communauté. Cela, bien évidemment dans les textes purement laïques, qu'il concerne des associés dans le crime (C. Th. 16, 5, 40 ; 407 — 9, 19, 1 ; 423) ou les bénéficiaires d'une même mesure de grâce (C. Th. 9, 38, 3 ; 367). Mais le même sens se retrouve, et lui seul, dans les textes ecclésiastiques pour désigner une secte hérétique (C. Th. 16, 5, 12 ; 383 — *h. t.*, 54 ; 414) ou la communauté catholique (Sirmond, 14; 409). Il est d'autre part très remarquable que l'emploi le plus fréquent du terme *communio*, même dans les textes impériaux, se rencontre à propos d'exclusion (ou d'incorporation) à une communauté laïque (C. Th. 9, 9, 1, 1 ; 329 — 8, 1, 14 ; 398) ou plus souvent religieuse (exclusion d'hérétiques *a communione sanctorum* ou *ab humana communione*, C. Th. 16, 5, 14 ; 388 ; *communio fidei* avec les évêques catholiques ou *communicare* dans le texte célèbre de 381, C. Th. 16, 1, 3 ou dans la constitution de 404. C. Th. 16, 4, 6; *catholicorum communione refugerint* à propos des Donatistes dans la constitution d'Honorius de 408, C. Th. 16, 5, 43 = Sirmond 12 ; ou à propos des Manichéens *a... papae communione suspendunt* et *nisi ad communionis redierint unitatem* dans la constitution de Valentinien III de 425, C. Th. 16, 5, 62 = Sirmond 6). La terminologie séculière confirme donc l'évolution que révèle l'examen des textes canoniques : au IVe et Ve siècles, c'est le sens de communauté qui devient normal.

l'eucharistie (c. 4, 5, 6, 8, 9), qui, comme dans le concile d'Elvire, semble tenir la première place. Mais, dès le concile de Nicée, c'est la sanction rigoureuse qui l'emporte. Le c. 5 la suppose(περὶ τῶν ἀκοι. νωνήτων γενομένων cf., dans le même canon, l'expression ἀποσυνάγωγος)- C'est elle que l'on trouve également dans le c. 2 de Néocésarée, les c. 1, 2, 6 d'Antioche, 13 et 14 de Sardique, 9 et 36 de Laodicée.

Pour nous en tenir à l'Occident, s'il est des différences locales, il faut les rechercher dans la rigueur de la discipline, la fréquence ou la durée de l'excommunication. L'Espagne du concile d'Elvire et, dans une moindre mesure, l'Irlande de St. Patrick, se signalent sur ce point par leur sévérité.

Mais l'essentiel n'est pas dans ces variations de la répression. C'est la prépondérance progressive de l'exclusion de la communauté sur la simple privation de l'eucharistie. Evolution qui implique une rigueur croissante, puisque, nous l'avons déjà noté, la sanction la plus grave emporte automatiquement la moins sévère. Exclu de l'Eglise, le coupable n'a bien évidemment plus accès à la Table Sainte.

Cette évolution n'est-elle pas l'expression d'un changement plus profond dans la vie de l'Eglise ? Méconnue ou persécutée, l'Eglise des premiers siècles ne pouvait édicter et rendre efficaces que des sanctions religieuses. Le repas eucharistique était vraiment le centre de toute la vie de la communauté. En être exclu ne constituait-il pas la sanction suprême ?

Avec la reconnaissance du christianisme, les choses se modifient. La « société chrétienne » s'organise et se fortifie. La vie religieuse voit se multiplier ses prolongements séculiers. L'exclusion du groupe prend un sens et une portée qu'elle n'aurait pu avoir dans une communauté plus étroitement religieuse (1). Sans doute, l'Eglise dès ses origines constituait une société et l'on comprend que les conciles des quinze premières années du IVe siècle (Elvire, Ancyre, Arles) connaissent déjà l'exclusion du groupe. Mais n'est-ce pas à l'accentuation de cet aspect social à partir de Constantin qu'il faut attribuer l'évolution de l'excommunication ? La gravité de cette peine dans la société profondément religieuse du Moyen Age, sa décadence dans nos sociétés laïcisées tendent à fortifier cette hypothèse.

(1) Sans partager les vues célèbres par leur brillant et leur outrance de Sohm sur l'Eglise des premiers siècles, on ne peut contester que son entrée officielle dans le monde séculier romain n'ait provoqué l'éclosion ou le développement rapide des formes nouvelles (p. ex. en matière de juridiction ecclésiastique).

INDEX

Agobard (critique de l'ordalie
et du duel judiciaire):
XV 108-109
Agostino Triumfo,Summa "de
potestate papae": V 126-127
Alexandre III,règle des conflits
entre évêques et chapitres:
XII 309
Appel à Rome: V 99-100
Anneau épiscopal: X 71-77
Auctoritas: V 97
Audientia episcopalis: I 18
Autun: XIII 21-43

Bernard (Saint)
-conception du pouvoir
pontifical: V 115-116
-et les élections épiscopales:
VIII 321 n.71
Bernard de Parme: XII 314
Boniface VIII: V 124-126;VII
89-90,105;VIII 325
Bulle "Ausculta fili": V 124;
VIII 325
Bulle "Unam Sanctam": V 124

Canonisation: V 114
Causae maiores: V 100,103
Célibat ecclésiastique:
IV 341-369
-au Décret de Gratien:
IV 351-369
-diacres et sous diacres:
IV 353,355-356,358,359-360,
363,364,365,366-367
Chirotonie épiscopale: IX 87
Chrétienté: VII 85,89,90
Circonscription ecclésiastique
(Gaule IVe-Ve s.): I 13-15
Clergé (Gaule IVe-Ve s.):
I 21-22
Collation des bénéfices par
le Saint Siège: VIII 325-326
Collection en 74 Titres: V 107-108,109
Collections canoniques
"grégoriennes": V 107-111;
VI 106-107;XIV 294-296
Conciles
-Afrique (IVe-Ve s.): XV 71-72
-Elvire: XVI 65-67
-Gaule (IVe-Ve s.): I 14-22;
XV 68-71

-Irlande (Ve s.): XV 75
-Rome (Ve s.): XV 72
(voir aussi Index des Textes,
Conciles)
Concilium: XII 309
Consécration des églises,
discipline gélasienne:
XIV 289-292
Corpus: XII 309 n.45
Chapitre cathédral: XII 307-317
-de Lyon: XIII 30-33,34

Décret de Gratien: IV 351-369;
V 111-112;VI 110-116;IX 95-98;
XI 130-139
Dictatus papae: V 108-109;
X 79 n.43
Dionysiana: IX 88-89;XIV 292-293
Duel judiciaire: XV 101,103,
104,105,111,113-115,119,120,
123,128,129,131,132,133

Ecclesia Romana: V 122,124
Eglises locales (Gaule IVe-Ve s.):
I 16
Elections épiscopales: VIII
308-326
Epitome hispanica: IX 92
Evêque
-célibat: IV 357
-qualités: XI 131-137
-rapports avec le chapitre:
XII 307-317
Examinatio: XV 107-110
Excommunication: XVI 64-77
Evangélisation (Gaule IIIe-Ve s.):
I 6-13,20-21

Fausses Décrétales: V 103-105
Florus de Lyon,Traité "de
l'élection des évêques":
VIII 318
Formulaires francs: VIII 317-318
Fulgence Ferrand,Brevatio
canonum: IX 89

Gerbert,élection à Reims en 991:
VIII 320-321
Gregoire le Grand,Contribution
au "miroir de l'évêque" dans
le Décret de Gratien:

XI 134-137
Guillaume d'Ockham,Attaque de
l'absolutisme pontifical:
V 130-132

Hérétiques (poursuites):
XV 133-134
Hincmar de Reims: VIII 318-319;
XV 109
Hostiensis: XII 314-315
Hippolyte (Tradition
Apostolique): VIII 310
Hispana: IX 93-94;XIV 293

Immunité réelle: I 19
Inalienabilité des biens
d'église: I 19
Innocent III
-arbitre des conflits entre
évêques et chapitres: XIII
309-311
-conception du pouvoir
pontifical: V 117-118
-condamne l'ordalie: XV 127
-contrôle des élections
épiscopales: X 78-89
-interventions dans les
conflits politiques: VII
85-86,91-92
Ives de Chartres
-Décret: IV 349-350;VI 108,
114-116;IX 94,95,96,97;XI
130,137
-Panormie: IV 350-351,352-353;
VI 109
-Tripartita: XI 138-139

Jean XXII: VII 99-100
Jean Quidort,De potestate
regia et papali: V 129
Johannes Teutonicus: XII 314
Judicium Dei: XV 103,112,117
Jugement du pape hérétique:
V 113-114,122-123

Lyon: XIII 21-43

Majorité
-doctrine canonique: II 157-
158
-pratiques romaines: II 150-
152
Mariage mystique
-de l'évêque: X 71-80
-des vierges consacrées:
III 5-15
Monachisme (Gaule IVe-Ve s.):
I 16-17,22

Notitia Galliarum: I 13-14

Ordalie: XV 100-135
Ordines du sacre épiscopal:
X 72-74

Pallium,de l'évêque d'Autun:
XIII 24,35
Papauté
-mission pacificatrice: VII 81,
83,87
-rapports avec l'épiscopat
gaulois: I 15,22
-rôle dans le réglement des
conflits entre états (XIIIe-
XIVe s.): VII 79-106
-(voir aussi "Primauté
pontificale")
Patrimoine ecclésiastique
(Gaule IVe-Ve s.): I 18-19
Plenitudo potestatis: V 98,101,
104,108,112,114,115,116,118,
119-120,123,126,132
Potestas -du pape: V 97,118,
120,124
Praeceptio -pour les
consécrations d'église:
XIV 290-291,294,296
Presbyterae: IV 367
Prêtres mariés: IV 358-359,361,
367
Preuve judiciaire: XV 99-100
Primatus (principatus): V 97,
105,122
Primauté pontificale: V 94-133;
VI 105-117
Principe majoritaire: II 149-162
Professio conversionis: IV 356
Purgatio: XV 105,107-108,126,129,
133

Quinque compilationes antiquae:
XII 311-313
Quesnelliana: XIV 292
"Quod omnes tangit...": II 159-
161;V 124

"Réforme grégorienne": XI 129
-des élections épiscopales:
VIII 321-322
Régale -réciproque entre Lyon et
Autun: XIII 21-43
-royale: XIII 25-27,35-36,48
Regalia: XIII 25,26
Réserve générale: VIII 325

Sacrement -indignité du ministre:
IV 365

Sanior pars: II 157-158; VIII 319
Sedes apostolica: V 96
Sollicitudo -pontificale: V 97, 98, 99, 100
Sponsa Christi -églises: X 74-77
 -vierges: III 8,9,11,13,15
Statuta ecclesiae antiqua: XVI 70-71
Summus Pontifex: V 96

Théorie conciliaire: V 128-132

Unanimité (requise pour une décision): II 152-157, 160

Vetus Gallica: IX 89-90
Vicariat d'Arles: I 15
Vicarius Christi: V 112, 113, 114, 115
Vincent d'Espagne: XII 314
Virgines velatae (deo dicatae): III 5,7,8,11
Virgines saeculares: III 7
Voeu: III 15

INDEX DES TEXTES

Actes des Apôtres	I, 15-26	VIII 310
	VI, 2-5	VIII 310
Atton de Verceil, De pressuris ecclesiasticis	I	XV 111
Augustin, De bono viduitatis	IX, 12	III 12
	X, 13	III 11-12
	XI, 14	III 12
	XXII, 25	III 12
De sancta virginitate	II, 2	III 11
	VI, 6	III 11
Epist. 213		VIII 313-314
Basile, Ep. 199	ch. 13	III 8
Capitulaire d'Aix (817)	c. 25	III 14 n. 55
Code de Justinien	9, 13, 1	III 14
Code Théodosien	9, 25, 1-3	III 7
COLLECTIONS CANONIQUES		
-Burchard de Worms, Décret	I, 9	IX 94
	10	IX 96
	II, 8	IX 95
	107-118	IV 347-349
	III, 7	XIV 294
	VI, 17	XV 125
	XVI, 19	XV 125
-Canons des Apôtres	c. 5(6)	IV 358
	17	IV 367
-Collection dite "2eme concile d'Arles"	c. 2 & 4	IV 356
	54	VIII 312
-Constitutions Apostoliques	8, 4	VIII 312
-Décrétales de Grégoire IX	1, 7, 3	X 79
	4	X 78 n. 41, 79 n. 44
	1, 23, 7	II 159
	3, 8, 15	XII 311
	3, 10, 3	XII 309
	4	XII 309
	5	XII 309
	6	XII n. 31
	7	XII 309-310
	8	XII 310
	9	XII n. 22
	10	XII n. 34
	3, 11, 4	XII n. 32

-Gratien,Décret

D. 15	c. 1		II 155
D. 21	c. 2		VI 111
	3		VI 111
D. 22	c. 1		VI 111
	2		VI 111-112
D. 24	c. 4		IX 94
	6		XII n. 10
D. 25	dict. de la IIIa pars		XI 131
D. 26	dict. initial		XI 131
D. 27	dict. initial		IV 353
	c. 1		IV 353-354
	dict. post c. 1		IV 354,369 n. 78
	5		III 10 n. 33
	8		IV 342
	9		III 10 n. 32; IV 354
D. 28	dict. initial		IV 355
	c. 1		IV 355
	2		IV 355
	3		IV 355
	4		IV 355
	5		IV 355-356
	dict. post c. 7		IV 356
	8		IV 354,356
	9		IV 357
	13		IV 357
	dict. post c. 13		IV 357-358
D. 30	c. 5 & 12		IV 361
D. 31	c. 1		IV 355,359-360
	dict. post c. 1		IV 360-361
	8 & 9		IV 361
	10 & 11		IV 361
	13		IV 361-362
	dict. final		IV 362-363
D. 32	c. 1		IV 364
	3		IV 364
	4		IV 364
	5-6		IV 364-365
	dict. post c. 6		IV 365-366
	15		IV 366
	16		IV 366
	17		IV 366-367
	18		IV 367
	19		IV 367
D. 33	c. 1		IV 367
	2		IV 367
	4 & 5		IV 367
D. 34	c. 1		IV 367
D. 35	dict. initial		XI 131
D. 39	dict. initial		XI 131
D. 40	c. 6		V 129
D. 43	dict. initial		XI 131-132
D. 45	dict. initial		XI 132
D. 46	dict. initial		XI 132
D. 50	dict. initial		XI 133
D. 51	dict. initial		XI 133

	D. 61	c. 6		IX 95
	D. 62	dict. initial		VIII 322
	D. 63	dict. initial		VIII 322
		c. 1 & 2		VIII 323
		6 & 8		VIII 323; IX 95
		dict. post c. 25		VIII 323
		34		VIII 323
		dict. post c. 35		VIII 323
	D. 93	c. 1-4		VI 112
	C. 1,	3, 8		IV 365
	C. 2,	5, 15		XV 125
		20		XV 110,125
		22		XV 125
	C. 7,	1, 11		X 77
		34		X 77,79 n. 44
		35		X 77
		39		X 77
	C. 9,	3, dict. initial		VI 112-113
		dict. post c. 9		VI 113
		10-21		VI 113-114
	C. 10,	2, 1		XII n. 10
	C. 11,	3, 65		X 72 n. 9
	C. 12,	2, 52 pr.		XII 310,312
		53		XII n. 10
	C. 15,	7, 6		XII n. 10
	C. 16,	7, 26 & 27		XIV 296,297
	C. 17,	4, 24		XV 125
	C. 27,	1, 2		III 10 n. 34
		3		III 14 n. 52
		6		III 15 n. 57
		7		III 14 n. 50
		8		III 14 n. 51
		9		III 10 n. 34
		14		III 14 n. 52
		15		III 14 n. 54
		23		III 14 n. 50
		35		III 14 n. 50
		38		III 14 n. 50
		41		III 12
	C. 33,	4, 8 & 9		IX 96
	D. 1	c. 4 de cons.		XIV 295
		6 de cons.		XIV 295-296
-Ives de Chartres, Décret		X, 15		XV 124
-Martin de Braga, Capitula		c. 1		VIII 320; IX 90-91
-Statuta ecclesiae antiqua		c. 10		XII n. 10
		14		XII n. 10
		50		XII 311
CONCILES				
-Agde	(506)	c. 7		XII n. 10
		10		IV 347
-Ancyre	(314)	c. 3		XVI 76
		10		IV 353-354,356
		19		III 6-7
-Angers	(435)	c. 4		XVI 70
-Antioche	(341)	c. 18		IX 89
		19		VIII 312; IX 89

-Arles	(314)	c. 22	XVI 67	
		24	XVI 68	
-Barcélone	(599)	c. 3	VIII 319-320	
-Carthage	(401)	c. 3	IV 366	
-Chalcédoine	(451)	c. 1	III 14 n. 50	
		4	XIV 291	
		14	IV 366	
-Elvire		c. 13	III 5 n.2,7	
		14	III 5 n.1,7	
-Gangres		c. 15	IV 358	
-Laodicée		c. 11	IV 367	
		12	VIII 320; IX 87-98	
		13	VIII 312,320; IX 87-98	
-Latran I	(1123)	c. 7	IV 343-344	
		21	IV 342-344	
-Latran II	(1139)	c. 6 & 7	IV 345,355	
		28	VIII 323,324	
-Latran IV	(1215)	c. 18	XV 127-128	
		24	VIII 324-325	
		26	VIII 325	
-Lyon	(1274)		VIII 325	
-Mâcon	(583)	c. 12	III 14 n. 50	
-Mayence	(847)	c. 24	XV 105	
-Meaux	(845)	c. 36	IV 347	
-Melfi	(1089)	c. 2 & 12	IV 366	
-Narbonne	(1054)	c. 6	XV 117	
-Néocésarée	(314/319)	c. 1	IV 348,357	
		2	XVI 77	
		10	IV 348	
-Nicée	(325)	c. 3	IV 347,366	
		4	VIII 312; IX 89	
		6	IX 89	
-Orange	(441)	c. 10	XIV 291	
-Orléans	(549)	c. 10	VIII 316	
-Paris	(556-557)		VIII 316	
-"Concile de Saint Patrick"		c. 4	XVI 75	
		17	III 13	
		22	XVI 75	
		24	XVI 75	
-Reims	(1119)	c. 5	IV 342,343,354	
	(1157)	c. 1	XV 117	
-Sardique	(343-344)	c. 6	VIII 312	
-Sarragosse	(380)	c. 3 & 4	XVI 67	
		5	XVI 68	
		6	XVI 68	
-Seligenstadt	(1023)	c. 7	XV 105	
-Tolède I	(400)	c. 11-12,14	XV 68	
-Tolède II	(527)	c. 1	IV 355	
-Tolède IV	(633)	c. 27	IV 355	
		c. 28	X 72 n. 9	
-Tours I	(461)	c. 3	IV 348	
		8	XVI 70	
-Tours II	(567)	c. 20	III 10 n. 34	

-in Trullo	(692)	c. 4	III 15 n. 56
		6	IV 366
		13	IV 362
-Tribur	(895)	c. 22	XV 105
-Valence	(374)	c. 2	XVI 68-69
-Vannes	(465)	c. 3	XVI 70
		4	III 13
-Worms	(868)	c. 10 & 15	XV 106

Constitutions de Sirmond	10	III 7 n. 10

Cyprien (Saint),	Ep.	3, 4	VIII 311
		45, 2	X 73
		55, 8	VIII 319; X 72
		59, 5-6	VIII 311
		67, 4 & 5	VIII 311
		68, 2, 1	X 73

De lapsu virginis consecratae	ch. 4,13	III 8-9
	5	III 8-9
	8,34	III 8-9
	9,39	III 8-9

DOCUMENTS PONTIFICAUX

-Canones ad Gallos episcopos		c. 1 & 2	III 5 n.2,8
		15	XVI 72-73
-Célestin I,	Ep. 4,	5	VIII 315
-Gélase,	Ep. 9	c. 4	XIV 289-292
		20	III 14 n. 52
		25	XIV 289-292
	12	c. 8	XVI 73 n. 5
	18	c. 5	XVI 73 n. 5
	27	c. 3	XVI 73 n. 5
	Fragment 37		XVI 73-74
	49		XVI 73-74
-Grégoire le Grand,	Ep. 1 (591)	42	IV 355, 359-360
	4 (593)	9	III 14 n. 54
	11 (601)	56	IV 364
-Innocent I, à Victricius		ch. 2	XVI 73
		c. 14	III 5 n. 2,10
-Léon I,	Ep.10,	6	VIII 315
	14		II 157-158; IV 348,364; VIII 315
	167		IV 348; VIII 315
	167,	14 & 15	III 14 n. 41
-Nicolas I,	Ep. 97 (aux Bulgares, 866) ch. 70		IV 358
-Sirice,	Ep. 7 (392) c.4		XVI 73
	à Himère	c. 5	XVI 73 n. 4
		12	IV 347

Isidore de Séville		
De ecclesiasticis officiis	11, 5	X 72
Etymologies	VI,16, 12-13	II 155

Ives de Chartres,	Ep. 122	XV 124
Jérome,	Ep. 22	III 9-10
Règle de Saint Bénoît,	ch. 64	II 158

SUMMAE
-Bernard de Parme,
 Summa Decretalium   1, 4,   4-5   X 78
-Etienne de Tournai   III pars   c. 4   XIV 297
                       sur C. 2, 5, 7   XV 126
-Huguccio   sur D. 19 c. 9   V 122
                              63   10   X 77-78
                              96   10   VII 88
                          C.   2, 5, 7   XV 126-127
                              15, 6, 3   VII 88
                              24, 1, 9   V 122

-Summa "Elegantius in
 iure divino"
 (Coloniensis)   III   ch. 36   X 77
                                     52   X 78 n. 39
-Rufin   III pars D. 1 c. 4 XIII 296-297

Statuts d'Haito de Bâle   c. 21   XV 105